U0917860

国际安全战略思维史纲

The Survey of International Security and Strategy Thinking

◎主　编：刘　强
钮汉章
◎副主编：郭寒冰

时事出版社

前　言

当今世界正面临前所未有的大变局。世界多极化、经济全球化、社会信息化深入发展，国际社会的相互依存、互联互动进一步增强，大国之间合作与借重上升、竞争与制衡继续发展，发展中国家群体力量继续增强，中国稳步成长为世界第二大经济体，国际力量对比逐步趋向平衡。全球治理体系结构、亚太地缘战略格局和国际经济、科技、军事竞争格局正在发生历史性变化，和平、发展、合作、共赢成为不可抗拒的时代潮流。

但是，世界和平与发展依旧面临诸多难题和严峻挑战。霸权主义和强权政治依然存在，新干涉主义依旧拥有市场。各种国际力量围绕战略资源、战略要地、战略主导权和权益再分配的斗争趋于激烈。国际恐怖主义、宗教极端主义和民族分裂主义以及海盗活动、重大自然灾害和疾病疫情等传统安全和非传统安全威胁频发，世界并不太平。随着亚太地区日益成为世界经济和战略重心，美国持续推进亚太“再平衡”战略，强化其在亚太地区的军事存在和军事同盟体系，甚至公然怂恿、支持中国周边国家不时寻衅滋事，牵制中国，中国周边安全环境面临新的复杂局面。世界新军事革命深入发展，武器装备远程精确化、智能化、隐身化、无人化趋势明显，太空和网络空间成为各方战略竞争新的制高点，战争形态加速向信息化战争演变。世界主要国家积极调整国家安全战略和防务政策，加紧推进军事转型，重塑军事力量体系。军事技术和战争形态的革命性变化，对国际政治军事格局产生重大影响，对中国军事安全带来新的严峻挑战。

面对国际形势的一系列新情况和新变化，世界在思考：人类怎么才能走向和平与安全？军事家、战略家、政治家、哲学家、经济学家、历史学家、社会学家、国际问题专家纷纷从各自的专业视角探寻答案，这就使古老的安全话题出现了一系列崭新的思维。思想支配行动，国际安全战略思维的冲突与交融成为国际冲突与合作的深层动因。中国作为世界重要的文明古国，从来就是一个精于谋略的国度，随着中国的复兴，中国在国际安全战略思维领域创新不断。20 世纪末，首提新安全观，规划中国版的国际政治经济新秩序；2005 年，进一步提出了建设和谐世界的构想，和平、发展、合作、和谐成为中国政府推动国际安全的战略指导；2014 年，明确将国家安全与国际安全连接，提出总体国家安全观，对内求发展、求变革、求稳定、建设平安中国，对外求和平、求合作、求共赢、建设和谐世界。作为国际安全与相关专业的教学研究工作者，我们深切认识到，我们应当从国际安全战略思维创新的高度深刻领会中国政府坚持的总体国家安全观，建设持久和平、共同繁荣的和谐世界，自觉地在维护世界和平与发展的事业中发挥应尽的责任。

对国际安全的关注，使得国际安全作为一个新兴的交叉学科于 20 世纪末勃兴于世，一些发达国家已经将其与其他学科分离。我国也正在酝酿将其建设为与政治学、法学等并列的交叉学科。目前，其基本内容已经列入军事学的二级学科国际军事，列入法学的二级学科国际关系与国际安全。以我们目前的理解，该学科的建设，需要基础理论的支撑，需要牢记恩格斯的教诲：“一个民族想要站在科学的高峰，就一刻也不能没有理论思维。”

国际安全战略思维的研究对象，从本体论的意义上说，在于探究冲突与动荡、战争与革命之源；从规律论的意义上说，在于探寻救世济民、天下太平之道；从对策论的意义上说，在于谋划安邦定国、世界治理之策。简言之，国际安全战略思维是从战略层面对世界公平正义，进而实现和平和谐的条件、困难和实现途径的宏观思考。在当今世界由于立场的不同，理论与方法的不同，思想的传承与渊源的不同，众说纷纭，莫衷一是。但是，各种不同学派和不同领域学者思考问题的思路对于开阔我们的视野，了解我们的各种对手，启迪我们的战略思维，无疑具有十分重要的作用。因此，国际安全和相近的国际关系、国际政治、外交专业的师生，以及没有机会进院校系统训练的战略、外交和涉外部门的工作人员，都要努力提高自己的战略思维素养，进行必要的战略思维训练。为此，我们需要在博览群书的基础上、分析对比有代表性的各种国际安全战略的思想、理论和方法，使我们对国际安全问题的思考在马克思主义的指导下，最大限度地摆脱种种偏见与局限，获得正确的理论支撑。

解放军国际关系学院作为一所培养战略参谋人才为主的综合性高等军事学府，较早关注国际安全的学科建设。1999年主办了全国性的“国际安全与安全战略”学术研讨会，并一直关注国际安全问题的前沿问题，出版了一批相关著作，发表了若干相关文章。为了帮助相关专业的研究生了解古今中外国际安全战略的一些代表性思想，在2003年开始先后为相关专业的硕士、博士研究生开设了《国际安全战略思维文选导读》和《国际安全战略思维研究》课程，在此基础上尝试编写了《国际安全战略思维史纲》，本史纲实际上是更为翔实的导读。

阅读《国际安全战略思维史纲》，可大致了解国际安全战略思维的历史发展和不同时期的不同冲突。为加深认识国际战略思维，建议阅读《国际安全战略思维文选导读》。该书精选了古今中外75名著名政治家、战略家、思想家、军事家的103部经典论述。阅读文选，无疑是思想的盛宴，我们从中将开阔安全战略思维学术视野；在分析比较中深化对各种理论流派的思想渊源、历史背景、影响与局限的认识；用事实改变近年来弥散在国际关系学界以为只有西方有大战略思想的某些偏见。同时，也希望读者从原著中（而不是被西方曲解的介绍中）了解马克思主义的安全战略思维，加深理解中国共产党人的国际安全战略思维创新。

国际安全战略思维领域是个充满争议、基本没有形成定论的领域。本书编者力图用马克思主义的观点分析研究各种理论流派，是否恰当，欢迎读者各抒己见。对于中国共产党人的安全战略思维创新，本书尽可能吸收了最新的理论成果，理解是否准确，把握是否恰当，欢迎读者指出，并恳请一切关心国际安全战略思维的专家、学者不吝赐教。

编者

2007年4月初稿

2016年6月定稿

目　录

第一章

绪　论

近年来，战略一词的使用频率越来越高，范围越来越广，涉及政治、经济、军事、文化等诸多领域，国际安全作为当代世界最为迫切解决的重大问题，自然是战略研究关注的重中之重。如何从战略的高度认识国际安全面临的问题，寻求国际冲突的控制与化解，进而推进持久和平的和谐世界建设，中国军人，特别是中国的战略参谋人才必须具备较高的战略思维修养。为此，首先必须对相关的概念加以正确的界定，在此基础上注意对战略思维的特性从总体上加以把握。

第一节　安全与国际安全的概念

一、安全

在汉语里，“安全”有三个含义：没有危险；不受威胁；不出事故。[①] 在英语中，security（安全）的词义较汉语更宽泛些。按照《韦伯大学词典》的解释，security 有四个含义：安全的状态，即免于危险，没有恐惧，不被解雇；担保、确保义务的履行；所有权（债务）的证明；安全措施，安全机构。从古至今，安全始终是个人、国家和国际社会的主题，因为安全是人类存在的前提条件。在中国，许多思想家很早就提出了追求安全的思想，只是没有使用过“安全”这个词。《易经》中有这样的说法：“是故君子安而不忘危，存而不忘亡，治而

---

① 中国社会科学院语言研究所词典编辑室编：《现代汉语词典》，商务印书馆，1996 年 7 月第 3 版，第 7 页。

不忘乱，是以身安而国家可保也。”[①] 这里所讲的其实就是安全，而且把个人的安危与国家的安全联系起来。现实主义理论代表人物阿诺德·沃尔弗斯认为安全“是一种价值”，是国际政治研究的“起点”和“落点”[②]，“在客观的意义上，表明对所获得价值不存在威胁；在主观的意义上，表明不存在这样的价值会受到攻击的恐惧。”[③]

当然，安全是个非常宽泛的概念，对于不同的对象，安全的内容和范围也不尽相同。随着历史的发展，人们的安全观念不断地在变化，从以国家为中心到以人为本理念的转变，从以军事安全为核心到军事、政治、经济、文化、环境等综合安全的发展，传统的安全观在向新的安全观转变，国家安全的概念和内涵不断地扩展和充实。

二、国家安全

据英国学者彼得·曼戈尔德（Peter Mangold）考证，“国家安全”一词的现代用法最早出现在美国报纸专栏作家瓦尔特·李普曼（Walter Lippmann）1943 年的著作《美国外交政策》（*US Foreign Policy*）中，传统安全观的基本内容是以军事安全为核心，其中也包括政治安全。第二次世界大战结束以后，这个提法才成为国际政治中一个常用的标准概念，成了取代诸如军事事务、外交政策、外交事务等较陈旧词汇的新提法。[④]

国家安全可以分为两个层次，一是国家的生存。作为国际社会最基本的单位，人们通常认为国家具有四个要素，即拥有一定的居民、一定的领土和一定的政权组织（或称政府），并且拥有主权。这四个要素对国家的安全是不可或缺的，这是国家安全的第一个层次。国家安全的第二个层次是国家在生存的基础上求发展，包括经济、科技、文化、社会等方面的发展。一个主权国家能够独立自主地生存和发展，

---

① 李学勤主编：《十三经注疏·周易正义》，北京大学出版社，1999 年版，第 307 页。

② Arnold Wolfers，*National Security as an Ambiguious Symbol*，Political Science Quarterly，67/1952. 倪世雄主编：《当代西方国际关系理论》，复旦大学出版社，2001 年版，第 434、38、134、53、454 页。

③ Arnold Wolfers，*Discord and Collaboration*. 转引自 Roger Carey & Trevor C. Salmon，International Security in the Modern World. New York City：St. Martin's Press，1992，p. 13。

④ Arnold Wolfers，*Discord and Collaboration*，Baltimore，1962，p. 2.

它就是安全的；反之，一个主权国家的生存和发展受到威胁，受到干涉或侵犯，它就是不安全的，面临危险或处于危机之中。

第一，国家安全既是一种客观态势，也是一种主观认知。客观上指某一国家不存在外来攻击、侵犯的状态和现实，即国家有消除威胁的能力，使国家处于没有危险、不受威胁的状态。但是，事实上任何一个国家都没有真正达到这一状态，也就是说，世界上只有相对的安全，没有绝对安全。主观上指没有恐惧感，不担心会有外来的威胁。从某种程度上说，安全是一种心理状态，即安全是对国家抵制外来攻击和防卫自身安全能力的感觉，它涉及对国家力量、对敌友力量和意图、对面对未来的发展形势以及对维护安全形势的信心。因此，判断安全取决于人的主观能力，而主观能力是一种复杂的构成，它取决于一国对各种因素的分析、认识能力，取决于利益的定位，也取决于价值的判断。总之，国家安全是客观事实与主观认知的统一。

第二，国家安全是一个历史概念，其内涵是随着时代的发展不断扩展的。从古代历史一直到20世纪90年代初，传统安全观一直主导着人们对国家安全的认识，它的基本内涵是指国家领土和主权完整不受侵犯。冷战结束后，随着军事因素在国际关系中地位的相对下降，同时，全球性问题的出现和相互依存程度的加深，国家安全观念也随之发生重大变化。国家安全变得扩大化、社会化、大众化和国际化。安全的概念、思想、理论、战略、政策和实践都处在大变革进程中。人们提出了相对于传统安全的非传统安全概念。非传统安全指的是国家主权、领土完整、军事安全等传统安全以外的安全问题，如环境保护、恐怖主义、走私、非法移民、贩毒等都对国家安全和国际稳定构成威胁。

第三，国家安全的主体不断扩大，要素不断增多。国家仍是安全的主体，但不是唯一的主体。安全的主体在向内外延伸，由国家向个人和全球扩展。国家安全是人、国家和国际三个相互联系层面的完全统一。国家安全的要素除了对领土、主权的维护和国民的保护外，还包括诸多的非传统安全要素，如经济、社会、文化、能源、环境、信息等要素。今天我们来谈论国家安全问题，如果只注重传统的安全要素，即国家政治主权独立、领土完整、国家统一、不受外敌入侵等，而忽视非传统国家安全要素，那么这样的国家安全就是残缺的，必定导致国家的不安全。

第四，国家安全是国家间战略和政策的对衡。国家安全与之所处的国际安全结构状态有直接的联系。而这种安全结构构成一种秩序，决定安全秩序的主要是各国之间关系的架构，其中起主要作用的是国家的对外战略与政策，尤其是大国的对外战略与政策。因此，有人认为国家安全是国家间关系的一种“游戏”对决，是自己本身战略和政策与其他国家战略和政策的一种“对衡”，通过国家运用清醒、明智、正确的外交智慧和灵活高超的外交艺术，构建对自己有利的国际安全秩序，始终将本国置于国际斗争和矛盾的焦点之外。

第五，维护国家安全的手段走向复合化和多边主义道路。在传统国家安全中，由于安全要素主要是军事的、政治的，因此，军事手段居于主宰的地位。现在国家安全的要素多样化了，单靠军事手段已无法解决这些安全问题，因此，必须采取复合化的斗争方能有所作为。由于非传统安全对国家的威胁日益明显，而非传统安全的突出特点是跨国性和突发性，绝大多数的非传统安全威胁并不是一个国家独自面临的问题，而是在一个国家受到安全压力的同时，对其他国家也构成了不同程度的威胁，甚至波及整个地区或全球。所以要从根本上解决非传统安全威胁问题，就必须走加强国际合作，也就是走多边主义的道路才能实现。于是，“共同安全”“全球安全”“合作安全”等，成为近些年使用频率很高的词汇。因此，国家安全的真正实现，有赖于在全球范围内确立这种新型安全观。

第六，不同的国家或处于不同历史阶段的国家，对国家安全会有不同的认识，会追求不同的安全目标，采取不同的安全手段。有学者将近代国际关系产生以来，主要国家特别是大国的对外安全选择大致概括为四种主要类型：霸权主导型，即把谋求地区或世界霸主地位作为国家安全的首要目标和战略；挑战扩张型，即以取代现存领导者而成为地区或世界的新霸权国为国家安全的目标；搭车附庸型，这类国家对现存的“世界领导者”基本采取全方位合作的态度，并遵循“领导者”为国际社会制定的规则和制度，以较低的成本获得“霸权国”为其提供的安全保护；封闭内敛型，主要依靠自己的军事经济实力，有时也联合其他受到同类外部威胁的国家来对抗霸权国家，维护国家安全[①]。

另外，国家安全与经济发展和科技水平也有关系。经济和科技发展的不同阶段，国家安全内涵有所不同。经济安全、信息安全概念的出现就是因经济发展和科技水平提高而带来的。

三、国际安全

国际安全是国际社会不存在危险或不存在国际社会各成员之间的威胁。在西方国际安全问题研究中，现实主义、自由主义和建构主义三大主流国际关系学派都把国际安全置于其理论核心。在现实主义看来，在无政府状态的国际社会中，权力较大的行为体将对国际安全局势的发展起决定性的作用。国家在国际社会中的权力越大，其国家就越安全。现实主义的国际安全理论对国家间军事对抗作出了较好的解释。安全困境理论较好地解释了 20 世纪两次世界大战和冷战对抗。现实主义的缺陷也是显而易见的，该理论把安全同主权国家联系在一起，将安全概念局限于军事层面，使其难以解释因经济全球化发展而出现的国际相互依存趋势。均势安全论完全没有涉及制度对安全的影响[②]。自由主义安全论弥补了现实主义片面强调国家和军事在国际安全中的作用的缺陷，更为关注经济，尤其是国际相互依存关系对国际安全的影响，并提出了相互依存安全论，进而提出了国际制度安全论。自由主义安全论较好地揭示了国际相互依存趋势和国际制度的作用。然而，无论是现实主义还是自由主义均忽视了国际政治中的文化观念因素。建构主义则从社会文化层面对国际安全作了新的解释，建构主义超越了现实主义和自由主义安全理论的模式。建构主义认为，国际安全状态是由社会建构而成的。建构主义虽不否认物质力量的重要性和相互依存对战争的制约作用，但认为对国际关系起着关键作用的是观念、文化、认同和规范等因素。建构主义者认为，把安全理解为国家安全忽视了处于国家威胁之下的人所处的不安全状态。一方面，个人的安

① 孟祥青：《论中国的国际角色转换与对外安全战略的基本定位》，载《世界经济与政治》，2002 年第 7 期。

② Robert O. Keohane, *Alliance*, *Threats and the Uses of Neo-realism*, International Security, Summer, No. 1, 1988, pp. 174 ~ 175.

全依赖于国家的安全；另一方面，个人的安全又可能受到国家的威胁。建构主义描绘的“安全共同体”的蓝图被许多学者认为是走出“安全困境”的理想途径，然而建构并非易事，为何几千年的世界历史都几乎建构出同一结果——均势、霸权与对抗①？

20世纪90年代起，现今国际安全研究出现了两大变化，即安全内涵从军事安全转向包括军事安全在内的综合安全，安全研究主体从国家单一主体转向包括国家在内的多元主体。传统安全研究主要强调军事力量的运用，国家安全是军事安全。20世纪90年代，西方的安全研究发生了重大变化，学界普遍承认军事力量不是安全的唯一潜在威胁，恐怖主义、移民、污染、贫困及文化等非军事议题已成为西方安全研究中不可缺少的内容。传统的国家安全观过分强调安全的军事因素，而综合安全观则强调安全的全面性、交织性和社会性，安全不再局限于军事层面和国家层面。当今西方安全研究正在发生重大变化，这一变化突破了传统的安全概念，即安全观念正从狭义的传统安全观扩展到整个人类社会的广义安全观，传统安全观正让位于综合安全观。

中国共产党人坚持解放思想、实事求是和与时俱进，坚持以马克思主义的宽广眼界观察当今世界，在正确把握冷战后世界安全形势和发展趋势的基础上，继提出以互信、互利、平等、协作为核心的新的国际安全观之后，又提出了总体国家安全观，对内求发展、求变革、求稳定、建设平安中国，对外求和平、求合作、求共赢、建设和谐世界，提倡以共同、综合、合作、可持续为要义的国际安全观。

第二节　战略与战略研究

一、战略

（一）战略的含义

战略是一个古老的概念。战略最早是一个军事术语。意指设计、指导和实施作战计划，是支配战争全局性的谋略。战略是军事手段

① 刘胜湘：《国家安全观的终结？》，载《欧洲研究》，2004年第1期，第11页。

和政策目标的结合。战略理论最初属于军事科学的最高领域，是研究有关战争规律、特点和方法的理论。后来不断向非军事领域扩展，大战略、整体战略、国家战略的概念逐步产生。因此，广义的战略是对一个有较长发展过程的、具有全局意义的重大问题和领域的筹划和指导，以达到预期的目标，而不是对眼前某项具体工作、个别事件的部署。

中国春秋末期的《孙子兵法》即已从战略的高度来阐述指导战争的规律与艺术，被誉为“战略的鼻祖”。公元3世纪，西晋的司马彪曾著有《战略》一书[①]。此后，战略一词在中国古籍中屡见不鲜，意义上大体是指作战的谋略。

最早把“strategy”一词翻译为“战略”的是日本人。公元579年东罗马帝国（拜占庭）皇帝毛莱斯为训练高级将领编写的一本教材，命名为“strategicom”，英文就是“strategy”，德文是“strategie”，法文是“strategie”，在日文中与之对应的是“战略”和“政略”。“strategicom”的词根为“strategos”其意义为将军（general），“strategicom”的意义就是将军之学，即所谓的“将道”（generalship）[②]。探寻欧美国家语言的语源，这些词都来自古希腊语中的“strategia（otpatyryua）”，“strategia”是从古希腊语中“strategos（otpatyryua）”（将军之意）派生出来的，战略在古希腊语中的意思是作战用兵之术。

战略一词在东西方都有上千年的历史，但是只是在拿破仑战争之后才广泛使用。1802年出版的英国军事字典（*Charles James's New and Enlarged Military Dictionary*）中尚无“strategy”这个词的存在。到了19世纪，随着战争规模的空前扩大，战略与战术层次分离。克劳塞维茨认为：“战术是在战斗中使用军队的学问，战略是为了战争目的运用战斗的学问。”[③]“战略”终于在“战术”的对比中形成了其比较确定的内涵，也即战略是指导战争全局的谋略。

利德尔·哈特认为战略是：“分配和使用军事工具以达到政策和目

---

① 高金钿、顾德欣主编：《国际战略学概论》，国防大学出版社，2001年第2版，第3页。

② J. F. C. Fuller, *A Mlitary History of the Western World*. Funk Wagnalls Co., 1954, Vol. I, Chap. 14, p. 395.

③ 克劳塞维茨：《战争论》（第1卷），商务出版社，1982年版，第103页。

标的艺术。”① 这个对战略的定义是划时代的。较之前人有所突破：他明确地说明了手段和目的的关系，表明战略是现实应用的理论；他没有限定在战争或战时，扩大了战略所覆盖的领域。表明在战争或战时，在和平或平时也适用；他提出（distributing）即分配或配置的观念是前人所不曾注意的，这在现代战略观中是非常重要的一点。他认为大战略所包括的力量要素是一个国家包括军事力量在内的综合要素。至此，我们可以这样定义：战略是国家通过对其可利用的资源进行配置，以最大限度地获得国家利益的科学和艺术。

（二）战略理论的发展

战略理论的发展，大致可分为三个阶段。即：古典的战略理论，马克思主义诞生后战争与革命时代的战略理论，和当代和平与发展时代的战略理论。

在古典战略理论的发展中，中国的战略家们在理论上的突出贡献，令同时代的西方战略家无出其右。在中国的春秋战国时代的诸子百家中就有以鬼谷子及其弟子孙膑、庞涓、苏秦和张仪为代表的纵横家学派。中国古代的《武经七书》集战略理论之大乘，包括《孙子》《司马法》《尉缭子》《六韬》《吴子》《三略》和《唐李问答》。西晋时期司马彪的《战略》，隋代赵煚的《战略》二十六卷，宋代何去非的《何博士备论》和明代刘伯温的《百战奇谋》等，在世界古典战略理论的发展史上占有重要的地位。

古代西方产生了诸如亚历山大、汉尼拔、恺撒等著名的战略家。西方的著作有修昔底德的《伯罗奔尼撒战争史》、维吉底斯（Vegetius）的《军事论》，他们的思想奠定了在古代西方战略思想史上的地位。

西方的战略理论在文艺复兴和资产阶级革命的扩张中有了重大的发展。涌现出了马基亚弗利、腓特烈大帝、拿破仑、若米尼、克劳塞维茨和毛奇等人物。《战争艺术概论》的作者若米尼认为，“战略是在地图上进行战争的艺术，就是把一支军队的最大部分兵力集中到战争

① B. H. Liddel-Hart, *Strategy*: *The indirect approach*, Faber and Faber, 1967, p. 335.

区或作战地区的最重要点上去的一种艺术”。[①] 克劳塞维茨的《战争论》在西方被认为是与《孙子兵法》齐名的战略理论著作，他第一次从理论上揭示了战争与政治之间的内在关系，即政治是因，战争是果；而且为研究战略问题的人提供了理论指南；提出了绝对战争的理论，并强调战争是一种暴力行为。继若米尼和克劳塞维茨之后，在西方战略理论的发展史上另一位有着重大影响的战略家是马汉。他创立的“海权论”，对其后的德国、日本和美国的战略乃至整个国际战略格局有着重大的影响。

马克思主义的诞生为战略理论提供了基本的理论和方法。马克思主义的经典作家同时也是伟大的战略理论家。

在西方世界战略理论的发展中，大战略观念以及与之相适应的国家战略、总体战略观念相继出现，并且用于实践。

利德尔·哈特提出大战略的观点。他认为大战略包含一种“政策在执行中”（policy in execution）的行为。“大战略即高级战略的任务是协调和指导所有的国家配置的资源，来达到战争的政治目标。”[②] “战略的眼界是以战争为限，大战略的视线必须超越战争而看到战后的和平。”[③] 他的局限性在于：他的定义仍属于传统的军事战略，他称之为纯（pure）战略；另外，他并未明确政治目标是否是最高目标。

总体战略（Total strategy）此一名词是法国的博佛尔将军所创，他认为战略的本质是一种“抽象的互动”（abstract interplay）。那是由两个对立意志之间的冲突所引起的。他界定战略为：两个对意志使用力量以解决其争执的辩证艺术（The art of the dialectic of two opposing wills using forces to resolve their dispute[④]）。

美国的魏德迈（Albert C. Wedemeyer）将军认为“大战略是使用一切国家资源以达到国家政策界定目标的艺术和科学”[⑤]。柯林斯在其《大战略原理及实践》（*Grand Strategy*：*Principles and Practices*）中对国

① 若米尼：《战争艺术概论》，解放军出版社，1986 年版，第 346 页。

② B. H. Liddel-Hart, *Strategy*: *The indirect approach*, Faber and Faber, 1967, pp. 335 ~ 336.

③ J. F. C. Fuller, *The Reformation of War*, London: Hutchinson and co., 1932, pp. 218 ~ 219.

④ Andre Beaufre, *An Introduction to Strategy*, p. 30.

⑤ Albert C. Wedemeyer, *Wedemeyer Repoorts*!, Henry Holt, 1958, p. 81.

家战略的界定是："在一切环境下使用国家权力以达到国家目标的艺术和科学。"① 美国提出的国家战略与英国人提出的大战略基本是一样的，但美国人认为它既是艺术又是科学，而且美国人的定义中始终没有提到"配置"的观念。

美国首先提出了"国家战略"这个概念。美国参谋长联席会议（JCS）1953 年出版的《美国联合军事术语词典》（*Dictionary of U. S. Military Terms for Joint Usage*）对国家战略定义如下："在平时和战时，发展和使用国家的政治、经济、心理权力，连同其武装部队，以求确定达到国家目标的艺术和科学。"1979 年出版的《军事及相关术语词典》（*Dictionary of Military and Associated Terms*）对于国家战略又作了比较简明的界定："在平时和战时，发展和应用政治、经济、心理、军事权力以达到国家目标的艺术和科学"。"国家战略"这一思想体系源自国际政治领域中的现实主义学派（realists），此学派在战后的美国（尤其是在 40 年代到 60 年代之间）处于支配的地位。其中主要的代表即为摩根索（Hans J. Morgenthau）。

英国的大战略、法国的总体战略和美国的国家战略在含义上并无二致，属于同一个范畴的战略。但美国的观点有所发展，首先，美国将国家战略所使用的国家力量，具体分为政治、经济、军事、心理四大方面。其次，提出了在平时和战时，发展和应用上述力量。这使战略在应用的范围和使用的力量上都超越了军事层面。法国人提出了总体战略，着重指出总体战略是在政府直接控制下进行。总而言之，从战略到大战略、总体战略、国家战略的定义的沿革来看，战略，从使用的期间、动用的手段、达到的目的都从军事领域向非军事领域扩展。军事战略与它们的关系是被指导与指导、被统帅与统帅的关系。

二、战略研究

春秋末期的《孙子兵法》是最有影响的古代战略研究名著。用现

---

① John M. Collins, *Grand Strategy: Principles and Practices*, US Navy Institute Press, 1973, p. 14.

代战略研究的观点来看，它已论及战略研究的诸多要素。如以“安国安军”作为最理想的战略目标，以“伐谋”“伐交”“攻城”作为可依次选择的几种战略手段，以“道、天、地、将、法”作为战略力量的几个基本成分。它还强调战略侦察、战略判断的重要作用，指出“知己知彼，百战不殆”，“能以上智为间者，必成大功”；并将战略决策、战略谋划列为“庙算”。《孙子兵法》所提出的一系列战略理论原则，是战略原则的典范。

在西方，古代战略研究大多是与史学结合在一起的。19 世纪瑞士的若米尼和普鲁士的克劳塞维茨从不同角度总结了拿破仑战争以及这个时代欧洲其他战争的经验，分别写出了《战争艺术概论》和《战争论》，成为近代战略理论研究的重要里程碑。第一次世界大战前后，一些反映新时代特征的战争理论相继产生，主要有美国马汉的《海军战略》、意大利杜黑的《制空权》、英国富勒的《机械化战争论》、德国鲁登道夫的《总体战争》等等，这些著作对西方国家在两次世界大战中的军事战略有很大的影响。因此，传统的战略研究更多地关注军事和武力。1958 年，在英国伦敦成立的“国际战略研究学会”（The International Institute for Strategic Studies）首次使用了“战略研究”这一概念。该学会首任会长阿拉斯代尔·巴肯（Alastair Buchan）对这一新名词作了这样的解释：“对于在冲突情况下如何使用武力的分析（The analysis of the use of armed forces in conflict situation①）。最初使用这一名词时，仅以军事和武力为范围。随着时代的发展，战略研究又包容了许多有关国际事务的问题。海德雷·布尔（Hedley Bull）总结说：“战略研究不再仅注意对战争的有效指导，不再只是军人的专利，它具有抽象和推测的性质，并显示出高度的技术化倾向。”② 路易斯·霍尔（Louis Halle）把战略研究定义为“政治科学的分支，内容是有关国家所能获得的战争能力的政治意义”。这样，我们可以说，战略涉及的是在国际关系中对力量的实际或威胁使用。因此，战略研究就是关于力量工具如何影响国家之间的关系的研究。

---

① Philippe Garique, “Strategic Studies as Theory”, The Journal of *Strategic Studies*, December 1971, p. 277.

② Hedley Bull, “Strategic and Its Critics”, *World Politics* (July 1968), p. 605.

战略研究的基础是对国际关系现实的把握。现实主义者认为，由于国际体系的无政府本质，国家应对永久和平的可能性、世界政府和裁军的设想，以及诸如集体安全或合作安全这样的观念持怀疑态度。结果之一便是，战略研究更多地集中关注国家所面临的军事威胁。但伴随着冷战结束而重新抬头的自由主义的多边合作主张却已剥夺了军事力量作为国家政策工具的合法性。战略研究拓宽了其研究范围，不仅包括军事威胁，还包括非军事威胁；不仅包括对国家的威胁，还包括对非国家角色和次国家集团的威胁；不仅有战略，还有大战略，总体战略；不仅有国家战略，还有国际战略。由此，战略研究进入了战略思想、战略理论和战略实践研究的新时期。

第三节　战略思维

一、战略思维的定义和本质

人类的全部活动包括物质性实践活动和精神性思维活动两种基本类型。作为实践活动，现实生活中的人们都有一定的行为方式；作为思维活动，也有一定的思维方式。在人类的思维活动中，也有多种思维方式的存在，每一种思维方式也都必然有相应的思维活动规范，以确定其运行方向、路线、方法、规则等，从而达到了预期的思维目的与效果。从一定意义上可以说，离开了一定的思维规范，也就不成其思维方式。因此，研究战略思维方式，必须研究它的思维活动规范，包括其特殊的结构、方法、程序、规范等。只有这样，才能真正理解其内涵，掌握其要领，达到自觉地运用它认识世界和改造世界的目的。

什么是战略思维？从认识论的角度，可以把思维方式看作人的思维定势和思维运行的总和。因此，可以给战略思维下这样一个定义：战略思维是以战略概念为基础的思维定势和思维运行的总和。这一定义中包括三个问题：一是思维基础，二是思维定势，三是思维运行。这三个问题的有机结合，展示了战略思维方式的认识论本质。

战略思维方式是以战略概念为基础的特殊思维方式。它的思维定势是指头脑加工抽象的战略信息前已经存在的战略意识状态，即战略思维尚未展开前已经选定的战略思维方向、战略思维范围等，已经设计预置的战略思维运行前的准备态势。战略是对全局性、高层次的重大问题的筹划与指导。中国有句古话："不谋万世者，不足谋一时；不谋全局者，不足谋一域。"这句话是对战略思维定势的精辟概括。具体讲，战略思维方式的思维定势突出表现在全局的关系性、过程的前瞻性和结构的预置性方面。

第一，全局的关系性。战略思维方式是一种全局性整体思维方式，它要求把战略作为一个整体，去思考它的整体布局，整体协调运作，从而实现其整体功能效果。所以，战略思维方式的思维定势是站在整体之上纵观全局，总揽全局，驾驭全局，一切着眼于全局。

第二，过程的前瞻性。战略思维方式是一种全过程思维方式，它按照战略运动的客观逻辑性依时间先后顺序把战略过程抽象为若干发展阶段，各个阶段如同由一个个环节有机联系的闭合性链条，一环扣一环地开展战略思维活动。战略思维方式的思维定势从战略目的出发，预测战略发展全过程的前途趋向，同时善于把握战略全过程，善于从一个阶段谋算下一个阶段，往后的多数阶段以至所有阶段，从中做出贯通全战略阶段乃至几个战略阶段的、大体上相通了的、一个长期的筹划，即所谓"走一步看几步"或"走一步看全部"。

第三，结构的预置性。战略思维方式的思维定势是有预置思维加工方案（即设计出的结构、线路"图样"）的，它预先有一个以时间和空间为坐标的战略思维"蓝图"。在空间维度上，它预置战略全局的各个组成部分以及它们之间的相互关系，包括战略判断思维的各个方面根据，战略决策思维的各组合要素，战略实施思维的各活动方案，战略总结思维各指标体系等。在时间维度上，它预置战略全过程的各个发展阶段，从战略判断的各个环节，到战略决策的各个环节，到战略实施的各个梯次，到战略总结的各个方面，等等。

二、战略思维的特点

战略思维方式作为现代辩证思维方式的一种，具有辩证思维方式的一般特性。但是战略思维方式又是以战略概念为基础的一种特殊思维方式，因而又具有自己的特点。战略思维的特点主要表现为其鲜明的实践性、开放性、全局性、目的性、预见性和创造性。

第一，实践性。战略思维方式有自己的思维定势，但它不是要以自己的“条条框框”来束缚实践的发展。战略思维方式有自己的思维运行模式，但它不是要以自己的“模式”来裁剪客观现实以削足适履。相反，这种思维方式要求人们严格地以事实为依据，以实践为基础，去把握事物的运动规律，达到改造世界的目的。实践性特点是战略思维方式最基本也是最鲜明的特点。

第二，开放性。唯物辩证法认为事物内部的矛盾是其发展的根本原因，外部联系是其发展的必要条件。战略思维是把认识对象作为一个运动过程去分析，而且着眼于战略运动的全部联系和全过程去综合地加以考察，这就要全面考察事物内部的各种矛盾运动及其外部条件。战略过程的运动性和战略因素的内外联系就决定了战略思维方式的开放性。即战略思维方式作为一种高层次的思维方式，它要求要有“大视野”和“广视角”，这也就是人们常说的“战略眼光”，即开放性思维。

第三，全局性。总揽全局是战略思维的第一要义。进行战略判断思维，必须要着眼于全局；进行战略决策思维，必须要把握全局；进行战略实施思维，必须能够驾驭全局。战略目的能否实现，主要的和首先的问题，是战略筹划者和指导者对于全局是否能够统筹得好和驾驭得好。因此，战略思维方式要求战略筹划者一定要把自己的注意力摆在对战略全局的思维上。

第四，目的性。战略思维方式是一种目的性十分明确而又强烈的思维方式。战略目的是一切战略的出发点和归宿点，也是整个战略的基准点和最高点。战略思维是为实现一定战略目的的筹划过程。战略思维方式的目的性特点集中体现在战略目的的稳定性、主导性和价值性方面。

第五，预见性。凡战略都是以已知的东西为根据，以客观实际为基础而提出来的。但战略不是面向过去而是面向未来的，不是回顾性的而是着眼于以后的发展的。这就决定了战略必须对全局未来的发展走势进行预测和超前性研究。基于所掌握的各方面情况做出的战略判断，就包含着对事物发展趋向的战略预测，战略决策就包括了战略实施方案的预置。战略的预见性要求战略思维必须有超前性，由此决定了战略思维方式的预见性特点。面对诸多的已知和未知、确定和不确定、可预见与不可预见的复杂因素，面对一个时刻处于变化之中的动态系统，战略思维方式要求预先看到前途趋向，贯通战略全过程，见微知著，看到关系全局的大的重要方面，善于认识和把握战略发展的客观规律。

第六，创造性。战略筹划和指导总是要根据新形势、新措施，确定新目标、新任务，拿出新思路、新方案，制定新计划、新措施，以解决新矛盾、新问题。由此决定了战略思维必须带有创造性，创新是战略的动力。战略思维方式从本质上来说是创新的，创造性是战略思维方式最显著的特点之一。战略思维方式没有妨碍战略的创造性，而恰恰是为创造提供了更加广阔的空间。

三、战略思维的基本原则

战略同其他学科一样，是包含着一系列带有规律性的基本原则的。然而战略思维的基本原则在很大程度上取决于研究者的立场、观点和方法。这里仅根据中国研究者的总结，归纳如下七条：

第一，全局性原则。战略思维所依据的客观条件（国家、世界）是超大系统，是由无数的部分组成的整体。因此，战略指导者主观能动性的发挥必须反映和适应这种整体性。整体性也就是全局性。以时间而言，战略思维必须顾及过去、现在和未来。以空间而言，战略思维必须观照各部分（问题、地区、部门、方面、战线等）这个全局。按照系统原则，战略思维要把国家同世界这两个不同层次的大系统联系起来，研究它们的相互影响，形成总体设计，力争实现整体功能的优化。

第二，目标为政治服务原则。战略指导者的主观能动性是有特定目标的自觉的奋斗。战略目标直接依据行为主体的政治目标制定，并为之服务以确保其实现。如果行为主体的政治目标本身足够明确，也可以直接转化为战略目标。政治是战略的灵魂，离开政治的战略实际上并不存在。在我国，一般反映在党的总路线或基本路线之中。

第三，综合国力原则。建设和运用综合国力以实现战略目标，这是战略最核心的内容。综合国力既包括军事力量，也包括非军事力量；

既包括自然力量（土地、自然资源等），又包括社会（人为）力量；既包括物质力量（硬国力），又包括精神力量（软国力）；既包括实力，又包括潜力以及由潜力转化为实力的机制。但是，为了使综合国力具有可操作性和可比性，人们通常抓住若干最具有代表性的国力要素，形成国力指标体系。一般说来，国土、人口、政治、经济、国防、科技、国际援助等项都是基本要素。综合国力的对比、建设和运用都离不开这些基本要素。综合国力是大系统，国力诸因素互为依存，彼此制约、相得益彰。任何国家的国力诸因素都有长有短，有强有弱。但是只要巧妙运筹，就可以扬长避短，发挥综合国力的整体威力——这是综合国力原则的意义所在。从当今世界上一些发达国家处理国力结构的做法看，一般都是以经济为基础（重点），以科技特别是高科技为先导，以教育为先导的先导，以国防为后盾，政治则发挥统一和协调作用，把所有的国力因素都带动起来。国民经济和社会发展领域中一切带有全局性的战略决策的可行性论证，除了考虑其他因素之外，要特别重视其是否有助于增强综合国力的整体威力。

第四，重点原则。战略的全局由局部构成，而各个局部是不平衡的。凡是对全局成败具有决定性影响的要害部位、方向、关键或问题就是战略重点。战略重点是客观存在，要从整体结构中去找，也就是从局部与整体的关系上、从眼前利益与长远利益的结合上去发现牵一发而动全身的中心环节。在此基础上确定战略部署，包括战略阶段的划分和人力、物力、财力等各种资源的配置。

第五，不战而胜原则。实现战略目标一定会遇到来自国内和国际的阻力。这种阻力是不同行为主体之间利害冲突的反映，在一定条件下可能触发流血战争。不经过流血战争而实现战略目标当然是上策。不战而胜的思想来源于我国古代《孙子兵法》中“不战而屈人之兵，善之善者也”这一命题。20 世纪以来，西方一些战略研究者把不战而屈人之兵或不战而胜思想作为战略的最高准则。在处理国际利害冲突方面，“非零和博弈”（双赢）理论与不战而胜思想有某种相通之处。不战而胜并不是“不战”，而是打政治战、经济战、科技战、外交战，一言以蔽之是打综合国力战。军事力量不是不重要，它在和平时期通常是作为后盾而发挥无形的威力。在某种情况下，为了适应政治的需要，即使在和平时期，军事力量也可能上升到主要地位，但仍然是为了不战而胜。战争准备越是充分，不战而胜的可能性也就越大。

第六，目标与手段一致原则。战略手段是复合概念，由两大部分构成：一是力量，即综合国力；二是运用和建设综合国力的方针、方式、方法或途径等，这里概括地称之为政策和策略，其地位大体上相当于军事上与战略相对应的战役法和战术。高明的政策和策略，可以发挥意想不到的巨大威力，在一定程度上弥补国力的不足，对于战略目标的实现具有极为重大的作用。为保持战略目标与手段的一致，有三点值得注意：战略的目标不能超过国力的可能；战略目标必须有相应的政策和策略与之配套，以确保目标的实现；各种手段必须协调一致，形成合力。

第七，相对稳定性原则。任何战略都具有稳定性。朝令夕改的战略是不可思议的。但是，一成不变的战略是不存在的。战略在执行过程中总是不断发展变化，也就是说，在稳定中有不稳定，因此说它具有“相对稳定性”。战略的相对稳定性，来源于战略计划赖以制定的客观实际的相对稳定性。客观实际（战略环境）总是处于从量变到质变的不断运动之中。当它处于量变状态时，稳定性是主要的；当它处于质变状态时，原有的稳定性被彻底打破。然而，从量变到质变的过程一般情况下是旷日持久的。因此，作为主观能动性之产物的战略计划必须适应客观实际的相对稳定性，在既定的战略目标未达到之前基本上保持不变。

总之，认识大战略的原理原则并不难，但灵活运用这些原理原则去解决实际问题，或克敌制胜，或实现国家的长治久安和繁荣昌盛，或谋求世界和平与公正的国际秩序，是极其艰巨的事业，必须以科学的态度，以对人民、对历史高度负责的精神，兢兢业业，全力以赴，方能有所成就。

主要阅读文选①：

1. 富勒：《战争指导——序》
2. 李德·哈特：《战略和大战略的基础》
3. 克雷格·A. 斯奈德：《战略研究与安全研究》

---

① 本书所列的文选均见《国际安全战略思维文选导读》一书。

4. 钮先钟：《国家安全——再检讨与新思维》
5. 吴春秋：《大战略的界定》
6. 马保安：《战略定义的拓展》
7. 李际均：《军事战略思维》

上　篇

古典安全战略思维

第二章

城邦（诸侯）国家向帝国发展时期的安全战略思维

随着国家的出现，国际安全便进入人们的思维。人类最早的国家，以部落、部族的形式出现，继而形成城邦国家（西方）。在中国，继强大的部落国家联盟存在的是大大小小的诸侯国家。由于人类生产力水平的低下，交通、交往受阻于自然的障碍，一个国家的对外交往大致局限于不远的周边，并不存在现代意义上的国际安全思维。但是，人类早期频繁的杀伐征讨，形成了极其丰富多彩的国家安全构想。中国先秦时期，以及大致同时的古希腊、罗马时期，是人类思维极其活跃的时代，也留下了十分丰富、精彩的安全思想，当代世界的许多观点，几乎都可以追溯到那个灿烂的时代。

第一节　古典理想主义的安全思想

人类早期的冲突发展到残酷的大规模的杀戮，人类非常自然地希望回到彼此相亲相爱的自然状态，古典理想主义应运而生。

一、人性本善

许多国际安全的思想，都企图探索人的行为的动因。探讨人性本善还是本恶就成为安全思维的逻辑起点。怀抱“治国平天下”夙愿的中国古代先贤，笃信要从“修身齐家”做起。如何修身，自然要回归人之善之本性。

春秋末期，孔子（前551～前479）最早谈到人性。他说：“性相近也，习相远也。”不过，他没给人性下什么定义，也没明确回答人性是善还是恶。“性相近”是善相近还是恶相近，“习相远”是善相远还是恶相远？都未明说。他的弟子子贡抱怨：“夫子之言性与天道，不可得而闻也。”这是他老人家的明智之处，也给后人留下了想象和探讨的空间。

中国历史上第一个断言人性本善的是战国中期的孟轲（前390～前305）。他是孔子的孙子的学生，对孔子极端敬重，曾明确表态：“乃所愿，则学孔子也！”孟子发展和改造了孔子的“礼治”和“德政”的理论，提出了“仁政”学说，“仁政”是孟子政治思想的中心。孟子用来论证“仁政”学说的理论基础，是他的抽象的天赋道德的“人性善”论。至于什么是人性，孟子没定义；为什么人性本善，孟子没作出严谨的论述。孟子认为，人生来都有一种最基本的共同天赋本性，这就是“不忍人之心”，或者说对别人的同情心。他说：“人皆有不忍人之心。先王有不忍人之心，斯有不忍人之政矣。以不忍人之心，行不忍人之政，治天下可运之掌上。”① 这就是说，“仁政”来源于“不忍人之心”的道德观念。古代的帝王之所以有“仁政”，那是因为他有“不忍人之心”，有了这种“心”，行了“仁政”，那么治理天下就十分容易而且不会失去。

“不忍人之心”孟子也叫“恻隐之心”。除此以外，孟子认为人人生来都有的天赋本性还有“羞恶之心”、“恭敬之心”（或叫“辞让之心”）、“是非之心”。这四种“心”，就是孟子说明天赋道德观念和论证人性本善的根据。孟子说：“恻隐之心，仁之端也；羞恶之心，义之端也；辞让之心，礼之端也；是非之心，智之端也。”② 这就是说，人最基本的四种道德品质仁义礼智，是从这四种天赋的“心”发端的，也可以说就是这四种心：“恻隐之心，仁也；羞恶之心，义也；恭敬之心，礼也；是非之心，智也。”③ 所以，孟子得出结论说：“仁义礼智，非由外铄我也，我固有之矣，弗思耳矣。”④ 意思是说，这些心，这些道德品质，并不是由外面强加给我的，而是人生来就有的，只不过没

---

① 《孟子·公孙丑上》。
② 《孟子·告子上》。
③ 《孟子·告子上》。
④ 《孟子·告子上》。

有好好想罢了。这也就是他所谓的“恻隐之心，人皆有之；羞恶之心，人皆有之；恭敬之心，人皆有之；是非之心，人皆有之。”[①] 孟子甚至说，人跟禽兽的差别极其微小，仅仅在于人是有这些“心”和“仁义”等道德观念。因此，如果没有这四种“心”，就不能算作人。他说：“无恻隐之心，非人也；无羞恶之心，非人也；无辞让之心，非人也；无是非之心，非人也。”[②] 孟子这些论述认为，人的本性是可以为善的，所以也可以说就是善的。如果说为人而不善，那完全不是他本性的问题，而是由于他自己舍弃了这些本性，没有很好地保持住它，绝不能说他本来就没有这些善的本性。

孟子从他的天赋“性善”论出发，提出了一套修养办法。他认为人要达到他所讲的这些道德的标准，根本问题在于本人的主观方面，即“反求诸已而已”[③]。也就是在于主观的反省，注意保持天赋的那四种心。修养这四种天赋的心的最好办法，就是少与外物接触，尽量减少自己的各种欲望。拿孟子的话讲就是“养心莫善于寡欲”。[④] 同时，孟子认为，还要培养一种由“义”的道德观念和行为集合（积累）起来的、充塞天地之间的、有巨大力量的、神秘的“浩然之气”。他说：“我善养吾浩然之气”，“其为气也，至大至刚，……是集义所生者。”[⑤] 有了这种气，人的每一个念头、每一个行为就都能理直气壮，符合道德标准的要求。人如果有了违背道德的思想和行为，孟子认为，那就应该闭门思过，检查自己主观上是否放弃了那些天赋的“心”，努力把这些“心”找回来，恢复人的本性。这就是孟子所谓的“求其放心”。同样，如果反省自己，一切都合乎天赋的道德观念，那就是最大的快乐。这也就是孟子所谓的“反身而诚，乐莫大焉”[⑥]。

孟子在中国思想史上第一个系统地阐述了“人性”问题，提出了“性善”论，表面上说是人人都具有普遍的共同的人性，“人皆可以为尧舜”，关键在你是否能“尽心”“知性”，挖掘、培养这些善的萌芽。

---

① 《孟子·告子上》。
② 《孟子·公孙丑上》。
③ 《孟子·公孙丑上》。
④ 《孟子·尽心下》。
⑤ 《孟子·公孙丑上》。
⑥ 《孟子·尽心上》。

但在实践中，他严格区分“君子”（统治者）和“小人”（百姓），认为“仁义礼智”这些善性，只有“君子”能保存、能恢复，而“小人”是不会保存也不可能恢复的。因此，孟子的性善论是一种抽象的人性论。但无论如何，经过后代思想家的发挥和统治者对儒家思想的高度利用，孟子的“人性善”思想不仅影响了统治者的国内施政，也影响了统治者对外关系的执行。

二、协和万邦

从一个大的时段来看，由上古的天下万邦，到春秋时代的数十诸侯国，再到战国七雄，最后由秦统一天下，统一是中华民族发展的历史趋势。但在如何统一的问题上，却一直有两种路线：一种是“以德服人”，一种是“以力服人”。前者主要依靠涵化融合的方法，后者则主要通过战争兼并的方法。而作为中国文化主流的儒家的价值观，肯定“以德服人”而否定“以力服人”的路线，即以“协和万邦”为处理对外关系的基本出发点。

“协和万邦”语出《尚书·尧典》：“帝尧曰放勋，钦明文思安安，允恭克让，光被四表，格于上下。明俊德以柔九族。九族既睦，平章百姓。百姓昭明，协和万邦。”北京大学陈来教授认为，这段话中的“俊德”即美德，“钦”指敬，“明”指明察，“恭”指谨慎，“让”即不骄，这些都是“俊德”的具体德目。“明德”的社会功能是亲睦九族、协和万邦，求得世界的普遍和谐。[①] 在这里，“明德”以求得世界的普遍和谐与和平包括两个方面的意思：一是要求得内部的和谐与和平，即“亲睦九族”；二是要求得外部各国的和谐与和平，即“协和万邦”。这两个方面是辩证统一的，对外是对内的延续。一个国家怎样处理内部的各集团、各民族的关系就已在本质上规定着他怎样对待国与国的关系，反之，怎样对待国与国的关系，也就表征着他会怎样对待内部的各集团、各民族的关系。《尚书》以《尧典》开篇，开始即讲尧的德行，而尧的德行之大者，在于能“协和万邦”。“协和万邦”

① 陈来：《古代宗教与伦理——儒家思想的根源》，三联书店，1996年版，第291~292页。

是中国文化整体和谐观的表现，是中华民族处理国内外一切争端的总原则和基本的情感倾向，其中的重点在于一个“和”字，“和”是中国传统文化中最重要的理念之一。不过，古代哲人所说的“和”，是以承认而不是抹杀个体的特性为前提的。《论语》说：“君子和而不同，小人同而不和。”说的正是如何对待事物的同一性和差异性的问题。

坚持“协和万邦”的原则，其目的是为了实现“和合万国”（《史记·五帝本纪》），或者用《周易》上的话来说：“保合大和”是为了“万国咸宁”“天下和平”。而且，在中国主流传统文化中，儒家认为，坚持“协和万邦”原则，实现世界的普遍和平，是建设好国家，强国、富国的重要条件。伊川先生说：“万邦协和，则所为必成矣。”（《程氏粹言·论政篇》）这也就是说，如果能维持一种良好的、和平的国与国的关系，统治者就有了建设国家、发展经济、调整内部矛盾等各方面的大好时机和条件，只要能正确把握好这些有利因素，慎重地处理好各种问题，那所作所为都有了基础，就自然可以把事情办好。

“协和万邦”四字并不是从古代典籍中随意拈出的一个词汇、一种理念，也不仅是某家某派的哲学观点而已，而是中国文化一贯的精神和传统，其精髓乃是和平与和谐。其实除了《尚书》之外，中国先秦及其之前的时代就蕴涵着与“协和万邦”精神一脉相承的和平与和谐理念。中国自古以来就有和而不同、和实生物的思想。西周末年，史伯就提出“和实生物、同则不继”，认为和谐、融合才能产生、发展万物，而单一性的“同”则无助于事物的发展；《礼记》提出“大道之行也，天下为公”，明确地以“讲信修睦”作为最高行为准则。中国古人肯定“和为贵”，认为人与人之间、民族之间、国家之间的团结互助、友好相处是社会的最高境界，断言“天时不如地利，地利不如人和”。中国文化的整体和谐观不仅体现为先贤的哲学理念，更主要的是体现在上古以来的历史发展过程中，中国文化的“协和万邦”的理念促进了民族的涵化、融合和“大一统”国家的建立，而且在对外关系中一直秉承这一理念，在其文化性格中，和平是其基本的价值取向。从古代社会直到今天，中国人民都把和平作为一种崇高的社会理想，并在人们的心灵中孕育成熟了一种向往和平、追求和平、维护和平，甚至为了和平不惜作出巨大牺牲的精神境界，这是中华民族奉献给全世界人民的一份宝贵的精神遗产，中华民族至今仍然以此作为对外关系的准则，世界各民族也应该珍惜这份宝贵的礼物。

“协和万邦”的思想是中国文化的特有思想，这一点钱穆先生已经指出过①。西方文化对于人类文明的永久性价值可以提出诸如人权、民主、平等、自由等，那么中国文化对于人类文明的永久性价值是什么？可以这么说，“协和万邦”的整体和谐观就是中国文化对于人类文明的永久性价值。现代英国著名的历史学家汤因比曾说，“人类已经掌握了可以毁灭自己的高度技术文明手段，同时又处于极端对立的政治、意识形态的营垒，最重要的精神就是中国文明的精髓——和谐。”“中国如果不能取代西方人类的主导，整个人类的前途是可悲的。”② 然而除少数有识之士外，可以说，中国文化的整体和谐的思想尚未被当作人类的永久性价值进入西方人的理论视野，这无疑是一种悲哀。

三、节欲克制

在古代，无论是中国先贤还是外国哲人，都以不同的语言表达过同一个道德行为规范，即“节欲克制”。孔子讲“过犹不及”，事情做得过了头，其价值与不做相差不远；“克己复礼”，要克制自己的私欲使之合乎礼的规范；孟子讲“寡欲”，“养心莫善于寡欲”③；荀子讲“节欲”，“欲需不可去，求其可节也”。

柏拉图认为，一个理想的国家应该是正义的。为了论证这样一个理想国，他在《理想国》中，把居民分为三个等级：国家统治者即哲学王；军人；手工业者、农民和商人。他还从人的本性出发，认为人的灵魂由三个部分组成：理性、意志和情欲，而同这三部分灵魂相应的有三种品德：智慧、勇敢和节制。按照他的理论，国家是扩大了的个人，个人是缩小了的国家，因此，国家中的三个等级应代表三种灵魂，具有三种品德，职司三种天职。第一等级统治者代表理性，具有

---

① 他说：西方思想源于古希腊，古希腊不过如古代的齐国一样大，而其中城邦有一两百个。一个城市中又各有不同的政府组织，有的是贵族政治，有的是共和政治，有的是代议政治。古希腊始终没有融成一个统一的国家，只有所谓的“城邦政治”。那么整个希腊时代一直如此，欧洲人从古希腊一路下来的文化传统，无疑也就从未有过如中国自古以来统一和平的一套“天下观”。（转引自贾陆著《马克思主义与儒学的融合》第七章）。

② 姜广辉：《理学与中国文化》，上海人民出版社，1994 年版。

③ 见《孟子·尽心下》。

智慧的品德，其天职是管理国家；第二等级军人代表意志，具有勇敢的品德，其天职是保卫国家；第三等级手工业者、商人和农民代表情欲，具有节制的品德，他们的天职是从事生产劳动。他认为，人的灵魂的三个部分得到协调一致，就体现了人的第四种品德：正义。一个国家也是如此，如果三个等级互相干扰、互相代替，那就是“最坏的事”。而如果这三个等级安分守己，各司其职，“和谐一致”，这个国家就成为正义的国家。“正义”是整个国家和全体人民的共同品德，而“节制”是达到这样一个“正义”的理想国所必须的一种品德，“节制是一种秩序，一种对于快乐与欲望的控制。”[①] 它能使我们控制自己的脾气，节制自身的欲望和激情，并去追求平静的、合法的、适度的快乐。它是抵制诱惑的力量，能使我们去等待，并在达到更高、更远的目标时延迟获得的满足感。有一句古老的谚语道出了自制对于有道德的人生是多么重要：“要么是我们控制欲望，要么是欲望控制我们。”在缺乏自我控制的时候，不顾后果的犯罪的行为总是大量发生。

亚里士多德的伦理观贯穿着一个思想，即中道。他认为，任何一个东西的美德，就是使这个东西处于良好的状态中，这种良好的东西就是中道、适度。他指出，人的行为有过多、不足和中间三种形式，其中过多和不足是一种失败的形式，只有中间才是成功的形式，才是美德，“所以过度和不足乃是恶行的特性，而中庸则是美德的特性”[②]。例如，自尊在傲慢和自卑之间，节制在放纵无度和麻木不仁之间等等。但亚里士多德所说的“中道”并不是“折中”。例如，对一个人来说，吃十磅的东西太多，吃两磅的东西太少，但这并非意味着吃六磅就最为合适。可见，亚里士多德说的“中道”，是指人的行为的一种适度。

由“中道”出发，亚里士多德批判了柏拉图国家学说中关于“理想国”的理论，提出了“理想政体”和由“中等阶级”进行统治的理论[③]。他心目中最理想的政体既非共和政体，也非贵族政体，而是以一个人为统治者，并能照顾全城邦人民利益的君主政体。他还认为：“在

---

① 柏拉图：《理想国的组织及其中的四德》，见《国际安全战略思维文选导读》，时事出版社，2016 年版。

② 《古希腊罗马哲学》，商务印书馆，1961 年 5 月版，第 321 页。

③ 亚里士多德：《精神导引》，见亚里士多德《政治学》卷七，转自《古希腊罗马哲学》，商务印书馆，1961 年版，第 330 页。

任何国家中都有三种成分：一个阶级十分富有，另一个阶级十分贫困，第三个则居住中间。”“拥有适度的财产乃是最好的”。[①] 在他看来，国家只有由具有适度财产的中等奴隶主阶层来统治才是最好的。这首先是因为中等阶层的人数最多，是一个国家中最安稳的公民阶层；其次，中等阶层可以成为贫富两个阶层之间的仲裁者；最后，中等阶层建立的政体可以避免党派之争。亚里士多德还认为，一个理想的城邦，并非土地越广阔、人口越多越好：“一个城邦所需的主要配备为人民；就人民而言，自然应该考虑到数量，也要考虑到品质。次要的配备则为人民所居住的土地（境界）；这里也同样要考虑到量和质。”“凡以政治修明著称于世的城邦无不对人口有所限制。”“就国境的大小或土地的面积说，应当以足使它的居民能够过闲暇的生活为度，使一切供应虽然宽裕但仍须节制。”因为亚里士多德认为：“任何事物倘使过小或过大都将丧失天赋的能力而不克尽其功用。”[②] 在这个思想的指导下，亚里士多德还对城市的位置、海军力量的强弱以及国民应具备的品性进行了论述，其中一以贯之地贯穿着“中道”的思想。

总之，节欲克制就是“中庸”，就是“中道”。“寡欲”是难于做到的，但是，以“中庸”“中道”为指导的“克己”和“节欲”不但可以做到，而且也是维持人类社会的有序与平衡所必须的。

四、天下大同

如何避免冲突？孔子的主张就是“天下大同”。孔子认为，尧舜时代本是“天下大同”“天下为公”的社会：“老吾老以及人之老，幼吾幼以及人之幼”[③] 和“故人不独亲其亲，不独子其子。使老有所终，壮有所用，幼有所长，鳏寡孤独废疾者，皆有所养”[④]，是“天下为公，选贤与能，讲信修睦”[⑤] 的社会。

---

① 《古希腊罗马哲学》，商务印书馆，1961 年版，第 329 页。

② 亚里士多德著，吴寿彭译：《政治学》卷二、卷七，商务印书馆，1965 年 8 月版，第 358 ~ 360 页。

③ 《孟子·梁惠王上》。

④ 《礼记·礼运篇》。

⑤ 《礼记·礼运·大同篇》。

儒家还巧妙地把“大同世界”的理念加以分解，层层落实，使得社会的每一个细部都在体现走向“大同世界”的最高理念。介于这种理想与现实之间的是“礼”。礼乐文化是实现天下大同的途径。所谓礼，是一些知识精英依据道德要求制定的准则。《论语》说：“礼之用，和为贵。”古代礼的内涵极为丰富，主要体现在以下几个层面：一是制度层面。制定人性化的典章制度和政策，使民众有生产的积极性，使社会可持续发展，引领人类走向大同世界。二是伦理层面。人际关系极其复杂，需要建立一种能够为民众所乐于接受，而又有益于道德建设的社会秩序。儒家将人际关系归纳为夫妇、父子、兄弟、君臣、朋友等五种人类社会最基本、也是最恒久的伦理关系，称为“五伦”，要求做到“父子有亲，君臣有义，夫妇有别，兄弟有序，朋友有信”，为此而制定了相应的礼节，供民众践行。在具体的礼节之外，儒家还提出了一系列的处理人际关系的原则，比如“礼尚往来，往而不来，非礼也；来而不往，亦非礼也”，要求人们懂得互相尊重，等等。

除了儒家之外，道家一派也表达过类似“天下大同”的思想，例如战国末期楚国著名道家鹖冠子所说的“大同之制”，就是要实现世界大同的理想，做到“化立俗成，少则同侪，长则同友，游敖同品，祭祀同福，死生同爱，祸灾同忧，居处同乐，行作同和，吊贺同杂，哭泣同哀。欢欣足以相助，侄谍足以相止，安平相驯，军旅相保，夜战则足以相信，昼战则足以相配，入以禁暴，出正无道，是以其兵能横行诛伐而莫之敢御。故其刑设而不用，不争而权重，车甲不陈而天下无敌矣”。“故能畴合四海，以为一家，而夷貉万国，皆以时朝服致绩。”① 这就是鹖冠子所讲的道家的“天下大同”世界的理想。

无论是道家还是儒家的大同社会，都为人类社会勾画出了一幅其乐融融、太平安宁、秩序井然、丰裕富足的社会图景，但是由于缺乏实现这一目标的手段，只是一种美好的设想。古典理想主义尽管给后人留下了丰富的思想遗产，最终还是被权力政治学的现实主义所取代。

---

① 《鹖冠子·王鈇第九》。

第二节　古典现实主义的安全思想

对于古典理想主义安全思维的局限，古典现实主义提出了完全不同的思路。其逻辑起点是人性本恶，认为治理天下，不能天真地以为启发人的善端即可实现，更要惩治恶行。

一、人性本恶

中国历史上第一个主张人性本恶的是荀子（前313？～前238）。荀子名况，字卿，战国时期赵国人，比孟子小70多岁。与孟子明显不同的是，他对人性下了定义："生之所以然者谓之性。"① 就是说：性是天赋的、与生俱来的原始质朴的自然属性，是不待后天学习而成的自然本能："饥而欲食，寒而欲暖，劳而欲息，好利而恶害，是人之所生而有也，是无待而然者也，是禹、桀之所同也。"② 与"性"相对的是"伪"："人之性恶，其善者，伪也。"③"伪"是人为、后天教养的意思。比如，仁义礼智信就是"伪"，是人为教化的结果，是人的社会属性："故圣人化性而起伪，伪起而生礼义，礼义生而制法度。"④"故古者圣人以人之性恶，以为偏险而不正，悖乱而不治，故为之立君上之执以临之，明礼义以化之，起法正以治之，重刑罚以禁之，使天下皆出于治、合于善也。"⑤

荀子对孟子的"性善论"给予了批判："孟子曰：'人之学者，其性善。'曰：是不然！是不及知人之性，而不察乎人之性伪之分者也。凡性者，天之就也，不可学，不可事。礼义者，圣人之所生也，人之所学而能，所事而成者也。不可学，不可事，而在人者，谓之性；可

① 《荀子·正名》。
② 《荀子·荣辱》。
③ 《荀子·性恶》。
④ 《荀子·性恶》。
⑤ 《荀子·性恶》。

学而能，可事而成之在人者，谓之伪；是性伪之分也。”[①] 在荀子看来，孟子的性善论和不学而能、不虑而知的良知良能说，是不了解性和伪的区别。他还详细论证了本性和人为两者的关系：“性者，本始材朴也；伪者，文理隆盛也。无性，则伪之无所加。无伪，则性不能自美。”[②] 这就是说，人的本性，只是一种原始的质朴材料，而人为（伪）则是礼义道德加工后的成品。没有原始的材料，礼义道德也就没有加工的对象；没有礼义道德的加工，人的本性也不能自己变得圆满美好。

他认为：性是恶的，伪是善的，那么如何使人由恶变善呢？荀子认为要通过后天的礼仪教化来“化性起伪”：“人之性恶，其性者伪也。今人之性，生而有好利焉，顺是，故争夺生而辞让亡焉；生而有疾恶焉，顺是，故残贼生而忠仁亡焉；生而有耳目之欲，有好声色焉，顺是，故淫乱生而礼义文理亡焉。然则从人之性，顺人之情，必出于争夺，合于犯分乱理而归于暴。故必将有师化之化，礼仪之道，然后出于辞让，合于文理，而归于治。由此观之，然则人之性恶明矣，其善者伪也。”[③]“性伪合，然后成圣人之名一。天下之功，于是就也。”[④] 他认为：凡人都是好色好利、憎丑恨恶的，这些都是人性本恶的表现，如顺其自然发展，社会就会充满争夺、残暴、淫乱。因此，必须用师法教化、礼仪规范来使人向善，但善不是“性”，而是“伪”。“圣人”的重要作用就在于把“性”和“伪”很好地结合起来。

荀子的“性恶论”在名声上自然没有性善论那么入耳。其实，就如同性善论并不能使人自动行善一样，性恶论的含义也并非准许人随意作恶。性恶之恶就其本义而言，是指人类作为一种生物，所本来具有的生存本能。是生物就要生存，就一定要求生。既然一定要求生，也就没有必要否定它、回避它。荀子的做法只是没有回避它而已。从这一点来看，荀子直指人的本性，较之孟子的多方论辩更具有“因人情”的一面。孟子的学说是以性善论作为开端的，但是却以诋距杨墨作为结束。黑格尔曾认为，主张性恶比主张性善深刻得多。荀子背负

① 《荀子·性恶》。
② 《荀子·礼论》。
③ 《荀子·性恶》。
④ 《荀子·礼论》。

性恶的恶名，但却具有更多的合理性。当然，荀子的“性恶论”把人的好恶欲望等归结为人的生理要求和感官的自然本能，这是不准确的，仍然是一种抽象的人性论。

韩非（前280？～前233）主张人性恶比荀子更加鲜明彻底。他说：“夫安利者就之，危害者去之，此人之情也。”① 又说：“人为婴儿也，父母养之简，子长而怨。子盛壮成人，其供养薄，父母怒而诮之。子、父，至亲也，而或谯或怨者，皆挟相为而不周于为己也。”② 韩非子还认为：“医善吮人之伤，含人之血，非骨肉之亲也，利所加也。故舆人成舆，则欲人之富贵；匠人成棺，则欲人之夭死也。非舆人仁而匠人贼也，人不贵则舆不售，人不死则棺不买。情非憎人也，利在人之死也。”③ 既然人性本恶，那么就只有接受其恶的本性，唯其如此，才合乎天意。所以韩非认为，人性是自然而成的，所以现行政治政策就必须以人的本性为依据，要因循它，而不是对它加以否定。“因”或者说“循名责实”是法家学说中一个重要原则，早于韩非的慎到曾说：“因也者，因人之情也。人莫不自为也，化而使之为我，则莫可得而用矣。用人之自为，不用人之为我，则莫不可得而用矣。此之谓因。”④ 韩非也说：“凡治天下必因人情。人情者有好恶，故赏罚可用。赏罚可用则禁令可立，而治道具矣。”⑤ “故明主之治国也，适其时事以致财物，论其税赋以均贫富，厚其爵禄以尽贤能，重其刑罚以禁奸邪。使民以力得富，以过受罪，以功致赏，而不念慈惠之赐。此帝王之政也。”⑥ 法家明确表示不要亲情，不要恩惠，因为亲情和恩惠会连带出许多复杂的因素，把社会秩序搞乱。人是自为的，亦即利己的，因此不可能使人利他。但是恰恰是因为有人的利己，才可以使人由自为转为为公和利他。因为人为了利己，就必须依循国家政策的引导，也必须躲避国家法律的惩罚。于是，利己转而成为了利他。法家是最强调国家秩序的，而法家的人性论理论基础则是毫不隐讳地承认利己，承

① 《韩非子·奸劫弑臣》。
② 《韩非子·外储说左上》。
③ 《韩非子·备内》。
④ 《慎子·因循》。
⑤ 《韩非子·八经》。
⑥ 《韩非子·六反》。

认性恶。

二、惩恶以绝恶行

在人性问题上，孟子主张性本善，荀子主张性本恶。在人性向善的方法上，孟子主张通过教化，扶植和培养善的萌芽，使善性得以发扬光大；荀子主张通过教化，限制恶的趋势，使人性之恶向善转化。所谓“教化”，其途径有二，一是通过礼义的教化，二是通过法律或其他暴力手段的惩罚。此处专论后者。

荀子性恶论的直接要求就是法的产生。他从他所认定的人性出发，认为要防止人性恶导致的“暴”，使人性合于文理，归于治，就必须“有师法之化”。即“今人之性，生而有好利焉，顺是，故争夺而辞让亡焉；生而有疾恶焉，顺是，故残贼生而忠信亡焉；生而有耳目之欲，有好声色焉，顺是，故淫乱生而礼仪文理亡焉。然则从人之性，顺人之情，必出于争夺，合于犯分乱理而归于暴。故必将有师法之化，礼仪之道，然后出于辞让，合于文理，而归于治。”① 意思是说，现在人的本性，生来就贪图私利，于是人与人之间就要出现争夺，谦让也就丧失了；人生来就好妒忌仇恨，顺着这种本性，于是残害忠良的事情就会发生，忠诚信实就丧失了。人生来就有耳目的欲求，喜好听好听的，喜欢看好看的，顺着这种本性，于是淫乱的事情就会发生，等级制度和道德规范就丧失了。既然如此，那么放纵人的本性，顺着人的情欲，必然会发生争夺，出现违反等级名分、破坏社会正常秩序的事，从而导致暴乱；所以，一定要有君师和法制的教化、礼义的导引，然后才产生谦让，合乎等级制度的正常的社会秩序，从而导致社会安定。荀子进而认为，“今人之性恶，必将待师法而后正，得礼义而后治。今人无师法，则偏险而不正；无礼义，则悖乱而不治。古者圣王以人之性恶，以为偏险而不正，悖乱而不治，是以为之起礼义、制法度，以矫饰人之性情而正之，以扰化人之情性而导之也。使皆出于治，而合于道者也。”② 意思是说，人的本性恶一定要依靠君师和法制的教化才

---

① 《荀子·性恶》。

② 《荀子·性恶》。

能端正，懂得礼义，社会才能安定。如果人们没有君师和法制的教化，就会偏邪而不端正；没有礼义，就会违背社会秩序而社会不安定。古代的圣王因人性恶，认为人偏邪而不端正，违背社会秩序而社会不安定，因此给人们制定了礼义、法制，来矫正、整顿人的性情从而使他们端正，用来驯服教化人的性情从而引导他们，使人们都能遵守社会秩序，合乎道德规范。荀子还多次表达了礼、法相结合治理人心和天下的观点，如："故古者圣人以人之性恶，以为偏险而不正，悖乱而不治，故为之立君上之势以临之，明礼义以化之，起法正以治之，重刑罚以禁之，使天下皆出于治，合于善也。"① 意思是说，古时的圣人因为人的本性是恶的，认为人偏邪而不端正，违背社会秩序而社会不安定，因而建立君主的权势来统治他们，彰明礼义来教化他们，兴起法度来管理他们，加重刑罚来禁止他们违法乱纪，使天下全都达到安定而有秩序，合乎善道。在这里，荀子再次肯定了通过刑罚惩治恶行以达"善道"的必要性。此外，荀子还把适当的"刑罚"看成王者必须的治国措施和最高的道德之一，例如："听政之大分：以善至者待之以礼，以不善至者待之以刑。两者分别则贤不肖不杂，是非不乱。贤不肖不杂则英杰至，是非不乱则国家治。若是，名声日闻，天下愿，令行禁止，王者之事毕矣。"② 意思是说，处理政事的关键在于，用礼节对待那些高尚的人，用刑罚对待那些道德卑下的人。对善与不善两者区分清楚，那么贤人和不肖的人便不会混淆，是与非便不会混乱不清。贤人与不肖的人没有混杂，那么英雄豪杰就会来到这里；是与非分明，国家将得到很好的治理。如果这样，名声就会一天天显赫，天下的人都会景仰羡慕，号令必行，有禁必止。那么王者的政事就很完备了。再如："请问为政？曰：贤能不待次而举，罢不能不待须而废，元恶不待教而诛勉之以庆赏，惩之以刑罚，安职则畜，不安职而弃……才行反时者死无赦。夫是之谓之德，是王者之政也。"③ 意思是说，有才德的人要破格重用，无德无才的人要立刻罢免，首恶分子不待对他进行教诲就应处死……做了好事，就用奖赏来勉励他们，做了坏事，就用

① 《荀子·性恶》。

② 《荀子·王制》。

③ 《荀子·王制》。

刑罚来惩罚他们，这样之后，如果安于职守就留用他们，不安于职守就罢免他们。……对于那些才能和行事违反时势的人应坚决处死，绝不赦免。这就叫最高的道德，这就是王者的治国措施。荀子还说："凡刑人之本，禁暴恶恶，且惩其未也。杀人者不死，而伤人者不刑，是谓惠暴而宽贼也，非恶恶也……一物失称，乱之端也……刑称罪，则治；不称罪，则乱。故治则刑重，乱则刑轻……"① 意思是说，用刑罚处治人的根本，在于制止凶残暴乱，反对作恶，而且要警戒那没有作恶的人。如果杀人的人没有死刑，伤人的人不受刑罚，这就叫作纵容暴行，宽容犯罪的人，不是反对作恶了……赏罚事情有一件处理不当，就会引起混乱…刑罚与罪行相称，国家就安定，刑罚与罪行不相称，国家就混乱。所以，国家安定是由于刑罚重，国家混乱是由于刑罚轻。荀子在这里再次重申了惩治恶行以安天下的观点，尽管他的观点有些偏颇（如"故治则刑重，乱则刑轻"，这个观点未免太过于暴政了些），但他对于使用暴力手段惩罚和根除恶行的主张，在天下大乱的春秋战国时代还是比较现实和可行的。作为中国早期儒家的一位集大成者，荀子的思想不仅直接影响了稍后的韩非子及其法家学派，而且对后代儒家也产生了深远影响。

此外，管子也表达过类似"惩恶以绝恶行"的观点，要人民有礼义廉耻的教养，执政者必须重视发展生产，改善人民生活；同时要严格执行法令，使赏罚分明，对人民有奖励和劝戒作用："仓廪实则知礼节，衣食足则知荣辱，上服度则六亲固，四维张则法令行"②；"严刑罚则民远邪，信庆赏则民轻难，量民力则事无不成"。③

三、王霸并用以平天下

王霸思想是中国古代政治哲学的一对概念，王霸也就是王道和霸道。春秋战国时期思想家常用这对概念来说明两种不同的政治主张。王霸思想体现了儒家所致力于的王道仁政的理想社会政治形态，也显

① 《荀子·正论》。
② 《管子·牧民》。
③ 《管子·牧民》。

示了他们对霸道的复杂态度，当然王霸这对概念在不同的思想家那里其内涵是不完全一样的，孟子和荀子对此都进行了较为详细的讨论。孟子说："以德行仁者王，以力假仁者霸。"① 这是王道与霸道的分别所在。"王道"，就是统治者修养好自己的品德，然后以身作则，感化人民，也要推广恩德，实践仁政。仁君、王者对内是爱民、保民、为民制产；对外则"修文德以来之，既来之，则安之"。② 他们不用借战争扩张领土，别国人民也自然乐于归顺。这样，要达致广土众民，也不是难事。古代的周文王"以百里而有天下"③，便是儒家最津津乐道的例子。而"霸道"，根据孟子的说法，就是假藉仁义的名义，以武力攻打别人。这种战争，也就是不义之战。在儒家诸贤中，孔子力主推行王道，但也不绝对排斥霸道；孟子坚决反对霸道而提倡王道；而荀子对霸道的思考更为复杂，他站在王道的立场上对霸道有一定的批评态度，但他也务实地认为霸道思想也有值得认可的地方，这一点与孔子有相似之处。

儒家处于社会转型时期的天下失道、社会失序的情况下，与其他学派一样，都将天下一统当作自己政治追求的现实目标。为实现这一目标，又不放弃自己的原则，儒家就对王政进行了理论总结和道德升华，提出王道之说。从文化背景而言，王道是三代，尤其是以周代政治为摹本的，以宗法血缘、封建政治为基础的。孔子发愿"吾从周"，并对"兴灭国，继绝世"④ 很热心，而对外以征伐、内以刑罚的"霸道"不以为然，王道之说便成为儒家政治文化理想模式。法家对霸政情有独钟，春秋五霸多为法家思想的先驱，至法家便形成了霸道思路。赞同霸道，就意味着对上古三代时期历史的否定和对现实社会状况的承认，由此形成法家的"厚今薄古"的思维特点；肯定王道，就意味着对现实政治状况的批判和对上古三代历史的认同，由此形成了儒家"厚古薄今"的思维特点。

有许多历史文献记载，在孟子之前孔子已论说过王道论。如："孔子闵王道将废，乃修六经，以述唐虞三代之道，弟子受业而通者七十

① 《孟子·公孙丑上》。

② 《论语·季氏篇·季氏将伐颛臾章》。

③ 《孟子·公孙丑上第三章》。

④ 《论语·尧曰》。

有七人。”[①]“孔子曰：吾观于乡而后知王道之易易也。”[②]“孔子欲行王道，东南西北，七十说而无所偶。故因卫夫人、弥子瑕而欲通其道。”[③]“是以孔子明王道，干七十余君，莫能用，故因观周室，论史记旧闻，兴于鲁而次春秋，上记隐、下至哀之获麟，约其辞文，去其烦重，以制义法，王道备，人事浃。”[④]“战国末叶以前之人无言及帝道者。孔子但言王道。”[⑤]

新近公布的战国楚简《孔子诗论》中有“行此者丌（其）又（有）王乎？孔子曰：诗亡（毋）离志，乐亡（毋）离情，文亡（毋）离言”。[第一简] 整理者说：“行此”一句“据辞文，是论述王道的”[⑥]，紧接着的《子羔》中孔子对其弟子子羔提出的“三王者之作”等问题进行了回答，虽然由于残缺不能够看出多少内容，但从孔子对子羔“三王者之作，皆人子也”的称“善”和回答子羔“如埈在今之世则可（何）若”时说“埈其可胃（谓）受命之民”的话中，可以看出孔子对三王之治（德治）的赞叹和总结。[⑦] 埈同峻，《玉篇·土部》：“峻，陗高也。与陵同。”因此，我们可以想见，孔子曾试图实践王道，并以受之天命而成为周最初的王（文王）为理想。这样的话，第一简接在“孔子曰”后面的“诗”“乐”“文”应有周诗、周乐、周文的含意，即是与周文王相关的“诗”“乐”“文”。第二简的“讼”即“颂”，也可以看成是与周文王相关的“颂”。进而言之，现在尚未公开的第三简以后的“大雅”“小雅”“邦风”也基本上与此相关。[⑧]

王道与霸道并非一开始就对立。春秋时期，尽管王道衰微，诸侯争霸，而管仲、子产还能礼法合用，故从宏观上看，“尊王攘夷”可以

---

① 《汉书·地理志下》。

② 《礼记·乡饮酒义篇》。

③ 《淮南子·泰族训》。

④ 《史记·十二诸侯年表》。

⑤ 《管子·轻重戊篇元材注》。

⑥ 马承源主编：《上海博物馆藏战国楚竹书》（一），上海古籍出版社，2001 年版，第 123 页。

⑦ 马承源主编：《上海博物馆藏战国楚竹书》（一），上海古籍出版社，2001 年版，第 124 页。

⑧ 石川三佐男：《战国中期诸王国古籍整备及上博竹简〈诗论〉》，载中国诗经学会编：《诗经研究丛刊》（第二辑），学苑出版社，2002 年版。

说是春秋时代标示王霸共存的一个口号。在当时，这一口号起过一定的实际作用，即对华夏共同体起过凝聚的作用，也对王道的急剧衰微提供过延缓的作用。桓、管以“尊王”行仁，以“攘夷”行霸，对此孔子是肯定的：“子曰：管仲相桓公，霸诸侯，一匡天下，民到于今受其赐；微管仲，其被发左衽矣。”[①]“子曰：桓公九合诸侯，不以兵车，管仲之力也。如其仁！如其仁！”[②] 这颇能说明孔子对管子的思想倾向。傅斯年曾经评论说，孔子的国际政治思想，只是一个霸道，全不是孟子所谓王道，理想人物即是齐桓、管仲。这个评论略显过当，其实，孔子认为管仲在当时诸夏受周围蛮族的大肆进攻，当王道存亡遇到最大威胁时“尊王攘夷”，同时在使齐国强大的过程中，也体现了“仁”的精神，为民众带来了物质的利益，这些都是应该称赞的。但并不能因此说孔子就赞同霸道，准确地讲应是不绝对排斥霸道。春秋时期的五霸，大都打着“尊王攘夷”的口号，在周天子政令不能通行的情况下，像齐桓公、晋文公那样强大的诸侯用武力来匡正天下，维护当时社会的基本秩序，是有一定历史合理性的。孔子举上不足而求其次，就是他在王道衰微时不得已给霸道以适当肯定的原因。由此可见，孔子尽管以王道为最高理想，但他并不绝对反对霸道。甚至对称霸西戎的秦穆公，孔子也给予了很高的评价：“秦，国虽小，其志大；处虽辟，行中正。身举五羖，爵之大夫，起累绁之中，与语三日，授之以政。以此取之，虽王可也，其霸小矣。”[③]《史记·孔子世家》还载：“定公十四年，孔子年五十六，由大司寇行摄相事，有喜色。门人曰：‘闻君子祸至不惧，福至不喜。’孔子曰：‘有是言也。不曰“乐其以贵下人”乎？’于是诛鲁大夫乱政者少正卯。与闻国政三月，粥羔豚者弗饰贾；男女行者别于途；途不拾遗；四方之客至乎邑者不求有司，皆予之以归。齐人闻而惧曰：‘孔子为政必霸，霸则吾地近焉，我之为先并矣。’”

孔子在鲁国行“礼制”三个月，使鲁国社会秩序井然，道不拾遗，被齐人认为有称霸之势。但是，到了孟子、管仲时孔子则完全成了否

① 《论语·宪问》。

② 《论语·宪问》。

③ 《史记·孔子世家》。

定性的人物。这表明儒家对“霸道”的态度，从孔子到孟子，发生了很大的变化。

如何理解孔子的“变齐变鲁至道”，我们认为孔子面对当时齐强鲁弱的现实，并不觉得鲁不如齐，而是认为都应该进行变革，而变革的次序是在齐国富强的基础上行礼教讲仁义，齐鲁结合，然后更上一层楼，走向真正的先王之道。因此，顾炎武的理解倒与孔子的本意接近：“变鲁而至于道者，道之以德，齐之以礼。变齐而至于鲁者，道之以政，齐之以刑。”① 孔子对父母之邦——鲁国是怀有特殊感情的，但他又心忧天下，志在大同。应该注意到《礼记·礼运》篇在记述孔子言大同小康之治的时候，是抱着对鲁国，其实是对大道不能行于鲁的叹息才说的：“昔者仲尼与于蜡宾。事毕，出游于观之上，喟然而叹。仲尼之叹，盖叹鲁也！言偃在侧，曰：‘君子何叹？’孔子曰：‘大道之行也。……’”《列子·仲尼》篇也记载了孔子的一段自我表白：“曩吾修诗书，正礼乐，将以治天下，遗来世；非但修一身，治鲁国而已。而鲁之君臣日失其序，仁义益衰，情性益薄。此道不行一国与当年，其如天下与来世矣？”无论这个记载的可信度如何，关键是其中表达的思想观点是符合孔子的思想的。因此，与其说孔子是一个复古的保守主义者，一个狭隘的爱国主义者，不如说他是一个怀抱大道的天下大同主义者，对现实无可奈何的政治、道德理想主义者。

随着形势的发展，兼并战争愈演愈烈，“尊王攘夷”已成为历史。战国七雄并峙而立，周天子名存实亡，正如刘向所说：“道德大废，上下失序，至秦孝公捐礼让而贵战争，弃礼义而用诈谲，苟以取强而已矣。”② 霸道的政治惯性却变得越来越残酷无情，法家之兴起更为霸道注入了理论激素，在战国舞台上大显身手。到了战国中期，王道、霸道的分立已成定局。孟子毅然站出来作“王霸之辩”，肯定王道，反对霸道。这点可以从他对王道和霸道的效果分析中看出。孟子首先批评了“以力假仁者霸”的霸道，认为这种“霸”实质上是建立在实力基础上的强权政治，是一种假借仁义道德而实际上用实力和武力打击他人，使他人服从于自己的一种政治手段。他认为王道仁政才能真正使

① 顾炎武：《日知录·变齐变鲁》。

② 《战国策序》。

人口服心服："以力服人者，非心服也，力不赡也；以德服人者，中心悦而诚服也，如七十子之服孔子也。"[①] 在孟子那里王道和仁政相关，孟子认为"以德行仁者王"[②]，王道政治也就是一种以德政教化为基础的仁政，王道政治要求王要有同情心和仁爱心，要具有"不忍人之心"，统治者要体察民情。王要以身作则，要实施道德教化。

到了战国末期的荀子时代，形势发生了很大变化，一些奉行霸道的诸侯，虽然未能转变成为推行王道的圣君，但他们"威强乎汤武，广大乎舜禹"，其实力"威动海内，强殆中国"[③]，成为举足轻重而不可忽视的力量。在这种情况下，离开霸道与武力去谈统一问题，无异于空谈。于是，就出现了荀子的王霸观。

荀子对孟子的王道思想具有一定的继承性。他在《仲尼》中说："仲尼之门，五尺之竖子，言羞称乎五伯。"荀子解释孔门羞于谈春秋五霸是因为五霸"非本政教也，非致隆高也，非綦文理也，非服人心也"。[④] 由于五霸没有隆高礼义，不重视修习礼义，让人没有做到心服；另外五霸的做法是功利和欺诈的，他们"乡方略，审劳佚，畜积修斗，而能颠倒其敌者也。诈心以胜矣。彼以让饰争，依乎仁而蹈利者也，小人之杰也，彼固曷足称乎大君子之门哉!"[⑤] 他们重视策略，知晓劳佚，积累资源，休整战备，善于战斗，是能够战胜敌人的。但是他们的胜利是由于欺诈才取得的，五霸的欺诈之心在"让"和"仁"的掩饰下进行，"让"和"仁"成为了五霸的工具而非目的，因此在这个意义上，五霸的行为是小人而非君子的行为。在《王霸》篇中他说："以国齐义，一日而白，汤武是也。汤以亳，武王以鄗，皆百里之地也，天下为一，诸侯为臣，通达之属，莫不从服，无它故焉，以义济矣。——是所谓义立而王也。"[⑥] 商汤和周武王以"义"治理国家，虽然都是小国，但达到了统一天下，使诸侯臣服的目的，所到之处无不俯首称臣的效果，这些都是"义立而王"的王道思想和行为所

---

① 《孟子·公孙丑上》。
② 《孟子·公孙丑上》。
③ 《荀子·强国》。
④ 《荀子·仲尼》。
⑤ 《荀子·仲尼》。
⑥ 《荀子·王霸》。

取得的。随后他又说："絜国以呼礼义，而无以害之，行一不义，杀一无罪，而得天下，仁者不为也。擽然扶持心国，且若是其固也。"① 在说及孔子提倡王道政治时，他说："仲尼无置锥之地，诚义乎志意，加义乎身行，箸之言语，济之日，不隐乎天下，名垂乎后世。"② 孔子虽身无立锥之地，但他矢志不移地践行和传播"义"的学说，终于也能够名垂后世。在如何实行王道政治上，荀子也给君主提出了一些具体的建议。大致有设置官职地位的，有关于任贤使能的，有如何行政的，更有需要得民心的："故百里之地，其等位爵服，足以容天下之贤士矣；其官职事业，足以容天下之能士矣；循其旧法，择其善者而明用之，足以顺服好利之人矣。贤士一焉，能士官焉，好利之人服焉，三者具而天下尽，无有是其外矣。"③ "用国者，得百姓之力者富，得百姓之死者强，得百姓之誉者荣。……三得者具而天下归之，三得者亡而天下去之；天下归之之谓王，天下去之之谓亡。"④ 在得民心的方法上他说要"道德诚明，利泽诚厚"⑤，要达到的效果是"百姓贵之如帝，亲之如父母，为之出死断亡而不愉者"⑥。从以上言论可看出荀子和孟子都认为治理国家要施行仁义和礼制，即推行王道。

然而荀子在对待霸道的思想上与孟子有很大不同，孟子是坚决反对霸道的，而荀子则对霸道有一定程度的认可。先看他对五霸的肯定性评价："德虽未至也，义虽未济也，然而天下之理略奏矣，刑赏已诺信乎天下矣，臣下晓然皆知其可要也。政令已陈，虽睹利败，不欺其民；约结已定，虽睹利败，不欺其与。如是，则兵劲城固，敌国畏之；国一綦明，与国信之；虽在僻陋之国，威动天下，五伯是也。"⑦ 荀子对霸道认可的另一个例子是荀子在入秦时对秦国的评价，他说："其固塞险，形埶便，山林川谷美，天材之利多，是形胜也。入境，观其风俗，其百姓朴，其声乐不流污，其服不佻，甚畏有司而顺，古之民也。及都邑官府，其百吏肃然，莫不恭俭、敦敬、忠信而不楛，古之吏也。

① 《荀子·王霸》。
② 《荀子·王霸》。
③ 《荀子·王霸》。
④ 《荀子·王霸》。
⑤ 《荀子·王霸》。
⑥ 《荀子·王霸》。
⑦ 《荀子·王霸》。

入其国，观其士大夫，出于其门，入于公门；出于公门，归于其家，无有私事也；不比周，不朋党，倜然莫不明通而公也，古之士大夫也。观其朝廷，其朝闲，听决百事不留，恬然如无治者，古之朝也。故四世有胜，非幸也，数也。是所见也。故曰：佚而治，约而详，不烦而功，治之至也，秦类之矣。"[①] 当时的秦国是以法家为主兼杂其他各家思想为施政原则的，荀子从自然环境到民风和官吏、朝廷都给予了正面评价，这显然是荀子认可霸道的很好证明。在《王霸》篇中他更以齐桓公重用管仲与商汤重用伊尹、周文王重用吕尚、周武王重用召公、周成王重用周公旦对举，可以看出他对作为五霸之一的齐桓公任贤使能推行霸道的赞许。

在王霸关系上，荀子认为："粹而王，驳而霸，无一焉而亡。"[②] 粹的意思是全用儒道，驳的意思是诸家并用，粹则能王，驳则能霸，不粹不驳则只有灭亡。从荀子对秦国以法为主兼及其他学派的"霸道"的赞许，可见荀子认为王霸两种方式都可以强国，在强国的意义上他并没有仅仅推崇王道而排斥霸道。他说："隆礼尊贤而王，重法爱民而霸。"[③] "王道"的具体内容为"隆礼尊贤"，而"霸道"的具体内容为"重法爱民"，可见"霸道"不是不重视民心的。他还说："故用国者，义立而王，信立而霸，权谋立而亡。"[④] "信立为霸"是说霸道是建立在讲信和守信的基础上的，这也可以看出荀子对霸道的认可，他所极力反对的只是不顾"义""信"而单纯玩弄权术阴谋的行径。

荀子认为，如果那些实力强大的诸侯能够推行王道，这当然是他所希望的；如果他们不能实行王道，而按照他所提出的原则实行霸道，也可以促进国家的统一事业。这样，在他那里，"王霸""德力"等相对性观念，就不像在孟子那里，表现出比较尖锐的对立和冲突。荀子也不像孟子那样，对"霸道"不屑一顾。对他来说，能成为"霸"，具有"强大的力量"，也值得肯定。荀子对"富强"显然更为热心，"富国""强国"，直接成为《荀子》一书的篇名，颇能说明一点问题。但是总的来看，荀子是主张"王道"胜于"霸道"的。他说："凡兼

---

① 《荀子·强国》。

② 《荀子·强国》。

③ 《荀子·天论》。

④ 《荀子·王霸》。

人者有三术：有以德兼人者，有以力兼人者，有以富兼人者。彼贵我名声，美我德行，欲为我民，故辟门除涂，以迎吾人。因其民，袭其处，而百姓皆安。立法施令，莫不顺比。是故得地而权弥重，兼人而兵俞强：是以德兼人者也。非贵我名声也，非美我德行也，彼畏我威，劫我埶，故民虽有离心，不敢有畔虑，若是则戎甲俞众，奉养必费。是故得地而权弥轻，兼人而兵俞弱：是以力兼人者也。”[①] 荀子在这里所说的“以力兼人”即推行霸道的意思，这里的霸道是基于威势和力量的，尽管能暂时管制住百姓，但长此以往却无法保持国富民安。而只有“以德兼人”即推行“王道”，才能“得地而权弥重，兼人而兵俞强”。因此，在荀子看来，“霸道”是“王道”的候补者，王、霸尽管可以相通，“上可以王，下可以霸”[②]，但要想统一天下，就必须实行王道，争取天下归心。

孟子侧重从超越性的政治理念层面看问题，所以把王霸对立，尊王贱霸；荀子侧重从现实政策操作方案层面讨论问题，所以不把王霸对立，他尊王不贱霸，认为霸不如王但亦有一定价值。孟荀对待王霸的态度和观点上的差异，成为孟子竭力反对法家、荀子适当兼容法家的不同学术思想取向的根由，也开启了后世儒家内部王霸争辩的序幕。

在儒家看来，王道就是理想主义，霸道就是现实主义，肯定王道并不必然否定霸道，反之，肯定霸道也并不必然否定王道，王道和霸道可以在一个统一的“历史观法”中综合起来。不得已而暂用霸道，理想目标是走向王道，这是儒家一贯的思路。孔子的“齐一变至于鲁，鲁一变至于道”就是这个思路，荀子也是如此，王霸结合，以王道为主、为高、为理想。然而到了管仲那里，却公开地主张王霸并举，是实行王道还是实行霸道，要针对具体情况而定，即“霸王者有时”，“以备待时，以时兴事”。他们认为，“强国众，合强以攻弱，以图霸；强国少，合小以攻大，以图王。强国众，而言王势者，愚人之智也；强国少，而施霸道者，败事之谋也。”还说：“战国众，后举可以霸；战国少，先举可以王。”[③] 可见，管仲学派的王霸学说更适合当时的时

---

① 《荀子·议兵》。
② 《荀子·王霸》。
③ 《管子·霸言》。

势，更具有现实性。管仲辅佐齐桓公九合诸侯、一匡天下，成为春秋首霸。而所有这一切，是以国力雄厚为基础的。

王道是理想，是最高的精神价值；霸道是现实，是必须正视的问题。只坚持王道，否定霸道，理想固然高，却不能在现实中建立一个相对合理的政治秩序，因为霸道虽然“以力服人”，但毕竟比相互杀戮的“无道”好。但如果只承认霸道，否认王道，则社会现实就会缺乏理想的提升与指引。如何解决王道与霸道的冲突，实际上也就是当代国际政治中如何解决硬实力与软实力的关系问题。

第三节　非主流安全思想

先秦时期的百家争鸣，同样展现了丰富多彩的国家安全思想，最有影响的当数道家、墨家和兵家的思想。

一、无为而治

老子身为史官，基于历史经验和“大道”的哲学观念，提出了“无为而治”。

老子认为，天道是自然无为的，人道是天道在社会政治领域的落实，是对天道的效法，因而也应是自然无为的。然而统治者们却违背了自然无为的原则，肆意扩张一己私欲和野心，导致了社会的危机和人民的苦难。“无为而治”的主张，就是对这种违背天道的“有为”政治的反思和纠正。老子说：“爱民治国，能无为乎？”[①]“圣人处无为之事，行不言之教。”[②]“无为”是老子的基本主张，“无为而治”是“无为”主张在治国方面的应用。“无为”并不是不要任何作为，而是顺任自然不妄为，因而，“无为”的结果恰恰是“无不为”。老子用了一个形象生动的比喻来说明“无为”与“无不为”之间的辩证关系，

① 《老子·十章》。
② 《老子·二章》。

他说："治大国，若烹小鲜"①。王弼注曰："不扰也。躁则多害，静则全真。"治理国家就好比煎小鱼，不能多搅动，否则鱼就会烂，这就是"无为"；而鱼还是要烹的，国还是要治的，并且还要烹得好，治得好，这又是"为"；如能按照"无为"的原则去做，任其自成其功，就可以把鱼烹好，把国治好，这就是"无为而无不为"。可见，"无为"是一种"为"的态度和方法，是一种特殊的"为"，"无不为"是"无为"所产生的效果，因而老子又说："为无为，则无不治。"②"无为而无不为。"③"为无为"，就是以"无为"的、任其自然的态度和方式去"为"，这样，就没有治理不好的国家，就没有做不成的事，就能够"无不为"。这是老子为解救社会危机而提出的一种独特的、极具启发意义的政治主张。

"无为而治"是为统治者立言，是对统治者的忠告。具体来讲，"无为而治"包括如下一些内容：

（一）少私寡欲

老子认为，统治者个人的私欲是国家混乱的重要根源。统治者为了满足个人的野心而不惜穷兵黩武，为了满足一己的享受而不惜盘剥榨取，究其根本，皆为私欲。致使赋敛无度，民不聊生，甚至逼得人民铤而走险，危及国家社稷。因而老子才说："罪莫大于可欲，祸莫大于不知足，疚莫大于欲得。"④。针对统治者的穷奢极欲、贪得无厌，老子提出了"少私寡欲"的主张，他说："见素抱朴，少私寡欲"⑤；"不欲以静，天下将自正"⑥。"少私寡欲"的政治含义显然是向统治者进言。在老子看来，只要统治者减少私心，降低欲望，就能恢复清净无为的政治，人民自然就会安居乐业，社会自然会走上正轨。

（二）以民为本

老子虽不能说是劳动人民的思想家，但他对劳动人民的不幸予以

① 《老子·六十章》。
② 《老子·三章》。
③ 《老子·四十八章》。
④ 《老子·四十章》。
⑤ 《老子·十九章》。
⑥ 《老子·三十七章》。

深切的同情，在他的政治思想中，“民”“百姓”占有很重要的地位。他告诫统治者要以民为本：“故贵以贱为本，高以下为基。是以侯王自称孤、寡、不谷，此非以贱为本邪?”① 民众虽然低贱，但却是高贵的王侯赖以存在的根本，也是一个国家的根基，没有了民这个根基，建筑于其上的国家政权便无法存在，这是治国的王侯们时刻都不会忘记的。因而老子指出：“圣人常无心，以百姓心为心。”② 圣明的君主治理天下，没有自己的意志，而以百姓的意志为自己的意志，根据百姓的需要和心意来施政。这里，老子打出圣人的招牌，要求统治者对人民采取谦下的姿态：“是以圣人欲上民，必以言下之；欲先民，必以身后之。是以圣人处上而民不重，处前而民不害，是以天下乐推而不厌。”③“以言下之”，即所谓“自称孤、寡、不谷”；“以身后之”，即把自己的利益放在百姓的利益之后。这样的统治者虽身居上位，却没有给人民增加负担，人民不感觉负累；虽居于前面，却没有驱使人民，人民不感到受害。这样的统治者就会为天下所乐于推戴，而不会被人民厌弃。

（三）清静无事

统治者的贪得无厌，决定了他们必然要推行“有为”的政治，“有为”的政治必然会造成成堆的问题。老子指出：“民之难治，以其上之有为，是以难治。”④ 这说的是上行下效的道理，君上有为，则民多欲，是以难治。正是由于看到了统治者的所作所为是社会治乱的关键，所以老子才提出了“清静”和“无为”的主张：“清静为天下正。”⑤“我无为而民自化，我好静而民自正，我无事而民自富，我无欲而民自朴。”⑥ 君主若能清静无为，民必从之而自化、自正。

清静无为的具体要求，首先就是要薄赋敛，减轻人民的负担。老子虽然没有正面提出这样的主张，但他对统治者的厚敛于民和穷奢极

① 《老子·三十九章》。

② 《老子·四十九章》。“常无心”，今本作“无常心”，据帛书乙本改。

③ 《老子·六十章》。

④ 《老子·七十五章》。

⑤ 《老子·四十五章》。

⑥ 《老子·五十七章》。

欲提出了尖锐的批评："民之饥，以其上食税之多，是以饥。……民之轻死，以其上求生之厚，是以轻死。"① "服文才，带利剑，厌饮食，财货有余，是谓盗夸。"② 从这些猛烈的抨击上，可以看出老子同情人民的疾苦，是主张薄赋敛的。

其次要谨慎用兵，不要发动不义战争。老子认为，统治者发动战争，无非是为了满足自己的私欲和野心，但却不惜以荒废农耕和牺牲许多无辜的生命为代价。老子指出了战争的祸害，表达了他的反战思想。他说："师之所处，荆棘生焉。大军过后，必有凶年。"③ "夫兵者，不祥之器，物或恶之，故有道者不处。"④ "天下有道，却走马以粪。天下无道，戎马生于郊。"⑤ 天下有道，则干戈不兴，走马退还给农夫用来耕种；天下无道，则怀胎的母马也要用来征战，以致马驹生于战地的郊野。这些话，表明了老子对战争的深恶痛绝。没有战争固然是美好的，但是现实社会中战争有时是不可避免的，一旦发生了战争，又该如何对待呢？老子说："兵者不祥之器，非君子之器，不得已而用之，恬淡为上。胜而不美；而美之者，是乐杀人。夫乐杀人者，则不可以得志于天下矣。"⑥ 用兵应该是出于"不得已"的，即使是为了除暴救民而用兵，或为了自卫而用兵，也应该"恬淡为上"，战胜了也不该沾沾自喜（胜而不美），否则就是"乐杀人"，就不可能得到最终成功。老子还认为，战争是凶事，一旦发生战争，总是要死人的，因而即使是不得已应战而获胜，也不应庆功和嘉奖，而要"以悲哀泣之""以丧礼处之"。这在当时来说，实在是一种难得的人道主义的呼声。

再次，要减轻刑罚，删减法令。老子反对用高压政策对付老百姓。他说："鱼不可脱于渊，国之利器不可以示人。"⑦"民之轻死，以其上

---

① 《老子·五十三章》。
② 《老子·六十章》。
③ 《老子·三十章》。
④ 《老子·三十一章》。
⑤ 《老子·四十六章》。
⑥ 《老子·三十一章》。
⑦ 《老子·三十六章》。

求生之厚，是以轻死。”① “民不畏死，奈何以死惧之?”② “民不畏威，则大威至。”③

（四）绝圣弃智

老子认为，人们玩弄心机智巧，热衷于名利场上的竞争，这不仅违背了自然无为的原则，破坏了真朴之心，同时也造成了许多社会问题，使国家陷于混乱无序。因而老子主张弃绝智巧，返朴归真，把自然无为作为施政的指导原则。第五十七章指明了智巧之害：“民多利器，国家滋昏；人多伎巧，奇物滋起；法物滋彰，盗贼多有。”老子有感于“智巧”对人类真朴本性的破坏和造成的社会问题，因而提出“绝圣弃智”的主张，以使人心返朴归真，使社会恢复治理。他说：“绝圣弃智，民利百倍。绝仁弃义，民复孝慈。绝巧弃利，盗贼无有。此三者以为文不足，故令有所属。见素抱朴，少私寡欲，绝学无忧。”④ 绝圣弃智的关键不在人民，而在统治者。老子告诫统治者，要遵行自然无为的原则，不要“以智治国”。他说：“民之难治，以其智多。故以智治国，国之贼；不以智治国，国之福。”⑤ 通过对智巧的反思和否定，老子提出了他的尚“愚”思想，老子将这种关于“愚”的观念运用于对政治问题的思考，提出了一种十分独特的治国思路。他说：“古之善为道者，非以明民，将以愚之。”⑥ 老子这里的所谓“愚”，就是没有心机、私欲之欲。老子说：“是以圣人之治，虚其心，实其腹，弱其志，强其骨，常使民无知无欲，使夫知者不敢为也。”⑦老子的这一思想，常被人指责为主张愚民政策。然而在我们看来，老子的主张与通常所谓愚民政策有着重大的区别，不可不辨。首先，如前面所论，老子是主张人们放弃诈伪之心和投机取巧的行为，保持纯真的自然本性和养成淳朴的民风，而不是要人们成为头脑简单、没有文化的愚冥之人。第二，愚民政策是从统治者的利益出发的，是让人

① 《老子·七十章》。
② 《老子·七十四章》。
③ 《老子·七十二章》。
④ 《老子·十九章》。
⑤ 《老子·六十五章》。
⑥ 《老子·六十五章》。
⑦ 《老子·三章》。

们做容易统治的顺民，而老子却是为全社会的利益考虑的，他关心的是全人类的前途和命运。第三，愚民政策只是要人民愚，统治者自己却不愚，实际上是愚弄人民，而老子要求统治者自己首先放弃机巧诈伪，返归真朴，来带动和营造淳朴、自然的民风和政风。

其后，齐宣王时的慎到从老子“大道”包容万物的思想出发，主张国君要“兼畜下”，“因民之能为资，尽包而畜之，无所去取焉”，犹如“大道”能包容万物而无所选择，这样就使得“下之所能不同”，而都能“上之用”。基于这样的理论，国君就可以从“无事”而达到“事无不治”。因为国君“未必最贤于众”，自己动手去干，不可能把各方面的事都干好；而且只靠一个人的力量，自己势必弄得筋疲力尽，事情还是办不好。何况如果由国君一个人去“为善”，臣下就不敢争先“为善”，甚至会“私其所知”，不肯出力，结果国家大事办不好，“臣反责君，逆乱之道也”①。慎到虽然和道家一样主张国君“无为而治”，但是他的目的不同，其目的在于调动臣下的积极性，充分发挥臣下的才能，使得“事无不治”。

二、“非攻”“兼爱”

墨子（约前480～前420）以“兴天下之利，除天下之害”作为衡量一切思想和行为的价值标准。他所谓的“利”就是“国家之富、人民之众，刑政之治”②，而“强之劫弱，众之暴寡，诈之谋愚，贵之傲贱”③这种政治上的“交相恶”的混乱局面，是一切祸害中最大的祸害。墨子认为，解决这个最大祸害的根本办法，就是“兼相爱，交相利”。因为“天下兼相爱则治，交相恶则乱”④，这就是墨子的“兼爱”思想，是他整个思想体系的核心。墨子提倡的“兼相爱”是以“交相利”作为基础的，也是以“交相利”为具体内容的。他认为，只有“有力者疾以助人，有财者勉以分人，有道者劝以教人”⑤，才能真正

---

① 《群书治要》卷三七引《慎子·民杂篇》。

② 《墨子·尚贤上》。

③ 《墨子·兼爱下》。

④ 《墨子·兼爱上》。

⑤ 《墨子·尚贤下》。

实现兼爱的原则。因为“爱人者，人必从而爱之，利人者，人必从而利之”[①]，人人相爱相利，社会上相互残杀争夺的现象就会自然消亡，也就达到了天下太平的大治局面。

墨子将他的兼爱也称为仁、义，他说：“兼则仁矣、义矣”[②]，但墨子所谓的仁义是注重效果，以利人作为具体内容的，所以他说：“以此亏夺民衣食之财，仁者弗为也”[③]，又说：“而义可以利人，故曰义，天下之良宝也。”[④] 当别人谈到义时，墨子也追问：“子之所谓义者，亦有力以劳人，有财以分人乎？”[⑤] 因此，墨子虽然也用了孔子所提出的仁义这个范畴，但他却是直接反对孔子以恢复周礼为仁，以注重主观动机的忠恕为仁的标准的。他直接讥笑孔子这一派的人说：“今天下之君子之名仁也，虽禹汤无以易之；兼仁与不仁，而使天下之君子取焉，不能知也。”[⑥] 这就是说，有些人口口声声叫喊仁，但拿一件具体的事情让他去认识与肯定，这些人却根本就不懂得什么叫仁。

孔子虽然也说仁是“爱人”，但却不承认“小人”具有仁的德性：“君子而不仁者有矣夫，未有小人而仁者也”[⑦]。墨子则认为虽然是“贱人”，只要不以“兵刃毒药水火以交相亏贼”，实行了兼爱，也就是“仁矣、义矣”。孔子主张“亲亲有术，尊贤有等”，也就是爱人有亲疏厚薄的区别。而墨子主张爱人应该“远施周遍”，不应有亲疏厚薄之分，因为“必吾先从事乎爱利人之亲，然后人报我以爱利吾亲也”[⑧]。孔子以“孝悌”“为仁之本”，强调下级对上级的绝对服从关系，墨子虽然从来不认为上下贵贱的等级可以取消，但却肯定其关系应该是相互的。因此，他一方面说：“臣子之不孝君父，所谓乱也”[⑨]，同时他也强调说：“虽父之不慈子，兄之不慈弟，君之不慈臣，此亦天

---

① 《墨子·兼爱中》。
② 《墨子·兼爱下》。
③ 《墨子·非乐上》。
④ 《墨子·耕柱》。
⑤ 《墨子·鲁问》。
⑥ 《墨子·贵义》。
⑦ 《论语·宪问》。
⑧ 《墨子·兼爱下》。
⑨ 《墨子·兼爱上》。

下之所谓乱也。”① 可见墨子在实质上是反对孔子“克己复礼为仁”的思想的。

在政治动乱中为害人民最大的事情，墨子认为是侵略战争，因此，他特别提倡“非攻”。而他一生中比较突出的政治活动也是从事反对侵略战争，并且还研究制止侵略战争的战术。他认为，侵略战争为害最大，却最不容易为人所认识，一般人认识到偷盗杀人是不义的，却不认识侵略战争的不义。这样就不能分辨义与不义，甚至混淆黑白，以不义为义，为侵略战争辩护。

他批判从事侵略战争的国家都是“攻伐无罪之国”，并且对被侵略的国家“燔溃其祖庙，劲杀其万民”②。这样，一方面固然使被侵略国家的人民生命财产遭到极大的破坏，但另一方面由于发动侵略的国家也是“夺民之用，废民之利”③ 去从事战争的，加上在战争中因饥寒、疾病、战斗而伤亡的人民不可胜数，计算起来“其所得，反不如所丧者之多”④。因此，墨子认为在战争中并没有胜利者，只有受害者。

墨子说，有些国家认为发动侵略战争，可以开拓疆土，进行兼并，因而有利可图。但是分析一下看，绝大多数发动侵略的国家都是人口不足而土地有余。只是由于君主好大喜功，因而去进行侵略。这样，即使取得暂时的胜利，也是“亏不足而重有余”，完全得不偿失。所以，墨子说发动侵略战争的国家对被侵略的国家，“无罪而攻之，不可谓仁”，“杀所不足，而争所有余，不可谓智”⑤。这种不仁不智的好战国家有如舍弃家中的“粱肉”，却去偷窃邻家的“糟糠”，可以说是得了“窃疾”的战争狂。

墨子主张“非攻”，在理论上他并不是笼统地反对一切战争。他说一个国家为了兼并，兴师动众，侵略“无罪之国”，这叫作“攻”，应该加以非难谴责。但有道讨伐无道的暴君，这叫作“诛”，应该加以支持赞扬。如果混淆了“攻”和“诛”，就是混淆不同性质的事物的区别，在逻辑上是“不知类”。但是在具体分析中，他认为“今天下好

① 《墨子·兼爱上》。
② 《墨子·非攻下》。
③ 《墨子·非攻中》。
④ 《墨子·非攻中》。
⑤ 《墨子·公输》。

战之国，齐、楚、晋、越”，所进行的每一次战争都是属于“攻击”而不是属于“诛”，希望这些国家维持现状，等待上天选择一个具有兼爱思想的人统一全国。因此，墨子在对当时战争的具体分析上，并不是将好坏的界线划在战争的正义性（诛）和非正义性（攻）的区别上，而是划在战争的攻和守的区别上。他的“非攻”实质上的重点仍是“非战”，这与他的兼爱思想是完全一致的，并且也是他的兼爱思想的最集中最突出的具体要求。他的非攻主张在当时的现实政治中可能取得一时的个别的成就，例如他曾说服了楚国不去攻打宋国。但总的来说是不可能实现的，他的非攻的其他的实践活动，如劝齐国不要攻打鲁国等的失败，完全证实了这一点。

三、“不战而屈人之兵”

“不战而屈人之兵”是孙子（约公元前6世纪）兵法所追求的最高境界。《谋攻篇》开篇说：“凡用兵之法，全国为上，破国次之；全军为上，破军次之；全旅为上，破旅次之；全卒为上，破卒次之；全伍为上，破伍次之。是故百战百胜，非善之善者也；不战而屈人之兵，善之善者也。”[①] 其中的“善之善”，是指高明中最高明；所谓“不战而屈人之兵”，即用不流血的斗争方法，迫使敌方屈从我方的意志，既不损失我方的兵力物力，也不破坏敌方的兵力物力，从而最大限度地避免“用兵之害”。全句的字面意思是说：百战百胜，还不算是高明中最高明的；不经过交战而能使敌人屈服，或者放弃进攻企图，才算是高明中最高明的。根据这种全胜的战略思想，武装冲突并不是战争的理想形式。因此《孙子兵法·谋攻篇》说：“上兵伐谋，其次伐交，其次伐兵，其下攻城。”[②] 战争的理想形式是通过谋略和外交手段达到取胜的目的，兵戎相加，攻城拔寨，只是不得已而采取的办法。最好的战略是在达成胜利的时候，天下还能保持“完整”，也就是以最小的代价取得最大的胜利。

孕育“不战而屈人之兵”这一战略思想的土壤是春秋时期的内战，

---

① 《孙子·谋攻篇》。
② 《孙子·谋攻篇》。

其最大的战略价值也在于适应当时王室和霸主维护国家统一的需要。

西周以武力灭商夺得政权后，先后分封诸侯号称八百国，中央对各诸侯国的控制主要靠至高无上的王权。周王朝“制礼乐法度，作五刑，兴甲兵，以讨不义”①，就是儒家所称道的“礼乐征伐自天子出”的“仁义之兵”。这种用兵的本质就是以王权为核心，以周礼为准绳，以仁义为旗帜，对暴君乱臣的征讨，其战胜主要靠王朝权势加军威，更多带有行政、司法制裁的意味，所以战争的胜负是没有悬念的，战与不战都能屈人之兵。

进入春秋以后，“王室既微，诸侯力政”②，周王朝已经失去了对诸侯的控制力，甚至于要依靠诸侯大国讨生活。天下有王无权，各诸侯国都以合法的封国存在，互不买账，攻伐不断，在天子统一号令下的“仁义之兵”已经不复存在。诸侯之间的战争主要是为了争长争霸，还不是以并吞土地为目的。战争发动者要想取得胜利，都要上下左右多方运筹，尽可能找到名正言顺的出师理由，取得周王意志代表者的资格，获得多数诸侯国的支持等，而后才能达到有限的政治、经济、军事目的。“提正名以伐，得所欲而止”③，可以说是对这种战争指导原则的准确概括。这种战争实质是王室、霸主为维护统一、抵制分裂的内战。当时发生的数以百计的战争，大多数（特别是中期以前）都是采取政治、外交攻势加军事威慑，迫使对方屈服，承认自己的“盟主”地位而告结束。特别是其间几次著名的大战，这个特征更为明显。在战争指导上表现出“以仁为胜”“允当则归”的时代痕迹。对实力雄厚的对手只意在示威而不求决战，对中小国家只欲征服不求消灭。如晋、楚整个争霸中原的过程，均不寻求与对方决战，而是不断向中间各国进攻，以益己之强，限敌之势。即使两强正面相遇，也尽量避免交战。这个时期的战争是“仁义废，霸者出，而尚智力”的“节制之兵”④。所谓“节制”，就是指战争目的的有限性；所谓“尚智力”就是推崇不战而胜的智慧和谋略。“不战而屈人之兵”就是当时条件下用兵智慧的结晶，也是它大行其道的黄金时代。

---

① 《司马法·仁本》。

② 《汉书·艺文志》。

③ 《经法·称》。

④ 《太白阴经·主有道德》。

进入战国，随着社会变革的深入发展和近300年的反复较量，发达的大国成为超级明星，落后的小国越来越暗淡以至陆续灭亡。社会从复杂的多极变为简单的多极，以武力统一天下的趋势越来越明朗。战争由争霸为主转为以兼并为主，作战谋求攻城得城、掠地得地，胜者不再满足于像从前那样签订城下之盟。与此相适应，战法也由注重威慑转为注重实战：野战开始盛行，远程奔袭、迂回包围、运动歼敌、奇正迭用等以歼灭为目的的战法广泛使用。用兵不再受旧礼制的束缚，而是演变成“智力废，战国出，而尚谲诈”的“权诈之兵”①。这个时期“不战而屈人之兵”的价值主要体现在战术层面，即以较小代价赢得更大的战果，而不像从前那样着眼于战略目标。

可见，从西周到战国不同历史阶段的战争有其不同的特点，“不战而屈人之兵”的战略思想也有其不同的命运。只有在春秋时期才是它大放光彩的时代，究其原因不外乎以下几点：

其一，维护统一是中华民族的共同追求。从夏商到西周末年，以王朝天子为天下共主的奴隶制国家历史已有1300多年，基于这种政治体系和社会经历，一套中国特有的哲学和文化价值观也得以形成。其中“天下一体”“四海一家”的理念已经深入人心，成为连结各民族的坚韧纽带。虽然统一传统的形成可能有很多原因，但强烈的普遍王权意识和“天下”整体秩序观念早在真正的政治统一完成之前，就已经得到了普遍认同，“普天之下，莫非王土，率土之滨，莫非王臣”，就是这一观念的集中体现。“大一统”是中国文化对宇宙和世界的独特认识，也是国家观念的哲理基础。有违于国家统一的分裂行为始终被视为大逆不道，而“以天子治诸侯”“礼乐征伐自天子出”则被视为天经地义。在国家分裂或有分裂之虞的情况下，由谁来统一、谁有能力统一，各方可能各执一词，但他们却都追求统一，也就是说“统一”是公认的法理。在中国的历朝历代，能为国家的统一做出贡献的人和政权都会受到褒扬或肯定，而固守一隅、苟且偏安、对抗统一的政权和人物都被视为民族的祸害。

其二，避免战争是各诸侯国共同利益的需要。历史经验告诉人们，合则互利，分则两害，只有大一统才有大发展。统一战争的本质是维

① 《太白阴经·主有道德》。

护民族或国家的共同利益。武力手段的目的在于威慑对方而不是消灭对方。既然不是消灭，就只能是并存，允许保持双方都能接受的某种状态。所以春秋时期的战争大多以和解而告终，其形式就是“成盟”。“凡我同盟之人，既盟之后，言归于好”①，就成了一条不成文的“国际公约”。《管子》把用兵看作“尊主安国之经”，可以说是对这一特定战争本质的最精辟阐述。动用武力的根本目的是维护统一，而不是海盗式的掠夺和灭种灭族的侵略，因此“不战而屈人之兵”的用兵思想是达到这一目的的最佳战略抉择。

其三，义兵慎战的正统战争观已经深入人心。以仁为本是中国传统的道德观念，孙子也把“仁”视为将帅必备的政治品格。用兵的目的在于以“义”征“不义”，因民之欲，乘民之力，去残除暴才是用兵的宗旨。孙子说“兵以利动”，用兵的确受一定利益要求所驱使，但这个“利”不是狭隘的私利，而是国家和民族的大利，是义和利的统一。东周时期的战争从总体上看，是为了维护王权和国家的统一，这就是当时人们共识的大义大利。既然同一个国家、同一个民族，有着共同的利益点，那么就有求同存异的最大空间，从而就有以政治、经济、文化、外交等非战手段解决问题的可能性。兵凶战危，不得已而用之。武力是对那些“负固不服”者的警告，即对无视国家、民族共同利益的极端分子的威慑。为了实现民族、国家利益的最大化，古人强调观兵耀武非乐战，主张以雄厚的实力为基础，以各种手段巧妙配合，迫使对手不敢冒险行动，或者行动有所收敛，是符合共同利益的选择。因而，奉行“不战而屈人之兵”常被褒称为仁义之兵。

总而言之，“不战而屈人之兵”是春秋时期社会动荡、国家面临分裂威胁，王室和霸主为维护一统局面而进行长期斗争的经验总结。它是在特殊历史条件下形成和发展起来的一个完整的战略思想体系，是指在不使用战争手段的情况下就让对手退却或屈服。但说起来简单做起来难，对这一思想的成功运用也需要有其必备的条件。首先是要具有超过对手的强大实力。如果不具备第一点的话，那就得靠智谋加策划、机遇、胆量、天时地利人和等因素。具体如下所述。

第一，以优势的实力和充分的迎战准备作为全胜的物质基础。《九

① 《左传·僖公九年》。

地篇》说："威加于敌，故其城可拔。"[①] 可见"不战而屈人之兵"是以心理学上的威慑，使敌人在心理上产生畏惧作为基础的。在诸侯林立、群雄争霸的春秋时期，列国各怀异志，互相争夺，虎视眈眈，仅靠政治施压、外交劝说、道德感化是无济于事的。如果王室和霸主没有一定的实力，那国家将无以存在、社会将无以发展。东周王朝所以能维持数百年，就是因为齐桓公、晋文公等那些具有"合诸侯""匡天下"能力的霸主存在。为了维持国家的统一，霸主不得不时时开动战争机器，无论是有征无战还是有征有战，都是以强大的军事压力达到政治目的。这就是说，"不战而屈人之兵"必须建立在威慑的有效性上，否则其他一切运筹都将是空中楼阁。《形篇》又说："昔之善战者，先为不可胜，以待敌之可胜。"[②] 意为，从前善于打仗的人，首先要创造条件，使自己不致被敌人战胜，然后等待和寻求敌人可能被我战胜的时机。《九变篇》："故用兵之法，无恃其不来，恃吾有以待也；无恃其不攻，恃吾有所不可攻也。"[③] 意为，所以备御外敌的法则，不要把希望放在敌人不会来犯的可能上，而要我们做好准备足以备御才是可靠的；也不要把希望放在敌人不会发动进攻的可能上来，而要我们充分做好防御，使敌人无隙可乘才是可靠的。具有强大的实力是我方全胜的物质基础，首先要使自己不被敌人战胜，才有可能去"屈人之兵"。要有强大的军事实力待之，才有可能实施"不战而屈人之兵"的全胜战略。否则，自己国小民微，无兵可战，自保尚不足，何谈什么"威加于敌"并"屈人之兵"呢？

第二，以非军事手段的"伐谋""伐交"作为达到全胜的有效手段。"不战而屈人之兵"的"不战"，指的是军事斗争的不战，而在军事以外的领域里则可达到激战的程度。这里的"谋""交"即为达成全胜目标的各种手段，也是"知彼"的各种方法，是综合敌我双方进行全面比较的手段。"不战而屈人之兵"首先讲求实力，但并不否定"伐谋"和"伐交"，而是在保持实力的基础上，力求通过"伐谋"和"伐交"来避免使用军事力量达成目的。

① 《孙子·九地篇》。
② 《孙子·形篇》。
③ 《孙子·九变篇》。

“不战而屈人之兵”的思想在当代越来越受到人们的重视。英国战略学家利德尔·哈特曾任英国陆军大臣顾问，著有《战略论》等书。他在《战略论》一书的扉页上，引证孙子语录达15条之多。他说：“在《孙子兵法》这部篇幅不长的书中，把我20多部著作中所涉及的战略和战术原则几乎包罗无遗了。”他首先把孙子的“不战而屈人之兵”的“全胜”思想引进现代的核战略。他说：“最完美的战略，也就是那种不必经过严重战斗而能达到的战略——所谓不战而屈人之兵、善之善者也。”美国国防大学战略研究所所长、著名战略学家约翰·柯林斯将军推崇“孙子是古代第一个形成战略思想的伟大人物”。他根据孙子的战略思想，提出“大战略”的概念。这一概念，除了军事因素之外，还“包括威胁、谈判、经济诈骗和心理战等内容”。在他看来，这一概念是孙子“不战而屈人之兵”思想的新发展。根据这种“大战略”的思想，他在70年代初就批评美国政府忽视了孙子“上无战谋”的英明忠告，愚蠢地投入了越南战争。

对任何一个有价值的理论观点的肯定，都是以其满足人们现实生活和斗争的需要为尺度的。历史往往凝聚着现实问题的症结，察古的目的无非在于鉴今。重新审视“不战而屈人之兵”威慑战略的内涵和精髓，概括起来不外乎文、武两手。

主要阅读文选：

1. 柏拉图：《理想国的组织及其中的四德》
2. 亚里士多德：《理想的城邦》《精神导引》
3. 孔子：《大同》
4. 孟子：《公孙丑下》
5. 荀子：《王霸》《议兵》
6. 管子：《霸言》
7. 老子：《第四十六章》《第十八章》
8. 墨子：《非攻》《兼爱》
9. 孙子：《计·谋攻》

第三章

中国封建王朝的治国安邦方略

在中国封建社会长达两千多年的历史中，各种规模的动乱和战争从未停歇。然而，封建君主专制制度和地主阶级的统治地位得到了基本的维护，甚至由于社会生产力的发展而出现“文景之治”“开元盛世”这样的繁荣景象。与此同时，中国各民族的大融合和凝聚力也在不断加强，逐步形成一个以汉文化为中心的统一的多民族国家。中国封建王朝之所以能够在种种内忧外患中延续数千年之久，其中一个很重要的原因是历代君王（尤其是开国之君）及其谋士善于在总结历史经验教训的基础之上，制定并实施有效的治国之策，以缓解内外矛盾并使其统治地位得到巩固。

中国古代的治国安邦方略相当于现代意义上的大战略或国家战略，它从整体联系的观点出发，将国家的安全与发展共冶一炉：既适用于战时，又适用于平时；既有对内的一面，又有对外的一面；既重视政治、军事安全，也关注经济、文化与民族关系安全。中国古代“富国强兵”“兵农结合”的国防思想和“以内安边”“修德怀远”的治边理念就蕴含了深刻的大战略思维。另一方面，中国古代治国方略又具有极强的民族规范性和文化继承性，体现了中华民族经过长期的历史积淀所形成的传统文化特征和思维方式结构，如辩证、中庸的哲学思想，重道轻器的战争观念等。本章将从分析中国封建王朝面临的基本矛盾出发，探讨历代治国安邦、维护统一的主要战略思想及其基本特点。

第一节　中国封建王朝面临的基本矛盾

在历史上，中国封建王朝所面临的安全挑战主要来自三个方面：

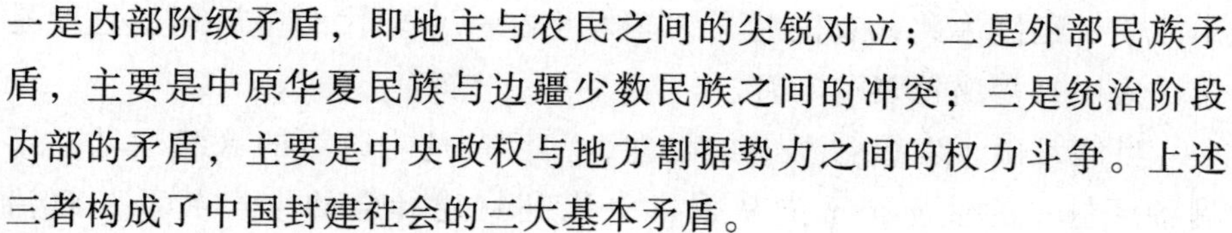

一是内部阶级矛盾，即地主与农民之间的尖锐对立；二是外部民族矛盾，主要是中原华夏民族与边疆少数民族之间的冲突；三是统治阶段内部的矛盾，主要是中央政权与地方割据势力之间的权力斗争。上述三者构成了中国封建社会的三大基本矛盾。

一、内部阶级矛盾与农民起义

纵观中国历代王朝的兴衰史我们会发现，大大小小的农民起义此起彼伏，几乎贯穿了整个封建社会时期。从秦朝末年陈胜、吴广领导的大泽乡起义到晚清的太平天国运动，中国封建史上共发生过成百上千次的农民起义[①]。其中，参加者达数十万的大规模农民战争就有十余次，如东汉末年的黄巾起义、唐末的黄巢起义等。与西欧相比，中国封建社会的农民战争不仅次数多、规模大，而且组织程度较高，对封建政权造成的打击和影响也更为巨大，有的甚至直接导致了朝代的更迭（如朱元璋就是依靠农民起义推翻元朝建立了明朝）。可以说，农民起义是中国封建王朝面临的主要威胁之一，也是历代统治者严加防范的对象。

引发农民起义的直接原因是多种多样的，归结起来主要有三个方面：一是封建统治集团的暴政给农民造成沉重的政治压迫和经济剥削，不堪重负的农民只能奋起反抗；二是地主阶级无休止地兼并掠夺土地，使农民失去最起码的谋生手段；三是自然灾害导致农民生活更加困难。然而从根本上看，封建土地所有制是导致农民起义不断发生的深层原因。封建社会是地主占有大片土地剥削独立经营的小农的社会形态。地主要剥削农民的剩余劳动，势必要尽可能多地占有大片土地；农民要能有效地进行独立经营，也必须占有小块土地。于是，地主与农民为争夺土地经常处于对抗状态，两个阶级的根本性对立构成了封建社会内部的一对主要矛盾。当受到外部条件的刺激如国家政治黑暗、赋税徭役加重或爆发大规模自然灾害时，该矛盾就会进一步加剧并演变

① 关于历史上农民起义的次数，学术界尚无定论。《毛泽东选集》第 2 卷中称，有“总计大小数百次”；而据翦伯赞的《论中国古代的农民战争》提供的材料推断，共有千次以上。

为战争。正因为此，农民起义大多发生在一个朝代的中后期，也就是统治集团日趋腐化衰败之时。

当然，由于农民自身的局限性，其反抗地主阶级的武装运动并不具备反封建的性质，不能从根本上推翻封建社会的生产关系和政治制度。但是客观地说，农民起义在封建社会发展历程中，确实起到了自发调整封建统治秩序，推动社会向前发展的积极作用。一方面，农民起义沉重打击了封建反动势力，促使后继统治者调整生产关系，减轻剥削压迫，从而促进生产力发展。例如：汉高祖刘邦吸取秦朝灭亡教训，与民“休养生息”；唐太宗李世民实施开明政治，知人善任，勤政节俭；清初推行“更名田”政策，等等。另一方面，农民起义推翻腐朽、反动的封建王朝，自发选择较为开明的统治者，为封建社会的继续发展扫除障碍。例如，李渊家族借助农民起义的力量取代残暴的杨广统治集团，才有后来著名的“贞观之治”和“开元盛世”。

二、外部民族矛盾与民族间战争

中国自古就是一个疆域辽阔的多民族国家，特殊的地缘背景、复杂的民族构成以及政治形态、经济方式与文化传统等因素的差异，使得中国历代封建王朝在面临“内忧”的同时，又要处理“外患”即错综复杂的民族矛盾与边疆问题。由于社会发展的不平衡以及文化隔阂的长期存在，各民族在相互交往和不断流动的过程中不可避免地会产生种种矛盾，并主要体现为中原华夏民族与周边各少数民族之间的冲突与战争。因此，民族问题一直是中国历代王朝实现和维护国家统一、社会稳定和边疆安全的关键问题。

构成中国古代民族矛盾的因素是多方面的，其中最主要的原因是“夷夏”之间生产方式和经济类型上的差异。历史上，华夏族所处的中原地区土质和气候比较适合农业发展，因而形成了以农耕为主的农业经济。与此相对，边疆尤其是北方和西部广阔的草原和沙漠则更适宜从事畜牧业，因此周边部族始终以游牧采集为主要生活方式。两种生产方式的差距导致了民族之间的矛盾与战争。农业经济与游牧经济之间虽然具有一定的互补性，但总体上前者优于后者，后者对前者的依赖度更高。因此，游牧民族为谋求生存不得不频繁发动战争以掠夺财富，并在建立部族政权后不断扩张，以缩小二者在经济水平上的差异。对此，中原王朝平时大多以防御为主，通过筑城、闭关等手段保护本地区的安全，必要时也会采取军事行动抗击外族的入侵，甚至爆发大规模的民族间战争。此外，包括宗教在内的文化差异也是引起民族间冲突的重要原因。例如在新疆，仅清代就发生了十余起由大、小和卓及伊斯兰教白山派部分上层人士发动的分裂叛乱。[①]

由于边疆各地经济文化发展的不平衡，其民族矛盾的激烈程度和解决方式也各不相同。其中，南方和西南地区社会发展相对落后，中原王朝在经营这一地区时较少遇到强有力的抵抗，因此大多采取招抚怀柔的温和手段。相反，北方（东北、北方和西北）的匈奴、突厥、蒙古等游牧民族因交通便利而容易形成强大的帝国，并凭借其“马背上民族”的军事优势不时南下袭扰中原，对中央王朝的统治构成巨大威胁。因此，历代王朝都以防范和抗击“胡虏”入侵作为治理边疆和解决民族矛盾的中心任务，中国历史上的民族战争也主要发生在中原华夏族与北方游牧民族之间。例如，汉武帝对匈奴的战略反击，魏晋时的“五胡乱华”，唐太宗对东突厥的征讨，康熙平定噶尔丹部贵族的叛乱等等。

三、中央政权与地方割据势力的矛盾与内乱

秦灭六国统一天下之后，废分封制行郡县制，建立了中国历史上首个中央集权政府。自此，皇帝（君主）集最高权力于一身的专制主义中央集权制度成为贯穿整个中国封建社会的基本政体。封建君主专制的一项核心内容就是强调中央对地方的绝对领导权，所有军、政、财大权归属中央，地方完全由中央管理和控制。然而，这项制度在实施过程中往往要受到地方割据势力的种种阻挠。尤其在封建社会早期，中央集权制度尚未完善，中央政权与地方势力之间的矛盾与斗争时有发生，造成统治集团内部的严重分裂，甚至引发内乱和政治格局的重大改变。例如，东汉末年的军阀混战造成三国鼎立的局面，两晋时期

---

① 孙建民：《中国历代治边方略研究》，军事科学出版社，2004年版，第45页。

的“八王之乱”最终导致“五胡十六国”的割据和南北朝的对峙。

从历代王朝中央与地方的斗争历史来看，其矛盾的产生和激化主要缘于双方力量对比的变化。一方面，中央内部矛盾导致自身权威下降，控制力遭到严重削弱。造成这种局面多半是由于君主缺乏执政能力，导致权臣、外戚、宦官专权，君权旁落，中央政令难行于下。例如，唐代经安史之乱后，中央内部矛盾丛生，对地方的控制力急剧下降，致使全国出现藩镇割据。另一方面，地方势力日益坐大，成尾大不掉之势，对中央构成巨大威胁。这其中既有制度方面的问题，如西汉初期实行的郡（县制）、（封）国并行制是招致七王之乱的一个重要原因；但同时也反映出中央主观上对地方威胁认识不足，因而未能及时加以有效的控制。汉文帝时，同姓诸王势力膨胀，时刻想举兵夺取皇位。针对这种情况，贾谊曾上书文帝称“夫树国固，必相疑之势”，“莫若众建诸侯而少其力”①，建议多分封诸侯而削弱他们的力量。然而，汉文帝没有采纳，结果到景帝时果然发生吴、楚等七国的叛乱。

因此，历史上有作为的君主，通常能清醒意识到强藩、权臣、贵戚乃是高度中央集权的离心力量，稍加纵容就容易引发政局的动荡。为维护政治安全，他们总是通过各种制度和措施，一方面“弱臣势”以巩固皇权，同时极力遏制地方势力的增长，以消除内乱隐患。汉武帝实施“推恩令”“夺爵”“附益（法）”，武则天打击关陇军功贵族，康熙撤除三藩都是出于上述考虑。

综上观之，中国封建历史上引发战乱甚至分裂的原因是多方面的，其中最基本的原因是，在专制主义中央集权的封建制度下，自给自足的自然经济导致政治上的割据。阶级矛盾、民族矛盾、统治阶级内部矛盾由此产生并不断激化，从而导致国家分裂。然而每次分裂之后总能归于统一，并且是更大范围、更加密切、更长时间的统一。在一次次与矛盾和分裂做斗争的过程中，中国历代帝王和思想家们积累了丰富的维护国家统一的经验教训，从而形成了以中国传统文化为根基的大一统战略思维。

① 《治安策一》。

第二节 封建帝国维护统一的战略思维

在中国封建社会漫长的历史发展过程中，虽然经历了数不清的朝代更迭、治乱分合，但统一是主流、分裂是支流，而且总体上体现出“分久必合”的趋势。其根本原因就在于，追求民族和谐与国家统一的理念不断渗透于中华民族的血液之中，成为人们一致的价值取向和最高理想。对于历代明君贤相而言，造就“六合同风，九州共贯”的“大一统”格局，乃是国家安全在政治上的根本标志，也是安全战略得以圆满推行的具体表现。因此，实现与维护统一就成为中国古代战略家们制定国家内外战略的根本宗旨和重要依据。

围绕“大一统”这个共同的目标，儒、法、道等各学派都在各自的理论框架内提出了相应的治国安邦方略。其中，儒、道、墨三家主张以道、德、仁、义、礼治天下，重“文德”；法、兵两家则强调用法纪和实力维护统一，重“武力”。而在历代统治者的战略实践当中，往往是文武并用、刚柔并济，“杂王霸之道”而用之，体现出鲜明的理性思考和务实倾向。

一、强化中心

“大一统”的中心内容，是强调“尊王”大义，维护中央权威，巩固封建集权统治体制。这一理念源于先秦时期，早在《诗经》中便有“溥天之下，莫非王土；率土之滨，莫非王臣”的提法。所谓“皇权盛，国泰安，民泰和，边陲固”，其意也在说明巩固皇权是实现国泰民安的先决条件。诸子百家虽然有着不同的治国理论，但在维持强大的中央政权这点上是一致的。如儒家推崇“定于一”，法家主张“事在四方，要在中央”，墨家提倡“尚同”。概而言之，中国历代王朝强化中央集权的战略理论及对策主要体现在以下几个方面：

（一）推崇儒学，尊王忠君

自汉武帝“罢黜百家，独尊儒术”之后，儒学逐渐成为中国封建社会中占主导地位的官方哲学。而它之所以受到历代统治者的大力推崇，其主要原因就是儒家所积极倡导的“尊王忠君”思想。早在春秋时期，孔子就针对当时“礼崩乐坏”的局面，大声疾呼“礼乐征伐自天子出”，反对“礼乐征伐自诸侯出”①，强调君权至高无上、不可侵犯。儒家认为，维护国家统一的首要问题就是确立“上”与“下”的地位关系，即“君君、臣臣”“父父、子子”的政治伦理和社会秩序，以使人们具有严格的等级尊卑观念。

而要做到这点，一方面是“民顺”，即要求臣民“尊王”“忠君”，对“犯上作乱”者要严厉批判甚至武力惩罚；同时，朝廷自身要坚强有力，即“君正”。孔子认为，为政者要以德正人，首先自己要正己，“其身正，不令而行；其身不正，虽令不从”②。董仲舒从“天人合一”的理念出发，提出“以人随君，以君随天”③，天子必须通过自身的道德修养成为“明于天人之分”的“至人”，才有资格代表上天统治天下苍生。朱熹也指出，治国以修身为本，正君心是“大本”。国家的治乱系于君心正不正，如果君心不正，属下就有责任“格君心之非”。

由此可见，在孔子等传统儒家学者看来，“君正”是“民顺”的先决条件，君主必须施德政、行天道，以赢得百姓的爱戴和拥护。然而历代封建统治者从自身利益出发，更多地是强调儒学中“民顺”的一面，使儒学沦为君主统治臣民的思想工具。经过统治者对“德教”的长期推行，“忠君”已经成为一种人人必须遵守的道德规范和行为准则。所谓“教立于上，俗成于下”、“愚鄙污秽之人，岂惟不容于朝廷，亦见弃于乡里”④，三国时期曹操之所以始终不敢废汉自立，就是因为“畏名义而自抑也”⑤。客观地说，尽管儒家的政治理想未能被全面实践，但其强化中心、反对割据的思想对于稳定社会秩序、维护国家统一的作用是不可忽视的。

---

① 《论语·季氏》。
② 《论语·子路》。
③ 《春秋繁露·玉杯》。
④ 《资治通鉴》卷68，《汉纪》60。
⑤ 《资治通鉴》卷68，《汉纪》60。

（二）分化事权，内外相制

除了思想文化上的灌输和引导，中国封建统治者还通过一系列政治举措分化瓦解地方势力，不断完善专制主义中央集权制度。从秦朝的郡县制到宋元的行省制，从汉武帝的“推恩令”到明清的“三司分权，直属中央”，历代王朝尤其在政权建立之初，无一例外都要大刀阔斧地进行政治改革，打击地方豪强，加强中央集权，以保证统治中心的安全和政权的稳固。

首先，改革中央行政机构，通过明确的政治分工、严格的权力制衡、有机的协同与配合，既提高了中央机构的工作效率，又有利于平衡内部矛盾。如秦汉的三公九卿制、隋唐的三省六部制，到明清则彻底废除了丞相制度，使皇权得到空前强化。其次，实行地方小行政区划制，防止行政区划过大而失去控制，秦朝废除分封制改行郡县制就是“大改小”的典型做法。但是，行政区过小同样不利于中央对地方的管理，因此到宋元以后又改为行省制，但地方大员仍由中央任免，这样既调动了地方的积极性，又能防止割据势力坐大。再次，改革地方行政机构，三权分立，相互制约。如宋朝采取“文臣知州县，复设通判贰之”的办法，一方面避免地方高级长官集军、政、财大权于一身，同时实施官员轮换制度，不使其久居一地，从而削弱地方行政权，加强中央对地方的控制。

史实证明，中国封建帝王采取的“分化事权、内外相制”的战略，确实起到了防止地方割据、巩固中央统治，消弥分裂动乱隐患的作用。宋代不仅没有出现武人割据的复辟，而且也没有出现权臣篡代的混战局面，主要得益于赵匡胤实施的一系列军政改革。

（三）统一财政，强干弱枝

与儒家的“重文崇礼”不同，法家、兵家更强调从经济、军事等现实层面巩固中央政权的统治地位，在增强中央实力的同时弱化地方权力，即李斯所说的“强公室、杜私门”。法家集大成者韩非在《亡徵》中列举了种种亡国之兆，其中“凡人主之国小而家大，权轻而臣重者，可亡也”，“公家虚而大臣实，正户贫而寄寓富……可亡也”等句都旨在强调中央扩充财富和权力的重要性。

上述思想在中国历代封建王朝的统治实践中得到了充分的体现和运用。一是将分配、调整土地的权力集于中央，严厉打击地方豪强对土地的兼并和圈占。明朝中叶，王公贵戚、地方恶吏利用政治特权大量占夺土地、盘剥农民，致使国匮民穷、矛盾激化，明王朝处于危机四伏的境地。为“强公室、杜私门”，内阁首辅张居正不顾豪强地主和勋戚的反对，下令各省清丈土地并颁行清丈条例。此次清丈使明政府的财政收入有了显著增加，有效地打击了地方势力，强化了中央集权。二是由中央控制关乎国家经济命脉的税收、铸币、物价等财政大权，取“有余”以补“不足”，例如宋代设各道“转运使”，把地方财权收归中央。三是增强各地区之间的经济联系，增强其相互依赖性，减少独立性。如汉代“富商大贾周流天下”，加大了地区间的互相制约，对维系国家统一起了重要作用。

虽然封建帝王的上述举措是出于对自身利益和地位的维护，但其对发展国家经济、维护社会稳定确实起到了一定的积极作用。首先，打击地方豪强的土地兼并行为有利于缓解地主与农民之间的矛盾；其次，在封建社会生产力水平较为低下的情况下，财权集中能够有效地组织人力、物力、财力从事大规模经济活动，兴建水利、交通、防御等大型工程，奠定中华文明长期领先于世界的基础；再次，经济互通政策有利于各地区间经济文化的交流，推动先进生产技术和文化的传播，增强国家的整体凝聚力。宋元以来，国家没有出现过长时期的严重分裂，与地区经济联系的加强有很大关系。①

（四）居重驭轻，以文制武

对军队实施有效控制，是强化中央集权的一项重要内容，也是维护国家统一的必备条件。因此中国封建帝王在执政之初往往都要推行军事改革，使中央保持强大的军队和对地方的军事控制力。一是削枝强干，居重驭轻。如宋朝虽然总体上实行重文轻武的治国方针，但实际上其主旨在于削弱地方军力。与此同时，重点加强禁卫军力量，将主力精锐部队部署在京师附近，以形成中央对地方的优势兵力。二是

① 于汝波：《大思维：解读中国古典战略》，军事科学出版社，2001 年版，第 146、156 页。

控制军权，以文制武。首先是改革兵制，从制度上加强对军事将领的牵制。从隋唐的府兵制和募兵制，到明清改设五军都督府，兵部的权力受到越来越严格的限制。其次，在军队内部实行分权而治。如兵权三分，把统兵权、发兵权、指挥权分离开来；采取军事监察的措施，建立必要的政治监察制度；在中央部队、地方部队、边防部队之间实行轮换驻防，割裂军队官兵建制关系，使之相互制约，等等。

此外，还有人事上的将相分职制、决策上的廷议制、军队调动上的兵符制、赏罚上的军功爵制等。汉唐以降，“以文制武”的趋势更加明显，进一步造成了“兵无专主，将无重权”的局面，宋太祖赵匡胤的“杯酒释兵权”就是一个典型事例。这些措施使君主对军权的控制大大增强，不仅有利于维护政权的稳定，保障国家的内部安全，同时也有利于抵御外来侵略，维护国家领土主权的完整和统一。历史一再证明，无论是镇压国内叛乱如康熙平定三藩，还是解决民族争端如唐太宗伐突厥，都需要以中央统一指挥控制下的强大军队为基础。

二、礼治和合

在治国方略上，中国自古就有以儒家为代表的“礼治”和以法家为代表的“法治”之争。孔子等从“人性善”的角度出发，主张“以礼理民”，用道德教化和典章制度规范人们的言行，营造和谐的社会环境。与此相反，荀子等基于“人性恶”的观点，主张“用刑（法）治民、以赏（利）诱民”，利用人类趋利避害的自然属性，将其纳入统治阶级规定的秩序之中。从本质上说，二者都是为了维护封建地主阶级的统治，都是社会整合的一种手段；其观点也并非完全对立，只是侧重点有所不同。如孔子除“民信”外也讲“足兵”“足食”，法、兵两家也反对“好战”，提倡“道胜”。尤其随着各学派相互渗透与融合的不断加深，其理论区隔已日渐消失。但比较而言，儒学具有更大的包容性和更强的生命力，因而成为中华民族传统文化中的主流意识形态，对中国封建社会的发展具有重大影响。例如，董仲舒的新儒术就是以儒学为本位，兼取法、道、阴阳等诸学派思想而成。

从实践层面来看，战国的攻伐不断和秦朝的迅速灭亡相继证明，纯粹的礼治或法治都是行不通的。因此自汉高祖刘邦起，历代君主实际采取的都是礼法兼治的策略，根据时势的需要，综合运用德、礼等精神力量和法律、军队等强制手段，维护社会的稳定和既有秩序。换言之，从纯功能的角度看，礼治与法治具有同等重要的地位。然而从价值取向上来说，贵王贱霸、文治胜于武功，是中国传统政治哲学的一贯标准[①]。令百姓自觉服从，进而达到万物和谐即“礼治和合”被视为治国的理想模式。当然这毕竟只是理想，现实中往往不可能忽视武力的作用，而必须刑德并用、恩威俱施。因此，中国历史上的有道明君如唐太宗等，都是既行仁重教又赏罚严明，既大力发展农业生产又注重保有一定的军事力量，表现出成熟的统治经验和高超的政治艺术。

（一）道之以德，齐之以礼

儒家认为，治理国家最好的方式是“崇德尚礼”，所谓“道之以政，齐之以刑，民免而无耻；道之以德，齐之以礼，有耻且格”[②]。孔子虽然把政、刑、德、礼都看作为治之法，但这四者在其治国之道中的地位不同：德、礼是本，而政、刑是末；德与礼比较起来，“德又礼之本也”。也就是说，治国最根本的应当是德教，用统治者自己的道德感人，用统治者的道德思想教育和约束被统治者，使后者自觉地接受统治者提倡的道德，并以此作为自己的行为规范，达到社会、政治的稳定。“导之以德”，是儒家德治思想的一个重要内容。

除了“导之以德”外，孔子还主张“齐之以礼”。“礼”是封建宗法社会的典章制度，是人们共同要遵守的社会行为规范和伦理准则，讲究上下有别、尊卑有序。齐之以礼，就是用礼来规范人间的一切社会行为，建立君君、臣臣、父父、子子的社会秩序。有了礼，德就有了落实的载体，个人的道德实践和道德教化都可以套在礼仪制度中进行。另一方面，德又为礼提供了思想心理基础，二者互为补充，共同构建出和谐的社会政治秩序，最终实现“天下大同”的理想状态。

事实上，儒家政治哲学的核心就在于通过对人伦道德的肯定和神圣化，论证其理想的“王道”政治的普遍性意义。在儒家看来，家、

---

① 孙建民：《中国历代治边方略研究》，军事科学出版社，2004年版，第144页。

② 《论语·为政》。

国、天下以及社会政治组织只是人伦关系的逐步扩大，由子对父之孝自然过渡到臣对君之忠。通过“君父”“臣子”的类比，既肯定了封建等级秩序的合理性，又消解了其严酷性。儒家的政治理论符合中华民族贵和求稳的心理特点，因而成为封建统治者从思想上控制人民的有力武器。

（二）选贤用能，清明政治

除了重德教，儒家还强调君王必须行仁政，所谓“为政以德，譬如北辰，居其所而众星共之”。[①] 如果统治者能够为政以德，亲民爱民，选贤用能，虚心纳谏，则“无为而天下归之”。要做到“为政以德”，首先统治者必须先“正己”，注重个人的道德修养。然而在封建专制的政治制度下，历代统治者即使是雄才大略的君主也很难做到，而诸臣百官中像魏征这样敢于犯上直言“格君心之非”者也并不多见。因此自古以来，所谓的明君更多地表现为政治上的清明，具体包括以下几个方面：

一是以民为本，尊重人民的客观权利。儒家认为，“民为邦本，本固邦宁”，因此为政者必须行仁政，重民、爱民、惠民、富民。虽然统治者未必能像孔子要求的那样以“仁”心爱民甚至以“民为贵”，但却深谙“得民心者得天下”的道理。唐太宗所说的“水能载舟，亦能覆舟”即揭示了人民与国家政权稳定之间的密切关系。由此可见，儒家的民本思想在一些励精图治的君主中确曾起过积极作用。

二是任人唯贤，制定合理的人才选用制度。实行德治，必须有好官、有人才，其标准是德才兼备。只要统治者真正用贤才、远小人，就能吸引贤人、转化小人。中国历代封建王朝都很重视人才选拔任用制度的建立和完善。从汉朝的察举制，到隋炀帝创立科举制，选官制度逐渐规范化、制度化，为普通百姓参与政务提供了机会。虽然科举制尤其是后来的八股取士严重禁锢了人们的思想，但其早期确曾对国家选拔人才发挥过积极作用。

三是严格赏罚，制定严明的政策法令。汉代以后，虽然法家从未占据过中国政治文化的主流，但其思想对历代君王都产生过重要影响。

---

① 《论语·为政》。

尤其当社会道德风气败坏、“礼”变得软弱无力的时候，“法”更成为维护社会秩序和稳定的一种必要手段。春秋中后期，社会矛盾激化，旧的政治秩序被日渐强大的下层贵族破坏殆尽，于是催生出我国最早的成文法典——郑国的刑书和晋国的刑鼎。战国时期，商鞅变法使秦国力量迅速强大，最终统一六国。此后，法家思想不断发展和完善，其主张也在不同程度上被历代君主所采纳，成为礼治的一种有力补充。遗憾的是，中国封建社会的“人治”性质决定了其法治的主观随意性，而始终未能形成真正的制度。

（三）与民休息，富安天下

中国的富安思想源远流长，是封建王朝治国安民方略的重要组成部分。历代政治家和思想家都意识到，民生问题是关系到国家治乱安危之根本大局的问题，欲求国家之长治久安，就必须保障人民的基本生活来源，使人民富裕起来。《尚书》曰：“德惟善政，政在养民”。孔子称：“百姓足，君孰不足，百姓不足，君孰与足”[①]。孟子指出：“民之为道也，有恒产者则有恒心，无恒产者无恒心”[②]，认为仁政必须体现在现实的经济政策上。荀子强调“不富无以养民情”[③]，韩非子更尖锐地指出，“人民众而货财寡”是社会动乱的根本原因，只有“富国”进而“强兵”，才能抵御各种威胁，确保政权稳定。虽然各学派的理论出发点略有不同，但其主旨相同，观点也基本一致。

一是发展农业，固本安民。在中国封建社会，农业是决定性的生产部门，是民生之“本”，商业、手工业则被视为“末技”。重农抑商、重本轻末，是中国古代政治家的传统主张。要使社会安定，就必须发展农业生产，使民“皆著于本”，通过“富安”来巩固封建统治秩序。汉代政治家贾谊提出，“驱民而归之农，皆著于本，使天下各食其力，末技游食之民转而缘南亩，则蓄积足而人乐其所矣”[④]，主张通过国家政权力量，强制农民固着于土地上从事农业生产，以改变愈加严重的“背本趋末”局面。

---

① 《论语·颜渊》。
② 《孟子·藤文公上》。
③ 《荀子·大略》。
④ 《贾谊集·积贮疏》。

二是轻赋少事，与民休息。所谓“夫民化而从政，是以天无为而成事，民无与而自富”[①]，保证农民有一个从事农耕生产的适当时间，并把剥削量控制在不影响正常生产的范围内，是安定民生的重要因素，也是稳定统治的重要保障。贾谊认为，秦朝灭亡的一个重要原因就是“赋敛无度，天下多事……百姓穷困，而主不收恤”[②]，因此建议汉文帝爱惜民力，减轻人民负担，遵循“取民有制、使民以时”[③]的财政精神，“轻赋少事”，勿“夺民事”[④]，减少对百姓的干扰，以保证人民有一个相对稳定的生产、生活环境。

三是蓄积节用，反对侈靡。国家和人民的贫富，取决于“生财”和“用财”两方面。因此，节流和开源一样都是中国古代增加社会财富的重要途径。首先要蓄积粮食，足民恤贫，即在丰年进行粮食积贮，在灾年进行救济，使人民有衣食之保障。另一方面则要崇尚节用，坚决抵制侈靡之风。韩非在《亡徵》中指出：“好宫室台榭陂池，事车服器玩，好罢露百姓，煎靡货财者，可亡也。”贾谊则将西汉初年盛行的侈靡之风视为“天下之大贼”，要求当政者节己顺民，“去淫侈之欲，行节俭之术”[⑤]，以保护生产，安定民生。

上述思想深深渗入历代帝王的统治实践当中，对于缓解封建社会矛盾、维护国家政治安全起到了积极作用。如汉朝统治者从汉初开始即注意实行“与民休息”“轻徭薄赋”以及“贵粟”政策，恢复和发展农业生产，从而造就了著名的“文景之治”。唐朝则对经济体制进行系统改革，实行了更为合理的均田制、租庸调制，使农民安居乐业、社会繁荣，实现了“贞观之治”与“开元盛世”。

（四）教民战守，藏器而动

国家的安全不仅需要雄厚的经济实力为后盾，还需要保有一定的军事力量以应付各种威胁。历代政治家、思想家都将军队视为重要的国家统治机器，认为军事安全是维护国家安全的关键所在。“国家大计

---

① 《六韬·文韬》。
② 《贾谊集·过秦》。
③ 《新书·修政语》。
④ 《贾谊集·大政》。
⑤ 《新书·退让》。

所重者，莫过于武备”[①]，“无备，虽众不可恃”、“兵者百岁不一用，然不可一日忘也”[②]。苏轼的《教战守策》即针对北宋时期“知安而不知危，能逸而不能劳”的社会问题，提出要居安思危，“尊尚武勇，讲习兵法”，以备“意外之患”。《尉缭子》《三略》等兵书则从战略规划、治军思想、作战指导等各方面进行了全面而细致的阐述。就连以“和为贵”的儒家、道家也主张“有文事者，必有武备”[③]，以军事力量“禁暴讨乱”[④]。有鉴于此，历代封建政权都采取种种举措加强战备，巩固国防，伐叛抚降，维护国家的安全和统一。

一是在军队编制方面，实行与土地制度相适应的兵役制度和相应的军事体制，并根据实战的需要和主客观形势的变化随时进行调整。如汉代实行“民兵”制度，隋、唐则实行府兵制并不断改革。“兵农合一”的兵役制度既省却了国家大量的养兵之费，又保证了军队征发和作战能力的提高。

二是有重点地加强军事领域的各项建设，在富国基础上打造一支“将良、兵精、器利”的强大军队。例如，为了提高军队的机动能力，有意识地改善军事交通状况。秦始皇在位期间曾兴修驰道，将京师咸阳和北部边关连结在一起，平时边地军民屯垦耕作；一旦有警，长城戍卒点燃烽火，将领便可根据敌情做出部署，且可沿驰道征调内地部队驰援。在训练部队方面，唐太宗曾亲自在殿廷教练卫士，鼓励他们积极练武。

三是适时动用军事手段镇压内乱，通过战争途径达到安全。维护安全首先要立足于预防，将任何动乱消灭在萌芽状态。然而当事态已发展到不得不用战争手段解决时，则毫不犹豫动用武力。汉景帝平定吴楚七国之乱、武则天扑灭徐敬业举事、康熙帝荡平三藩之乱都是镇压内乱，制止分裂方面的显著事例。

---

① 《雍正朱批谕旨》第 12 册。

② 《鹖鸟冠子·近迭》。

③ 《孔子家语》卷一，《相鲁》。

④ 《淮南子·兵略训》。

三、强边固防

中国是一个幅员辽阔的多民族国家，民族矛盾与边疆问题始终是关系国家统一、政权稳定的重大战略问题。因此，历代王朝在实现内部稳定的同时，都积极致力于开拓和经营边疆，以实现民族的统一与边疆的安定。与“治内”相同，在解决“边患”的问题上，同样存在着“德化”与“力服”两种选择。前者利用中华文化的一体意识，通过政治的感召、礼义的示范增进各民族的文化认同，使边疆自觉融入中原的政治、文化体系；后者则是通过行政命令、武力威慑和军事镇压等强制措施让边疆臣服，并强行改变其风俗习惯。从价值取向上来说，重“和合”的“德治”传统决定了历代统治者在边疆经营上亦倾向于“以德怀之”，力求建立中央与边疆之间的和谐关系。但在实践过程中，边疆与内地之间差异的客观存在又要求统治者重视“刑”“力”的作用，必要时通过武力解决双方矛盾。由此形成了以施展文化、政治影响力为主，以动用军事手段为辅，剿抚并用、威惠兼施的治边理念，以高明的政治、军事艺术，务实理性地应付来自边疆的挑战。

（一）王者无外，夷夏一体

一般来说，民族观是人们认识和处理民族关系的原则和前提，直接影响着民族政策的制定和实施。中国传统的民族观念即“夷夏观”，属于典型的文化民族主义①，它以文化作为民族认同的标准，并以文化认同、文化整合为核心目标。因此，在民族关系问题上，中国历代王朝首先强调“王者无外”“夷夏一体”，并以此为前提积极促进各民族之间的融合，加强民族间的文化认同，从而为边疆的安全与稳定提供有力保障。

中国传统的“夷夏观”从根本上为中国古代治边方略提供了思想指导和理论框架。以儒家为代表的中国传统民族观，实质上是一套系统的民族融合理论。在这一理论体系中，由“诸夏”和“四夷”构成的“天下”并不是对立的，而是“一体”的两个方面，二者在政治秩

① 孙建民：《中国历代治边方略研究》，军事科学出版社，2004 年版，第 121 页。

序和伦理关系上不过是“家”的关系的扩展。基于这种认识，尽管“夷夏”分立的现实在中国历史上长期存在，但统治者仍坚信“天下一家”的理念。如汉文帝曾与匈奴“约为兄弟”，汉元帝也曾与呼韩邪单于签订“自今以来，汉与匈奴合为一家，世世勿得相诈相攻”①的盟誓。并且，“夷夏观”承认在文化上落后于中原的“四夷”有进化到文明的可能性，甚至“夷夏”之间是可以相互转化的。韩愈将儒家的这一认识概括为“进夷狄”：“诸侯用夷礼，则夷之；进于中国，则中国之”，意即：华夏族的中原如果不实行文明先进的礼乐制度，就变成了“夷狄”，而少数民族能施行仁义道德教化，也就能与华夏族平等相处。正是“夷夏观”中“夷夏一体”“夷狄进至于爵”的认知，从理论上消解了“夷夏”的矛盾和对立，为历史上的民族融合提供了理论依据。

从实践层面来看，也正是基于“胡汉一家”的理念，历史上开明的统治者才能在治边实践中表现出开明的民族观念，以维护大一统和“以夏变夷”为己任，用先进的经济、文化、礼仪同化“夷狄”，不断将“夷狄进至于爵，天下大小远近若一”② 的理念付诸实施。如唐太宗就曾明确提出“夷狄”也是中国人的概念，强调对各民族要一视同仁、不分贵贱：“自古皆贵中华，贱夷狄，朕独爱之如一，故其种落皆依朕如父母。”（《资治通鉴》卷197，《唐纪十三》）同时，在“夷夏一体”的理论框架下，即使少数民族也都自认为与华夏族有着共同的祖先，将自己定位于“一体”中的一员，如与清朝分庭抗礼上百年的噶尔丹，也反复强调自己“不自外于中华”。蒙古族、满族等少数民族入主中原后也能欣然以儒家思想和中原的先进制度统治中原，融入中华大家庭。此外，联姻“和亲”作为施行“文教”的一个重要途径也值得重视。虽然历史上“和亲”的背景和动机千差万别，但其行为本身以及伴随而来的经济文化交流在一定程度上冲淡了民族偏见，促进了中原王朝与各民族之间的联系。

（二）因俗而治，怀柔羁縻

为了实现边疆的统一、稳定和安全，中国历代王朝遵循以和为本，

① 《汉书》卷94下，《匈奴传》。

② 《春秋公羊传解诂·隐公元年》。

“文教”先行、“德化天下”的治边理念，特别重视凭借高超灵活的政治艺术处理边疆民族问题，其主要表现就是对边疆地区实行因俗而治的“怀柔羁縻”政策。

由于中国边疆地区的政治组织并不定形，完全依靠武力拓边或强行进行直接统治显然是不现实的。因此，历代中原王朝往往采取务实理性的办法，在边疆民族中间设置一些与中央王朝有关系但又不同于内地郡县的单位，由少数民族自己进行管理，借此对边疆民族加以束缚、牵制和笼络，以和平方式将边疆地区纳入大一统体系。如唐朝在南方、西南和北方的边疆少数民族地区实行羁縻府州体制，列置州县并设都督府加以管理。各州县长官由部族首领世袭，上司的任命只是认可而已；中央对这些地区不征收赋税，仅要求定期或不定期地交纳贡品，并予以超值的赏赐；各府州的内部事务大多由其长官按本部族的传统方式处理，中央很少干预。元朝则在四川、云南等地设置土官并允许世袭，从而开创了“土司制度”。

但是对于一些战略要地或与内地生产方式较接近的地区，中央在实力允许的情况下仍然坚持实施直接管理。如汉朝对南部边疆各族一般实行郡县制，只是在郡以下设“道”，以示别于中原地区的县级政权。唐朝灭高昌后，唐太宗鉴于该地对于经营西北边疆的重要地缘战略意义，否定了让其“依旧为国”的主张，断然将西昌州改为西州。并且，随着中央集权制度的不断完善，以郡县制为代表的中原体制被不断推进到边疆地区，中央政权对边疆民族的管理也日趋完善。例如，元、明土司制度对土司的控制比起唐朝更加严密，到明清时期，政府通过大规模的改土归流，积极推进边疆与内地的一体化，从而真正实现了中国多民族国家空前的政治统一。

（三）屯田实边，边民互市

除了通过各种政治制度对边疆实施有效管理外，历代中央政府还从经济上采取屯田开发、徙民实边、互市贸易等一系列战略举措，促进边疆地区的经济开发，为抵御游牧民族的袭扰奠定物质基础。

一是实施屯田。边疆地区大多经济落后，地广人稀，交通不便，中原王朝要在广阔的边疆维持驻军或实施军事行动，后勤供应是首先需要解决的一大难题。对此，历代王朝采取的战略性举措之一就是在边疆地区进行屯田开发，尽可能将农业经济推进到边疆地区。屯田以军屯为主，也就是让边疆驻军在守边之余从事农业生产，且耕且守。如汉武帝曾在朔方、上郡、西河一带设置官田，派遣兵卒60余万进行垦殖。到了唐朝，其屯田组织之完备、地域之广，已远远超出汉代。为了落实屯田安边的政策，唐朝政府甚至明文规定，各军、镇、城、戍等边防要地的士兵，必须进行屯田。此外，历代统治者还大力提倡民屯、商屯等多种形式的屯田，作为军屯的有益补充。屯田政策的实施，使边疆社会经济得到快速发展，在解决边防官兵生计的基础上提高了其综合防卫能力。更重要的是，以军民结合、兵农结合为主要特点的屯田工作，不仅确保了边疆的安全，还动员了边疆地区各方面的力量参与到边疆经济建设中来，对于实现边疆的长治久安具有重要的战略意义。

二是徙民实边。由于边疆远离内地，大量驻军不仅要定期换防，而且耗费巨大，因此单靠中央派军驻守和抗击侵略的办法难以持久。为此，中原王朝采取“徙民实边”的战略，在军事征伐之前和之后，有计划地从中原地区迁徙居民到边疆地区生活，建立城邑、修筑民居。这样既可以为军事行动提供物资保障，又可以在击退敌人之后巩固战果，从而使边防力量固定化、边疆军民一体化，有效地维护了边疆的安全与稳定。因此，中国历代王朝都将“徙民实边”作为安定边疆的一项长远之计加以施行，并制定种种配套措施以保证其实际效果。如汉朝政府对移民就曾慷慨投资：“皆赐高爵，复其家。予冬夏衣，廪食”[①]。“徙民实边”战略不仅从根本上解决了中原王朝长期守边固防的困境，还改变了边疆地区的居民结构，促进了民族间的融合，同时也改善了当地的经济方式和经济状况。

三是边民互市。开展经贸往来，利用中原优势的物质文化对边疆少数民族施加经济文化影响，也是历代王朝治理边疆的一个重要方略。与边疆民族进行互市贸易的主张最早由贾谊提出，他认为，可以利用匈奴“乐关市，嗜汉财物”的心理，通过贸易交流去感召和影响匈奴。汉文帝采纳了其主张并建立了由政府主办的互市制度。结果汉、匈双方的关市贸易发展很快，长久以来边境的紧张状态也得以缓和。此后，

① 《汉书》卷49，《晁错传》。

历代中原王朝基本上都将互市贸易作为安全边疆的一个有效手段，贸易规模也不断扩大。互市贸易的开展加强了内地与边疆各阶层人民的交往，同时促进了边疆地区的经济繁荣，对中国历代边疆经营产生了深远影响。

（四）立足防御，因险置塞

在众多边疆少数民族中，对中原王朝构成最大威胁的是善于骑射的北方游牧民族。为抵御侵扰，历代统治者在边疆经营中都非常重视配合政治、经济措施制定和实施有效的国防战略。主要表现在：在军事战略上立足防御，合理部署军事力量，重点兴修国防工程等。

首先，战略指导上采取防御为主的方针。面对周边游牧民族的袭扰，历代王朝几乎无一例外地奉行防御性的战略。这一方面是由于以步兵为主体的中原军队在战术上远逊于游牧民族，加上经济、地理等因素，使中原在军事上处于劣势；同时，儒家“以内安边”“先内后外”的思想也使统治者在战略目标上首先考虑的是京师和帝国中心地带的安全与稳定，而对积极拓边缺乏热情。因此，历代王朝极少在边境部署庞大的常备军，而是更注重防御工事的建设，不到万不得已绝不大举征讨，并力图将战争控制在有限的范围之内。

其次，兵力部署上实行重点设防与机动防御相结合的策略。中国边疆辽阔，而且边疆威胁具有连动效应。在此情形下，如果边疆驻军过少，难以抵御威胁；而大量驻军，中央又无力负担。并且，处处设防不仅不现实，而且容易造成兵力分散。有鉴于此，历代王朝在边防上的成功经验就是既实行重点设防，又注意建立强大的战略机动部队，以适时策应重点战略方向。如唐朝初年在全国重要地区设置了数百个军事重镇，构成边疆防御体系的前沿基地；同时实行极富弹性的军事体制，平时由边防部队承担戍卫任务，一旦出现大的威胁，则临时组建“行军”以弥补边防力量的不足，从而有效应对了突厥等游牧民族的袭扰。

再次，防御设施建设上遵循“因险置塞”的原则。面对骑术精良、机动性强的游牧民族军队，中原王朝依据重点设防、重点守备的原则，从战略全局和战役全局的需要出发，在敌必攻、我必守的战略、战役要点上，集中人力、物力因地制宜地进行国防工程的建设，以弥补已方战术上的不足。这种利用自然险要或人为地修筑城镇进行防御即“因险置塞”的思想在中国治边历史上发挥了重要作用，其代表就是由秦朝开始修建的长城。此外，还有唐朝的边塞、宋代的“水上长城”、金朝的界壕等。

(五) 以夷制夷，分而治之

如前所述，中国历代王朝在处理民族与边疆问题时一直就有重文轻武的倾向，与单纯的军事攻伐相比，更注重政治、外交谋略的运用。其中，“以夷制夷”“分而治之”的治边方略就很好地体现了这一点。

历史上，中国边疆各民族迁徙不定、兴衰无常，相互之间关系复杂、争斗不已，且与中原之间的密切程度各不相同。在此背景下，利用各民族之间的矛盾，“以夷制夷”“众建之而分其力”自然成为中原王朝的合理选择。具体做法有二。一是“分”，即对强大的部落共同体或游牧帝国予以分化，如汉朝分别拉拢匈奴内部的五个政治集团使其相互牵制；或者“多封众建”，尽可能地预防和阻挠边疆政治共同体的形成，如清朝在蒙古高原多分盟、旗，将其各部落固定在指定的土地上，使其“力少不能为乱”，以达到分而治之的目的。二是“联”，即灵活运用地缘战略，离强合弱，达到战略平衡。比如，汉朝为解除主要对手匈奴的威胁，通西域并联盟乌孙等国以“断匈奴之右臂”。唐朝为战胜东亚霸主突厥曾结好于薛延陀和吐谷浑，后为对付西南强大的吐蕃又竭力扶持南诏以抗衡。

虽然从本质上说，“以夷制夷”的治边思路其实是一种以弱边求安边的消极战略，只能暂时缓解边境的危机和威胁，甚至一旦运用不当就可能适得其反引起局部动荡；但它在中国边疆经营史上的作用和地位不可否认，并且就其避免战争这点而言，也具有一定的积极意义。

第三节　封建帝国治国安邦思想的基本特点

任何战略归根结底都是通过人脑的思维活动产生出来的，人们的思维方式、思维特征决定着战略理论的发展和战略决策的制定。同时，思维又带有延续性，它反映了在不同的民族起源、历史发展、地理环

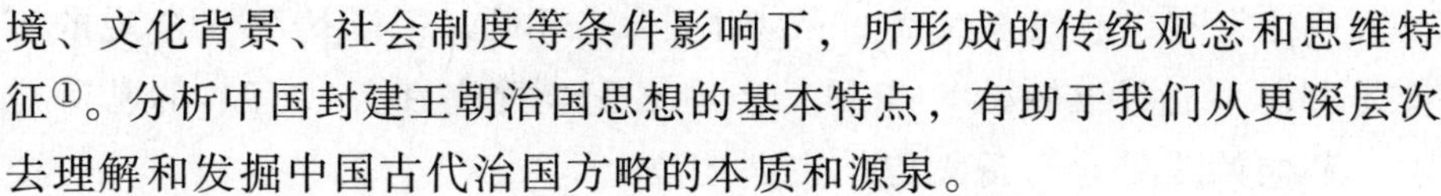

境、文化背景、社会制度等条件影响下，所形成的传统观念和思维特征[①]。分析中国封建王朝治国思想的基本特点，有助于我们从更深层次去理解和发掘中国古代治国方略的本质和源泉。

一、辩证

众所周知，中国传统文化中蕴含着朴素的辩证法思想和哲学理念。早在先秦时期，《易经》就将复杂的自然现象和社会现象抽象地概括为"阳"与"阴"两个基本范畴，并揭示出其相反相依的关系，成为最早关于对立统一规律的表达。此后，《老子》提出"一生二"、"有无相生，难易相成"，从矛盾转化的角度丰富和发展了辩证法思想。儒、法、兵各家亦对事物的对立与统一有着深刻的理解，"凡物必有合……阴者阳之合，妻者夫之合，子者父之合，臣者君之合"[②]，"道无双，故曰一"，"势不两存"[③]，"柔能制刚，弱能制强"[④]，"是故智者之虑，必杂于利害"[⑤] ……凡此种种，皆体现出古人对于矛盾的普遍性、斗争性、统一性的深刻认识。在此文化背景的影响下，中国历代政治家、军事家也十分重视从正反两方面考虑问题，将辩证思维广泛运用于治国安邦的战略理论与实践当中。

首先，在和平与战争的根本问题上，主张"居安思危""知兵非好战"，以辩证的态度对待安与危、治与乱、存与亡之间的关系。早在春秋战国时期，人们就从众多的历史教训中深刻感受到国防意识和战争准备对于国家安全的重要性，指出"天下虽安，忘战必危"[⑥]，"国之大务，莫先于戒备"[⑦]，甚至在迫不得已时可以通过战争手段谋求和平，"以战止战，虽战可也"[⑧]。但是另一方面，历代思想家都讲求慎战，对穷兵黩武持否定的态度："兵者，不祥之器，非君子之器，不得

① 李际均：《军事战略思维》导论，军事科学出版社，1998 年版。
② 《春秋繁露·基义》。
③ 《韩非子·孤愤》。
④ 《三略》。
⑤ 《孙子兵法·九变》。
⑥ 《司马法·仁本》。
⑦ 《将苑·戒备》。
⑧ 《司马法·仁本》。

已而用之”[1]，“故国虽大，好战必亡”[2]。可见，中国传统安全观的实质是和而不忘战、备战以求和，将国家安全建立在务实有节的基础之上，从而始终处于有备无患的主动地位。

其次，在治理国家方面，综合吸取儒家、道家、法家、兵家等学派思想，主张文武兼备、王霸并用。对内，则礼法兼治、德刑并用：既利用儒家文化统一人们的思想，弘扬人性中“善”的一面，使其自觉遵守既有的社会规范和政治秩序；又通过严明的法纪和强大的军队约束人们的行为，抑制其“恶”的一面，使百姓不得不服从统治阶级的意愿。对外，则威惠兼施，剿抚并用：既通过道德教化、礼义示范以及和亲、互市等手段，增强中原王朝对边疆民族的吸引力，使其自然而然地融入中华民族文化圈；又借助政治制度、军事力量对边疆民族进行牵制和威慑。

再次，在战争指导方面，不仅看到事物的两面性，更注重矛盾转化原理的运用。例如，《孙子兵法》中提出的“奇正相生”“以迂为直”“攻守结合”等富有辩证性的用兵思想，在历代战争实践中都发挥了重要作用。南宋时期，岳飞曾率“岳家军”突破皇帝钦定的作战旨意，采取步、骑配合的灵活战法，击败了金军强大的骑兵。汉武帝反击匈奴的五大战役，唐朝征东、西突厥的作战中，均采取了远程奔袭，迂回包抄的奇袭战术，予敌以出其不意的打击。再如，《司马法》将战争中的诸多因素抽象为“轻、重”这样两个对立统一的因素，提出“相为轻重”的作战指导思想，强调轻重是相互为用并可以转化的，“马车坚，甲兵利，轻乃重”[3]，要善于相宜而用，以取得对敌优势。

二、中庸

中庸也叫中行或中和之道，最初仅用于个人道德修养、处事原则等具体方面，所谓“中庸之为德也，其至矣乎”[4]。到孔子时，提出“执其两端，用其中于民”，“中也者，天下之大本也；和也者，天下

① 《老子·三十一章》。
② 《司马法·仁本》。
③ 《司马法·严位》。
④ 《论语·雍也》。

之达道也。致中和，天地位焉，万物育焉”[①]，将中庸之道扩展至政治、文化等领域乃至事物的普遍规律，使其初步具有了方法论的性质。子思作《中庸》，将中庸二字作依据，系统成书，涵盖了孔、孟、荀的以上论点。《中庸》说：“喜怒哀乐之未发，谓之中；发而皆中节，谓之和；中也者，天下之大本也；和也者，天下之达道也。致中和，天地位焉，万物育焉。”程颐解释说：“不偏之谓中，不易之谓庸；中者，天下之正道，庸者，天下之定理。”[②] 把中庸提升到宇宙本体的地位。但中庸之道既是天人之道，也是人生之道和社会之道。“中庸”是一种贯穿于儒家思想始终的思维方式，是儒家的核心观念和儒家道德行为的最高标准，与古希腊哲学家亚里士多德“中道”的观点十分一致。

此后，随着思想家研究的不断深入，中庸的哲学内涵越来越丰富，其理论也日趋完备。概括而言，中庸理论主要包括两方面的内容：一是“执中”，即适度原则，做事把握分寸，无过与不及；二是“求和”，即通过求同存异、扬长避短，把看似矛盾的两个方面调和乃至统一起来，这两点在中国历代统治者的经国治军思想中都有所体现。

首先是“执中”，这主要体现在对国家生活中一些重大关系问题的处理上。例如，关于中央统权与地方分权的关系，一方面，君主为了维护自己的统治地位，必须强化中央集权，将国家的最高权力牢牢掌握在自己手中；另一方面，君主为了对整个国家实行有效管理，又不得不将部分权力分割给不同部门和地方。这部分权力过大，势必会对中央造成威胁，甚至引起国家分裂；然而分权过小、君权过大又容易形成专制暴政，并且会束缚地方的发展。因此中国古代政治家都十分重视权力分割的适度性问题，既要巩固中央集权，又能发挥各级权力机构的能动性。又如，在以法治国的问题上，古人主张制定法律法令时要避免极端，“务在酌中，以为定制”[③]，并且在执行法律时要赏罚适中，既不可过严，亦不可过宽，“师多威则民诎，少威则民不胜”[④]。再如，在管理军队的问题上，历代王朝都面临着“御”与“不御”的

---

① 《中庸》。

② 朱熹：《四书集注·中庸》。

③ 《旧五代史·选举志》。

④ 《司马法·天子之义》。

矛盾，既要注重控制，又不能影响其战斗力；既要控御将权，又要对之充分信任；既要使之相互制约，又要防止其相互掣肘。归根结底就是要“执中”，一旦偏离了这个“中”就会出现失误。如宋朝过分强调军队之间的相互制约，并实行“将从中御”，结果导致军队战斗力大为下降。此外，适度原则在兵法中亦有所体现。如《司马法·天子之义》在谈到兵器的使用问题时指出，“太长，则难犯；太短，则不及；太轻，则锐，锐，则易乱；太重，则钝，钝则不济”。

其次是“求和”，这主要表现在对统治者和将帅的素质要求上。作为一个国家或军队的领袖，必须做到刚柔兼备、既温且厉、多谋善断，才能协调好内部关系，充分发挥各成员的优点，增强整个集体的凝聚力。所谓刚柔兼备是指，既有坚定不移的信念，又有宽容、谨慎的态度，柔中有刚，能柔能刚。至于温和厉，原本也是两个对立的概念，但古人却要求“君子”将二者和谐地集于一身，所谓“温而厉，威而不猛，恭而安”①。只有温而不弱、厉而不暴，才能既威众又服人。多谋善断则是指，既要集思广益，博采众长，又要有决断能力，在众多方案中做出正确的选择。刘表“好谋无决”，致使社稷倾覆；康熙帝在武力统一台湾的时机问题上，面对反对和支持两种意见，反复权衡后毅然采纳了后者，终于成功收复台湾。推而广之，如果将“求和”的思想运用于国家战略之中，则集中表现为历代君主“儒法合流”“和而不同”的治国理念。

三、重势

古人认为，自然界和人类社会的发展与变化总是循环往复，有一定规律可循的，如“盛极而衰”“否极泰来”“物极必反”等。因此，历代高明的战略家们都善于根据已掌握的社会演变规律，对当前形势及其未来发展趋势进行判断和预测，从而制定出顺应时势的战略策略，并在实施过程中根据形势的变化及时做出调整，也就是“因势定策，合时而变”。

首先，对形势的准确判断。所谓“识时务者为俊杰”，范蠡曾说：

① 《论语·述而》。

“圣人随时以行，是谓守时。天时不作，弗为人客；人事不起，弗为之始。”[①] 战国黄老学派的经典著作《经法》也强调“静作得时，天地与之；静作失时，天地夺之”。诸葛亮的《隆中对》、韩信的《汉中对》都是基于对“天下大势”和敌我力量对比变化的准确预判，才做出了正确的战略决策。与此相反，十六国时期，前秦皇帝苻坚不听臣相王猛的临终劝告，在时机尚不成熟的情形下贸然发动对东晋的战争，结果兵败淝水，身死国灭，成为后世用兵之戒。

其次，根据规律制定出适合自己的战略策略。《六韬》《三略》等兵书受道家影响，主张“以柔克刚”，以己之“德”克敌之“暴”，待对方日益腐败走向灭亡即“气数”将尽时一举灭之，即所谓“必见天殃，又见人灾，乃可以谋”（《六韬·发启》）。历史上，这种战略多用于实力较弱的一方，表现为韬光养晦，通过掩盖自己真实的战略企图，诱使敌人放松警惕；同时，利用这一机会积蓄力量，最终完成战略优劣态势的转换。越王勾践卧薪尝胆，“十年生聚，十年教训”，终于使越国的实力得到根本改观，最终一举翦灭吴国。至于军事战略方面，兵家强调根据敌我双方的众寡、强弱、勇怯等情形，制定相应的战略战术。曹操之所以能够以少胜多，在“官渡之战”中打败强敌袁绍，正是由于成功运用了“避实击虚”“攻其所不守”等战略战术。

再次，注重合时而变。兵家很早就认识到了战争的复杂性和不确定性，因此不仅要在战前周密筹划，“谋定而后动”，更要在战争过程中，根据形势变化及时调整自己的战略战术。“故兵无常势，水无常形。能因敌变化而取胜者，谓之神”[②]。这其中既包括宏观上战略方针、战略重点等的转变，也包括作战形式、兵力部署等战役战术上的调整。例如西汉初年，百废待兴，中原王朝面对强大的匈奴不得不实行防御战略；到汉武帝时，国力日渐强盛，于是转变战略，开始对匈奴实施战略反击和战略进攻，有效遏制了匈奴南下的势头。但是，连年征伐给中原带来了沉重的负担，因此汉宣帝即位后，根据匈奴已然衰弱的形势，适时检讨武帝时期“大事挞伐”的战略，转为“德化怀柔”的政策，从而实现了长久和平。在战术层面，汉军也由最初以步

① 《国语·越语》。
② 《孙子兵法·虚实》。

防骑的“堵击”战术改为攻势运动战，并适时组建了骑兵集团与匈奴抗衡。

四、用谋

中国传统文化中具有重“道”轻“器”、“舍事言理”的倾向，这就使得统治者在制定和实施国家安全战略时，更注重谋略运用的因素，而相对忽视实力的建设。尤其在军事战略方面，重谋上计、崇智尚权更是传统兵学文化中的一个突出特点。欧阳修将之概括为，“攻人以谋不以力，用兵斗智不斗多”①。从文化心理的角度看，中国传统战略思维中所表现出的重权谋的特点，与中国人所特有的理智含蓄、以和为贵的民族性格有很大关系。因此，即使是主张以战争手段谋求统一的兵家，也以“道胜”为本，努力追求“以威德服人，智谋屈敌”的理想境界。

谋略思想的运用，首先表现在通过高超的政治、外交手段和英明的战略决策，纵横捭阖，以谋制敌。曹操起兵之初，名位低微，兵少地小，政治地位、军事实力都与袁绍等相去甚远。但他通过“挟天子以令诸侯”获取正统地位，同时修耕植，蓄军资，使经济、军事实力逐渐增强。之后，又根据对周边形势的判断，采取“先弱后强，远交近攻”的方针，北和袁绍南攻各诸侯，使自己在众多割据势力中迅速崛起。最后，运用“避实击虚”等战略战术，在官渡之战等一系列重要战役中取得胜利，“收袁、吕”而统一北方。曹操之所以能在强敌环伺的不利条件下成就伟业，与其卓越的政治谋略和军事才能是分不开的。何去非在其《魏论》中指出，“夫兵以势举者，势倾则溃；战以勇合者，勇竭则擒。唯能应之以智，则常以全强而制其二者之弊。是以袁、吕皆失，而曹公收之”，意即势、勇皆不足取，唯有用智、谋略才是制胜的关键。

当然，“谋”不仅指大战略，也包括战术层面的“计谋”。所谓“兵者，诡道也”，历代军事实践中可谓“三十六计”，无所不用。如隋文帝杨坚为了灭陈，事先制造种种假象迷惑敌军麻痹敌人，以达成

① 《准昭言事上书》。

战略突袭的目的，“多方误敌，因敝陈朝”。比如：在广陵驻军万人“番代往来”，专门从事军事换防和佯动，使陈朝“初见设备，后以为常，及大兵南伐，不复疑也”；用隋军老马换陈国船只并藏置起来，既掩盖了己方的战略意图，又削弱了敌方力量。

无论是“雄才大略”，还是“雕虫小技”，都反映了中国传统战略思维中尚谋贬力的价值取向。这一方面在避免战争上起到了积极作用，但对技术、实力的忽视也导致了军事技术进步的滞后，使国家安全战略的健全与发展缺乏强大的动力，从长远看同样不利于维护国家的统一与安全。

五、攻心

正如本章第二节所述，在中国封建王朝的治国安邦方略中，思想、文化战略总是居于首位，这同样与中国人重道轻器和慎战尚和的民族心理有关。因此除“用谋”外，中国历代战略家还讲求“攻心”，即从思想上、心理上影响和控制对方，使事情按照自己希望的方向发展，从而将统治成本和战争损失降至最低。

中国古代虽然没有军事心理学的名目，但许多兵书中都包含了心理战内容。《孙子兵法》被誉为中国最早的心理战著作，“上兵伐谋，其次伐交”①、“三军可夺气，将军可夺心……以治待乱，以静待哗，此治心者也”② 等，都体现出其“不战而屈人之兵”的全胜攻心战略。此后，孙武的这一思想被后人所继承和发展。战国孙膑谓齐王曰：“凡伐国之道，攻心为上，务先服其心”③，唐代李靖云：“攻者不止攻其城，击其阵而已，必有攻其心之术焉”④，宋朝张预称：“心者，将之所主也。夫治乱勇怯，皆主于心。故善制敌者，挠之而使乱，激之而使惑，迫之而使惧，故彼之心谋可以夺也”⑤，等等。

总体而言，对敌心理战术无非两种：一是夺其志，即瓦解敌军意

① 《孙子兵法·谋攻》。
② 《孙子兵法·军争》。
③ 《通典兵十四·先攻其心》。
④ 《李卫公问对》。
⑤ 《十一家注孙子》。

志，从心理上削弱甚至摧毁其战斗力，孙武所说的“避其锐气，击其惰归”以及古代军事家常用的突袭敌军后方、断其粮草的战术均属此类；二是迷其心，利用隐真示假等手段迷惑、诱骗对方，使其无所适从或落入己方圈套，即苏洵所说“吾之所短，吾抗而暴之，使之疑而却；吾之所长，吾阴而养之，使之狎而堕其中”①。从实际战例来看，前者如刘邦攻项羽所用的“四面楚歌”，隋攻陈时通过制造舆论、遣返敌军间谍俘虏等手段打击敌方士气；属于后者的有诸葛亮对司马懿之“空城计”，以及利用曹操的多疑诱其入华容道等。此外，春秋时期的郑烛之武说服秦国不战而退也是伐交攻心中的典型示例。

以上所说的“攻心”都是对敌而言，但从军事心理学的角度来看，广义的“攻心”还应包括对己方军民的控制与管理。中国封建帝王一向高度重视内部的文化安全，利用儒学对百姓实施严格的思想控制，并通过恩威并施的方法驾驭臣民。在军队管理方面，亦讲求“治军先治心”，运用心理学对将士实施因人而异的管理方法。《三略》对此有详细论述：“夫主将之法，务揽英雄之心”，“军国之要，察众心，施百务。危者安之，惧者欢之，叛者还之，怨者原之……”，“故能使三军如一心，则其胜可全”。苏洵则将“养士”的方法归纳为三条：一是蓄其怒，“怒不尽则有馀勇”、“士以义怒，可与百战”；二是养其心，“怀其欲而不尽”、“欲不尽则有馀贪”；三是愚其智，“凡将欲智而严，凡士欲愚”、“夫惟士愚，而后可与之皆死”②。历史上，关于治心之术的例子不胜枚举，如刘备摔阿斗、诸葛亮挥泪斩马谡，曹操割发代首以严军令等。总而言之，无论是以德化人还是以诈驭人，无论是制敌还是御内，攻心的关键都在于发现对方心智上的弱点，并使其为我所用。

六、竭诚

如果说“攻心”旨在对敌，反映了兵家“诡诈”的特点；那么“竭诚”则稳己，旨在树立一种道德规约，在政治上集中表现为儒家所

① 《权书·心术》。
② 《权书·心术》。

倡导的“以仁义治天下”的德治思想。儒家认为，诚信是个人提高道德修养的基本前提，是建立良好人际关系的基本准则，也是为政之道、立国之本。《中庸》说“诚者天之道也，诚之者人之道也”，这里的“诚”首先是自然之道，是宇宙万物运动的法则；同时，又可作为人道的法则，人应该通过后天的努力，“择善而固执之”，努力达到“至诚”的最高境界，从而实现与天道的和谐统一。在“诚”的基础上，儒家又提出了“信”，“人而无信，不知其可也”①。在孔子看来，“信”既是一种个人私德，是立身基础；同时又可推广为一种社会性公德，以维持社会的秩序与稳定。另一方面，“信”又是建立在内心“诚”“善”的基础之上的，所谓“诚善于心谓之信”②。因此，儒家的诚信思想归纳起来就是，在“性本善”的价值观基础上，以“信”作为具体的行为准则，不断追求“诚”的道德境界。诚信思想在政治上则表现为，修身以诚为本、治国以修身为本的治国理念以及自我培育与上行下效的诚信教育模式。通过树立“民无信不立”的政治诚信思想，倡导仁义道德、忠君爱民，实现君民和谐、上下亲睦的理想社会。

基于这种思想，历史上的有道明君都坚持“利民为本、亲民得人”的治国理念，待人以诚，与民有信，从而赢得臣下的拥护和百姓的爱戴。“是故上足仰，则下可用也；德足慕，则威可立也。”③古代政论家都主张上级对下级要诚不要诈。诈虽能奏效于一时，却损失于长久；唯有诚，才能感化人、团结人，从根本上增强集体的凝聚力。“竭诚则吴越为一体”④，“匹夫无诚，无复有事；况王者赖人之诚以自固，而可不诚于人乎”⑤，都旨在强调以诚心对待下属的重要性。刘备既无家世的凭借，又无地域的优势，最后竟能“三分天下而有之”，其中很重要的一个原因就是“信义著于四海，总揽英雄，思贤若渴”⑥，在曹操占“天时”、孙权据“地利”之后独取“人和”。正是由于刘备尊贤下

① 《论语·为政》。
② 《正蒙·中正》。
③ 《淮南子·兵略训》。
④ 《谏太宗十思疏》。
⑤ 《新唐书》卷157，《陆贽传》。
⑥ 《隆中对》。

士、待人诚挚，才能与关、张“义为君臣，恩若兄弟”，并得到诸葛亮、赵云等贤相良将的尽心辅佐。也正是刘备的宽仁信义，才使其获得徐、益二州百姓的拥戴，进而赢得天下英雄的尊重。唐太宗也是以礼贤下士著称的一位有为之君，其“贞观之治”从某种意义上说，就是推行“任贤政治”的结果。唐太宗极为信任的房玄龄、杜如晦、魏征等八位贤臣，无不勤政奉职、竭诚社稷之计，为创造一代盛世作出了重要贡献。

诚信不仅适用于君主治国，同样也是将帅治军的一项基本原则。“故将以民为体，而民以将为心。心诚则支体亲刃，心疑则支体挠北。将不诚心，则卒不勇敢。”①“胜兵似水。夫水，至柔弱者也，然所触，丘陵必为之崩，无异也，性专而触诚也。”②只有将帅首先以诚心对待部下，“推赤心置人腹中”，才能换得部下的忠诚，尽心竭力为其效命。李世民起兵反隋时，善以诚待人，因而深得部下死力。就连尉迟敬德这样后来归顺的将领都被李世民的真诚所打动，始终对其忠诚不渝。此外，将帅不仅要以诚待下，还要赏信罚明，才能赢得部下的拥护和尊敬，使三军团结如一人。“故将无还令，赏罚必信；如天如地，乃可御人。”③

综上所述，中国封建王朝的治国安邦方略是建立在积极防御的安全观基础之上，综合运用文化、政治、经济、军事等多种手段解决内外矛盾，以维护封建君主专制和大一统格局的国家整体战略。在以儒为本、兼容并蓄的中国传统文化影响下，中国封建帝国的治国安邦思想一方面强调守“经”用“权”，在方法论上主张理想主义与现实主义的辩证统一；另一方面，又鲜明地表现出重谋尚智、贵王贱霸的价值取向和道德主义原则，如崇尚“知兵非好战”的武德，追求“不战而屈人之兵”“德化天下”的理想境界等。

客观来看，中国封建王朝的上述治国思想在维护政权稳定与国家统一，促进社会发展与民族融合方面确实起到了一定的积极作用。否则，便无法形成“多元一体”、具有强大向心力和凝聚力的中华文化，

---

① 《淮南子·兵略训》。
② 《尉缭子》。
③ 《三略》。

也不会有中国长时期在世界上的领先地位。尤其是其热爱和平、非扩张性质的理智型安全观，更是中华民族对世界文明史的杰出贡献。

然而我们也应该清醒地看到，中国封建王朝的治国思想中不可避免地存在着诸多消极因素，具有其历史和阶级局限性。比如，中国封建社会的“人治”性质，决定了其战略制定与实施上的主观随意性，高度集权走向极端必然影响国家安全机制的正常运转；以儒学为主导的思想文化专制妨碍了战略观念的更新发展，而中国传统文化中重道轻器、重文轻武的基本特色直接导致了军事科技的落后，等等。总之，中国封建王朝的治国安邦方略既有其长，也有其短，但无论是其中丰富的经验还是深刻的教训，对于我们发展战略理论、提高决策水平都具有极其重要的借鉴意义。

主要阅读文选：

1. 贾谊：《过秦论（上）》
2. 韩非子：《亡征》
3. 《汉书·董仲舒传》
4. 司马迁：《史记·苏秦列传》
5. 淮南子：《兵略训》
6. 诸葛亮：《隆中对》
7. 苏洵：《六国论》
8. 苏轼：《教战守策》
9. 何去非：《汉武帝论·魏论》
10. 吕尚：《六韬》
11. 尉缭子：《兵谈》《利谈》《武议》
12. 黄石公：《三略·上略》
13. 司马法：《仁本》《天子之义》

第四章

从文艺复兴到启蒙时代
西方古典安全战略思维的发展

文艺复兴和启蒙运动，是人类思想史上熠熠生辉的思想解放的伟大事件。由此，世界最终告别愚昧和野蛮，跨进真正意义上的文明的大门。文艺复兴和启蒙思想家在与宗教神权和封建等级特权激烈交锋中揭示的人类理想社会的设想，成为资产阶级革命的指南，也使人类的国际安全战略思维提升到了一个崭新的境界。

第一节　宗教文化的解冻与权力政治学安全战略思维的兴起

中世纪的欧洲，宗教驾驭着全部的社会政治和文化，文艺复兴运动扯碎了教会统治神秘与残暴的外衣，开启了人们对于个人的认知和对安全的思索。这一时期出现的思想家们，效忠于君主，关注战争与和平。权力政治学安全战略思维自此兴起。

一、宗教对人思想的禁锢

中世纪是指从 5 世纪罗马帝国灭亡到 14 世纪这段时期的历史，是古代和近代的桥梁。中世纪曾是宗教的黄金时代，这个时代几乎所有文化的形态，都是以宗教的形式表现出来。从这个方面来说，中世纪是一个信仰的世纪。但是，人们一提到中世纪，总会习惯在前面加上“黑暗”一词。中世纪的西欧确实在某些方面走向了极端，对于充斥着宗教迫害、审判异端、火刑架熊熊燃烧的中世纪来说，这的确是人类历史上一个黑暗的时期，是一段不堪回首的岁月，神权统治下封建贵族割据的欧洲，呈现一幅四分五裂、国中有国、各树藩篱的局面。

在这个时期，基督教统治着欧洲封建社会的全部文化。基督教神学和天主教会具有无上的权威。教权凌驾于主权之上，当然更凌驾于人权之上。所有的人文学科都从属于神学，成为神学的奴婢。人类对知识的追求受到上帝的局限，受到宗教思想的束缚。异端裁判所将一切有悖于神学思想的知识、思想、学说视为异端，进行严酷的禁锢和镇压。布鲁诺、伽利略、哥白尼，都受到过这种禁锢，有的甚至为此献出了宝贵的生命。在神学的“统治”下，对科学和哲学的追求成为有罪的行为，这就形成了中世纪使人们长期处于贫穷和无知状态的“蒙昧主义”。

中世纪是“压抑人性的一千年”。统治者认为，唯有革除人本，以神为本，遵行神道才能为人类带来和平和福祉。这一时期人们看待人和事物是以一种超越自然的模式，集焦点于上帝，把人看成是神创造的一部分。费尔巴哈曾指出，上帝与人在神学中成为敌对，上帝是积极的，人是消极的，“为了使上帝富有，人就必须赤贫；为了使上帝成为一切，人就成了无”。① 中世纪的另一特点就是“禁欲主义”，不同于亚里士多德强调的对人的欲望的节制，在中世纪，人的肉体欲望甚至是人的肉体存在本身都被视为是有罪的，人对基本需求的追求都受到否定。一个典型的例子是，在古希腊象征着爱与美的雕像维纳斯在中世纪被消灭了，而她的三个侍女则完全失去了原有的青春风采。欧洲人陷入精神和肉体之间的深刻矛盾中，他们既痛苦又无奈地审视包括自己在内的周围一切。

由于没有人的尊严、没有人性的概念，“安全”这一概念和领域也等于被上帝所控制和驾驭。没有人的利益的安全，又何谈共同体的利益和安全？因此在这一时期，我们所着眼的安全战略思维被禁锢在宗教的牢笼中。到了人类文明的下一站，这种同神学有着过于特殊关系的政治特征和思维模式终于成为社会发展的桎梏，人的思想在历史的长河中被文艺复兴和宗教改革的巨浪解放。

---

① ［德］费尔巴哈著，荣振华译：《基督教的本质》，商务印书馆，1984 年版，第 58 页。

二、文艺复兴时期的思想解放

（一）文艺复兴的背景

中世纪后期，资本主义萌芽于意大利首先出现。新兴的市民阶级，为维护和发展自己的政治、经济利益，需要在意识形态领域反对封建统治与天主教会的神学独断，摆脱日渐没落的中世纪封建文化和宗教信仰对于人的精神束缚和思想愚弄。人们渴望商品经济、市场运转、生产资料所有制的自由，而这些自由的共同前提就是人的自由。此时意大利呼唤人的自由，陈腐的欧洲需要一场新的提倡人的自由的思想运动。

城市经济的繁荣，使得富商、作坊主和银行家等更加相信个人的价值和力量，更加充满进取与冒险的精神，多才多艺、高雅博学之士受到人们的普遍尊重，他们以完美丰富的艺术、文学、诗歌和音乐来为世俗人生的幸福讴歌，以取代中世纪那种僵死枯燥的禁欲主义和蒙昧主义的生活。这为文艺复兴的发生提供了深厚的物质基础和适宜的社会环境。

在古希腊和古罗马，文学艺术的成就很高，人们也可以自由地发表各种学术思想，和“黑暗的时代”的中世纪是个鲜明的对比。许多西欧的学者要求恢复古希腊和古罗马的文化和艺术。这种要求就像春风，慢慢吹遍整个西欧。文艺复兴运动由此兴起。

（二）文艺复兴的基本理念

文艺复兴的主旨是借“复古”以“创新”。人们偏爱古希腊罗马的文化，但不是简单地重复。人本学、人文学，即关于人的学问，是古典文化的精髓，因此它为人文主义者所发掘，并在古典外衣的包裹下，把矛头指向了封建教会和封建思想文化，特别指向了欧洲中世纪的神学观念和道德观念。笼罩在神学和教会统治之下的漫漫黑夜，随着文艺复兴和宗教改革运动在欧洲的发展，开始露出新的曙光。

文艺复兴是一场观念的革命，它以艺术为突破口，以性的解放演绎人性，用理性来对抗神意。思想家和艺术家们以各种形式倡导人们反对神性和神权，主张以人为中心，歌颂个性自由、人的创造力和价值取向，激发人的奋斗精神和对未来美好生活的向往、对世俗世界的追求，主张重视社会教育和科学知识。

早期的人文主义思想家阿利格里·但丁（1265~1321）在其不朽的著作《神曲》中，无情地揭露了教会的黑暗、腐败，描绘了人类如何从迷惘中经过无数的苦难与考验，最后到达天堂——至善至美的境界，这是歌颂人的不屈不挠的伟大精神以及人对美好生活的向往。乔万尼·薄伽丘（1313~1375）在其代表作《十日谈》中批判宗教守旧思想，主张“幸福在人间”，被视为文艺复兴的宣言。“最伟大的戏剧天才”威廉·莎士比亚（1564~1616）的不朽名著《罗密欧与朱丽叶》，通过一对恋人之间的爱情悲剧，既尽情讴歌了对人性和对美好爱情的追求，同时又对封建世家进行了无情的残酷的鞭挞。当时的思想家和艺术家们按照早期资产阶级的现实需要、社会理想、生活态度和价值观念，对一千多年前的希腊罗马文化进行了崭新的诠释和说明，赋予其全新的时代意义。

以人性反对神性，以人权反对神权，以幸福主义反对禁欲主义，以理性主义反对蒙昧主义，以自由平等思想反对封建等级制度，是文艺复兴的基本理念。欧洲开始摆脱宗教神学和传统伦理道德观念的束缚，人的发现、人的解放、人的自由成为时代的主旋律，人们开始以人性、理性和经验的眼光观察政治世界。

（三）文艺复兴对安全战略思维的突破

就本意而言，文艺复兴运动不是政治性质的，它是给文人们上的课，而不是给政治家们上的课，而且它也没有自身的哲学理念。然而，这场运动的伟大成就却产生在政治学方面，因为它直接影响了世俗王权的兴起与统一国家的形成，以及由此开始的国家政治权利的集中化进程和民族文化的一体化聚合。欧洲的思想精英从宗教束缚中解放出来，政治精英们关于世界的看法从领会神谕转变为对现实政治的探讨。

首先，从接受“上帝驾驭的安全”到寻求“人的安全”。文艺复兴的到来，在人们思想观念上造成了巨大变化，人们对万能的天主开始了怀疑。如作为13世纪欧洲大瘟疫亲历者的薄伽丘，曾说到“这场瘟疫不知道受了天体的影响，还是威严的天主降于作恶多端的人类的惩罚……不到几年工夫，死去的人已不计其数，虔诚的人们有时成群结队，有时零零落落地向天主一再作过祈祷了；可是到了那一年的初春，……灾难的状况立刻严重起来。”① 人们遭受了巨大的痛苦，心灵受到强烈的震撼，对于自身的存在方式进行了思索，从而引起人们对于信仰与自身所处地位的怀疑与不满，更对生之价值作了重新肯定。人们对生命与安全的渴望唤起了对幸福的追求和对权利的百般珍惜。

其次，从人的现实和人的实际经验出发认识国家和政治。而对于新兴的资产阶级来说，他们所面对的变幻的政治领域充满了刀光剑影，险礁恶滩。在现实的政治世界面前，政治活动、政治统治并没有什么先验的道德可以依据，所具有的就是对现实世界的观察和认识。无论马基雅维利还是布丹，在分析政治时首先考察的是人。马基雅维利在解释国家产生时，所依据的就是对人性的认识。在他看来，人是自私的、凶残的、虚伪的，人们“对已获得的总觉得不够多……有些人想要多一些，而另外一些人则害怕他们现有的东西，随之即是敌对和战争”。② 同样，让·布丹（1530～1596）则根据人的功利和合作需要分析国家的产生和主权的建立。

最后，国家权力构成了政治的核心。在欧洲，尚不存在独立的国家，国王的权力不过是诸多王侯权力中的一种。建立在人文主义基础上的政治思想家认识到，既然国家是现实的人的国家，作为公共权力组织，它的首要目的就是全体国民的公共利益，不应受到封建地方势力的束缚，也不应该受到教会的束缚。

这种进步的社会思潮，一方面唤醒了人们的理性，解放了人们的思想，为新兴的资产阶级的革命提供理论学说和奠定政治学基础；另一方面，有力地打击了封建制度，为资产阶级在未来夺取政权作了思想准备。人文主义者反对外来侵略，主张国家统一，维护民族独立，他们的主张对建立统一的民族集权国家产生了积极的影响和推动作用。也使得近代政治学说得以开创，理性至上（理性主义）渐渐成为国际

---

① ［意］薄伽丘著，钱鸿嘉、泰和庠、田青译：《十日谈》，上海译文出版社，1981年版，第10页。

② 《西方法律思想史》编写组：《西方法律思想史资料选编》，北京大学出版社，1983年版，第119页。

安全的主流思潮。

三、权力政治学视野下的国际安全

文艺复兴拂去了覆盖在世俗社会之上的神灵之光，展现出浸润在世俗社会中的理性的本色，欧洲各地对于教会的继续统治已经不抱希望，在政治上便产生了以人性论为出发点的君主专制理论。在15世纪最敏锐的政治思想家是懂得国家力量的人，以意大利人尼科洛·马基雅维利（1469～1527）为代表的权力政治学向世界展示了一幅与宗教神学截然不同的国际安全的画图。

第一，从“性本恶”的价值观出发，指出国家征战杀伐的根源在于君主对权力的追求。马基雅维利在其《君主论》中向世人展示了一个纷繁复杂的权力世界，“性本恶”观贯穿其国家和权力学说。他认为，国家权力起源于人类对私欲的追求，这种追求权力和财富的欲望是无止境的。国家的根本问题就是统治权，统治者为了维持统治，必须运用权力才能把每个人置于其管治之下。

第二，建立大一统的国家不能受任何道德的约束，坚决依靠武力。马基雅维利提出，君主的最高目的是维护国家的生存和扩张，政治家应毫不犹豫地把国家利益置于其他一切考虑之上。因此“不受传统道德规范的约束：除非出于权宜之计的需要，统治者可以打破所有的道德准则”。①

第三，采取以攻为守的军事政策确保长治久安。马基雅维利分析了意大利君主们丧失土地的原因，认为他们过于谨小慎微。为了实现意大利统一的理想，马基雅维利认为要主动出击，“迅猛胜于小心谨慎”。

第四，扶弱抑强以维持国际均势、求得和平。十五、十六世纪的西欧，意大利仍处于小国林立、四分五裂的状态。城邦之间为了争夺疆土，长期互相征战，甚至为了战胜对方，不惜勾结外部势力。马基雅维利围绕国家的存在与安全这一核心前提，提出了现实主义扶弱抑

① ［英］罗素著，崔权醴译：《西方的智慧》，文化艺术出版社，1997年版，第380页。

强的均势政策。他指出，公开支持一方反对另一方比保持中立更有益于君主自身及其国家，“除非是迫不得已，一个君主决不能为了进攻别国而与一个比自己强大的国家结盟”。[①]

大多数政治哲学家在思辨中，会将个人—国家、个人集合体—国际社会（国际体系）加以引申，前一种安全相当于国家安全，后一种安全则相当于国际安全。17 世纪英国大思想家托马斯·霍布斯（1588～1678）最早就国际安全提供了思辨哲理，尽管他只是附带地谈及对国际政治的理论性看法。

霍布斯把引起人们相互争斗的原因归结为三种：利益上的竞争，对他人可能伤害自己的猜忌和对名誉的追求。他向人们展示了一个“人人互相为战的战争状态”，在这种自然状态里，是和非、公正与否都不存在。而出路何在？对死亡的恐惧、对舒适的渴望和对和平的向往使得人们同意履行一种方便易行的和平条件。而伟大的“利维坦”，便是大于一切人的权力的公共权力——国家，一个根据社会契约和人们的授权，运用全体人民的力量和手段来进行共同防卫和维护和平的人格。

由此引申，在国际无政府状态或者说类似于霍布斯式的自然状态中，国家安全仅能勉强依靠基于国家自助的国际权势斗争。公共权威的建立似乎不过是将自然状态中的绝对斗争由个人关系领域移到国际关系领域。由此，国家安全和国际安全的可靠途径似乎是各国相约建立世界政府，用废弃主权、独立来换取普遍永久的安全与和平。同时，霍布斯承认国家间可以有权宜性的暂时合作，一国有时有必要向别国结盟或背弃联盟，特定时期里众多自私的国家为打败共同敌人甚至能结成相当广泛的大联盟，这也许是他隐约地预见到多年以后欧洲均势安全的雏形。

总之，文艺复兴后涌现出的思想家们将上帝从学术界的视野中驱逐了出去，从对灵魂救赎的关注转移到对国家安全的探究。在国与国的关系中，上帝不再是合法的道德权威，君主才是最终的裁判者。他们令国际政治生活中回荡起一个声音，那就是权力。这也便是现实主

① William Ebenstein, Alan Ebenstein, Great Political Thinkers: Plato to the Present (sixth edition), Peking University Press, 2004, p. 300.

义理论包含一致的逻辑机理。

四、帝国思维的和平设想

以帝国求和平的思维在西方同样源远流长。公元前四世纪古希腊城邦制衰落时期，西方的“大一统”观念总会作为挽救城邦危机的理想而出现。昙花一现的马其顿亚历山大帝国将其变为现实，罗马帝国又将其打造成欧洲人难以释怀的理念。每当一个强有力者登上欧洲政治舞台，几乎都要抬出罗马帝国的风采为自己正名。

作为重要启蒙思想家的但丁，出于对和平的热爱讴歌世界帝国。他的思想来源于当时的政治背景：意大利处于分裂和动荡的状态，佛罗伦萨共和制度下的党争破坏了共和政体的多数人统治的原则，破坏了法律高于一切的原则，并使意大利的政治形势进一步复杂化。于是，与当时人文主义者认为的“共和制意味着民主自由、帝制就是暴虐奴役”不同，但丁认为，人们只有生活在世界政体下才能获得自由，因为世界君主无所贪婪，最爱人民，能顺乎民情，而顺乎民情的整体能以自由为目的。①

在《论世界帝国》一书中，但丁系统地阐述了其“建立一统天下的世界帝国”的政治理想。全书从古罗马历史论证帝国存在的自然合理性，主张用“罗马皇帝”作为君主的尊号，把首都设在罗马。他在书中集中论述了三个命题：人类需要统一与和平；罗马凭公理统一天下；尘世的君主统治权直接由上帝赐予而非来自罗马教皇。但丁继承的古希腊斯多葛主义，本质上贬低单个国家（城邦）而推崇世界国家，坚持古罗马自然法、万民法对人普遍性的肯定，并从中推导出世界国家与世界和平。这一观念，之后被卢梭发挥为“欧洲邦联论”，被康德发展为“永久和平论”。

近现代世界，民族国家以邻为壑。但丁提出了一个让我们至今无法确切回答的问题：这个世界上难道就不存在高于爱国主义的事务（政治理想）吗？要一个强大的意大利，还是要一个统一的欧洲？在但

① 张椿年：《从信仰到理性——意大利人文主义研究》，浙江人民出版社，1993 年版，第 125 ~ 130 页。

丁身后的几个世纪里，欧洲离他的“世界国家”理想越来越远，而马基雅维利推崇的民族国家在大革命、世界大战中巨人症般壮大起来。权力政治背景下的帝国的内外政策，注定了古典的帝国思维与和平的理想格格不入。这位充满中世纪精神的“中世纪最后一位巨人”仍然过于超前了，其世界国家理想在国家主义面前仍然不堪一击。

何兆武先生曾云：“每一个哲学家都有他的理想国。”[①] 在国际政治学的理论谱系中，但丁的思想被视为理想主义学术传统的重要源头，“世界帝国”可以看作是但丁的理想国。正是这些理想主义思想的存在，才平衡或削弱了一些国家崇拜、国家至上、国家宗教导致的安全灾难。古典的普世理想、帝国思想提示了恒久的天然政治矛盾——现代政治，毕竟是挣扎在理想和现实的争斗中的。

而国际法最主要的创始者格劳秀斯的和平思想诞生于欧洲主权国家体系的初生年代，其主旨在于为这个体系提出一套行为规范，以限制当时广泛、剧烈的国家间战争。格劳秀斯目睹了三十年战争给欧洲带来的破坏性，同时也目睹了一系列王国、公国、君主国以及城邦在废墟中的崛起。他承认，重建教皇与神圣罗马皇帝的旧权威已经毫无希望，而消除或禁止战争的发生也不太可能。他认为欧洲各国始终在野心勃勃地相互窥视，没有任何历史事实显示国际关系能够摆脱自然状态，进步到文明社会，鉴于人类理性的局限性，国家间的政治依旧是权力政治。在格劳秀斯的代表作《战争与和平法》中，他指出，100年前笼罩在国际关系中的宗教魔魇随着基督教会的分裂已经烟消云散，然而在他所处的时代，发动一场战争的借口甚至让野蛮民族都会感到羞耻；一点细小的理由，甚至毫无理由就可以拿起武器，而屠刀一旦举起，所有的神的或人的法律就被抛到了脑后。[②]

然而，格劳秀斯的思想在内容、方式及风格上，是一种理性主义的二元论。[③] 其后，他在《战争与和平法》中又进一步指出：人是一种特殊的动物，具有独一无二结成社会的欲望，就是说，一种与同类

① 何兆武：《西方哲学精神》，清华大学出版社，2002年版，第23页。

② 托布约尔·克努成著，余万里、何宗强译：《国际关系理论史导论》，天津人民出版社，2004年版，第102页。

③ 时殷弘、霍亚青：《国家主权普遍道德和国际法——格劳秀斯的国际关系思想》，载《欧洲》，2000年第6期，第12页。

共同生活的欲望，而且不是莫名其妙的生活，而是安宁的，借助智慧的生活。格劳秀斯接着指出，人类拥有语言和理智，这赋予了他们认知并依据通则行动的天赋。这些天赋反过来驱使人类去创造通则，从而保障主权国家之间的和平交往，进而满足人类向往社会生活的欲望。欧洲的统治者意识到这一点，就会设计规则和法律制度仲裁彼此间的冲突。[①] 假定每个国家都建立在社会契约的基础上，相似的契约也可以在主权国家间达成，虽然它缺少权威性，但同样能够反映各国的利益需要。

格劳秀斯认为，主权国家在法律面前是一律平等的，因此，所有的国家都应该平等地接受国际法的约束，他们都有相同的义务遵守这一规则。格劳秀斯从自然法中引申出一种“信守约定”的原则，即信守已经给出的承诺，遵守已经签署的条约，他借用布丹的功利主义，认为在无政府状态下，理性行为者能够意识到，长远利益的最佳做法是遵守诺言，并只有在愿意的情况下才能许诺。[②]

因而，从这个意义上讲，格劳秀斯的和平思想呼唤的是一种对国际事务和国际关系的规范性治理。格劳秀斯承认国家拥有的主权，但是从道德和法理来说，国家应该进行的是“正义战争”。他规定和限制国家的战争权，旨在维护人的根本自然法权利，严格限制国际干涉，用普遍道德和义务限制国家的中立权。格劳秀斯给当时争斗不休的国际关系中添加了一些理性的行为法则，他谋求的是使战争行为变得更加人道，即使只能通过微薄的制约，这充分体现了一个人文主义者对人类命运的终极关怀，其影响一直延续至今，格劳秀斯也成为现代国际关系思想三大传统或范式之一——国际关系理性主义或自由主义的奠基人。

---

① 汉默顿著，吴琼等译：《思想的盛宴——西方思想史中哲学、历史、宗教、科学及其他》，九州出版社，2005 年版，第 219 ~ 220 页。

② 托布约尔·克努成著，余万里、何宗强译：《国际关系理论史导论》，天津人民出版社，2004 年版，第 103 页。

第二节 古典理想主义的终结

道德应当摆到战争与和平问题的哪个位置？有没有永久的和平以及如何实现？现实主义者与理想主义者们有着不同的答案和认知。科学革命和工业革命带来了欧洲的飞跃发展，充满理性主义精神的启蒙运动由此开展，资产阶级登上了历史舞台，他们贡献出丰富的治理模式与安全思想，大部分被推崇并沿用至今。

一、伦理学视野下的战争与和平

从柏拉图到康德，西方思想史上几乎所有的哲学家都不同程度地讨论过和平问题。但是人们也注意到，“大多数人谈论的和平只是一个空名，因为在实际生活中，一个城邦对其他所有城邦的常规态度就是未经公开宣布的战争”。① 尤其是以马基雅维利和霍布斯为代表的“生存至上”原则代替了古代的德行至善原则，认为近代政治的核心是“限制人的恶”而非“实现人的善”。就战争与和平而言，更多的是“争权夺利的战争后得来的和平”，而不是“维持和创造和平”。

法国大思想家让·雅克·卢梭（1712～1778）敏锐地察觉到了这一点：虽然当时的社会政治经济发展了，但由于文化缺乏道德动力，所谓的文明生活精致的外表下隐藏着“纵欲”，人们的生活建立在对权力、财富、野心和虚荣的基础上。② 建立在这种浅层次需求基础上的社会思潮完全可能导致共同体处于瓦解的边缘——如果国家的存在是源于公民利益的衡量，那人们的一切政治法律行为都只是为了私人利益，国家被人们的私欲利用，最终只能以一种“幻觉而又空洞”的形式

---

① 柏拉图著，王晓朝译：《法律篇·柏拉图全集：第三卷》，人民出版社，2003 年版，第 367 页。

② ［德］弗里德里希·尼采著，张念东等译：《权力意志》，商务印书馆，1996 年版，第 416 页第 926 条。

“濒于毁灭”。[①] 因此，卢梭认为，政治必须与道德联系起来，若没有道德，不仅社会风尚败坏，所谓的人民主权、乃至国家之间也只能是自我利益的横行无忌。

如果说卢梭试图建立一个“道德的理想国”，探讨如何将人类从社会的奴役状态中拯救出来，超越社会的混乱和争斗，构建全新的政治文明。那么在与战争与和平问题联系更紧密、指向更为明确的西方思想史中，格劳秀斯和伊曼努尔·康德（1724～1804）的道德主义则代表了主要伦理传统。

格劳秀斯式的道德主义试图制约战争，而非消除战争，主要探究了关于战争行为的对与错，或者说是一方面承认战争本身在无政府的国际社会中不可避免，另一方面试图限制战争，尽可能减少其频繁程度、烈度和破坏性。

康德式的道德主义则以战争本身可以消除为前提，探索并规定确立普遍持久和平的条件。在康德看来，战争是道德的最大障碍，它永远只会使道德倒退。战争不仅浪费了巨大的社会资源，还剥夺了人们的自由。因此，“理性从其最高的道德立法权威的宝座上，又要断然谴责战争之作为一种权利过程，相反地还要使和平状态成为一种直接的义务。”[②] 战争只不过是自然状态之下的一种可悲的、以武力来肯定自己的权利的必要手段，任何人都不应该采用战争的办法谋求他的权利。

二、民族国家的形成、科学革命和工业革命

中世纪的西欧存在多种共同体，有罗马教廷控制下的基督教世界，也有分封制度下独立王国的诸侯。民族和国家是分离的，宗教和地域共同体在现实生活中具有重要地位，远远超过了国家和民族，所以“大部分人的忠诚呈现出这样的顺序：首先我是基督教徒，其次是勃艮

① ［美］汉娜·阿伦特著，竺乾威译：《人的条件》，上海人民出版社，1999 年版，第 30、51、52 页。

② ［德］康德著，何兆武译：《历史理性批判文集》，商务印书馆，1991 年版，第 112 页。

第人，最后才是法国人”（以法国为例）。①

到了中世纪末期，欧洲出现了向民族国家过渡的大趋势，其标志则是专制王权的建立。专制王权确立了民族共同体的基本框架，大体明确了本国与其他国家的基本区别。人们效忠的对象转向了国家，王权成为国家和民族的象征。这一切表明，中世纪已经被抛到了后面，一个天主教大世界被众多的彼此竞争的民族国家所取代。

如果说文艺复兴为人们提供了一种人文主义的视角和看待世界的模式，那么科技与工业的发展则能够为人们提供一种科学的眼光和思维习惯，科学本身包含了无限进步的可能。

在17、18世纪，自然科学有了突飞猛进的发展，为后来的启蒙思想提供了锐利武器，因为许多启蒙思想家从新兴的自然科学中寻找到了理论根据和思想方法。如笛卡尔认为认识世界和取得知识的唯一方法是数学推理，培根则提出了从特殊到一般、从具体到抽象的归纳法。这二人的观点打破了束缚人们头脑的中世纪经院哲学枷锁，提倡科学实验，提倡研究自然界客观事物之风随之盛行起来。牛顿的三大定律和万有引力定律则是在这一风气影响下最伟大的发现，它一下子揭开了宇宙的面纱，把它的秘密暴露于光天化日之下。牛顿发现了一个基本的、宇宙的法则，这个法则既支配了整个宇宙，也支配了最微小的物体。这样一来，自然界就成为一架按照自然法则运行的庞大的机械装置，这一架机械装置可以靠观察、实验、测量及计算被人们所认识。由此类推，支配人类社会的法则依靠人的理性也可以为人们所发现。在牛顿的启发下，人们力图发现支配人事和社会的永恒法则，同时将天文、物理、数学的分析方法应用于包括思想和知识在内的所有领域。

在18世纪，科学革命和工业革命合并为这一时代的双生儿，它们互相为彼此提供了无限的动力。西欧的商业和工业有了迅速发展，欧洲的贸易随着远东、东印度群岛、非洲和南北美洲的新的海外市场的出现而大幅度增长，工业也取得了显著收益，尤其是在英国；英国采煤和炼铁业的发展为工业革命打下了基础。这些经济上的进步导致技

---

① 引自 Boyd C. Shafer 在其 1955 年著作《Nationalism Myth and Reality（民族主义神话与现实）》中的说法。

术上的进步；后者转而又促进了科学的发展并受到科学的促进。强大的工业需求刺激了人们去发明创造，蒸汽机的发明是一个伟大的例证，棉纺织业的发展更清晰地展现了这种“需求引起发明”的模式。工业革命的伟大画卷铺开了，并由英国扩展到欧洲，进而影响到非欧洲世界。

三、古典理想主义的永久和平设想

18 世纪的欧洲被数不清的战争充斥着，普鲁士特殊的地理位置使得它与战争的联系十分密切，虽然“巴塞尔和约使普鲁士和法国之间的战争停止了，但是还保持着极易引起新冲突的敌对状态”。康德的《永久和平论》便在这种环境中应运而生。

“道德上的实践性从我们内心发出它不可改变的禁令：不能再有战争。”[①] 康德设想了真正永久且全球性的和平的可能性：人类应当首先逐步地使战争人道化，然后使战争逐渐减少，最后彻底消除战争。他从他所称“世界主义政治理想”的角度来论述永久全球和平的正当性，认为理想虽不能立刻实现，却可以逐步迫近；即使不可能实现，它也应该被追求。

首先，康德认为，抑制战争的根本办法在于建立共和制度。联邦的各成员国的内部政体应当是“共和”政体，因为在专制的体制下，只有统治者的个人利益，没有国家利益，统治者的利己主义和王朝利益决定了专制国家发动战争“是全世界最不假思索的事情”。但实行了“共和”政体，公民可以控制和监督行政机构的活动，任何一个有理性的公民，决不会轻易地走上战场。康德津津乐道的“共和”政体就是现在的代议制民主制，为后来的许多重大的国际关系和平理论提供了最初的理论渊源。

其次，康德认为，民族国家组建“和平联盟”可以实现永久和平。他提倡把超越国家形式之上的人类共同利益置于国际关系的中心位置，力主国际关系的未来应是基于伦理法则的国际社会，或是人类共同体。

---

① ［德］康德著，沈叔平译：《法的形而上学原理：权利的科学》，商务印书馆，1991 年版，第 192 页。

他认为国家之间的身份是朋友，把实现永久和平视为政治的最高目标，是最高的政治和道德的善。他倡导各自由国家根据禁止战争的盟约结成一种联邦。他讲，理性是完全谴责战争的，而只有国际政府才能够防止战争。主张通过和平计划、条约、谈判和国际仲裁等方式来解决国家之间的纠纷，改良国家的行为，以避免战争，实现和平。

最后，康德指出了实现永久和平的道德之路：只有致力于全面的正义事业，才能使一切的冲突与战争寿终正寝；因为以战止战，只能带来没有尽头的军备竞赛，并积累着将和平建立在坟场上的危险。康德永久和平思想的伟大之处在于：它不仅将和平问题置于哲学的中心，更重要的是，和平不再是一个遥远的政治乌托邦或行动的最后目的，而是可以接受和切实可行的道路——作为一个理想主义者，康德以哲学家的逻辑思维展现了人类对永久和平的渴望。

对于康德的永久和平论，黑格尔（1770～1831）从现实出发，认为不切实际。首先，民主制度未必能抑制战争，有时民众情绪甚至会推动政府发动战争；其次，由于利益的考虑，国家间合作只具有偶然性，达不到永久和平的目的；最后，只要国家不消失，战争的因子就永远存在。黑格尔将康德的“至善”由天国拉回到了人间。随着资本主义由自由向垄断的发展，帝国主义战争最后把世界三分之一的人类卷入其中，康德的永久和平彻底地被束之高阁。

第三节　启蒙运动与资产阶级革命对古典安全战略思维的提升

18 世纪是西方精神文明的一个重要转折点，启蒙运动与资产阶级革命造就了欧洲历史上一个承上启下的时代。国家以全新的政体出现，民主及人权的观念以各种形式迅速辐射到全世界，革命的热情对安全的需求促使国家用武力打开通往世界的道路，这一时期形成的安全战略思维由内而外表现出来，一直影响到了今后的世界。

一、启蒙运动的发展

有人把宗教改革以后的基督教比作一艘触礁的大帆船，它不断遭受到世俗化海浪的冲击，最后被理性和启蒙时代的无神论“海盗”洗劫一空。它将文艺复兴提出的以“人性”为中心考察一切提高到用“理性”去思索，它的锋芒触及宗教愚昧的思想根源和宗教专制的政治基础。启蒙运动不仅在政治上产生了巨大影响，为法国大革命作了充分的思想准备，也使西方安全战略思维经过西方资产阶级革命的洗礼开始向现代转变。

启蒙运动的思想阵营极其庞大。从20年代起，先后出现了伏尔泰、孟德斯鸠、卢梭、狄德罗等一大批思想家，他们的政治哲学有着几个共通点：以天赋人权、人人生而平等否定封建等级特权；以法律面前人人平等否定王权的至高无上；以无神论，从根本上否定宗教神权。

作为西方政治思想史上一个承前启后的人物，约翰·洛克(1632~1704）对霍布斯的自然法思想进一步阐述为社会状态的法律。他由平等、自由导出了“国家主权有限论”；提出“人民的革命权”这一限制权力的设想；主张立法、执行、对外“三权分立”。他的思想为17世纪英国资产阶级革命提供了理论基础，也对其他国家反对封建专制暴政的斗争产生了广泛影响。

启蒙运动的精神领袖伏尔泰（1694~1778）毕生都把基督教会当作死敌，他以辛辣尖刻的文风向基督教会发起了无情的攻击。伏尔泰信奉自然权利说，主张法律面前人人平等，但又认为财产权利的不平等是不可避免的。他把英国的君主立宪制理想化了，认为最理想的是由“开明”的君主按哲学家的意见来治理国家。在政治体制上，伏尔泰主张以“君主立宪制”取代君主专制。

孟德斯鸠（1689~1755）认为，开明专制→君主立宪制→共和制，是实现人民主权的不同形式；他继承了洛克的分权思想，主张建立立法、行政、司法“三权分立”的政治体制，防止任何权威变成专制权力。他的政治理论体现了人民主权原则，为近代资本主义国家政治体制的建立奠定了理论基础。

被誉为“法国大革命之父”的卢梭（1712～1778）更珍视平等，提倡“社会契约论”和“人民主权说”。但是他反对分权、反对代议制、反对党派政治，主张“公意”的专政保障公民的“自由”；既要政治体的整体权威，又要坚持不可剥夺的自由、平等权利。

启蒙思想家们展现的是一种傲然卓立的理性精神，他们将哲学批判发展为一种猛烈的宗教批判和社会批判。因此，我们可以说，启蒙运动构成了17世纪悄悄展开的思想变革与18世纪末翻天覆地的社会革命之间的一个重要枢纽，它的一头系着在哲学中冷静沉思的笛卡尔，另一头则系着在断头台上激烈行动的罗伯斯庇尔。同样，我们也可以说，正是由于启蒙思想家们先在思想领域中把天上的国王（上帝）送上了断头台，后来18世纪末叶的法国人民才能够理直气壮地在实践领域中把人间的国王（路易十六）送上了断头台。启蒙运动打击了专制主义世俗统治，启导了欧洲乃至全世界的资产阶级的革命浪潮，两者相互呼应，造就了欧洲历史上一个轰轰烈烈的时代。

二、三大资产阶级革命与革命后的扩张

启蒙运动将“革命”这一词的消极意义转变为理性与进步的同义词，晚年的伏尔泰在一封信中赞美革命：“我所见的每一件事物似乎都在撒播革命种子，革命必然不可避免地即将到来，但是我是享受不到亲自目睹这场革命的快慰的了。法国人总是姗姗来迟，跟在事物的后面，但是他们终究会跟上的。火种就是这样一家家传播开去的，一有机会，就会冒出灿烂的火花；于是将引起一场罕见的暴动！年轻人幸运得很，他们将看到美好的事物。”①

英国革命（1640～1688）第一次在一个民族国家内部完成了对绝对王权的民主化改造，淘汰了绝对君主制，开创了现代国家民主政治的全新的政体——立宪君主制，而在近半个世纪中英国革命所经历的完整周期：最初提出限制王权的立宪君主制，接下来的激进的共和制，经过军事独裁、旧王朝复辟，最后实现立宪君主制的巩固，展现了作

① ［美］维尔·杜兰特著，蒋剑峰、张程程译：《哲学的故事》（上），中国妇女出版社，2004年版，第280页。

为一场革命的一般规律。

内部资产阶级革命的完成为英国对外政策的制定提供了机遇，推行均势政策以维持欧洲大国间的力量平衡，充分利用列强间的矛盾以扮演调停者的角色，捍卫本国利益。制衡欧洲大陆的扩张者，便是自身的扩张——英国成功地保持了均势并利用制衡介入的机会成就了海上霸权——这一“光辉孤立”的外交政策得以推行，直到世界进入帝国主义时代。

美国革命从独立战争开始，完成于谋求统一的南北战争。1776 年的《独立宣言》和 1787 年的《联邦宪法》告诉世界：处于殖民统治下的人民要争取民主权利首先必须获得独立，同时要维护国家的统一。而为了维护国家的独立和统一，美国革命者在人类历史上第一次把“原则民主”以政府文件的形式（《独立宣言》）加以肯定，同时，为确保平等、自由而精心地做出制度安排（《联邦宪法》），完成了人类历史上第一次的“程序民主”规划。

这时的美国“赢得了政治独立，然后立即开始解决与英国经济体系和帝国实力的关系问题”①，而欧洲正处于革命与战争的大时代，列强对海外殖民扩张投入的关注相对减弱，无暇干涉美国的发展。审时度势的孤立主义外交政策也确保美国避免受到国际局势动荡的干扰，从容地进入大陆扩张时期。美国在北美通过兼并、购买、战争掠夺等方式，将领土从独立前的 80 多万平方公里迅速扩大 10 多倍。南北战争后，美国实力的增长、民族身份认同的强化、国内政策的完善，为其在更大的范围内推行其理想奠定了坚实的基础，美国的势力渐渐走出美洲，朝着西半球以外的地区前进。

法国革命（1793）历来被认为是世界政治发展史上划时代的里程碑。就法国革命对绝对君主制的否定而言，它要比英国革命彻底，就民众的参与而言它要比美国革命广泛，因而法国革命被称为“大革命”。从此，“革命”一词由贬义词而变为褒义词，“革命”在人类历史上第一次获得了自己的正当性和神圣性，“人民主权”从根本上否定了君主权的合法性。法国大革命成为许多现代政治思潮的源头。

---

① ［美］沃尔特·拉塞尔·米德著，曹化银译：《美国外交政策及其如何影响了世界》，中信出版社，2003 年版，第 85 页。

法国大革命几乎从始至终伴随着外来武装干涉的威胁和革命战争。革命者们进行的战争从一开始的维护革命成果、重在防守，到更多地呈现出扩张性和讨伐性的特征。拿破仑便在这一历史机遇中崛起，他带领军队力图通过征服欧洲来传播大革命的思想和原则，法国革命时期与拿破仑时代就此重叠，法兰西大帝国威震欧陆。

三、古典安全战略思维的崭新境界

经历了启蒙运动振聋发聩的呐喊，资产阶级革命血雨腥风的洗礼，国家之间司空见惯的结盟与背信弃义，究竟如何维持民族国家的强盛与安全？欧洲的思考走到了人类的前列。

（一）分权制衡的制度设计防止封建专制的复辟

对于新兴的资产阶级共和国，其最大的安全威胁莫过于国际国内的封建贵族相勾结，复辟封建专制制度。启蒙思想家们汲取了柏拉图、亚里士多德等古代混合政体理论的精髓，提出了分权制衡的设想。洛克首次系统提出了国家的立法权和执行权应绝对分开，最高立法权归属于民选议会，执行权则属于世袭君主。孟德斯鸠的三权分立学说则将其赋予更具适用性的内容和一整套权力结构的设计——国家的立法、行政、司法三种权力分别由议会、内阁和法院掌握，各自独立行使职权，又相互制衡。

这种分权思想因反对封建专制而出现，因资产阶级革命而正式进入历史舞台。三权分立制最早发生在资产阶级革命时期的英国，但以资产阶级与封建贵族的妥协而告终，未制定成文宪法。最早较为彻底地运用这种权力配置方式并将其写进宪法的，是美国。立国者们接纳了孟德斯鸠的想法，在宪法之内清楚地把行政、司法、立法分开，而且让它们互相制衡，实现了内部不同集团对国家权力的分享，在当时这种宪制是前所未有的崭新尝试。至今美国联邦政府的三权分立，仍然是众多民主政体中最彻底的，充分体现了“以权力制约权力”的精神。

在法国，尽管革命人士基本上按照孟德斯鸠的学说制定了1791年宪法，并在《人权宣言》中庄严地承认了权力的分割和平衡的必要性，但在实际行动上却违背了法的精神：在立法权、司法权和行政权的关系上，不断以立法权超越行政权，也不承认司法权具有审查立法机关活动是否符宪的职能。革命人士的“立法中心主义”势必导致公民政治自由受到破坏，而为专制主义的肆虐打开方便之门。不言而喻，革命者已意识到权力监督的重要性并试图采取相应的措施。但在革命者眼里，监督权力滥用的手段并非法治意义上的“法律”，而是“人治”意义上的“道德”——以道德监督权力而非以权力制约权力。当立法权与行政权之间发生冲突时，双方除求助于军队之外别无他法。这时期政局不稳、政变迭起。任何一种不受限制、约束的权力，哪怕是人民主权，都可能导致最彻底的专制，恐怖统治使法国人民清醒地认识到了这一事实。尽管法国多次出现王朝复辟，但是分权制衡的思想毕竟已经深入人心，资产阶级的统治最终得以巩固。

（二）建立统一的民族国家，提高总体国力

世界列强崛起的历史经验告诉我们，国家的统一是基本前提。随着资产阶级革命在西欧、北美的胜利，资产阶级为了开辟市场，强烈地要求打破封建割据状态。统一起来的国家迅速在世界上崛起。

统一的英国借工业革命发展的生产力，成为称霸世界的“日不落帝国”。大革命以前法国社会处于四分五裂的状态，国土分裂，人民敌对，互相孤立。经过革命的洗礼，法国成为欧洲大陆唯一的新型资本主义国家，拥有着广阔的疆域和巨大的权力。法国的强大极大地刺激了其周边邻国，加速了民族国家的形成。统一前的德国，是一个松散的邦联，政治上不统一，邦间各自为政、关卡林立，工商业无法发展，在 1871 年完成了统一后，德国工商业突飞猛进，国力大增；意大利在统一前只被别国看作一个地理名词，爱国者马蒂尼、加富尔、加里波第所领导的统一运动于 1870 年将十个政治单位统一起来，洗刷了这一耻辱；在美国，南北战争这场对林肯总统和美国人民来说“不情愿的战争”，捍卫了他们心中最崇高的利益，那就是国家的主权统一和领土完整。这场战争是美国向统一联邦国家发展过程中十分重要的一环，奴隶制的废除，联邦政府的强化，国家经济一体化的形成，为美国成为下一世纪的世界强国奠定了基础。内战后的美国社会大大向前推进，到了十九世纪末的时候，美国的工业产值已经超过了英国等国家，真

正成为世界上第一流的工业强国。这些国家相继进入近代工业文明的轨道，国力大跨步提升，自此，真正成为世界列强，巩固了自身的国际地位。

（三）主动出击输出革命，维护国家安全

革命时代充满了不安定因素，面对革命之后失序而慌乱的世界，思想家和领袖们更多考虑的是变化而不是延续。法国的这一进程极为明显。如果法国革命局限于内部革命，那么它对国际政治的影响很可能也就无足轻重了。“而他在法国境外则到处根据需要消除各种封建的形式，为的是要给法国资产阶级社会在欧洲大陆上创造一个符合时代要求的适当环境。”① 拿破仑给儿子罗马王的遗嘱中也说道：“用法律更新人们的思想，在各地建立新的政权机构。消除封建残余，保证人的尊严，促进经济繁荣，以稳定联邦形式统一欧洲……”② 这是拿破仑的伟大雄心之所在，他领导士兵们向全欧洲开进，这些士兵不再是雇佣兵，而是为保卫自己家园和国家荣光而战的爱国者。以至于欧洲其他国家发现它们不复制同样的爱国理念就无以战胜这种军队。拿破仑战败后，英国重新控制了欧洲，在欧洲势力均衡时期保存自身资源和财力，并扩大海外殖民地，占有更多的财富。

美国的价值观与国家利益、国家安全的结合从建国之初就开始了。在其大陆扩张、海外扩张和全球扩张中，美国人始终坚持其民主、自由和制度是世界其他国家和人民的榜样，他们有责任按照上帝的旨意变革和复兴文明，用自己的文化价值观念统一西方，重塑世界。建国之初，由于国力有限，不足以与主宰国际关系的欧洲列强抗衡，区别于欧洲的“共和民主制”政体从一开始就被视为谋取最大国家利益的有力武器。随着兴趣重心从大西洋逐渐转向美洲大陆，适时提出的“门罗主义”从维护共和制，反对欧洲封建主义制度着眼，打着维护拉美国家民族独立和自由的旗号，使反对欧洲列强在美洲的扩张的行动闪烁着神圣的光环，体现着非殖民主义、反封建主义、反专制主义的

① ［德］卡尔·马克思：《路易·波拿巴的雾月18日》，载《马克思恩格斯选集》（第一卷），人民出版社，1995年版，第585页。

② 据称，该遗嘱至今仍保存在法国国家档案中，见 baike. com。

精神，从而赢得这些国家人民的广泛支持。今后的历史中，美国便是以这样的方式进行着大规模领土扩张，排挤着欧洲乃至世界各种强大势力，登上了世界霸权的顶峰。

（四）结盟强化均势，维护国际安全

在欧洲，国家间的战争日益频繁，战争的残酷性也日益显著。在战争中，国家之间结为不同形式的同盟是欧洲不同于其他地域的一个显著特点。结盟现象始终贯穿于整个欧洲战争史，尤其是近代战争史之中。

结盟求安全的思想源远流长，中国古代便有“合众弱以攻一强”“事一强以攻众弱”的合纵连横思想。欧洲的三十年战争便是同盟与同盟之间的世界级大战。但是，像“天主教同盟”和“新教同盟”这样的结盟并不是稳定的，随时都可能导致盟友的重新洗牌。后来的英荷战争（1652～1674）中，法国先是英国的敌人，后来却走到一起；在奥地利王位继承战争（1740～1748）和七年战争（1756～1763）中，普鲁士和奥地利两个国家是死敌，但是后来又共同参与瓜分波兰、共同干涉法国大革命。“只有永久的利益，没有永久的朋友”这一现实主义箴言在欧洲几百年的混战中被体现得淋漓尽致。

法国大革命后，英国资产阶级不惜与欧洲大陆的反动贵族结成同盟，一起对付欧洲的霸主法国。在1793年到1815年间，英国和欧洲其他国家先后组成了七次武装干涉法国的军事同盟。而其间有革命与反革命的较量，有拿破仑的扩张和其他国家的反抗。正如列宁所言，“法国大革命的几次战争起初是民族战争，……这些战争都是革命的：保卫伟大的革命，反对反革命君主国的联盟。但是，当拿破仑建立了法兰西帝国，奴役欧洲许多早已形成的、有生命力的民族大国的时候，法兰西的民族战争便成了帝国主义战争，而这种帝国主义战争又反过来引起了反对拿破仑帝国主义的民族解放斗争。”① 在这进步与反动、自卫与扩张交织的战争中，为了瓦解对方的同盟，拉拢一些国家成为盟友，拿破仑无所不用其极。他与奥地利公主玛丽·路易莎成婚，使

① ［苏］列宁：《论尤尼乌斯的小册子》，载《列宁选集》（第二卷），人民出版社，1995年版，第693页。

法奥成为“姻亲”；争取与沙俄妥协，成功分化了俄英关系；派遣自己的三兄弟担任那不勒斯、荷兰与威斯特伐利亚的国王，扩充势力范围……在拿破仑看来，只有法兰西帝国主宰的联盟，才是其长治久安的保障。然而，拿破仑企图打破欧洲比较习惯的均势下的安全，最后还是被群起而攻之，最后落得流放荒岛的下场。直到维也纳会议重新建立并加强了均衡体制，欧洲国家才勉强维持了将近一个世纪的和平。

总之，经过文艺复兴、资产阶级革命洗礼的国际安全战略思维，就其平等自由的人文主义精神对等级特权的否定、大一统与分权制衡的制度设计、以国际联合实现持久和平的愿望，对之后的世界产生了持久的影响。但是它们也难以摆脱社会的、历史的、阶级的局限：社会生产力发展的不足，不具备消除冲突和战争根源的条件，国际和平、世界大同不可避免地带有空想的特点；资产阶级作为剥削阶级，不可能真正重视人民群众在国际安全中的地位，不敢让人民在国家安全中发挥作用，国际安全的经验与理论带有严重的片面性。

第四节　欧洲的战争与战略思想家的安全战略思维

从中世纪的城邦之间争夺疆土，到资产阶级革命后的扩张，欧洲内部一向战争频繁。进入大航海时代后，欧洲各国不仅通过战争确立自己的权力，也通过战争进行疯狂的殖民扩张。战争作为政治的继续，被赋予了更深刻的内涵，“如何赢得战争”被更多的战略家们津津乐道。随着世界资本主义向帝国主义阶段过渡，战火在后来的一战和二战中蔓延了大半个世界。

一、西欧的扩张与新的全球性视野

4～10 世纪，欧洲曾遭到日耳曼人、匈奴人、马扎尔人、维京人和穆斯林的侵略。但从 10 世纪到 14 世纪，这种局面却戏剧性地颠倒过来，欧洲开始全线进攻，扩张主义的运动扩大到海外领土。而从 1500 年至 1763 年这段时期里，地理大发现揭示了新大陆的存在，从而预示了世界历史全球性阶段的来临。也正是在这一时期里，欧洲人凭借他们在海外活动中的领导能力，将其权力扩张到了世界。

究其根源，基督教及其传统的普救说、改变异教徒信仰的热情和十字军的好战精神，是向海外扩张的一个重要因素。在促使欧洲人开始海外冒险事业的许多动机中，听从上帝的召唤和寻求黄金可能是最强烈的动机。接踵而至的文艺复兴运动，强调了个人主义和现世主义，显然比中世纪观点更有助于对外扩张。西方思想的活跃和丰富，造船业、航海业和海军装备的发展以及随之兴起的商业经营新技术，使其扩张获得了内外兼有的强大支持。中世纪后期强大的民族君主政体发展的政治趋势，使宗教好战精神、思想骚动、经济活力和技术进步这几股力量结合成一体，并指向外部世界。①

由此，欧亚大陆西端经历了一场空前的、彻底的变革。西欧人生活的各个方面几乎都在发生深远的变化：欧洲没有一个国王颁布禁令，禁止海外冒险事业；相反，各民族君主国展开了狂热的竞争。西方社会已达到起飞点，即将起飞；而它一旦起飞，必然扫清海路，不可阻挡地向全球扩张。这一扩张使西欧人控制了外洋航线，能够抵达、征服南北美洲和澳大利亚的人迹稀少的广阔地区，并移居那里；从而，改变了世界各种族传统的地区分布。最后，通过扩张，到了西欧财富迅速增加、力量大大加强的 19 世纪时，它已能渗入并控制位于中东、印度和中国的古老的欧亚文明中心。

就这样，在 15 世纪对世界的认识还仅限于欧洲、地中海、北非海岸、中东、印度、中国和日本，尤其对于中国和日本认识的唯一依据不过是一本《马可波罗游记》的欧洲，其眼界前所未有地扩大了。全球性的经济关系、政治关系、文化关系开始建立起来，各个种族、地区不再互相隔绝。欧洲人在这一全球历史运动中处于领先地位，正是他们支配了这个刚刚联成一体的世界。

二、作为政治继续的军事

18 世纪末期到 19 世纪前期，正是世界的整体性日益显露，当代意

① 参见［美］斯塔夫理·阿诺斯著，吴象婴、梁赤民译：《全球通史》第二章“西欧扩张的根源”，上海社会科学院出版社，1999 年版，第 10～33 页。

义上的国际关系逐步形成的时期。西方战略理论也在这一时期初步形成。1789 年的法国资产阶级革命不仅推翻了法国的封建专制统治和落后的生产关系，解放了新的生产力的代表——资产阶级和农民，而且威胁着欧洲其他国家的封建贵族统治。当时，英国、俄国、奥地利和普鲁士等国的封建势力相互勾结，先后组织了七次围剿，企图通过武装干涉扑灭法国革命。拿破仑正是凭借法国革命前后巨大的社会变革所带来的崭新的战略思维和作战方法，一次又一次统率法国军队战胜了欧洲各国的封建军队。

拿破仑战争结束后，欧洲各国的政治界和军事界人士惊魂未定，普遍要求清楚地解释战争现象，说明战争的实质和运动规律，以及今后如何对战争实施正确的战略指导。这一时期出现了一些优秀的军事战略家，他们的学说对古典安全战略思维贡献颇丰。

被称为“拿破仑预言家”的约米尼（1779 ~ 1869），其不朽之作《兵法概论》在总结法国革命和拿破仑战争经验的基础上，首次为 18 世纪末期和 19 世纪初期的西方兵法描绘出一幅崭新蓝图，并较早明确又系统地提出战役—大战术理论，为现代战役学的建立提供了较为完整的体系。他的主要思想是：对于战争理论，要承认而不照搬；军事是安全的第一要素；争取战略主动，需获得海洋控制权；以外交为依托，争夺同盟的主导权。值得一提的是，他的海权和海战思想还启发了《海权论》作者马汉的思维灵感。

被誉为兵学的第二高峰的克劳塞维茨（1780 ~ 1831）对于安全战略思维的贡献，是其超越了兵家追求克敌制胜的锦囊妙计的传统，揭示了战争与和平背后深层次的因素——政治，提出用政治的观点来制定战略战术。他的“战争无非是政治通过另一种手段的继续”① 一言为后人奉为圭臬。

克劳塞维茨时代的欧洲战争，是以拿破仑战争为代表的国际性、联盟化的战争。他从国际视角对军事形势作了具体分析，意识到在战争的帷幄里，交战双方讲求的是一种各方各种力量的平衡与和谐——战争中蕴藏着并不属于战争本身的东西。“战争是在社会状态和国与国

---

① ［德］克劳塞维茨著，中国人民解放军军事科学院译：《战争论》，商务印书馆，1978 年版，第 43 页。

之间的关系中产生的，是由它们决定、限制和缓和的，但是它们并不是属于战争本身的东西，它们在战争发生以前就已存在。”① 这种并不属于战争本身的“社会状态和国与国之间的关系”恰恰是克劳塞维茨所极力关注与阐释的政治内容。他认为决定战争的因素早已存在于社会生活与国际关系之中，必须将目光引入此中。他敏锐而超时代性地觉察到了由于政治内涵日益社会化、国际化而带来的战争行为的升级及其在未来时代的功利所在。他在《战争论》中预言：“政治越是宏伟而有力，战争也就越宏伟而有力。”②

克劳塞维茨并非战争的推崇者，战争行为只能在一切经济和政治行为手段都归于无效，利益的冲突必须要以暴力方式来解决时方可使用。如若将战争的暴力性予以极大的发挥，不顾一切后果地滥施，战争行为就将突破人类交往形式的行为规范和国际关系的容允度，为滥施者招来自身的毁灭。

“人类在现代懂得的，我们石器时代的祖先早已懂得了，这就是，在人类社会中，如果没有一定的公约，就不能彼此共处。”③ 克劳塞维茨所阐明的战争行为必须由社会状态和国与国之间关系来决定、限制和缓和，这正是当今国际安全思维中确立国际安全新准则、国际政治新秩序的主导性倾向。只有这样的思维才会使世界在均衡中保持稳定。后来，在两次世界大战中战败了的德国人在仔细回味克劳塞维茨的思想后感慨：“德意志人只把他理解为军事著作家”，却“未能深入到他的军事哲学的核心，否则他们完全有可能保住自己国家的统一，免遭彻底的失败”。④

---

① ［德］克劳塞维茨著，中国人民解放军军事科学院译：《战争论》，商务印书馆，1978 年版，第 25 页。

② ［德］克劳塞维茨著，中国人民解放军军事科学院译：《战争论》，商务印书馆，1978 年版，第 895 页。

③ ［法］安德烈·博弗尔著，复旦大学国际政治编译组译：《明天的战略——现代战争的军事问题》，上海人民出版社，1977 年版，第 11 页。

④ ［德］威廉·冯·施拉姆著，王庆余等译：《克劳塞维茨传》，商务印书馆，1984 年版，第 467 页。

三、制权论的国际秩序构想

肇始于18世纪中期的科技革命大大推动了社会生产力的发展。随着技术手段的应用与革新，人类视野的广阔和延伸，一幅全球大景观展现在人类面前。战略家们用全新的眼光审视世界的地缘特点，从而推动了地缘政治理论的发展。其中最为著名的是以美国的阿尔弗雷德·马汉（1840~1914）为代表的“海权论”和以英国的哈尔福德·麦金德（1861~1947）为代表的“陆权论”。

海权论的诞生，正是世界资本主义向帝国主义阶段过渡的时期，帝国主义列强为争夺殖民地的斗争尤为激烈，而马汉的理论则适时地为这种争夺提供了理论依据。在马汉看来，海洋不仅蕴藏着无穷无尽的资源，而且是通往世界各地的最宽广的道路。控制海洋是决定一个国家领导地位和繁荣的主要因素，同时也常常是决定一个国家存亡的主要因素。因此，没有强大的海上力量，国家在紧要关头所表达的意志不过是泥足巨人所做的笨拙姿态而已。而任何一个国家或国家联盟，其力量如果足以控制公海，即控制被大陆分割的全球水域，就能控制世界的财富，从而统治世界。

他认为影响一个国家海上实力的主要因素是：地理位置、自然结构、领土范围和人口数量。同时，马汉非常重视陆上“依托”对海上力量的意义：海上力量可以通过对海陆交界地带的陆地实施军事行动和政治控制以对内陆地区发挥作用，所以陆权的使用受离海洋远近的影响；同时，陆上环境也制约着海权的使用。马汉的思想长久地影响着美国的安全战略思维，“美国向外看”、“向海洋迈进，对外大展鸿图”① 成为美国在扩张中求安全的座右铭。

其后的陆权论则把关注点放在控制欧亚大陆。早期技术使海军力量的机动性超越陆地力量，而在20世纪初的技术进步则使陆地力量占据了统治地位。铁路及后来的内燃机、现代化公路网的出现，使欧亚大陆大部分地区拥有了快捷的运输。麦金德注意观察了这种状况并萌发了深入的思考，提出了著名的“心脏地带论”。

---

① ［美］马汉著，萧伟中、梅然译：《海权论》，中国言实出版社，1997年版。

“谁统治了东欧，谁就能控制大陆心脏；谁统治了大陆心脏，谁就能控制世界岛欧亚大陆；谁控制了世界岛，谁就能统治世界。”① 这是麦金德为地缘战略家们所津津乐道的著名论断。麦金德的论断生命周期极其长远，时至今日，标明“心脏地区”“内新月地区”“外新月地区”等关键词的“麦金德地缘战略地图”，还是相当一部分学者解读国家战略的思考来源。

与“海权论”和“陆权论”同时代的还有其他制权论。

德国人卡尔·豪斯浩弗（1869～1946）的“生存空间理论”认为，国家是有机生物体，扩张领土、争夺生存空间是它生存的基本法则。这一观念迎合了法西斯德国侵略扩张的政治需要，构成了法西斯德国战略思想的组成部分。后来这一理论被认为太容易被反动化，它导致人们认为将生存繁衍等同于必须要流血和牺牲。

富勒（1878～1966）、李德·哈特（1895～1970）的“装甲制胜论”除在军事战略层面提出使用装甲机械化部队在空军支援下实行高度机动的进攻战思想外，还认为，战争目标应有限度。“当战略学的视线是以战争‘地平线’为界的时候，大战略的眼光却透过了战争的限度，而一直看到战后的和平上面。”②

时至今日，随着科技的进步，出现了“空权”“天权”这些更为时髦的地缘政治学名词。制空权理论将战争从地面、海面拉上天空，闪击战理论、核威慑理论、信息战理论等等，都有其相应的理论论述和表现形态。

说到底，制权论的实质，在于把从文艺复兴到启蒙运动的思想家们对人的作用的强调专注于某一个因素，于是地缘政治家推崇地缘，军事家推崇军事，当他们为一种新式武器的出现，如飞机、坦克、原子弹而成为唯武器论者时，其思维的偏颇便不言而喻。

主要阅读文选：

1. 尼科洛·马基雅维利：《君主论》

---

① J. Mackinder, Democratic Ideals and Reality, Henry Holtand Company, 1942, p. 62.

② 海予：《战争视角的网络空间与总体国家安全》，载《中国信息安全》，2014 年第 5 期。

2. 格劳秀斯:《战争与和平法》

3. 托马斯·霍布斯:《利维坦》

4. 约翰·洛克:《政府论》

5. 卢梭:《社会契约论》第二卷、第三卷

6. 康德:《永久和平论》

7. 黑格尔:《历史哲学讲演录(1837)》

8. 威廉·葛德文:《战争的原因与目的》《论政治社会的未来》

9. A. 约米尼:《战争艺术——序》

10. 克劳塞维茨:《战争论》说明、论战争的性质、论战争的目标、作战的一般原则、战斗的一般理论

11. A. T. 马汉:《海权对历史的影响——结论》

12. 麦金德:《大陆心脏说》

中　篇

战争与革命时代的安全战略思维

第五章

马克思主义经典中的国际安全战略思维

资本主义由自由向垄断的发展，形成了资本帝国。资产阶级革命的胜利，资产阶级在取得对封建地主阶级历史性胜利的同时，也造就了自己的掘墓人——工人阶级。马克思主义作为工人阶级的圣经，揭示了资本的实质和资产阶级剥削的秘密，指明了无产阶级翻身解放的道路，同时也对造成人类灾难的战争的根源与消灭战争实现人类和平的途径作了不同于资产阶级学者的回答。

第一节　思想背景：资本主义从自由向垄断的发展

早在14世纪末15世纪初，资本主义的生产关系在西欧封建社会内部已开始孕育成长。美洲大陆的发现，为新兴资产阶级开拓了新的活动场所，有力地促进了资本主义商品经济的发展，加快了资本主义生产关系的过程。从18世纪60年代开始，一场以资本主义机器大工业代替以手工技术为基础的工场手工业革命兴起，促进了资本主义社会生产力及其经济发展，也把资本主义推进到一个新的阶段。生产力的这种巨大发展，既促进了新兴资本主义制度的确立和巩固，也使这种制度开始显示出它所固有的深刻的内在矛盾。同时又引发、加剧了资本主义制度下两个最基本的阶级——工人阶级与资本家阶级之间的矛盾、阶级对立和阶级斗争。因此，资本主义固有矛盾的发展，预示着未来社会革命的性质和历史发展的方向，这为马克思主义的产生提供了经济社会的条件和基础。

一、第二次科技革命与生产力的迅猛发展

第二次科技革命发生于19世纪中叶，它以电机的发明为起点，以电力的广泛应用为标志，不仅推动了生产技术由一般的机械化到电气化、自动化转变，更改变了人们的生活方式。

19世纪上半叶，电磁学理论获得重大突破。1820年丹麦物理学家奥斯特在做实验时发现电流磁效应，即电的流动会产生磁力。1831年英国科学家法拉第经过反复实验，发现了感生电流，即磁力线运动时能产生电。此后，电磁感应的理论日臻完善，为发电机和电动机的发明奠定了理论基础。1870年比利时人格拉姆发明电动机，电力开始被用来带动机器。1889年俄国工程师多里沃造出能实际使用的三相异步交流发电机。从而使电真正成为远处亦可使用的能源。

19世纪上半叶，热力学理论已经确立，它为制造新型热能机提供了必要的理论依据。1862年，法国工程师德罗夏首次系统提出进气、压缩、点火爆发和排气四冲程工作原理。1876年德国工程师奥托根据此原理，研制成功了第一台用煤气作燃料，功率为4马力的内燃机。1883年戴姆勒、1890年狄塞尔分别发明了汽油和柴油作燃料的内燃机。汽油和柴油为燃料的内燃机马力大、体积小、设备轻、效率高而且移动方便，不仅把由电的发明而兴起的第二次科技革命推向新的发展阶段，同时也引起了交通运输业的革命。

化学工业的建立是第二次科技革命的一个重要内容。19世纪六七十年代无机化工业建立，人们以氨为媒介生产纯碱和利用氧化氮为催化剂生产硫酸，使这两种化学工业的最基本的原料的产量有了很大的增长；与此同时，有机合成化学工业也有了突破，80年代人们开始从煤焦油中提炼氨、苯等化学物品，并以这些化学品合成染料、药品、人造纤维、塑料，形成了有机化学工业。诺贝尔发明并生产炸药，则是化学工业中最壮丽的篇章之一。

第二次科技革命促进了冶炼业的发展。1856年英国人贝西默发明转炉，通过不断吹入空气，一次将铁矿炼成钢，还克服了以前钢炉容量小的缺点，可以大规模生产。1864年马丁和西门子同时发明平炉炼钢，平炉的特点是既可用废钢铁为原料炼钢，又可使用劣质煤。但这

两种方法都只限于冶炼低磷铁矿，欧洲90%铁矿含磷较高，这是极需解决的问题。1870年英国人托马斯发明了碱性冶炼法，该方法用碱性材料作熔炉内壁，并在熔炼时加入石灰石，达到了去磷的效果。冶炼技术的改进提高了钢的质量，产量也大幅度增长。1900年英国的产量为600万吨，德国为740万吨，美国为1000万吨，钢代替熟铁，成为机械制造、铁路建筑、房屋桥梁建筑等方面的新材料，也满足了电和内燃机发明带来的电机、汽车等新兴工业出现的需要。

第二次科技革命推动了生产效率和生产能力的提高。以钢为例，1870年，世界的钢产量为52万吨，1900年增加到2830万吨。世界工业生产指数1850年是9，1870年为20，1900年为59，前20年提高了1倍多，后30年增加了近2倍。世界贸易同样如此，1870年是45.5亿法郎，1900年为118.2亿法郎，提高1.6倍。此外，第二次科技革命诞生了电力工业（发电厂、发电机和电缆机的生产、输变电机和电缆的生产等）、汽车工业、石油化工业、炸药等合成化工工业等新兴工业，它们的发展速度和在经济中所占比重均超过传统轻工业。[①]

二、垄断资本的形成与发展

资本主义从自由竞争向垄断的过渡，是资本主义矛盾发展的产物，也是资本主义条件下生产力发展的产物。列宁曾对垄断的形成做了精辟的概括，他指出：自由竞争引起生产集中，生产集中发展到一定阶段必然引起垄断，这是资本主义发展的“一般的和基本的规律”。[②]

自由竞争推动生产集中是垄断形成的前奏。所谓生产集中，是指生产资料、劳动力和产品日益集中到少数大企业，它们在社会生产中所占的份额愈来愈大。

首先，生产集中是自由竞争引起的，是自由竞争的必然结果。在自由竞争时期，少数大企业总是处于有利地位；它能够广泛地使用新机器，采用新技术，在企业内部，实行专业化分工，因而劳动生产率比较高，同量资本可以获得较多的利润，加速了资本的积累和生产规

① 庄起善主编：《世界经济新记》，复旦大学出版社，2001年版，第11页。

② 《列宁选集》（第二卷），人民出版社，1995年版，第558页。

模的扩大；由于实力雄厚，在竞争中不容易被吞并，大企业容易取得银行信用的支持，有了银行信用的支持，大企业能够在更大的范围内组织生产专业化和协作，利用廉价的原材料，节约不变成本，降低商品成本，在竞争中处于有利地位。大企业凭借着这些优势，在竞争中排挤和吞并中小企业，使自己的资本愈来愈多，生产规模愈来愈大。

其次，第二次科技革命为生产集中奠定了物质技术基础。这次工业革命是以新式炼钢法、化学方法和电、电动机、内燃机等的发明与应用为主要标志。新技术革命引起了冶金业、化学工业、机械制造业等一系列新兴工业部门的兴起。重工业迅速取代轻工业并占据主要地位。重工业以及铁路、建筑业的特点是投资大、周转期长，单个资本对此是无能为力的。在竞争和信用杠杆的作用下，单个资本通过兼并、合并和组建股份公司等方式，很快联合成大资本。生产和资本加速集中于少数大企业，有力推动了重工业部门的发展。马克思曾评论道："假如必须等待积累去使某些单个资本增长到能够修建铁路的程度，那么恐怕直到今天世界上还没有铁路。但是，集中通过股份公司转瞬之间就把这件事完成了。"①

再次，经济危机的频繁爆发对生产和资本的集中起到了推波助澜的作用。19世纪70年代到20世纪初在资本主义国家连续爆发了五次经济危机，造成了大批中小企业的破产和被大企业吞并，从而推动了生产和资本迅速集中到大企业中。

到19世纪末20世纪初，各主要资本主义国家的生产集中已经达到很高的程度。例如，在德国，雇佣50个工人以上的大企业，1882年只占工业企业总数的0.3%，而雇佣工人却占全国工人总数的22%；1907年这种大企业在工业企业总数中占的比重增加到0.9%，雇佣的工人在全国的工人总数中所占的比重则增加到37%。实际上，生产集中的程度比工人集中的程度还高，例如，美国1904年，产值在100万美元及以上的大企业占企业总数的0.9%，但其产值却占工业企业总产值的38%。生产集中发展到一定阶段必然引起垄断。所谓垄断，也叫独占，是指少数资本主义企业，为获取高额垄断利润通过协定、同盟而联合起来，控制和独占一个或几个部门的产品生产和销售市场。垄

① ［德］卡尔·马克思：《资本论》（第一卷），人民出版社，1975年版，第688页。

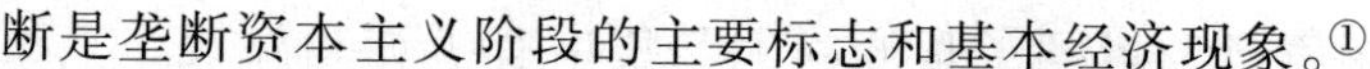

断是垄断资本主义阶段的主要标志和基本经济现象。①

生产集中发展到一定阶段之所以必然引起垄断，是因为它为垄断的形成提供了现实的可能性和必要性。第一，从可能性来看，生产高度集中后，企业的数目减少，一个生产部门的大部分生产已被少数几个或十几个大企业所拥有，它们之间就容易达成协议，去控制和操纵这个部门的生产与销售，从而使垄断有了产生的可能性。在自由竞争阶段的前期，由于各部门的生产都由众多的中小企业进行，它们之间存在着错综复杂的斗争，因而很难达成协议联合起来控制该部门的生产和销售，形成垄断。此外，在生产高度集中后，大企业资本雄厚，中小企业资本有限，以致在原有产品的生产和销售方面很难同大企业竞争，这就必然造成大企业对原有产品生产和销售的独占趋势。同时，当生产高度集中后，中小企业要开办新企业来与原有的大企业竞争也相当困难，因为面对强大的竞争对手，投资兴办新企业不仅要有高于原有企业的巨额资本，而且还要有市场的相应扩大，从而在一定程度上限制了新企业的创办，使大企业在该部门中有可能占据垄断地位。第二，从必要性来看，当生产和资本的集中达到一定程度时，少数大企业资本雄厚，彼此间势均力敌，任何一个企业都无法轻而易举地吞并另一个企业，所以它们之间的竞争更剧烈、更持久，而且带有更大的危险性和破坏性。为了避免在竞争中两败俱伤，这些大企业之间不得不谋求暂时的妥协，达成协议，联合起来操纵和控制某一部门的生产和销售，实行垄断。同时，生产高度集中后大企业的生产能力迅速膨胀，而在一定时期的特定市场上，需求总是有限的。如果大企业仍遵循自由竞争的规律各自开足马力进行生产，势必导致生产过剩，利润率降低。所以为了保持与扩大利润，大企业间也有必要结成垄断联盟，瓜分市场份额，以调节生产。

垄断的形成与发展是以垄断组织的产生与发展为标志的。垄断组织是指在资本主义经济的一个或几个部门中，占据垄断地位的大企业的联合。垄断组织拥有的资本叫做垄断资本。垄断组织从萌芽到在社会生活中占据统治地位，大体上经历了三个阶段。

第一个阶段是 19 世纪 60 年代和 70 年代，是垄断组织的萌芽时

① 宋则行、樊元主编：《世界经济史》下卷，经济科学出版社，1998 年版，第 250 页。

期。这时，自由竞争已发展到了顶峰，生产集中有了相当发展，垄断组织开始出现，但还只是处于萌芽状态，只是个别现象。

第二个阶段是19世纪70年代到90年代，是垄断组织广泛发展时期。在这个时期，由于生产集中加速发展，随之垄断组织也开始蓬勃发展。如1890年德国卡特尔已增加到200个。但由于大多是短期的垄断协定，所以，这时的垄断还不稳固。

第三个阶段是19世纪末到20世纪初垄断统治最后形成时期。这个时期由于工业高涨和危机的交替，生产高度集中，垄断组织的发展势不可挡。以美国为例，1904年共有318个工业托拉斯，这318个托拉斯吞并了5300个工业企业，拥有全部制造业资本的40%。1900～1903年的经济危机时期，垄断组织已经成了全部经济生活的基础，在主要资本主义国家居于统治地位。

三、银行资本加速集中，形成金融寡头

在工业中出现生产集中和垄断的同时，银行业也出现了集中和垄断。银行集中也是银行业自由竞争的结果。由于大银行资本实力雄厚，可以获取较多的存贷款业务，而且经营费用低等，因而在竞争中总是处于有利地位，不断吞并、兼并或联合的结果是银行迅速走向高度集中，尔后自然而然地形成银行垄断。

银行垄断形成后，银行的作用发生了根本性的变化即由普通的中介人变成了万能的垄断者。银行新作用集中反映在银行与工业企业的相互关系发生了巨大的变化。首先，银行与工业企业之间的信贷关系日益固定，银行通过这种关系对工业企业进行监督，进而决定它们的命运。其次，银行和工业企业之间互相占有对方的股票，实行资本渗透。除此之外，大银行还代理大工业企业发行有价证券等，这些使银行逐步控制和操纵大工业企业的经营活动。再次，银行把自己的董事和经理直接派到所控制的大工业企业去担任领导职务，实行人事结合，进一步控制和掌握大工业企业的经营活动。

银行垄断的形成和银行新作用的出现，使银行垄断资本和工业垄断资本逐渐地融合起来，混合生长，形成一种新型的资本，即金融资本。所谓金融资本就是垄断的银行资本和垄断的工业资本融合或混合

生长而形成的一种资本形式。对银行来说，是为了扩大银行垄断资本的活动范围和分享一部分工业垄断利润；对垄断企业来说，则是为了获得更有利的贷款条件，并分享一部分银行垄断利润。银行垄断资本和工业垄断资本的融合主要表现在两个方面：一是垄断银行通过购买工业企业的股票和债券，以及创办新的企业的办法，参与工业生产活动；二是工业垄断组织通过购买银行股票和自己创办新的银行的办法，参与银行业务。在金融资本的基础上，产生了金融寡头。所谓金融寡头，是指掌握着金融资本，操纵国民经济命脉，并在实际上控制国家政权的少数最大的垄断资本家或垄断资本家集团。金融寡头是垄断资本主义国家的实际统治者。金融寡头的全面统治表现在经济、政治、社会生活各个方面。在经济领域，金融寡头实行全面统治的主要手段是“参与制”。“参与制”是指金融寡头通过掌握股票控制额的方式，控制和支配其他众多的企业。金融寡头首先用自己的资本掌握总公司，把它作为“母公司”，然后利用“母公司”的资本购买其他企业的股票，掌握股票控制额，把它们变成自己的“子公司”，各个“子公司”再以相同的方式控制更多的公司，即“孙公司”。通过“参与制”的方式，金融寡头就可支配比其自有资本大得多的他人资本，从而实现其对整个国民经济的统治。金融寡头在政治上的统治，主要是通过“个人联合”的方式实现的。一方面金融寡头亲自出马或委派其代理人到政府机构中担任各种重要职务，另一方面金融寡头又以各种手段收买政府高级官员、国会议员等，直接操纵国家机器。在实行“个人联合”的同时，金融寡头还通过建立各种咨询机构，影响政府的决策，通过控制新闻、出版、广播、电视等媒体，把其势力伸向上层建筑和社会生活的各个方面。金融寡头在政治上的统治，其目的是为了巩固它在经济上的统治。

四、帝国主义的形成和第一次世界大战

（一）美、德、日的崛起

在19世纪的后半期，美国资本主义经济迅速发展起来，其主要原因是：美国内战中北方的胜利，为国内资本主义的发展扫清了道路，《宅地法》的实施使西部地区得到开发，扩大了国内市场；欧洲大量资

本的输入，为工农业的发展提供了资金；美国是个后起的资本主义国家，便于应用欧洲先进科学技术和生产经验；外国大量的移民，以及黑奴的解放，提供了廉价的劳动力；美国自然资源丰富，盛产煤、铁、石油等重要物资。此外，这一时期的美国对教育和科技极为重视，大力发展教育事业，奖励科学发明。这些有利条件，使美国经济在短期内便处于领先地位。1913 年，美国工业产品已占世界工业产品总量的 1/3 以上，超过了英、法、德、日四国的总和。随着工业的发展和西部的开发，资产阶级要求外市场和原料供给地，美国便迫不及待地要求重新瓜分殖民地和势力范围，于是积极扩充军备，兴建海军。在 1886 ~ 1893 年间，军费由 1700 万美元增到 3000 万美元，军舰由 3 艘增至 12 艘，美国海军实力由世界第 12 位，跃居第 5 位。

1871 年 1 月 18 日普鲁士国王威廉一世即位，德意志帝国宣布成立，这标志着德国统一的最后完成。统一后的德国，资本主义迅速发展起来，原因是：政治上的分裂消除，促进了统一市场的形成；从法国攫取的 50 亿法郎赔款，用于发展工业，特别是军事工业；吞并了阿尔萨斯、洛林和鲁尔矿区，联结在一起，构成了重工业的基地；德国产业革命较晚，易于接受外国先进的科学技术成就。因此，19 世纪七八十年代，德国完成产业革命后，资本主义工业跳跃式地发展起来。1870 ~ 1900 年间，钢产量由 17 万吨增加到 667 万吨；煤产量由 3400 万吨增加到近 15000 万吨；铁路线由约 19000 公里增到 50000 公里。机器制造业、造船业、电气工业和化学工业都有迅速的发展。20 世纪初，德国在工业生产方面超过了英国，仅次于美国，跃居世界第二位。

1868 年的明治维新，推翻了德川幕府的封建统治，为日本资本主义的发展创造了条件，到 20 世纪初，日本已跻身帝国主义国家行列。日本最初的近代工业，主要由国家经营，并以军事工业为基础，以纺织工业为重点，政府在原来幕府和诸藩的军工场的基础上，又发展起使用机器的军事工业。纺织工业也发展起来，在 1872 ~ 1892 年间，纱厂增加 1.4 倍，纱锭增长了 47 倍。甲午战争后，日本从中国掠得 2.3 亿两白银的赔款，并取得了掠夺中国的资源、在中国倾销商品和开设工厂等特权，使资本主义发展更加迅速。工业资本 1903 年比 1894 年增长 2.7 倍，铁路 1901 年比 1893 年增长 1 倍，航运 1903 年比 1893

年增长了6倍，进出口额1903年比1893年增长了3.4倍。①

（二）西方列强的争夺

列强之间对外大肆掠夺工业原料，争夺市场，非洲、中近东和亚洲等一些战略要地首先成为欧洲列强争夺的目标，广大不发达地区在列强的争夺中被逐步瓜分，并沦为列强的殖民地。

帝国主义国家各有自己的争霸计划，互不相让。德国企图建立一个包括奥匈帝国、巴尔干半岛、西亚、波罗的海沿岸、斯勘的纳维亚半岛、比利时及法国一部分在内的“大德意志”或“中欧帝国”，它还要夺取英、法、比、葡的海外殖民地。美国首先要在西半球确立自己的霸权，而后再侵略中国和东亚。日本的侵略目标是东亚和太平洋地区。英国力图保持自己的既得利益，并想从土耳其手中夺取美索不达米亚和巴勒斯坦。法国借收复阿尔萨斯、洛林为名，积极准备“复仇”战争，想侵占德国的鲁尔区，并夺取德国在非洲的殖民地。俄国不仅要夺取加里西亚，在巴尔干建立自己的统治，而且要占领君士坦丁堡，进一步控制博斯普鲁斯海峡和达达尼尔海峡，还要夺取伊朗，彻底瓜分中国。奥匈帝国则要征服塞尔维亚，巩固自己在巴尔干半岛东部和西部的统治地位。

在重新瓜分世界的斗争中，德国成为英、法、俄的劲敌。中东地区是英德争夺的一个重要地区。自1878年柏林会议以后，德国加紧向土耳其渗透，德国商品大量向奥斯曼帝国倾销，德国军官训练和改编土耳其的军队。1903年德国和土耳其正式订立条约，取得建造巴格达铁路的特权。这条铁路西北起自博斯普鲁斯海峡，中经小亚细亚和美索不达米亚，东南至波斯湾的巴士拉。它将把柏林、君士坦丁堡、巴格达、波斯湾直接联系起来，是德国东进的重要工具。它将严重威胁英国在西亚、北非和印度的殖民利益，也威胁着沙俄的殖民利益。因此，遭到英、俄、法的反对。拉丁美洲也是英、德争夺的一个地区。1904年德国在这里的投资为48亿马克，是德国当时对外投资总额的1/4强。德国在拉丁美洲20个国家的对外贸易总额中仅次于英、美，

① 樊元、宋则行主编：《资本主义兴衰史》，北京出版社，1984年版，第87～90页。

居第三位。德国成为英国在拉丁美洲竞争的主要敌手之一。①

美国和日本面对世界殖民地几乎已被欧洲列强瓜分殆尽的情况，产生重新瓜分世界殖民地的要求。美西战争，使美国获得了有利的远东海军基地；提出了“门户开放”政策，以便参与瓜分中国；同时实施“金元外交”和“大棒外交”，加强了对拉美的控制。日本则在与英国结成同盟的基础上，进行了日俄战争，使之在远东的势力大增。

（三）资本主义发展到帝国主义的标志

资本主义只有发展到很高的阶段，当它的某些基本特性发展为自己的对立物时，才成为垄断资本主义即帝国主义。列宁在《帝国主义是资本主义的最高阶段》一书中，提出帝国主义的五个基本标志为：

1. 生产集中和垄断。在20世纪初期，各主要资本主义国家生产集中已达到很高的程度，生产部门中的垄断组织已经广泛存在。这个时期，按照大公司联合的范围和程度，垄断组织可分成多种形式。最简单的是短期价格协定，进一步是普遍发展的、主要是在生产部门内瓜分市场、规定产量和价格等的卡特尔，联合采购原材料和销售产品的辛迪加，高一级的形式则有统一掌管参加企业的业务和财务活动、以独立的企业进行经营活动的托拉斯，还有以实力雄厚的大公司为核心的不同部门企业结成联合集团的康采恩。这些垄断组织已成为经济生活的主体。但是，从自由竞争中生长起来的垄断并不消除自由竞争，而是凌驾于这种竞争之上，与之并存，因而产生出许多特别尖锐、特别剧烈的矛盾、摩擦和冲突。

2. 金融资本与金融寡头。工业中生产的集中和垄断形成工业垄断资本的同时，银行业的高度集中也在20世纪初期迅速发展，形成银行业的垄断，产生了银行垄断资本。这时银行的作用发生了根本的变化，从普通的中介人变成了万能的垄断者，几乎支配着所有资本家和小业主的全部货币资本以及国内外大部分生产资料和原料的来源。工业和银行业的垄断资本互相渗透，彼此溶合或混合生长，形成了最高形态的垄断资本即体现帝国主义时代垄断统治的金融资本。这时，在主要资本主义国家中都形成了少数控制着银行又控制着工业的最大资本家

① 参见百度百科：《拉丁美洲经济的殖民地化和半殖民地化》。

和资本家集团，即金融寡头的统治。他们通过同政府进行“个人联合”来控制整个国家机器，使资产阶级政府成为他们统治的工具。

3. 资本输出。金融资本和金融寡头在形成一国范围垄断统治的同时，还实行对外扩张，造成了少数帝国主义国家金融资本在世界范围内的剥削和统治，使帝国主义成为金融资本统治下的世界体系。资本输出主要是对经济不发达的殖民地和附属国的资本输出，成为经济扩张的重要手段。在帝国主义条件下，垄断资本凭借垄断地位已积聚巨额垄断利润，少数最富的国家通过国内外剥削已拥有巨大的货币资本。货币资本大量积聚，但在垄断占统治地位的部门里，获得高额利润的那些投资场所几乎都已被占领。为了追逐高额垄断利润，过剩资本就会转向国外，借以垄断原料来源并带动商品输出。殖民地和附属国经济落后，不但工资、地价、原料价格较低，资本有机构成也低，因而利润率高。这时，资本主义的发展已把这些落后地区卷入了世界市场范围，使这些地区的商品经济有所发展，基础设施也已开始建设，初步具备了投资条件。因此，在垄断资本主义形成的初期，资本输出就发展很快，它成了帝国主义国家压迫和奴役世界上大多数落后国家和地区的坚实基础。金融资本的势力从国内扩展到国外，使帝国主义成为金融资本统治下的世界体系。

4. 国际垄断同盟。金融资本的统治和资本输出的发展，必然引起各国最大的垄断组织从经济上瓜分世界，形成国际垄断同盟。帝国主义国家的垄断组织首先控制国内的生产和流通，随着资本输出的猛增和经济国际化的发展，它们又进而在国外激烈争夺有利的投资场所、销售市场和原料产地。这种斗争有时也会给一些垄断组织带来巨大损失。为了避免两败俱伤，在很多情况下，它们会改变斗争形式，取得暂时妥协，组成同盟，共同进行剥削。到20世纪初，国际垄断同盟已有很大发展，它的主要形式就是国际卡特尔。列宁把这种国际垄断称之为“超级垄断”，它们按照实力对比来瓜分世界。由于这种实力对比随着资本主义经济政治发展不平衡而改变，必然要引起重新瓜分世界的斗争。

5. 瓜分殖民地。在19世纪70年代以后，随着自由资本主义向垄断阶段的过渡，金融资本统治的形成，帝国主义列强卷入了夺取殖民地的高潮。因为，对于垄断资本来说，殖民地有着不同于以往时代的特殊意义；殖民地作为原料产地和销售市场的意义更为重要，同时，它又是帝国主义国家资本输出的有力场所。从1876年到1914年，列强掠取了将近2500万平方公里领土，把世界领土分割完毕。全世界土地总面积的2/3已沦为殖民地，总人口的56%已沦于殖民压迫之下。随后，帝国主义列强之间就不可避免地展开了重新分割世界领土的斗争，其中几个大国争夺霸权的斗争，更为激烈，终于导致1914~1918年的第一次世界大战。①

综上所述，可以看出这五个特征是互相联系的，共同反映了帝国主义的垄断实质；从本质上看，前两个特征所表明的垄断组织和金融资本统治的确立，后三个特征所表明的资本输出、国际垄断同盟和瓜分殖民地，事实上都是20世纪初期国内和国际范围内资本关系社会化的反映；这五个特征反映了20世纪初期资本主义经济的发展状况、资本国际化的水平、世界上大国争霸的格局和旧殖民体系的现实。联系到20世纪初期资本主义经济在其国际相互关系上的总情况，列宁进一步下了包括帝国主义基本特征的定义，即“帝国主义是发展到垄断组织和金融资本的统治已经确立、资本输出具有突出意义、国际托拉斯开始瓜分世界、一些最大的资本主义国家已把世界全部领土分割完毕这一阶段的资本主义”。②

（四）第一次世界大战爆发的历史必然性与严重后果

19世纪末20世纪初，资本主义发展到它的最高阶段，即帝国主义阶段。随着资本的高度集中，国家政权逐渐被垄断资产阶级所控制，他们追求最大限度的利润，竭力扩大资本输出，争夺资本输出场所。海外殖民地正是帝国主义国家的金融资本最有利、最方便的投资场所、商品销售市场和廉价原料的供应地。随着自由资本主义向垄断资本主义过渡，各资本主义列强都投入争夺殖民地的热潮，到20世纪初帝国主义形成的时候，世界领土已被瓜分完毕。

在此基础上，任何一国要想扩大殖民地，只有靠资本和实力。一旦帝国主义列强之间的资本和实力发生新的变化，殖民地掠夺者之间

---

① 参见百度百科：《帝国主义》。

② 《列宁选集》（第二卷），人民出版社，1995年版，第651页。

的战争就难以避免。经济政治的不平衡是资本主义的绝对规律。到了帝国主义阶段，由于生产的高度集中和科学技术的迅速发展及应用，资本主义发展不平衡加剧了，一些后起的资本主义国家迅速赶上和超过老牌资本主义国家。然而各帝国主义国家所占殖民地和势力范围，却是按照旧的实力对比划分的，与各国的实际力量对比极不相称，后起的帝国主义国家不能容忍这种状况，在世界还没有被瓜分完毕的时候，列强之间的冲突可以通过瓜分“自由”土地而得到缓和，但是，在世界已被瓜分完毕的情况下，后起者就只有通过战争来改变现状。

帝国主义发展的不平衡必然造成原有均势的破坏。维也纳体系建立后的大约一个世纪，欧洲局势基本上处于相对平静的状态，这在很大程度上与欧洲大国间传统的均势结构有关。维也纳体系瓦解后，代之而起的俾斯麦体系没能维持多久，德国统治集团抛弃了俾斯麦保守的、狭隘的“大陆外交”，开始转向追求欧洲霸权和世界霸权的“世界政策”，并发展大海军，从而向老牌帝国主义国家英国发起了公开的挑战。英国被迫抛弃“光辉孤立”的传统对欧洲政策，与法、俄调整世界范围内的利益冲突，于1904年和1907年相继缔结了《英法协定》和《英俄协定》，出现了英、法、俄集团与德国—奥匈集团相对峙的两极均势体系。为了谋求各自的优势，大国间的军备竞赛螺旋式上升。欧洲进入了危机频繁的阶段，而且任何冲突都有可能升级为影响两大集团之间力量对比关系的重大危机。1914年夏初，局势不断恶化，英、法、俄与德国—奥匈两大集团间敌意加深，冲突迫在眉睫。1914年6月28日，塞尔维亚青年普林西比在萨拉热窝城暗杀了奥匈帝国王储斐迪南夫妇所引发的新冲突成为第一次世界大战的导火索。7月28日奥匈即向塞尔维亚宣战。整个7月，欧洲一直处于激烈冲突前的躁动与紧张状态之中。到7月底，欧洲局势已经完全失控，8月1日，德国向俄国宣战。同日，法国宣布总动员，8月3日，德国向法国宣战。4日，德国入侵比利时，英国向德国宣战。在短短一周时间里，欧洲两大军事集团的主要成员国竞相亮相，第一次世界大战全面爆发。

从“六月事件”到“七月危机”再到“八月枪声”，欧洲进入全面战争状态。欧洲诸国内部积聚了很长时间的矛盾和冲突都在这一时刻爆发出来，将欧洲与国际社会拖入了旷日持久的战争中。这场战争在爆发伊始就很快越出欧洲范围，英联邦国家很快便对德宣战，主战场虽然在欧洲，但迅速波及亚洲、非洲、澳洲、南北美洲，参战国家多达30个，演变成世界规模的战争。这场历时四年半的大战给国际社会带来了空前的灾难。先后有30个国家、15亿人口卷入战争，死伤达3000余万人，物质损失更是无法计算。如果说冷兵器时代的奴隶制、封建制的帝国的攻城掠地是一场残酷的人力的较量，那么借助科学技术发展而进入热兵器时代的资本帝国的扩张所显示的杀伤能力几乎成为想象中的魔鬼间的较量！①

从根本上说，第一次世界大战是各帝国主义国家，特别是德国和英国为重新瓜分世界、争夺世界霸权而挑起的，萨拉热窝事件只不过是这场战争爆发的导火线。正如列宁所说："现代战争产生于帝国主义。"一战的根源就是来自帝国主义。为了在争夺世界霸权中获胜，各列强分别寻找自己的同盟者，使列强之间出现新的分化和改组，20世纪初，出现了德、奥、意三国同盟和英、法、俄"三国协约"相对峙的两大帝国主义军事集团。由于当时世界上大多数国家在经济上、政治上分别与两大集团有着不同程度的关系，因此，两大集团之间所引起的战争必然是一场世界规模的战争。

一战产生了两方面的结果。一方面，这次大战大大地削弱了帝国主义的力量，俄罗斯帝国、德意志帝国、奥匈帝国、奥斯曼帝国垮台，英法虽然胜利，但也被严重削弱。另一方面，十月社会主义革命的胜利，埋葬了沙皇制度，从根本上打破了帝国主义一统天下的局面，建立了世界上第一个无产阶段专政的国家，同时资本主义国家的无产阶级革命运动和亚、非、拉民族解放运动也出现了高涨的新局面。

第二节　战争与革命的辩证法

在马克思主义的发展史上，早期主要面对的是工人阶级与资产阶级的阶级斗争。国际资产阶级镇压巴黎公社的腥风血雨告诉国际工人阶级，无产阶级的解放必须自己掌握武装。在第一次帝国主义世界大战中挣脱了国际资产阶级统治锁链中的薄弱环节而取得胜利的十月革

① 樊元、宋则行主编：《资本主义兴衰史》，北京出版社，1984年版，第177~181页。

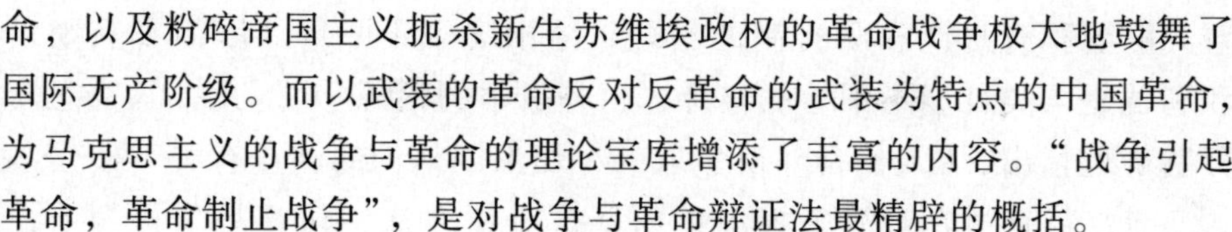

命，以及粉碎帝国主义扼杀新生苏维埃政权的革命战争极大地鼓舞了国际无产阶级。而以武装的革命反对反革命的武装为特点的中国革命，为马克思主义的战争与革命的理论宝库增添了丰富的内容。“战争引起革命，革命制止战争”，是对战争与革命辩证法最精辟的概括。

一、战争与冲突的根源

关于战争的根源在历史上曾出现过各种不同的说法。古希腊时期把战争的根源归结为人的欲望。中世纪时期神学战争观占据主导地位，认为战争是神的意志对人类罪孽的报应，是上帝对亵渎神灵者的一种鞭笞。文艺复兴时期重新从神性回到了人性，认为战争是由于不同阶层的矛盾和冲突引起的。近世以后更趋活跃，有关战争根源出现多种说法：有英国的人性论与人口论；在法国有利益论与冲动论；在德国有政治论；在美国有制度论与文明冲突论；在俄罗斯有生存论与阶级论。上述各种观点众说纷纭，莫衷一是，既有有失偏颇之处，又存在某些合理因素。

马克思主义经典作家在不同的时间和场合对战争根源的论述是有所区别的，马克思恩格斯在19世纪40年代曾说过，一切历史冲突都根源于生产力和交往形式之间的矛盾。在他们看来，人类历史就是阶级斗争的历史，造成那种对立的、不平等的人与人关系的剥削制度和剥削阶级是阶级社会战争的根源。19世纪80年代以后，马克思和恩格斯在分析原始社会战争时认为保护或掠夺土地以及血亲复仇是原始社会的战争根源。这说明马克思和恩格斯当时已经意识到不同社会形态存在着不同的战争根源。但遗憾的是他们没有从不同社会形态的战争根源中抽象出一个能超越社会形态、超越时空的共同根源。

有没有一个超越社会形态、超越时空的战争的共同根源，答案是肯定的，这就是不同利益集团间的利益冲突。其实，利益冲突说不是当代人的发明，而只是对传统观点的一种完善。中国古代的韩非子就有类似的观点，他认为远古时期男不耕女不织尚且自给有余，后来人口增多而财货相对减少才发生利益冲突，才出现“民争”。（《韩非子·五蠹》）资产阶级启蒙思想家卢梭继承了古希腊关于战争起源于利益的思想，认为原始社会的“自然人”是平等的，没有财产和个人利益。随着私有财产和私有制的出现，才出现了不平等。因而私有财产和利益是人类社会不平等的根源，也是战争的根源。[①] 对此，马克思十分明确地指出，“人们奋斗所争取的一切都同他们的利益有关”[②]。

前些年有学者对战争根源提出层次分析方法，认为战争根源有总根源、社会根源、时代根源和直接根源四个层次。这有助于深化马克思主义战争观的理解。关于战争根源层次分析的理论框架大致有以下两种：

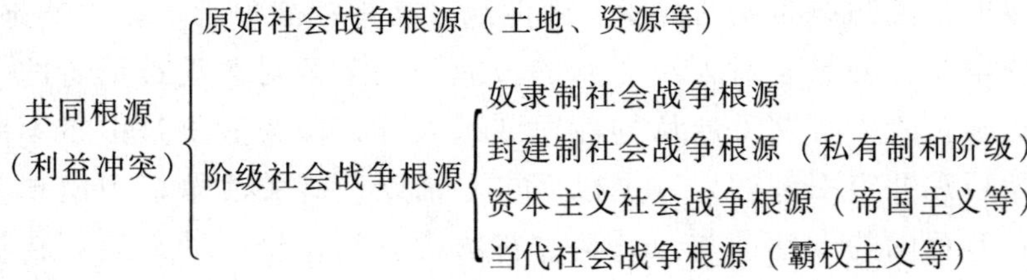

图 1　依据社会形态演进的纵向层次分析

共同根源（利益冲突）
- 经济冲突（资源、财货、分配等）
- 政治冲突（阶级、集团、民族、制度等）
- 文化冲突（意识形态、种族、宗教、文明类型等）

图 2　依据战争根源内容的横向层次分析

以上两种层次的分析方法各有利弊，第一种依据社会形态演进的纵向分析方法，对马克思主义的根源观是一种继承和演绎，找到了一个从具体历史阶段的战争根源中抽象出来的、能解释一般战争的共同根源，层级之间也存在着递进关系。但有三点需要注意。第一，人类社会的演进模式是多元的，五种社会形态的演进模式是从人类社会历史中抽象出来的主要的典型模式，如何解释那些特殊社会形态中的战

① ［法］卢梭：《论人类不平等的起源和基础》，商务印书馆，1962 年版，第 130 页。

② 马克思：《第六届莱茵省议会的辩论（第一篇论文）》，载《马克思恩格斯全集》（第 1 卷），人民出版社，1965 年版，第 82 页。

争根源，这种方法就有一定的局限性。第二，用制度和阶级解释阶级社会的战争根源，对于社会主义国家与社会主义国家间的战争、种族战争、宗教战争等比较困难。第三，霸权主义作为当代的战争根源是针对宏观的国际形势而言，分析地区性的局部战争不能简单套用。

第二种依据战争根源内容的横向层次分析方法，对各种类型的战争都可分析其具体的战争根源。但三类根源之间其内容有时是交叉重叠的，很难绝对分开。马克思主义认为，政治是经济的集中表现，甚至连“16 世纪的所谓宗教战争也根本是为着十分明确的物质的阶级利益而进行的”。①

马克思和恩格斯指出，世界经济不平衡发展主要表现在发达与落后的差距、对立和冲突。在资本主义主宰世界经济的时代，在民族国家内部必然分裂为两大对立的阶级，在民族国家体系中必然分裂为发达和落后两大对立的集团，殖民主义、政治压迫和经济剥削是造成世界经济不平衡发展的根源，也是世界冲突产生的根源：“在一个国家里，大工业不是在一切地域都达到了同样的发展水平。但这并不能阻碍无产阶级的阶级运动，因为大工业产生的无产者领导着这个运动并且引导着所有的群众，还因为没有卷入大工业的工人，被大工业置于比在大工业中做工的工人更糟的生活境遇。同样，大工业发达的国家也影响着或多或少非工业的国家，因为非工业国家由于世界交往而被卷入普遍竞争的斗争中。”②

“一切历史冲突都根源于生产力和交往形式之间的矛盾。此外，不一定非要等到这种矛盾在某一国家发展到极端尖锐的地步，才导致这个国家内发生冲突。由广泛的国际交往所引起的同工业比较发达的国家的竞争，就足以使工业比较不发达的国家内产生类似的矛盾（例如，英国工业的竞争使德国潜在的无产阶级显露出来了）。”③

当然，马克思主义承认国家间战争还有统治阶级企图通过对外战争转嫁国内政治、经济危机，转移人民斗争视线等政治原因。但是，在这种政治原因背后的根本原因，还是经济因素。马克思分析了在大

① 《马克思恩格斯军事文集》（第二卷），战士出版社，1972 年版，第 85 页。
② 《马克思恩格斯选集》（第二卷），人民出版社，1995 年版，第 115 页。
③ 《马克思恩格斯选集》（第二卷），人民出版社，1995 年版，第 115 ~ 116 页。

工业面前资本主义阻碍社会生产力发展的致命原因，即大工业虽然造成了大量的生产力，但“对于这些生产力来说，私有制成了它们发展的桎梏，正如行会成为工场手工业的桎梏和小规模的乡村生产成为日益发展的手工业的桎梏一样。在私有制的统治下，这些生产力只获得了片面的发展，对大多数人来说成了破坏的力量，而许多这样的生产力在私有制下根本得不到利用”。[①] 这是国内贫富分化和阶级矛盾的根源，也是国际上发达与落后不平衡发展和国际冲突的根源。

二、帝国主义是现代战争的根源

资本主义发展经历了两个历史阶段，一个是自由竞争阶段，一个是垄断阶段，即帝国主义阶段。自由竞争阶段向垄断阶段的过渡，是在19世纪末、20世纪初完成的。这时候，“在这一过程中，经济上的基本事实，就是资本主义的自由竞争为资本主义的垄断所代替”。[②] 帝国主义的一个基本特征是：“生产和资本的集中发展到这样高的程度，以致造成了在经济生活中起决定作用的垄断组织。”[③] 这是说，生产集中必然产生垄断。在《帝国主义论》中，列宁运用德、美、英等发达资本主义国家的大量资料，论证了马克思在《资本论》中提出的观点，即自由竞争引起生产集中，生产集中发展到一定阶段就会引起垄断：“生产集中产生垄断，则是现阶段资本主义发展的一般的和基本的规律。”[④] 接着他指出，垄断组织的发展分为三个时期：（1）19世纪60年代和70年代，自由竞争发展达到顶点的最高阶段，垄断组织处于萌芽时期；（2）1873年危机之后，垄断组织形式之一的卡特尔虽有广泛发展，但还不稳固；（3）19世纪末的工业高涨和1900~1903年的危机。“这时卡特尔成了全部经济生活的基础之一。资本主义转化为帝国主义。”[⑤] 垄断程度由低到高的不同组织形式，如卡特尔、辛迪加、托拉斯、康采恩，其实质都是为了保证资本家取得高额垄断利润。

---

① 《马克思恩格斯选集》（第二卷），人民出版社，1995年版，第114页。
② 《列宁选集》（第二卷），人民出版社，1995年版，第650页。
③ 《列宁选集》（第二卷），人民出版社，1995年版，第651页。
④ 《列宁选集》（第二卷），人民出版社，1995年版，第588页。
⑤ 《列宁选集》（第二卷），人民出版社，1995年版，第589~590页。

竞争发展为垄断，资本主义矛盾更加尖锐化。资本主义进入帝国主义阶段，生产最全面地社会化，即向“完全的社会化过渡的新的社会秩序”。[①]“生产社会化了，但是占有仍然是私人的。社会化的生产资料仍旧是少数人的私有财产。”[②] 垄断并没有消灭竞争，而是使竞争更加激烈。列宁列举了卡特尔与“局外企业”（即未加入卡特尔的企业）斗争的事实，如剥夺原料、用“联盟”方法剥夺劳动力、剥夺运输工具、剥夺销路、剥夺信贷、有计划地降低价格等手段，“现在已经不是小企业同大企业、技术落后的企业同技术先进的企业进行竞争。现在已经是垄断者在扼杀那些不屈服于垄断、不屈服于垄断的压迫和摆布的企业了。”[③] 垄断使资本主义的基本矛盾——生产社会化和生产资料私人占有之间的矛盾更加尖锐化了。垄断不能消除危机，而危机“又大大加强了集中和垄断的趋势”。[④] 垄断组织控制了资本主义国家的各个工业部门和银行系统，成为全部社会生活的基础，“垄断组织和金融资本的统治已经确立、资本输出具有突出意义、国际托拉斯开始瓜分世界、一些最大的资本主义国家已把世界全部领土瓜分完毕”。由于帝国主义经济政治发展不平衡，后起帝国主义国家为了扩大势力，夺取更多的殖民地，只有诉诸武力，于是 1914 年 7 月爆发了第一次世界大战。这次大战是帝国主义国家之间矛盾尖锐化的产物，是重新瓜分世界、争夺殖民地、争夺世界原料与市场、争夺世界霸权的帝国主义之间的侵略战争。战争引起了社会矛盾的总爆发，推动了工人阶级革命，历史已进入“帝国主义和无产阶级革命的时代”。列宁在《帝国主义论》的第二篇“序言”的第二节中分析了世界大战的性质和根源，阐明了垄断与战争的关系，表明“只要生产资料私有制还存在，在上述这样的经济基础上，帝国主义战争是绝对不可避免的”。[⑤]

20 世纪 50 年代至 60 年代初，毛泽东一直强调，目前战争的主要危险、现代战争的主要根源来自于帝国主义，“只有帝国主义被消灭了，才会有太平。”“我国和各社会主义国家都需要和平，世界各国的

---

① 《列宁选集》（第二卷），人民出版社，1995 年版，第 21 页。
② 《列宁选集》（第二卷），人民出版社，1995 年版，第 593 页。
③ 《列宁选集》（第二卷），人民出版社，1995 年版，第 596 页。
④ 《列宁选集》（第二卷），人民出版社，1995 年版，第 651 页。
⑤ 《列宁选集》（第二卷），人民出版社，1995 年版，第 578 页。

人民也都需要和平。渴望战争，不要和平的，仅仅是少数帝国主义国家中的某些依靠侵略发财的垄断资本集团。”① “帝国主义除了把自己的命运寄托在对国内人民和殖民地半殖民地人民的迫害以外，还指望着战争。”② 这些观点，代表着当时全党的认识水平，是全党的共识。这从同一时期其他同志的有关讲话可以很清楚地看出来。刘少奇在“八大”的政治报告中指出：“在帝国主义国家里，依靠侵略发财的集团是永远不会自愿地停止侵略的。”“毫无疑问，帝国主义者还会继续制造紧张局势，还要压迫一切他们可能压迫的人民，战争的危险仍然存在。”周恩来 1957 年 12 月 24 日在中国人民解放军驻上海陆海空军军官大会上的讲话也曾指出：“帝国主义存在一天，战争的土壤也就存在一天，总会有一部分战争狂人要冒险。”1966 年 1 月 16 日，周恩来在全军政工会议上又进一步指出，“帝国主义不打倒，资本主义不消灭，战争根源是没有铲除的，也不会铲除的。有帝国主义和资本主义存在，战争就存在。”

帝国主义是现代战争的主要根源，这是基于对资本主义制度综合分析所得出的结论，是从广义上来讲的，并不意味着每一个帝国主义国家时刻都想发动战争，都有能力挑起大规模战争。毛泽东等密切关注国际形势的发展变化，认真分析第二次世界大战后西方列强实力的消长、现行的内外政策及其走向，据此把现实的战争根源、目前策划战争的主要危险直接同美国联系在了一起。他多次明确指出，美帝国主义是全世界人民的对头，它的手伸到全世界。它是一个世界性的帝国主义。美国的侵略政策，不仅造成了地区危机，而且造成了新的世界战争的危机。周恩来也指出，“我们和美国的斗争是：我们要和平，它要战争，我们要真正的和平，它叫嚣战争，我们要集体和平，它要搞对立的军事集团。”《人民日报》、《红旗》杂志编辑部 1963 年 11 月 19 日文章指出，“第二次世界大战以后，美帝国主义代替德、意、日法西斯的地位，企图在全世界建立一个前所未有的大帝国。美帝国主义的‘全球战略’目标一直是：侵略和控制处于美国和社会主义阵营之间的中间地带，扑灭被压迫人民和被压迫民族的革命，并且进而消

① 毛泽东在中国共产党第八次全国代表大会上的开幕词。

② 毛泽东 1957 年 11 月 6 日在苏联最高苏维埃庆祝十月革命 40 周年会议上的讲话。

灭社会主义国家，独霸全世界。为了实现这种称霸世界的野心，美帝国主义在第二次世界大战结束后的十八年来，连续不断地在世界各地进行侵略战争和反革命武装干涉，并且积极准备新的世界战争。事实很清楚，帝国主义仍然是现代战争的根源，当代侵略和战争的主要力量是美帝国主义。”

把现实的战争根源同美国直接联系起来，符合第二次世界大战结束至20世纪60年代国际形势的客观事实。第二次世界大战后，美国倚仗其强大的经济、军事实力，一手拿着美元，扶植各国反动势力，拼凑军事集团，建立军事基地，编织对社会主义国家的包围圈；一手挥舞原子弹，镇压人民革命和民族解放运动，到处制造国际紧张局势，先后发动了侵朝、侵越战争，还出动第七舰队侵入中国领土台湾，并将越南战争扩大到整个印度支那，表现出了疯狂的好战性。“现在五大洲，除了澳洲，四大洲美国都想霸住。”① 毛泽东通过会见国际友人、发表重要讲话等，及时揭露美帝国主义的反动本质，对唤起各国政府和人民的警觉，共同开展维护世界和平的斗争，起到了重要作用。

60年代中期以后，根据国际形势的发展变化，毛泽东又提出了美苏争夺世界霸权是现代战争主要根源的观点。

60年代后，苏联的对外政策发生畸变，逐步走上了与美国争霸世界的道路，并不惜对社会主义兄弟国家诉诸武力。毛泽东分析当时复杂的国际形势，及时看到了苏联对外政策与战争的联系，深刻指出，美苏争霸是导致现实国际局势趋于紧张、触发大规模战争的主要根源。“美国在世界上有利益要保护，苏联要扩张，这个没法子改变。”② 毛泽东提出美苏争霸是现代战争的主要根源。从理论实质上看，同列宁当年的提法是一致的。毛泽东在指出苏联是现代战争危险的主要策源地之一的同时还指出，苏联的社会性质已经发生了根本性改变，它不再是真正的社会主义国家，已蜕变为社会帝国主义了，因此它才会像美帝国主义那样，对外推行侵略扩张政策。1974年，毛泽东在同外国友人的谈话中，就是这样提出和认识问题的。他说，“这个世界上是有

① 毛泽东：《关于国际形势问题》，载《人民日报》1958年9月8日。

② 毛泽东1976年2月23日，会见尼克松时谈话，转引自中国共产党第十一次全国代表大会报告。

帝国主义存在的。俄国也叫社会帝国主义，这种制度也就酝酿着战争。不是你们要打世界战争、我们要打、第三世界要打世界战争，也不是富国的人民要打世界大战，这种东西是不以人的意志为转移的。”由此可以明显地看出，毛泽东关于美苏争霸是现代战争根源的观点，实际上是列宁的帝国主义是现代战争根源观点的具体运用。

三、革命的历史必然性

任何社会革命都是社会内部生产力和生产关系、经济基础和上层建筑之间矛盾发展的结果，在阶级社会里，这种生产力和生产关系、经济基础和上层建筑之间的矛盾集中地表现为阶级矛盾和阶级斗争，当阶级矛盾和阶级斗争发展到最高阶段时就爆发革命，通过革命推动社会向前发展，由旧社会变成新社会。

无产阶级革命就是由资本主义生产方式所固有的极其深刻的对抗性矛盾所决定的。资本主义社会的基本矛盾是生产的社会性和生产资料资本家私人占有之间的矛盾，这种矛盾在阶级关系上就集中地表现为无产阶级和资产阶级两大根本对立阶级之间的矛盾和斗争。无产阶级反对资产阶级的阶级斗争发展到了最尖锐的程度，就必然会爆发无产阶级革命。无产阶级革命是解决资本主义矛盾的决定性手段，是推动资本主义向社会主义转变的巨大杠杆。资本主义的基本矛盾不能由资本主义制度本身来解决，只能由无产阶级革命解决。可以说，无产阶级革命的伟大历史作用是以往任何革命所无法比拟的，它是由资本主义转变为社会主义的必由之路，是把全世界的历史转变到新时代的桥梁。

列宁认为，革命条件成熟有三个主要特征：第一，统治阶级不可能照旧维持自己的统治；第二，被统治阶级的贫困和灾难超乎寻常地加剧而不能照旧地生活下去；第三，群众改革现实生活的积极性大大提高，促使他们起来革命。只有形成这种既牵动无产阶级，又牵动资产阶级的政治危机，革命爆发的形势才能形成。而帝国主义战争无疑加剧了工人阶级的贫困化，为无产阶级革命的爆发创造了充分条件。1917 年 4 月他为《帝国主义论》写的序言中说，“摆在我们面前的就是生产的社会化……私有经济关系和私有制关系已经变成与内容不相适应的外壳了，如果人为地拖延消灭这个外壳的日子，那它就必然要腐烂，——它可能在腐烂状态中保持一个比较长的时期，但终究不可避免地要被消灭。"[①] 这也就是说，"帝国主义是过渡的资本主义，或者更确切些说，是垂死的资本主义。"[②] 特别是1920年7月，列宁为该书法文版和德文版写的序言中又明确提出"帝国主义是无产阶级社会革命的前夜"，并强调指出"从1917年起，这已经在全世界范围内得到了证实"。[③] 变帝国主义战争为无产阶级革命是无产阶级解放的唯一出路。苏联和中国的无产阶级革命的胜利有力地证实了这一点。

在对待无产阶级革命的问题上，共产党人必须同时反对右的和左的两种倾向。资产阶级改良主义者和国际共产主义运动内部的形形色色的右倾机会主义，都极力抹杀无产阶级革命的历史必然性，他们宣扬社会革命是"偶然现象"，攻击无产阶级革命是社会机体的一种"病症"。从蒲鲁东主义到伯恩斯坦修正主义和考茨基主义，它们都否认进行无产阶级革命的必要，反对打碎资产阶级国家机器和建立无产阶级专政。它们实际上已堕落为资产阶级的帮凶，成了资本主义制度的护卫士。而巴枯宁主义、托洛茨基主义又以"左"的面目出现，巴枯宁主张通过少数"英雄人物"的密谋，在24小时内一举消灭一切国家，反对无产阶级有组织的阶级斗争。这种论调貌似"革命"，实则否定无产阶级革命。托洛茨基的所谓"不断革命论"，故意混淆民主革命和社会主义革命的本质区别，主张无产阶级"跳过"民主革命，抛开农民，靠自己的力量进行无产阶级革命，这等于取消了无产阶级革命。托洛茨基在十月革命前夕，打着"国际革命"的幌子，断言如果资本主义国家不接连不断地爆发胜利的无产阶级革命，一个国家的无产阶级革命就不可能取得胜利，胜利了也不能巩固。在无产阶级革命的关键时刻，他的"国际革命"论看来极"左"，其实骨子里恰恰是反对无产阶级革命。国际共产主义运动的历史已经证明，马克思主义者既要反对右倾机会主义，也要反对"左"倾机会主义，只有克服了来自右和左两方面对无产阶级革命历史必然性的否定，无产阶级革命才有

① 《列宁选集》（第二卷），人民出版社，1995年版，第687页。
② 《列宁选集》（第二卷），人民出版社，1995年版，第686页。
③ 《列宁选集》（第二卷），人民出版社，1995年版，第575、582页。

胜利的希望。

第三节 消灭战争的条件与途径

马克思主义的唯物史观对社会主义的未来，对世界的永久和平怀有坚定的信念。特别是马克思主义使社会主义从空想到科学的发展，这种信念开始了扎扎实实的实践。在马克思主义看来，一个行动比一打纲领更有实际意义。马克思主义主张，只有实现共产主义，消灭阶级、消灭剥削、消灭国家，才有世界持久和平的理想境界。为达到这一目标，首先必须使无产阶级取得政权、上升为统治阶级，然后在社会主义制度下发展生产力，创造消灭阶级及城乡、工农、体力劳动与脑力劳动三大差别，最终消灭国家。世界的马克思主义者正是在此指导下，开始了一系列的实际步骤。

一、通过革命取得政权

马克思、恩格斯在《共产党宣言》① 中指出："至今一切社会的历史都是阶级斗争的历史。""从封建社会的灭亡中产生出来的现代资产阶级社会并没有消灭阶级对立。它只是用新的阶级、新的压迫条件、新的斗争形式代替了旧的。但是，我们的时代，资产阶级时代，却有一个特点：它使阶级对立简单化了。整个社会日益分裂为两大敌对的阵营，分裂为两大相互直接对立的阶级：资产阶级和无产阶级。""大工业建立了由美洲的发现所准备好的世界市场。世界市场使商业、航海业和陆路交通得到了巨大的发展。这种发展又反过来促进了工业的扩展，同时，随着工业、商业、航海业和铁路的扩展，资产阶级也在同一程度上得到发展，增加自己的资本，把中世纪遗留下来的一切阶级排挤到后面去。由此可见，现代资产阶级本身是一个长期发展过程的产物，是生产方式和交换方式的一系列变革的产物。""资产阶级用

① 《马克思恩格斯选集》(第一卷)，人民出版社，1995年版，第272、273、274、278、282、283、284页。

来推翻封建制度的武器，现在却对准资产阶级自己了。但是，资产阶级不仅锻造了置自身于死地的武器，它还产生了将要运用这种武器的人——现代的工人，即无产者。”“在当前同资产阶级对立的一切阶级中，只有无产阶级是真正革命的阶级。其余的阶级都随着大工业的发展而日趋没落和灭亡，无产阶级却是大工业本身的产物。”“过去一切阶级在争得统治之后，总是使整个社会服从于它们发财致富的条件，企图以此来巩固它们已经获得的生活地位。无产者只有消灭自己的现存的占有方式，从而消灭全部现存的占有方式，才能取得社会生产力。无产者没有什么自己的东西必须加以保护，他们必须摧毁至今保护和保障私有财产的一切。过去的一切运动都是少数人的或者为少数人谋利益的运动。无产阶级的运动是绝大多数人的、为绝大多数人谋利益的独立的运动。无产阶级，现今社会的最下层，如果不炸毁构成官方社会的整个上层，就不能抬起头来，挺起胸来。如果不就内容而就形式来说，无产阶级反对资产阶级的斗争首先是一国范围内的斗争。每一个国家的无产阶级当然首先应该打倒本国的资产阶级。在叙述无产阶级发展的最一般的阶段的时候，我们循序探讨了现存社会内部或多或少隐蔽着的国内战争，直到这个战争爆发为公开的革命，无产阶级用暴力推翻资产阶级而建立自己的统治。”

恩格斯在《论权威》中指出：“革命就是一部分人用枪杆、刺刀、大炮，即用非常权威的手段强迫另一部分人接受自己的意志。获得胜利的政党如果不愿意失去自己努力争得的成果，就必须凭借它的武器对反动派造成的恐惧，来维持自己的统治。”①

列宁根据阶级斗争的历史经验，以十分明确的语言指出无产阶级革命在推翻资产阶级统治后建立无产阶级专政的极端必要性。“为了推翻资产阶级，击退资产阶级反革命的尝试，就必须建立无产阶级这个唯一彻底的革命阶级的专政。无产阶级专政问题具有非常重要的意义，谁否认无产阶级专政或仅仅口头上承认无产阶级专政，谁就不配作社会民主党的党员。然而不能否认，在某些个别例外的情况下，例如，在某一个小国家里，当它的大邻国已经完成社会革命时，如果这个国家的资产阶级知道反抗已没有用处，而为了保存自己的脑袋，它可能

① 《马克思恩格斯选集》（第三卷），人民出版社，1995 年版，第 227 页。

和平地把资产阶级的政权交出来。当然，更有可能的是，即使在小国家里，不进行国内战争，社会主义也不能实现，因此，国际社会民主党的唯一纲领必须承认这种战争，虽然对人们使用暴力并不是我们的理想。”①

二、消灭私有制，发展生产力

马克思主义认为，建立在私有制基础上的国家，无论是奴隶制国家、封建国家，还是资本主义国家，它们绝大多数对外、对别国采取的是侵略和掠夺的政策。特别是资产阶级统治的资本主义国家，为了追逐高额利润，在对内高强度地剥削工人阶级的同时，对外扩张、掠夺，争夺资源、占有市场。这种侵略、掠夺必然伴随暴力和战争。私有制是造成国家内部和国家与民族之间对立和冲突的根源。随着资本主义扩展到全世界，这种国家间关系的对立和冲突已不是局部的现象，而是世界现象。因此，消灭私有制成为无产阶级革命的首要任务。马克思、恩格斯在《共产党宣言》中庄严宣告：“……共产主义的特征并不是要废除一般的所有制，而是要废除资产阶级的所有制。但是，现代的资产阶级私有制是建筑在阶级对立上面、建筑在一些人对另一些人的剥削上面的产品生产和占有的最后而又最完备的表现。从这个意义上说，共产党人可以把自己的理论概括为一句话：消灭私有制。”②

恩格斯在《共产主义原理》中分析了资本主义条件下消灭所有制的可能性与必要性。在他看来：“由于大工业的发展：第一，有了资本和规模空前的生产力，并且具备了能在短时期内无限提高生产力的手段；第二，生产力集中在少数资产者手里，而广大的人民群众却愈来愈多地变成了无产者，并且资产者的财富愈是增加，无产者的境遇就愈加悲惨和难以忍受；第三，这种强大的容易增长的生产力，已经发展到私有制和资产者远远不能驾驭的程度，以致经常引起社会制度极其剧烈的震动。只有这时废除私有制不仅可能，甚至完全必要。”③

---

① 《列宁论帝国主义》，人民出版社，1974 年版，第 57 页。

② 《马克思恩格斯选集》（第一卷），人民出版社，1995 年版，第 286 页。

③ 《马克思恩格斯选集》（第一卷），人民出版社，1995 年版，第 238 页。

至于以何种方式废除私有制的问题，恩格斯起初是倾向于用和平的办法。他指示，共产主义者也会是最不反对这种办法的人。共产主义者很清楚，任何密谋都不但无益，而且有害。晚年的恩格斯面对德国社会民主党在议会的节节胜利，认为世界无产阶级革命运动的中心在巴黎公社失败后就转移到了德国。当他看到德国社会民主党获得的选票从1871年的10万多票增长到1891年的178万多票时，受到很大鼓舞，深信完全有可能得到四分之一，即250万选票。他认为当工人阶级政党能够获得350万选票，即获得实际投票人的50%的支持时，反动派掌握的军队就会如巴黎公社时，军队拒绝向工人阶级开枪，对议会道路作了肯定。在逝世前不久的1895年发表的《卡·马克思〈1848年至1850年法兰西阶级斗争〉一书导言》中，恩格斯指出："《共产党宣言》早已宣布，争取普选权，争取民主，是战斗无产阶级的首要任务之一。"讴歌德国民主党人："我们是'革命者'、'颠覆者'，但是我们用合法手段却比采用不合法手段和用颠覆的办法获得的成就要多得多。"①

但是，历史的发展并不如预期那样理想。几乎所有文明国家的无产阶级的发展都受到强力的压制，无产阶级不得已而选择先用暴力取得政权，然后进行所有制的社会主义改造。在新的生产关系建立起来以后，发展生产力，创造消灭阶级、阶级剥削的条件。如马克思设想的那样："在随着个人的全面发展生产力也增长起来，而集体财富的一切源泉都充分涌流之后——只有在那个时候，才能完全超出资产阶级法权的狭隘眼界，社会才能在自己的旗帜上写上：各尽所能，按需分配！"② 其意十分清楚，只有当社会财富如同水和空气一样充分的时候，人类才不至于为财富而争夺。恩格斯十分明确地指出："只有在社会生产力发展到一定阶段，发展至甚至对我们现代条件来说也是很高的阶段，才有可能把生产提高到这样的水平，以致使得阶级差别的消除成为真正的进步，使得这种消除可以持续下去，并且不致在社会的生产方式中引起停滞或甚至倒退。"③

---

① 《马克思恩格斯全集》（第四卷），人民出版社，1995年版，第516、524页。
② 《马克思恩格斯选集》（第三卷），人民出版社，1995年版，第305、306页。
③ 《马克思恩格斯选集》（第三卷），人民出版社，1995年版，第273页。

列宁根据苏联建立初期的经验，认为社会主义制度下，只有迅速发展生产力，才能巩固社会主义经济制度和政治制度，才能彻底战胜资本主义。“无产阶级取得国家政权以后，它的最根本的需要就是增加产品数量，大大提高社会生产力。这项在俄共党纲上已经明确提出的任务，今天由于战后的经济破坏和饥荒而变得格外紧迫了。”① “劳动生产率，归根到底是保证新社会制度胜利的最重要最主要的东西。资本主义创造了在农奴制度下所没有过的劳动生产率。资本主义可以被最终战胜，而且一定会被最终战胜，因为社会主义能创造新的高得多的劳动生产率。”②

三、阶级消灭、国家消亡

按照马克思和恩格斯的设想，无产阶级革命是世界无产阶级的联合行动。革命胜利之时，也就是阶级与阶级剥削消灭之时，国家间的对立也将消灭，国家的对外职能就将消亡。“随着资产阶级的发展，随着贸易自由的实现和世界市场的建立，随着工业生产以及与之相适应的生活条件的趋于一致，各国人民之间的民族分隔和对立日益消失。无产阶级的统治将使它们更快地消失。联合的行动，至少是各文明国家的联合的行动，是无产阶级获得解放的首要条件之一。人对人的剥削一消灭，民族对民族的剥削就会随之消灭。民族内部的阶级对立一消失，民族之间的敌对关系就会随之消失。”“当阶级差别在发展进程中已经消失而全部生产集中在联合起来的个人的手里的时候，公共权力就失去政治性质。原来意义上的政治权力，是一个阶级用以压迫另一个阶级的有组织的暴力。如果说无产阶级在反对资产阶级的斗争中一定要联合为阶级，如果说它通过革命使自己成为统治阶级，并以统治阶级的资格用暴力消灭旧的生产关系，那么它在消灭这种生产关系的同时，也就消灭了阶级对立的存在条件，消灭了阶级本身的存在条件，从而消灭了它自己这个阶级的统治。”“代替那存在着阶级和阶级对立的资产阶级旧社会的，将是这样一个联合体，在那里，每个人的

① 《列宁选集》（第四卷），人民出版社，1995 年版，第 623 页。
② 《列宁选集》（第四卷），人民出版社，1995 年版，第 16 页。

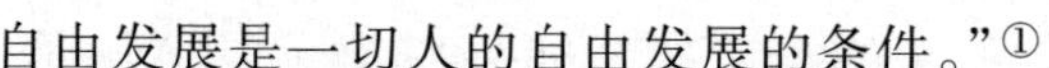

自由发展是一切人的自由发展的条件。”①

恩格斯对此更为乐观，“由于国家是从控制阶级对立的需要中产生的，由于它同时又是在这些阶级的冲突中产生的，所以，它照例是最强大的、在经济上占统治地位的阶级的国家，这个阶级借助于国家而在政治上也成为占统治地位的阶级，因而获得了镇压和剥削被压迫阶级的新手段。”“所以，国家并不是从来就有的。曾经有过不需要国家、而且根本不知国家和国家权力为何物的社会。在经济发展到一定阶段而必然使社会分裂为阶级时，国家就由于这种分裂而成为必要了。现在我们正在以迅速的步伐走向这样的生产发展阶段，在这个阶段上，这些阶级的存在不仅不再必要，而且成了生产的直接障碍。阶级不可避免地要消失，正如它们从前不可避免地产生一样。随着阶级的消失，国家也不可避免地要消失。以生产者自由平等的联合体为基础的、按新方式来组织生产的社会，将把全部国家机器放到它应该去的地方，即放到古物陈列馆去，同纺车和青铜斧陈列在一起。”②

历史的发展比马克思和恩格斯的设想要复杂得多。首先，无产阶级社会主义革命没有在发达资本主义国家同时取得胜利，相反，首先在资本主义统治比较薄弱的地区俄国首先胜利，然后在经济发展水平更低的中国等国家取得胜利，胜利的国家无不面临帝国主义的围堵和封锁，民族国家为保卫自己生存的权利，国家的消亡将是一个长期的过程。其次，无产阶级在取得政治统治之后，不得不将很大的精力去完成本来应该是资产阶级完成的发展生产力的任务，在发展生产力的时候，不得不长期保持多种经济成分，因此，又不得不维持某种剥削现象的存在，不得不在分配领域维持一定的差距。再次，社会主义的生产资料公有制为社会主义优越性的发挥提供了广阔的天地和巨大的潜力。但它们只具有可能性，还不是现实性。近百年来社会主义国家的历史经验反复证明，生产资料公有制按其本性来说，无疑是最能调动全体社会成员的劳动积极性和创造性的因素，也是最有效地合理组织和利用自然资料及一切生产要素，从而能创造出最高的劳动生产率

① 马克思、恩格斯：《共产党宣言》，载《马克思恩格斯选集》（第一卷），人民出版社，1995年版，第291、294页。

② 恩格斯：《家庭、私有制和国家的起源》，载《马克思恩格斯选集》（第四卷），人民出版社，1995年版，第172、174页。

的重要原因。但是，这一社会主义的本质特征如果脱离了具体国情，脱离了社会生产力发展的现实水平，没有相适应的经济体制和经营机制，就可能阻碍这一本质特征所潜在的巨大能量的发挥，导致生产效率的降低。因此，一味地推进所有制的改造，绝对不是解决发展生产力的灵丹妙药。由于以上种种原因，马克思和恩格斯设想的阶级消灭、国家消亡之路还将十分遥远，值得世界的马克思主义者继续地探索。

主要阅读文选：

1. 马克思：《〈政治经济学批判〉序言》
2. 马克思、恩格斯：《共产党宣言》
3. 恩格斯：《论权威》
4. 列宁：《论帝国主义》《社会主义与战争》《战争与革命》《不作任何妥协吗？》
5. 普列汉诺夫：《论个人在历史上的作用问题》
6. 斯大林：《论列宁主义的基础·战略与策略》《和平与安全问题》《关于资本主义国家之间战争不可避免的问题》
7. 毛泽东：《美帝国主义是纸老虎》《战略上藐视敌人》

第六章

西方理想主义安全战略思维的兴起与发展

在马克思列宁主义主张以革命制止战争的同时，西方世界也对第一次世界大战进行反思，一度被冷落的古典理想主义重新得到青睐，追求和平、稳定的理想主义在两次世界大战期间得到了迅速发展，并作为西方国际安全战略思维的主流走到了历史的前台，并很快达到巅峰；但又很快跌入低谷，成为非主流学派，直到20世纪中后期才以新自由主义的面目重新成为西方的主流学派之一。

第一节　对西方古典理想主义传统的继承与突破

在人类漫长的历史中，国际安全战略思维的基础是伦理学。受文艺复兴的影响，人类思想得到极大解放，技术创新、经济发展、权力世俗化和地理大发现也促使“国家”“主权”等概念出现；同时，面对冲突、对抗甚至战争，人们重新回到哲学、伦理学的角度理性反思，探索秩序，以建立安全、和平、和谐的国际秩序。

在对安全战略的哲学思考中，格劳秀斯、洛克、卢梭都有很深的见解（参见第四章第二节之“伦理学视野下的战争与和平”），康德是最杰出的代表之一。他在1795年写成的《永久和平论》中对战争与和平问题提出了重要见解，提出了由自由国家联合起来建立“永久和平”的设想，既是理想主义安全战略思维的哲学基础，也是现代理想主义安全战略思维的萌芽。

一方面，《永久和平论》提出了国与国之间永久和平的先决条款。即：（1）凡缔结和平条约而其中秘密保留有导致未来战争的材料的，均不得视为真正有效；（2）没有一个自身独立的国家（无论大小，在这里都一样）可以由于继承、交换、购买或赠送而被另一个国家所取得；（3）常备军应该逐渐地全部加以废除；（4）任何国债均不得着眼于国家的对外争端加以制订；（5）任何国家均不得以武力干涉其他国家的体制和政权；（6）任何国家在与其他国家作战时，均不得容许在未来和平中将使双方的互相信任成为不可能的那类敌对行动。先决条款作为消除冲突和战争的基础，在康德看来，既是保持国际和平的前提条件，也是理想主义安全战略思维的逻辑基点。

另一方面，《永久和平论》提出了国家间永久和平的正式条款。即：（1）每个国家的公民体制都应该是共和制；（2）国际权利应该以自由国家的联盟制度为基础；（3）世界公民权利将限于以普遍的友好为其条件。正式条款作为永久和平的核心条件，建立于先决条款的基础之上。共和制以“自由”“平等”“所有人都服从法律”为基础，在这样的体制下，战争将取决于全体公民的意志，确保了当权者的权力受到公民的约束；同时，具有理性的人将谴责作为征服行动的战争，于是将产生联盟，作为结束一切战争的保证；人人都有共同占有地球表面和参加社会的权利，没有任何人比别人有更多的权利可以在地球上的一块地方生存，人们必须彼此互相容忍。共和体制、自由国家联盟和公民权利构成了“永久和平”的必要条件。

基于哲学思考，《永久和平论》经过逻辑推理，提出了永久和平的条件和保证，表达了彻底根除战争的美好愿望，也使理想主义安全战略思维的种子开始发芽，为其成长奠定了哲学基础。

第二节　在第一次世界大战后的反思中走向辉煌

在 20 世纪初，理想主义安全战略思维逐渐形成规模。美国前总统威尔逊在担任普林斯顿大学校长时，就参加了全美和平协会，以理想主义安全战略思维研究战争与和平问题，并形成了其后来所倡导的世界秩序的轮廓。1917 年，雅各布 · 梅能出版的三卷本百科全书的第一本，讨论了 29 种和平方案，最后得出结论：“和平是民主国家组成的世界的一个自然条件”。[①]

第一次世界大战将30多个国家的13亿人卷入战争，造成了巨大的人员伤亡和经济损失，堪称20世纪初最大规模的毁灭性冲突。为分析大战的起因和根源，探索避免大战的途径和方法，人们开始以不同的思维来研究国际安全问题。在战后的反思中，植根于18世纪欧洲的启蒙主义理论对人类本质的乐观分析和人们对19世纪理性主义的崇尚，使当时许多政治家和国际关系学者把目光转向了当时已成为哲学主导思潮的乌托邦主义和理想主义理念。理想主义者强调通过道义和精神教育来唤醒人类的良知；主张恢复国际规范，健全对各国具约束力的国际法则；呼吁建立国际性机构和组织，加强国际合作，巩固战后稳定的国际社会，以避免世界大战惨剧的重演。于是，理想主义学派得到迅速发展，成为安全战略的一个重要的流派，是支撑当时美国总统威尔逊提出的“十四点”方案的基本思想，核心是大众政治、集体安全思想和商业和平思想，建构了战后国际秩序的蓝图，理想主义安全战略思维发展到了最辉煌的时期。

“十四点”方案标榜“民族自决”，反对“秘密外交”，倡导建立“公正而持久的和平”，特别是其最后一点，主张“为了大小国家都能相互保证政治独立和领土完整，于特别盟约基础上的普遍的国家联盟”,[②] 其“思想理论的出发点是所谓‘欧洲古典文明的保持和光大，是正义、自由和理性的坚守和维护’”，其“主要手段和途径，是自由主义国家的国际合作，是加强联盟与国际组织”,[③] 国际安全战略的焦点集中在改造现有国际体系，使之和平稳定地运转上。“十四点”方案所体现的理想主义安全战略，成为了实现战后世界和平的纲领性文件。

这一时期的理想主义学派代表人物中除了威尔逊之外，还有安吉尔、阿尔弗雷德·齐默恩、大卫·戴维斯、诺埃尔·贝克、吉尔伯特·默里、大卫·密特雷尼，以及约翰·默里、雷蒙德·福斯迪克、尼古拉斯·巴特勒、洛斯迪·金森和詹姆斯·肖特维尔等。

经过第一次世界大战后的迅速发展，理想主义安全战略思维成为

---

① 王逸舟：《西方国际政治学：历史与理论》，上海人民出版社，2006年版，第65页。

② 小约瑟夫·奈著，张小明译：《理解国际冲突：理论与历史》，人民出版社，2006年版，第103页。

③ 王逸舟：《西方国际政治学：历史与理论》，上海人民出版社，2006年版，第77页。

当时的主流思潮，在当时的国际社会上影响很大，其原因主要是：

第一，传统的均势观念被残酷的现实击得粉碎，丧失了人们的信任。传统的均势观念认为，均势有助于维护由独立国家组成的无政府体系，将使世界走向稳定，是保证世界和平的基本条件。但战前欧洲建立的均势并没有有效地阻止第一次世界大战的爆发，与现实明显不符，自然也就丧失了人们的信赖。与之相对应，理想主义安全战略思维高举理性和道德大旗，并提出通过建立国际组织实现集体安全，使人们看到了世界和平的希望。

第二，理想主义安全战略思维描绘了世界和平蓝图，迎合了人们的需要。“十四点”方案是美国登上国际政治舞台后第一次为世界和平设计的蓝图，提出了一揽子消除对抗、冲突和战争的对策，展现了美好的和平愿景，对饱受第一次世界大战摧残的世界各国人民具有极大的吸引力，也被多数政治家视为化解战争、实现和平的良方。

第三，欧美富有理想主义传统，理想主义安全战略思维具有肥沃的土壤。从柏拉图的理想国到康德的永久和平，都强调人类的理性和道德。第一次世界大战后，威尔逊将民族自治、裁军和公开外交等政治原则道德化，打出“民主”“自由”“自决”的旗号，这在富有理想主义传统的欧洲自然有很大的市场。

第三节　影响及局限

理想主义作为安全战略思维的一个流派，有其产生的哲学基础和现实条件，有其合理的因素，对国际安全产生了积极而深刻的影响。

首先，理想主义安全战略思维强调人的价值，把人的尊严、人的各种权利，尤其是不受侵犯和不受压迫的要求，放置到一个远比过去更高的位置上。

其次，理想主义安全战略思维认为人具有理性，应该而且能够合作，避免冲突。一方面，人的理性是天赋的，人类能够以理性的方式实现自己的追求，特别是在经济一体化、全球化的时代，大到每个国家、中到每个集团、小到每个个人，其利益都是紧密相连的，人类更应该加强合作，实现双赢；另一方面，通过教育可以固化人类善良的属性，去除邪恶的属性，强化理性。

再次，理想主义安全战略思维主张建立国际组织和国际机制，实现集体安全。第一次世界大战后，以理想主义安全战略思维为主导的世界体系提出并建立了国联，虽未达到其最初的目的，但也在维护世界和平方面发挥了一定的作用；第二次世界大战后，联合国的建立使国际组织具有更强的功能和规范作用，有效地维护了世界和平；其他地区性组织（如欧盟）也在维护地区和世界和平中发挥了积极的作用，直到今天仍具强大的生命力。

第四，理想主义安全战略思维注重民众在国际安全中的作用，强调依靠人民和公众的力量来维护世界和平，对减少战争因素、增加和平力量仍具有积极的意义。

同时，理想主义在实践中特别是在预测和防止世界冲突的实践中，失败大于成功，是由其无法克服的局限性所决定的。

首先，理想主义安全战略思维具有空想的成份，难以应对复杂的国际安全形势。理想主义对历史启示和现实安全问题重视不够，从美好的愿望出发，过分强调人类的理性，对国际组织怀有过高的、不切实际的期望，对复杂的国际安全形势往往无能为力，既不能有效预测安全威胁，也不能组织起抵御危害国际安全的国际组织。

其次，理想主义安全战略思维重于求道，轻于求器，难以实现其美好的理念。在一定程度上讲，理想主义更注重“形而上”的道，侧重于从逻辑上思考国际安全问题，而对直接的、有效的安全措施则思考不够，缺乏国际安全分析的方法和应对国际安全危机的办法，使其美好的理念难以实现，以至于第一次世界大战后的“20 年和平”也是“20 年危机”，孕育了更大规模的战争。

再次，理想主义安全战略思维弱于解释现实安全问题，强于指明国际安全发展方向。从某种意义上讲，理想主义不是剖析现实国际安全问题，而是论述其发展方向，指出了美好的未来，但不能有效地解决现实安全问题，以至于在第二次世界大战后很快失去市场，被现实主义所取代。

主要阅读文选：

伍德罗·威尔逊：《十四点计划》

第七章

西方经典现实主义安全战略思维

第二次世界大战爆发的严酷现实将理想主义的和平设想砸得粉碎，人们转而现实地思考世界战争的深层原因，探索控制冲突、避免新的战争的途径，现实主义安全战略思维应运而生。

第一节　思想背景：第二次世界大战与东西方对立

第二次世界大战以苏、美、英打败希特勒法西斯和日本天皇宣布无条件投降而结束。但是战时形成的反法西斯联盟好景不长。西方在“防御”共产主义扩张的旗号下，迅速在反苏、反共的旗帜下集结，进入东西方的冷战。崇尚实力、均势的现实主义安全战略思维卷土重来。

一、美苏对安全的忧虑

第二次世界大战打破了原有的世界格局，最重要的问题是重建一个国际体系。[①] 战后美苏两国决策者都缺乏安全感。令美国决策者感到不安的不是苏联的军事进攻，而是战后的经济状况和心理政治趋势可能使苏联将其影响投放到它的传统安全利益范围之外。他们担心时间将对苏联有利，苏联将会填补由于德国和日本战败形成的真空，而革命的民族主义者将向苏联寻求鼓舞与帮助，将会有一批国家被吸引到苏联轨道中去。他们还担心，法国、意大利及其他国家的共产党人将

① 关于二战及其战后体制的安排，参见王绳祖主编：《国际关系史（十七世纪中叶～一九四五）》，世界知识出版社，1986 年版，第 501～574 页。

合法地或非法地夺取政权，从而大大增强苏联的力量。总之，在华盛顿的决策者看来，上述国际政治与各国国内政治种种因素的结合使战后世界充满了危险。另一方面，斯大林及其战友、继承人同样有一种强烈的不安全感。本来苏联领导人指望，在二战结束之后苏联作为战胜国会享有安全，但罗斯福的去世、广岛与长崎两次原子弹的爆炸、美英在西德采取的措施、杜鲁门主义和马歇尔计划的提出改变了斯大林的想法。美国的实力超过苏联，这使斯大林不安。他担心，美国会运用它所拥有的各种手段使苏联传统的敌人复活，以抵消共产主义的影响。斯大林担心会与美国支持下的德国和日本再次进行战争。意识形态使苏联的受威胁感变得更加强烈。它驱使苏联准备战争，并不是因为斯大林喜欢战争，并不是他感到苏联即将受到进攻，而是因为战争是垄断资本主义的必然产物。意识形态因素强烈影响了苏联领导人观察国际体系演进的方式，使他们对自己的制度的必然胜利充满信心。①

意识形态同样影响着美国决策者。他们无不认为美国的意识形态是优越的，美国的民主制度、崇尚自由的价值观是至高无上的。他们认为，美国的自由资本主义所依赖的国际体系与自由贸易正受到苏联与各国共产党扩张的威胁。而大战的经验就是，对独裁国家的侵略不能稍有软弱的表示。这样，美国决策者就感到必须采取谨慎的措施来挫败苏联及各国共产党力量的增长，亦即需要遏制苏联。1946 年美国的中期选举使共和党取得了对参、众两院的控制，杜鲁门政府感受到政治上的束缚。为了得到两党一致的支持，杜鲁门政府求助于民主制度对抗共产主义这样的说法。既然美国决策者自己求助于意识形态因素来为其外交政策服务，他们就使自己的行为方式受到束缚，他们要缓和与苏联的关系、要与中国新政权建立某种关系也就更加困难了。冷战在美国国内取得了势头。②

对于苏联决策者来说，1947 年的事态是至关重要的。斯大林认为，

---

① 1946 年 2 月，斯大林在莫斯科选民大会演讲，声称与垄断资本主义的战争不可避免。演讲全文参见《斯大林文选（1934～1952）》，人民出版社，1962 年版，第 441～454 页。

② 关于冷战的起源和大国的决策，参见 Daniel Yergin，*Shattered Peace：The Origins of the Cold War and the National Security State*，Boston，1977，pp. 10～11。

美国提出马歇尔计划一方面是为了向东欧国家进行渗透，吸引它们脱离苏联轨道；另一方面是要建立包括西德在内的西方集团。斯大林显然不能允许这样的事情发生。他命令东欧国家拒绝参加马歇尔计划，并组织了共产党情报局。斯大林派日丹诺夫和马林科夫出访东欧国家，日丹诺夫在他的一份关键的报告中提出了世界分裂成社会主义与资本主义这两个互相对立的阵营的著名说法。苏联政策的这一转变引起了一系列的权力之争与重新结盟，苏联断绝了与南斯拉夫的关系，捷克共产党夺取了政权，罗马尼亚、匈牙利和波兰都发生了清洗。在苏联，意识形态的热情越来越高涨。斯大林越来越感到不安全，变得越来越多疑，似乎到处都是敌人，连克里姆林宫中的人们也难以信任。这样，在苏联也像在美国一样，冷战有了国内的势头。总之，冷战既不是苏联决策者也不是美国决策者制造的；既不是苏联的革命热情也不是美国的资本主义政治经济的必然结果。尽管冷战的参与者都不想要冷战，冷战最后还是发生了。这是因为战后的国际体系使苏联和美国决策者都感到对自己不利，他们都感到自己的国家安全受到自己所不能控制的力量的威胁，而意识形态又加强了他们的受威胁感。[①] 为了对付这种威胁，他们要通过意识形态的斗争来动员国内公众对外交政策的支持，这就又扩大了意识形态的分歧。既然他们使用了意识形态的因素，他们就催化了国内政治派别的力量。这些力量一旦被动员起来，自有它们各自的势头，从而越来越限制决策者的灵活性，使他们难以摆脱冷战的驱动力。美国的麦卡锡主义就是显著的例子。在麦卡锡主义横行的时候，艾森豪威尔是没有可能改变政策取向的。[②]

二、雅尔塔体制的形成与美苏冷战

有关战后世界调整和安排的雅尔塔体制与美苏冷战有极其密切的关系。由于雅尔塔体制满足了苏联对战后安排的大部分要求，特别是保障了苏联势力范围的建立，所以，战后初期斯大林才在这个基础上

① John Herz, " Idealist Internationalism and Security Dilemma", *World Politics*, Vol. 2, 1950, pp. 157 ~ 180.

② 张红路：《麦卡锡主义》，武汉大学出版社，1987 年版。

奉行大国合作的政策。然而两年后的1947年，斯大林就由大国合作转向了集团对抗的政策。这一转变的重要原因就是在土耳其海峡危机和伊朗危机以及在东欧和德国等问题上，同美国等西方国家的对抗中重新估量、认识和了解了对方后，斯大林（如同杜鲁门等人一样）已经在观念上把对方视作敌手而不是盟友，特别是他认为1947年6月美国提出马歇尔计划的目的就是要组建反苏的西方集团和侵蚀由雅尔塔体制保障的苏联在东欧的势力范围。

维护苏联安全是苏联对外政策的首要目标，而建立苏联势力范围和确保苏联在战后欧洲和世界政治格局中的优势地位，则是实现这一目标的有效手段。为此，苏联在战时就着手制定和实施相应的计划和措施。早在苏联参战前，1939年8月23日，苏联与德国签订的互不侵犯条约及其秘密附加议定书，可以说是苏联建立势力范围的最初步骤。当希特勒德国在欧洲发动侵略战争后，苏联依据这些条约，采取了在其西北边界夺取领土和建立势力范围的行动。大约到1940年夏秋，苏联在其西北部获得的领土有：西乌克兰、西白俄罗斯、立陶宛、拉脱维亚、爱沙尼亚、比萨拉比亚和北布科维纳。同时将芬兰也纳入了其势力范围。这是自1922年苏联成立以来，苏联在其西北部拓展领土和建立势力范围的首次成功的尝试。虽然后来的苏德战争已经使苏德条约及其议定书化为废纸，但是苏联却没有放弃它从苏德条约和议定书得到的收益。它不仅要西方盟国承认它从希特勒那里的所得（1941年6月22日以前的苏联边界），而且还要以此为基础，进一步扩大势力范围。1941年6月的苏德战争和12月的美日太平洋战争爆发后，第二次世界大战演变成真正意义上的世界规模的战争。在德国法西斯侵略的威胁下，英国和美国等资本主义民主国家与社会主义国家苏联建立了互助同盟关系。它们与其他愿意抵抗法西斯侵略的国家组成了反法西斯统一阵线——联合国家，同以德意日为首的轴心国集团展开了殊死的战斗。由于意识形态、社会制度和国家利益的差异和矛盾，尽管它们具有打败法西斯的共同目标，但是对于如何打赢这场战争和战争结束后如何安排战后世界等问题，都各有自己的打算和计划。于是几乎在它们结成盟国的开始，围绕着有关战后安排和调整，就已经产生了矛盾和争论。只是由于各自都能以战胜法西斯的大局为重，它们才仍然能够一边龃龉不断，一边联合作战，并最终取得了反法西斯战争的胜利。

关于战后世界的重组和安排问题，大国政治家们在战争时期已经有所思考和筹划。1941 年 8 月 14 日，美英两国首脑罗斯福和丘吉尔在《大西洋宪章》中提出了八点主张，其主要内容是：两国不追求领土或其他方面的扩张；不同意未经有关民族同意的领土变更；尊重各民族自由选择政府形式的权利；促成一切国家在经济方面的合作；在纳粹暴政被摧毁后，重建和平，以使人类自由生活，无所恐惧，不虞匮乏；各国必须放弃使用武力。9 月 24 日苏联政府发表声明，同意《大西洋宪章》的基本原则，但同时表示，这些原则的实际运用“必须与各国的状况、需要和历史特点相适应”。这些措词实际上表明苏联对《大西洋宪章》是有所保留的。就苏联而言，虽然苏德战争爆发后，战胜法西斯德国是苏联压倒性的头等任务，但在这个过程中它仍然不断地追求建立势力范围的目标。因此几乎就在苏德战争爆发后不久，它就开始忙于拓展自己的势力范围和构筑有利于自己的战后世界格局。

1941 年 12 月中旬，就在全世界瞩目于扣人心弦的莫斯科保卫战的时候，斯大林和莫洛托夫仍在繁忙的战事和国事之中，与来访的英国外交大臣艾登进行了紧张的关于战后安排和调整的谈判。斯大林向艾登提交了关于军事互助条约和关于解决战后问题条约的两个草案，并主张在后一个条约中附加一个规定改变战后欧洲国家边界总设想的秘密议定书。1943 年斯大林格勒战役的胜利加强了苏联在战后安排谈判中的地位。苏军在战场上的胜利成为实现苏联的领土和安全要求的有力保障。事实上，西方除了被迫的逐渐的接受外，选择余地是有限的。这在同年 11 月召开的苏美英三大国战时第一次首脑会议——德黑兰会议上得到了鲜明的反映。在德黑兰会议上，苏联在建立东欧势力范围和确保苏联在战后世界格局中的有利地位这两方面的努力，都取得了初步的成功。除了第二战场问题外，会议讨论了战后德国的处置、苏联的西北边界、苏联参加对日作战和建立未来的国际组织等主要是战后调整和安排的问题。

1944 年 10 月英国首相丘吉尔访问苏联。10 月 9 日，在讨论巴尔干半岛的形势时，丘吉尔和艾登与斯大林和莫洛托夫以非常务实的方法划定了两国的势力范围。双方经过讨价还价，确定了两国在保加利亚、罗马尼亚和匈牙利的比例为：苏联 80% 对英国 20%；在南斯拉夫为50%对50%。“百分比协定”实际上是继德黑兰会议之后进一步增强了苏联在东欧的影响，基本上承认了东欧为苏联的势力范围。①

1945年2月，在反法西斯战争的胜利即将到来的时候，苏美英三国又在苏联的雅尔塔举行了具有历史意义的战时第二次首脑会议。雅尔塔会议实际上是德黑兰会议的继续和深化，是要就德黑兰会议曾经讨论过的和已有初步协议的问题拿出一揽子解决方案。最后三国在雅尔塔会议公报中表示，在今后的和平时期，要保持并加强团结一致，继续增进合作与了解。雅尔塔会议基本上解决了战后和平与安排的问题。同年7~8月苏美英三国首脑的波茨坦会议实际上是对雅尔塔会议的决议和规定作了进一步的补充和修缮。苏美英三国在战争后期的几次首脑会谈和首脑会议上就战后世界的调整和安排所达成的协议和谅解，形成了构筑战后国际格局的制度和方法。由于有关战后调整的问题基本上是在雅尔塔会议上最后解决的，所以这些制度和方法就在习惯上被人们称为雅尔塔体制。简单地说，雅尔塔体制就是对战后世界所作的安排。它以主要战胜国在战争中的作用和贡献以及它们在战后的实力和地位为基础，把战后世界（主要是欧洲）划分为西方（美英）和苏联的势力范围和利益范围。概括起来讲，雅尔塔体制的内容是：（1）划定势力范围。在欧洲：西欧仍旧保留资本主义，东欧则为苏联势力范围和利益范围；德国由美英和苏联分区占领（后来变为西德属美英，东德归苏联）。在亚洲：外蒙古为苏联的势力范围；中国的华北为美英的势力范围，中国的东北为苏联的势力范围；库页岛南部和千岛群岛归苏联，日本本土为美国势力范围。（2）建立维护战后和平与安全的国际机构——联合国，并确定以“大国一致”的原则作为安理会运作的基础。（3）战败国的殖民地和领地由联合国实行托管。

主要反映大国意志和愿望的雅尔塔体制，实际上是两类不同国家既想在人类发展进程中确立自己的社会制度和价值观念的主观意志，又要维护战后合作的共同愿望的矛盾的反映，是妥协和折衷的产物。它确立了苏联和西方（主要是美国）在战后欧洲和世界的优势地位和主导作用，为战后美苏两极格局的形成奠定了基础。雅尔塔体制在不

---

① 百分比协定以及几次重大国际会议的过程、内容。参见王绳祖主编：《国际关系史（十七世纪中叶~一九四五）》，世界知识出版社，1986年版，第544~560页。

同程度上分别满足了苏联和美英等国的不同要求。对于西方来说，雅尔塔体制为它们保留了资本主义的发祥地和传统的中心地区——西欧；对苏联而言，雅尔塔体制满足了苏联对战后调整和安排的大部分要求和愿望。

但是从另一方面来看，雅尔塔体制既然给予了苏联已划定的势力范围，同时也就对苏联构成了某种约束。这种约束就是不能觊觎和染指势力范围以外的地区。而从环俄罗斯安全带的牢固程度而言，它的相对薄弱之处就是在苏联的西南部边界（靠近近东）。西南部边界以外的海峡、地中海和波斯湾正是苏联外出大西洋和印度洋的必经之地。在那里建立军事基地和谋求领土扩张，是苏联还在与希特勒德国合作时期就梦寐以求的目标。恰恰在这一点上，雅尔塔体制没有满足苏联的要求。苏联在那里只能说拥有一定的影响，但尚未建立起有效的势力范围。所以在海峡、地中海和波斯湾地区开辟苏联的势力范围就成了苏联在战争末期和战后初期努力的方向。后来，苏联同美国等西方国家发生的土耳其海峡危机和伊朗危机，正是苏联试图在西南部边境地区建立势力范围的结果。而这两场近东危机恰恰是冷战酝酿期间的重要事件。

从国际体系、国家和个人这三个层次来寻找冷战起源的原因，实际上基本上可以把导致冷战起源的因素都归结为这三个层面。从国际体系层次上看，第二次世界大战结束后形成两极权力结构，为美苏冲突和对抗，由战时同盟走向冷战创造了条件，使冷战成为可能。从国家层次上看，美苏意识形态对立和国家利益相悖，是两国关系从合作走向冷战的重要推动力。从个人层次上看，美苏两国领导人或者决策者对对方的认识与行为方式加剧了双方之间的对立，加速了全面对抗的爆发和冷战的到来。

第二节　现实主义安全战略思维的理论渊源与发展脉络

现实主义继承了自马基雅维利、霍布斯和洛克以来的关于“自然状态”的分析传统和思想理论，认为国际关系理论同样受到人的本性和“自然状态”法则的支配。

一、理论渊源与主要观点

现实主义在国际安全战略思维中一直占据着主导地位。对现实主义者来说，国际政治的中心问题是战争和使用武力的问题，国际政治的主要行为体（actor）是国家。在《新现实主义及其批判》一书中，罗伯特·基欧汉指出，从远古的修昔底德时代起，政治现实主义（Political Realism）就已经包括了至今仍被广泛接受的三个假设：（1）国家是国际政治中的主要行为体；（2）国家都寻求权力，不论是把权力作为目的本身或是作为实现其他目的的手段；（3）国家都是理性的行为体，因此它们的行为都是易于了解和预测的。[①] 有关无政府国家体系的这三个假设是现实主义者思考问题的起点。比如理查德·尼克松（Richard Nixon）总统及其国务卿亨利·基辛格（Henry Kissinger）力争最大限度地增强美国的实力和削弱其他国家威胁美国安全的能力，其政策主张和观点代表了现代美国人的现实主义观念。

修昔底德是现实主义之父，他作为雅典精英阶层的一员，生活在雅典最伟大的时期，经历了其著作所描述的许多战争。修昔底德所著的《伯罗奔尼撒战争史》是一部描述雅典人和斯巴达人之间所发生的伯罗奔尼撒战争的编年史，也是我们所知道的最早的一部关于历史与国际关系的著作。理论是我们组织材料不可或缺的工具，虽然大多数人在思考国际政治与安全的时候不一定有意识地运用一种理论，但是实际上他们都在运用现实主义理论。今天的许多政治家和社论作者尽管不一定知道修昔底德的名字，但也都在运用现实主义理论。现实主义者罗伯特·吉尔平（Robert Gilpin）指出：“说实在的，我们应当好好想一想，20 世纪的国际关系研究者们对国家行为的了解，是否超过了生活在公元前 5 世纪的修昔底德及其同胞的认识水平？”接着，他表述了自己对此问题的看法：“从根本上说，今天的国际政治同修昔底德

① Robert O Keohane ed., *Neorealism and Its Critics* (New York: Columbia University Press, 1980), p. 9.

所描述的情况并没有什么区别。”①

而现实主义安全战略思维更为直接的理论渊源是奠定权力政治学基础的马基雅维利、霍布斯，以及黑格尔的历史哲学。（参见第四章第一节之“权力政治学视野下的国际安全”）

二、发展脉络

自从1648年的《威斯特伐利亚和约》确立了主权国家体系的合法性地位之后，政治现实主义逐渐成为一种被普遍接受的理论，尤其是在欧洲大陆。奉守现实主义思想的德国首相奥托·冯·俾斯麦（Otto von Bismarch）建立了德意志帝国，这位绝顶聪明的德国第一位首相以其老练的外交手段，减轻了邻国对德国的忧虑，从而使得重大的结构变化没有马上影响到欧洲体系的政治过程。然而俾斯麦的继任者没有那么机敏。自从1890年德皇解除俾斯麦的职务后，欧洲的同盟体系变得越来越僵硬，一边是以德国为中心的同盟，一边是以法俄为中心的同盟。两极同盟的僵化导致1914年世界大战的爆发。与此同时，针对政治现实主义进行批判和否定的努力，却从未停止过。从康德的《永久和平论》（1795年），到欧洲的仲裁运动、美国总统威尔逊的“十四点”方案、1927年宣布“一切战争为非法”的《凯洛格—白里安公约》（或称《非战公约》），自由主义者（Liberalists）对政治现实主义发起持续不断的攻击。

两次世界大战期间（1919～1939），理想主义成为国际关系的主导理论，国际联盟和集体安全的思想明显反映出当时的理想主义的主要形式——威尔逊理想主义的影响。到了20世纪30年代晚期，理想主义逐渐走向衰落。1939年，英国学者爱德华·卡尔（Edward Hallett Carr）出版了其经典著作《二十年危机，1919～1939》，对理想主义倡导的“和谐利益论”“世界政治中的道德至上论”进行了强有力的抨击，即对理想主义的观点提出了挑战，现实主义重新兴起。在《二十年危机》第二版中，爱德华·卡尔断言，“国际政治永远是权力政治，

① Robert Gilpin, *War and Change in World Politics* (Cambridge, England: Cambridge University Press, 1981), pp. 227～228.

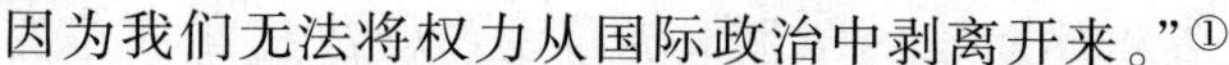

因为我们无法将权力从国际政治中剥离开来。”①

二战期间国际法在法西斯暴力面前的苍白无力，使权力在世界政治中的作用得到凸现。而美国在二战期间及其后成为世界霸权国之一的愿望和能力，也为政治现实主义在美国的勃兴提供了有利的客观环境和肥沃的土壤。正是在这样的背景下，二战刚一结束，美国对政治现实主义的研究，就在约翰·赫兹（John Herz）、乔治·凯南（George F. Kennan）、沃尔特·李普曼（Walter Lippmann）、汉斯·摩根索（Hans J. Morgenthau）等的领导下，轰轰烈烈地开展起来。

摩根索在《国家间政治》一书中，开始了以政治现实主义为基础来把国际政治构建成为一门“科学”的大胆尝试。摩根索对“权力”“理性国家”“权力均势”三个概念进行了精彩、详尽的论述，提出国际政治的实质就是对权力的争夺。在摩根索看来，权力既是目的又是手段，“对权力的强烈欲求”植根于“人类的本性”之中。但是，由于摩根索对“权力”和“权力均势”不能给出一致的、统一的定义，他没能成功地构建出一个系统的、有说服力的国际关系理论②。

进入20世纪70年代，国际政治、经济领域出现了巨大变化。政治上，美国因进行旷日持久的越南战争而元气大伤，其在全球的霸权地位受到苏联的咄咄逼人的挑战。与此同时，美苏两个超级大国间的紧张关系相对缓和③；经济上，美国被迫放弃布雷顿森林货币体系（1971年），由于石油输出国组织（OPEC）实行石油禁运和提高油价（1973年）而引发的“世界石油危机”，美国经济陷入“滞胀”之中，美国的经济领导地位也面临日本和西欧的挑战；军事上，苏联的核武器数量也超过了美国（1969年起）。苏联还在欧洲部署了中程导弹，形成了对美国的战区核力量优势。勃列日涅夫上台后，在“缓和战略”的掩护下，展开了同美国争夺世界霸权的“全球攻势战略”④。与美国

---

① ［英］爱德华·卡尔著，秦亚青译：《20年危机（1919~1939）：国际关系研究导论》，世界知识出版社，2005年1月版。

② Robert O Keohane ed., *Neorealism and Its Critics* (New York: Columbia University Press, 1980), p. 12.

③ 方连庆、刘金质主编：《战后国际关系史（1919~1945）》，北京大学出版社，1999年版，第463页。

④ 方连庆、刘金质主编：《战后国际关系史（1919~1945）》，北京大学出版社，1999年版，第467页。

的全球霸权地位岌岌可危相伴而生的，是世界范围内经济相互依存度的迅速增长，各种非国家行为体的大量出现及其作用的扩大，南北关系问题的不断深化，人口、环境污染与能源等全球性问题的凸显，而这些问题都是传统现实主义从未予以明确说明的。

美国的学术界和政界开始寻求一种“新现实主义”。为弥补摩根索在理论构建上的不足，莫顿·卡普兰（Morton Kaplan）、斯坦利·霍夫曼（Stanley Hoffmann）和理查德·罗斯克兰斯（Richard Rosecrance）都试图用“系统理论”来解释国家行为。他们抛弃依赖“人类的本性”来解读世界政治的模糊性和不确定性，把注意力集中于世界政治在整体上的竞争状态和无政府状态及其影响；与摩根索寻求普遍原则的努力不同，他们对具体的国际问题，如战争与和平的不同选择、稳定和动荡等，更感兴趣；他们对国际体系变动或改变的原因的关心，要比对国际政治的“本质”是什么的关心要大得多。

肯尼思·沃尔兹（Kenneth Waltz）批评卡普兰、霍夫曼和罗斯克兰斯只是对国际体系（系统）进行了简单的描述，而没能进一步识别出国际体系的独特结构（它与单元（国家）间的属性和关系相分离）。沃尔兹指出，要想建立一个真正的“系统理论”，就必须“阐明系统由什么性质的单元组成，指出系统性和半系统性的原因的相对重要性”。沃尔兹1979年的《国际政治理论》的出版，标志着新现实主义理论的正式确立。它已不满足于经典现实主义的描述性理论，而力图成为高度简约的科学理论。在沃尔兹看来，只有把着眼点放在国际的系统层次上才能真正解释发生在行为体单位层次上的现象，如为什么不同时期、不同的行为体单位在系统中的表现如此有规律？国际体系的结构是无政府的，而构成体系的行为体单位的国家在功能上是相似的（它们只有能力大小的差别），这种系统中的基本变量关系是在无政府条件下国际体系的结构决定了国家行为。这就是国际政治的不变“法则”。[①] 因此，他的理论也称结构现实主义。

80年代美苏对峙复又加剧，军备竞赛变本加厉，而西方世界的贸易战也屡有发生，国际关系的现实似乎表明，新现实主义的解释要比

---

① 关于新现实主义，参见倪世雄等：《当代西方国际关系理论》，复旦大学出版社，2001年版，第119～162页。

新自由主义更接近实际。随着新现实主义理论作为强劲对立面的出现，以基欧汉为代表的新自由制度主义从各种自由主义派别中脱颖而出，成为能在学理上与之抗衡和对话的主流理论，代表作即1984年的《霸权之后》。基欧汉认为世界政治各种制度化的情况对国家行为有重要影响，国际制度有利于界定国家行为的意图和意义，并使各种合作和纷争能得以理解。他的理论同样具有简约和科学化的特点，其系统中的基本变量关系是在无政府状态下国际制度影响国家行为。如果我们用“国家中心主义—跨国主义（或多元主义）”来描述70年代下半期以来现实主义和自由主义两种传统的争论的话，那么其实它们看到的是由不同经验材料组成的不同的现实，然而到80年代中期以后两者的论辩开始逐渐找到了一个分析的共同出发点，这就是新自由制度主义基本接收了新现实主义关于国家是无政府状态下追求自我最大利益的主要行为者的假定，即出现了所谓理性主义的“新—新综合”。之后双方的争论主要围绕无政府状态对国际合作的限制性程度、国家行为受相对获益和绝对获益驱动的比例大小、国家优先目标是安全还是经济福利等问题而展开。新现实主义和新自由制度主义都试图从自己的立场出发来规定“新—新综合”的具体内容和模式。到了90年代的新形势下，两种传统中都出现了与妥协路线渐行渐远的派别，分别如新经典现实主义和全球治理那样的理论。①

三、科学行为主义挑战下的新现实主义安全思维

行为主义方法有如下基本特征：（1）以政治行为作为主要研究对象。行为主义认为，人类行为中存在可以认知的统一性，这些可以认知的统一性能够通过实证试验加以证实。行为研究方法代表了一种倾向，其目的在于用已观察到的和可能被观察到的人类行为来阐明一切政治现象。“行为”是行为主义强调的一个关键要素，它不仅要说明什么是政治科学的基本分析单位，而且政治行为研究也体现了对以法律取向、制度偏好和道德规劝为主要内容的传统政治学方法的摒弃。政

① 关于新自由主义和新现实主义的产生发展以及争论和融合，参见大卫·A. 鲍德温主编：《新现实主义和新自由主义》，浙江人民出版社，2001年版。

治行为从外延上界定，既包括个人的行为，尤其是决策者的行为，又包括团体的行为；从内涵上规定，既包括现实表现出来的行动，如选举、游说、政策制定等，也包括作为行动动机的心理过程。（2）用科学的经验实证方法动态地研究国际关系。行为主义的认识论基础是实证主义（positivism），其观点是知识产生于感官体验，来源于对周围世界的观察。在实证主义认识论指导下，各种以“科学”名义的国际关系理论大量涌现，如系统论、一体化论、功能主义论、博弈论、决策论、沟通论等，它们的共同点是方法上的创新，要求以可以通过观察把握到的事实作为理论研究的素材，强调行为研究、计量研究和实证研究，将自然科学的某些理论引进国际政治领域，进行统计分析、模型分析和实证分析，使研究精确化和系统化。

行为主义方法受到的批评是多方面的，但主要可归纳为以下几点：国际关系研究是不是一门真正意义上的科学；研究者是否可以做到完全的价值中立；科学能否解决国际关系的实质性问题等。传统主义的这几点质难确实击中了行为主义的要害。首先，国际关系同其他社会科学研究一样，其中主要涉及人的行为，人的行为不同于自然现象，必然受到人的理性、动机、目的和价值观等主观因素的影响，具有很大的不确定性，这样就给国际关系的科学研究增加了极大的难度。影响人类行为的变量多而复杂，并且这些变量无法像自然科学那样得到精确的控制，科学研究中的“理想状态”与现实情况反差过大。另外，科学应具有描述、解释和预测功能，知识的正确性须通过经验来证明，检验一种理论，就是看这种理论的预测是否成功。科学所揭示的因果律不仅能有效地解释世界，也应该作出成功的预测。而在国际关系学科，各种竞争性的甚至相互对立的假说都可以在国际关系理论中找到一席之地。如以国家作为“经济人”假设的结构现实主义和以国家作为“社会人”假设的建构主义理论具有各自不同的解释力和预测力。

其次，正如无法用自然科学的标准来衡量国际关系学一样，研究者的价值中立也不可能完全做到。自然科学研究无须解决价值问题，但社会科学家正好相反，因为人是道德的动物，在政治科学领域尤其如此。一是，因为政治学主要关心的是目标及实现目标的手段——政策，而政策必定涉及价值；二是，政治学的绝大部分与政治活动者的价值观有联系。退一步讲，即使有可能消除政治科学研究中的价值偏见，事实上政治学家仍须做出另一种价值判断，而这种价值判断不可避免地要影响客观性。当他决定使用科学方法时，他便在作一种价值判断——他也同样可以选择不使用这种科学方法。这就是说，当科学以寻求确定性的知识而为知识作辩护时，它已经预先承认确定性知识的可能和对确定性知识把握的可能，否则，就没有科学认识。另外，学者的责任需要他对重大的政治问题作出价值判断，很难想象政治科学家在涉及全人类命运的问题上保持沉默或无动于衷，如战争与和平、核武器的使用、种族歧视、恐怖主义等。因此，20 世纪 70 年代以后，行为主义政治学渐趋式微并被后行为主义所取代。在肯定行为主义科学方法的同时，后行为主义把目光更多地投向政治目标、政治行为道德准则等包含价值判断的政治理论问题。

最后，国际关系研究科学化的倾向，使人们在这个领域得出的认识逐步摆脱主观的局限，并能接受切实可靠的检验。但与此同时，国际关系的研究范围也受到严重限制，它把很多重大问题排除在外。布尔称“古典派”是“从哲学、历史和法律学科派生出来的理论方法，其最主要的特点是明确依赖判断，并认为国际关系研究如果只局限于严格的核查和证明，便没有什么意义可言”。国际关系作为人类活动的主要领域之一，必然涉及许多有关国家、民族或者全人类发展的重大问题，人们对这些问题的判断常常来自直觉、灵感甚至良知，仅仅依赖科学方法无法触及国际关系的本质。而传统研究方法承认国际关系是纷繁复杂的人类世界的组成部分，只有掌握历史、哲学和法律这些人文知识的人“走进”这个世界，进行不带偏见的学术研究才能懂得它，“思考本身也即研究”；行为主义采取置身于这个世界“之外”的科学方法，无法产生对这个涉及法律和道德等复杂问题的国际关系领域的真正理解。

20 世纪中期以后，一方面虽然战后的冷战格局从总体上说依然在延续，但国际关系出现了大动荡、大分化，美国的超级大国地位一度呈衰弱之势；另一方面随着全球经济联系的加强，各种跨国合作的现象越来越多，包括国际贸易和对外投资激增、区域整合取得进展，等等。西方国关理论界继经典现实主义占据 20 多年主流地位之后，又经过“科学转向”的洗礼，逐渐形成了新自由主义和新现实主义两种主流理论双峰凸起的局面。

新现实主义在传统上与经典现实主义有一条共同的连接线，即都相信国际政治的主导逻辑是竞争和冲突、战略争夺和战争，可是两者并非一样的学说。新现实主义抛掉了摩根索理论的出发点，权力追求和安全意识不是因为人性恶的本源，而是由国际体系的结构所决定。它也力图排除道德判断的规范性因素，美苏两国意识形态不同而争权夺利的行为如出一辙，原因也是国际体系的结构迫使它们都要采取无政府状态下“自助”的生存方式。所以战后的现实主义传统到了新现实主义时出现了一个高峰。

肯尼思·沃尔兹在理解汉斯·摩根索“以权力界定利益”的传统现实主义的基础上将传统现实主义与科学行为主义结合起来，以结构主义改造现实主义，从而形成了一个科学的理论体系，并开创了国际关系理论的另一个流派——结构现实主义（新现实主义）。沃尔兹将政治现实主义体系化，使之成为一种严谨的、演绎的国际政治体系理论，于是学者们将沃尔兹式的综合称为新现实主义，它既与摩根索和赫兹的现实主义具有知识上的亲和性，又含有原创性和独特性。而新现实主义的形成也有其深刻社会背景。20 世纪 70 年代后期，美国由于经济危机、对苏核优势丧失、越战后遗症以及阿富汗事件等的影响，卡特和里根政府开始调整美国的对外政策，这时传统现实主义“为权力而斗争”的理论已不适合现实的需要。当时传统现实主义与科学行为主义的论战已接近尾声，科学行为主义的方法也解释不了现实政策调整出现的新问题。不少学者意识到国际形势已开始出现权力分散、政治多极和美国霸权丧失的趋势，需要一种新的理论对传统现实主义理论进行“科学的修正和补救”，新现实主义应运而生，它在坚持传统主义和政治现实主义国家分析法、权力分析、定性研究的基础上，将科学主义的体系模式、结构分析、博弈论和功能主义等方法论融合在一起。沃尔兹的《国际政治理论》成为最早、最重要的代表作，他创立的新现实主义也成为70 年代末以来国际关系理论的主流。①

新现实主义理论的核心理念是国际政治理论要揭示国际政治现实中的规律。沃尔兹认为，新现实主义的理论要能解释现实中存在的普

① 沃尔兹的主要作品、生平及主要思想，参见倪世雄等：《当代西方国际关系理论》，复旦大学出版社，2001 年版，第 109 ~ 112 页。

遍联系与重复出现的现象，要建立有关国家行为与国际结果的简约的因果模型。他通过简化的步骤，对影响国际政治的复杂因素进行抽象概括，得到一个抽象的概念——结构，并以此解释国际政治中的各种现象。他把所有类型的行为体简化成国家行为体，把众多国家简化到对国际结构有影响的大国，并把国家的多种功能归结为单一的追求国家利益。他将体系理论引入国际政治研究，得到整体总是大于部分之和，而结构对单位行为产生制约作用。结构具有的连续性和稳定性可以解释国际政治中重复出现的现象，从这些现象中揭示国际政治的某种规律性。他将国际政治视为由结构建构的体系。沃尔兹认为，尽管现实中的国家行为体在微观行为上功能不同，但在宏观体系层面，由于在无政府状态下，每个国家无法指望一个世界政府来主持公道，只好采取自助的方式来最大限度地追求国家利益，表现出相似的功能。因此，体系的结构决定行为体的互动模式，体系的变化会导致行为体决策的变化，而行为体的决策和行为要适应体系的结构。

在无政府的自助结构中，各国最关心的就是安全问题，即便它们确保自身安全的力量有很大差异。事实上，国家获得安全的能力的差别就是国家之间最主要的差别。因而，权力不是国家追求的最终目标，而仅是一种实现国家安全的手段。而这里的权力不仅指军事实力，还包括军事实力、经济实力在内的国家的“综合实力”。在沃尔兹看来，国家拥有的权力必须适当，太大或太小都会有风险，权力太小会招致攻击，权力太大则会刺激一国冒险扩张，也会刺激别国增加军备并与其他国家联合抵制强国，造成国际局势不稳定。这就是所谓的结构主义的“安全困境”。

均势问题在结构现实主义理论中也占据很重要的地位，成为新现实主义的理论核心之一。沃尔兹认为国家不是谋求权力最大化而是寻求权力的平衡分配。均势的实质是大国间实力平衡分配。同时，在沃尔兹看来，参与者数量越多越不利于稳定，反而参与者数量越少的体系越稳定，所以两极均势体系最稳定。简单的两极关系及其所产生的很大的压力会使两个国家变得保守起来，双方都力图维持现状，即使发生战争，也是维持均势的战争，目的在于制止另外一个大国建立霸权。这一斗争对小国也有利，因为它们的利益不在于全球统治的霸权。

在新现实主义看来，冷战后美国的外交政策变化的根本原因是

“强权从两个变为一个”。在苏联消失后，由于没有哪个国家有能力缓和或制约美国的行为，新的均势未能形成，于是美国变得更加自大的在全球扮演“世界警察”的角色，不断地为其战略利益到处侵略扩张。美国反对任何有可能威胁到它本国利益的事情，于是发动伊拉克战争、阿富汗战争和另一次伊拉克战争，而后一次的对伊战争完全是毫无理由的侵略；它不断地率领北约积极东扩，力争将更多的国家置于自己的势力范围内；它还依自己的双重标准，把与它对立的几个国家定为邪恶国家，想方设法进行打击。总之，美国是现存国际秩序的最大受益者，它也必定是这个秩序最坚定的维护者。

新现实主义占据主流地位20余年，有多方面的原因，如它强调权力结构因素对于国家的制约作用，反映了时代的本质；较准确地把握了无政府状态下国家互动的“理性自私”原则；较合理地汲取了自然科学与科学行为主义中的宏观分析、体系理论和结构功能主义等。但任何一种理论都不可能是完美的，新现实主义也存在着缺陷。如沃尔兹虽然主张从系统和单位两个层次研究国际关系，但事实上他较少关注单位因素，忽视了单位的结构对单位成员的行为模式的影响；他认为国家之间的关系主要是对抗性的，忽视了国家间的合作；此外，他对国际体系的简化过于狭隘，仅将国家看成主要国际行为体，忽略了国际组织的作用。

第三节 美国现实主义安全战略——从遏制到均势

二战结束后，美国的综合实力空前壮大，其追求世界霸权的野心急剧膨胀。苏联在二战中虽遭受重大损失，但军事实力迅速发展，工业生产能力恢复很快，国际威望大大提高，拥有一批新兴社会主义盟国，成为世界上唯一能与美国抗衡的政治军事大国。正是在美苏两极格局的形成、两大阵营的尖锐对立和双方的实力地位几乎旗鼓相当的背景下，美国逐步酝酿并最终形成了遏制战略。①

① 关于均势与遏制的政策和理论，参见倪世雄等：《当代西方国际关系理论》，复旦大学出版社，2001年版，第261~292页。

一、美国遏制战略的现实基础

在第二次世界大战中，帝国主义国家几乎都遭到了沉重打击和严重削弱，唯独美国在战争中大受其益，经济和军事力量空前发展。由于二次大战的战场主要在欧亚非三大洲，美国不仅没有受到战争的直接破坏而且借助战争大力发展军事工业和为战争服务的各种经济产业，使其军事和经济迅猛发展。到1945年，美国在资本主义世界工业总产量的比重已达62%，对外贸易总额已占资本主义世界对外贸易总额的1/3，黄金储备量占70%，成为世界上最大的资本输出国和债权国。

在经济上，美国通过建立国际货币基金组织、世界银行和关税及贸易总协定等国际性组织，以国际经济自由化为旗帜，建立了一整套有利于美国的国际经济秩序，控制了世界贸易、金融和投资，确立了美国在世界经济中的霸权地位。在政治上，美国企图通过对全球性的国际组织——联合国施加影响，建立一套符合美国利益和愿望的世界政治秩序。1945年10月，联合国正式成立。联合国原有51个创始国，其中有34个在西欧和拉丁美洲，它们都是支持美国的，只有11个来自亚洲和非洲，它们绝大多数也是亲西方的。来自苏联集团的只有6个。安全理事会五大常任理事国美国控制四票。这种状况，使战后初期美国在联合国内处于绝对优势，总能拼凑出符合其需要的多数。1946年至1953年期间，联合国大会通过800多项决议，其中美国支持的只有两项被否决。在军事上，到1945年战争结束时，美国武装部队已发展到1200多万人，国防预算超过800亿美元。美国还拥有世界上最庞大的海军和空军，有1200艘战舰和5万艘登陆艇和供应船只。商船的吨位已超过所有资本主义国家的总和，美国已取代英国成为海洋的统治者。同时美国还在世界各地建立了数百个军事基地，控制了远离本土7000英里的战略要地。美国当时还垄断了核武器，是唯一拥有原子弹的国家。这些都充分表明，美国在战后已成为超级军事强国。①

实际上，在二战期间，美国统治集团已经开始积极制定战后美国

① 熊志勇等：《美国的崛起和问鼎之路》，新华出版社，2013年版，第55页。

领导世界的计划。当时的美国总统罗斯福已经认识到，战争结束后苏联将成为世界上的军事强国，英国也仍然会成为世界上有影响的大国，美国必须将这些大国纳入自己设计的世界体系中。罗斯福等当时曾经认为，法西斯战争的威胁促使美英苏成为战时同盟。不过在战争结束后，大国之间仍然存在“维持和平与安全”的共同需要；苏联在战争中遭到巨大损失，战后为恢复经济需要美国的援助，所以也会继续同美国合作。罗斯福在战争后期多次与斯大林、丘吉尔会晤，召开三巨头会议，商讨战后世界的安排问题。

1945 年 4 月罗斯福突然去世，副总统杜鲁门继任。杜鲁门上台后，逐步改变了罗斯福寻求与苏联合作的政策，开始越来越明显地把苏联当作美国在战后的主要战略对手，试图突出实力政策在处理战后与苏联关系中的地位。1945 年 12 月 29 日，杜鲁门国会咨文说：“胜利已使美国人民有经常而迫切的必要来领导世界了。”但是欧洲战后形势的发展和苏联强大的军事实力，对美国的世界地位构成了严重的挑战。所以这是遏制战略形成的直接动因。

杜鲁门上台后，德国和日本先后投降，二次大战最终结束。但欧洲各国处于严重的困境之中。西欧许多国家几乎成为一片废墟，工业产量只达到战前的 70%。与经济萧条同时出现的是政局动荡不安。这一时期，欧洲工人罢工斗争此起彼伏，连续不断。西欧许多国家的共产党迅速发展壮大，党员人数从 1937 年的 50 万增加到 1947 年的 400 万。1945 年到 1947 年间，意大利、法国、比利时、丹麦、挪威、冰岛、芬兰、奥地利和卢森堡等九个国家的共产党都参加了联合政府。

东欧许多国家脱离了资本主义体系，在国内建立了人民民主政权，先后走上社会主义道路。东欧政权大多都是在苏联的帮助下建立起来的，苏联分别同这些国家签订了《友好互助合作条约》，经济贸易和文化关系发展迅速，在重大的国际问题上采取共同行动，进行广泛合作。

苏联的国民经济在战争中遭受了严重的破坏，法西斯洗劫了苏联 1710 多座城市和村镇，2500 万人丧生，国民经济损失达 26000 亿卢布。[①] 但是，苏联的军事力量在战争中获得了空前的发展，成为世界超一流的军事大国。苏联的政治军事力量越出了国界，苏联红军占领了东欧，到达中南欧。苏联因此在自己的西部建立起一道安全屏障，摆脱了过去那种被西方国家四面包围的境地，极大地增强了同美国抗衡的力量。

在战争中，苏联曾经从美国获得了100多亿美元的租借物资。战争结束后，苏联从德国得到上百亿美元的赔款，又从波兰、芬兰、罗马尼亚和捷克斯洛伐克等国获得了50多万平方公里土地和2000多万人口，此外还有200多万战俘在苏联从事强制性劳动。这一系列因素都为苏联在战后恢复和发展经济创造了有利条件。战争结束不久，苏联就采取了有力措施，积极恢复国民经济。到1946年，苏联在很短的时间里，一些最重要的经济部门的生产能力就恢复到战前1940年的水平。到1948年，全国工业生产能力已全部得到恢复。[②] 苏联在打败法西斯的战争中取得了伟大的胜利，国际威望空前提高。战前从1917年到1939年，与苏联建交的国家仅有26个，战争结束时与苏联建交的国家达到52个。

美国决策者认为，上述战后初期欧洲的形势和苏联的迅速崛起，对美国的战略利益构成了严重的挑战，他们担心苏联的崛起和正在实施的对外政策，最终将摧毁美国的世界地位。他们还认为，美国已经不能也没有必要再延续罗斯福在战争时期与苏联合作的政策。反之，必须坚决采用强硬的措施，才能在世界各地阻止所谓苏联的“共产主义扩张”。[③]

二、美国遏制战略的提出与发展

主要体现在四个文件上。它们包括：1946年2月22日，凯南的“八千字电报”；1947年7月，凯南以X先生的名义发表在《外交》杂志夏季号上的文章《苏联行为的根源》；1947年9月24日，总统特别

① 方连庆等主编：《国际关系史》（战后卷），北京大学出版社，2006年版，第73页。

② 方连庆等主编：《国际关系史》（战后卷），北京大学出版社，2006年版，第74页。

③ 李琮主编：《当代资本主义论》，中国社会科学出版社，1998年版，第106~110页。

顾问克拉克·克利福德（Clark Clifford）提出的绝密长篇报告《美国与苏联的关系》；1950 年 4 月国家安全委员会第 68 号系列文件，即 NSC68 文件。

在上述四个文件中，“八千字电报”和《苏联行为的根源》是最早提出和系统阐述遏制战略的理论文章，是遏制战略的理论基础。其作者乔治·凯南在其中对苏联战略企图的分析，对苏联国家行为特征的描述，以及提出的遏制苏联的目标等，为美国“已经采用的‘强硬’政策提供了一个完美的逻辑依据”，使美国决策者深为折服。

随着美国对苏联从合作、友好转变为敌对与对抗，美国决策层日益感到需要对苏联进行系统的、理论的分析，全面阐述美国的对苏战略。比如主张改变美国对苏战略的强硬派代表、海军部长福莱斯特尔（James Forrestal）就曾委托美国史密斯学院教授爱德华·威利特（Edward F. Willett）研究美国所面对的“谜一样的俄国”，搞清它在国际舞台上是一个单纯的民族实体，还是一个狂热奉行“宗教般哲学”的民族实体。一些政界要人如“苏联通”查尔斯·波伦（Charles Boblem）和一些重要决策机构如参谋长联席会议和联合情报委员会等，也对苏联的行为动机和美国的对策作了分析和阐述。但是，上述个人与机构的努力，都因为理论分析不足，缺乏足够的权威性，没能满足美国决策者的要求，因而没有得到足够注意。

于是，战后初期美国外交界头号“苏联通”凯南便被推到历史舞台的重要位置上。凯南可被称为“遏制之父”，因为他是最早提出和系统阐述遏制苏联思想的人。他的对苏遏制思想对战后美国对苏战略的制定，产生了很大的影响。因此战后 40 多年来，凯南被称为“美国杰出的战略家”和“美国最有思想的外交家”。

凯南，1904 年 2 月 16 日出生于威斯康辛州。1921 年至 1925 年间，在普林斯顿大学专攻历史，重点是近代欧洲外交史，并对地缘政治学表现出浓厚的兴趣。这影响了他后来对国际政治以及苏联内政与外交的分析和估计。从 1933 年年底至 1946 年年初，凯南先后担任过美国驻苏使馆三秘、二秘、公使衔参赞和代办，成为美国外交界头号“苏联通”。1944 年夏，凯南担任驻苏公使衔参赞。1946 年 1 月，凯南被委任为代办，行使馆长的职权。

1946 年 2 月中旬，凯南接到国务院的一封电报，电报要求他对苏联不愿意参加世界银行和国际货币基金组织的行为动机进行分析。凯南觉得必须让华盛顿理解苏联的行为动机与美国的对策，而不是用几句话解释苏联对世界银行和国际货币基金组织的态度。在秘书的帮助下，他起草了一份长达八千字的电报。为了便于发报和接收，这个电报分为五个相对独立的部分，于2月22日发送华盛顿。“八千字电报”是战后美国政府的一份高级机密文件，但其内容很快便为一些新闻记者所获知。1946年4月1日的《时代》周刊披露了电文的主要内容。

“八千字电报”在华盛顿引起重视，因为当时在华盛顿占上风的强硬派正在要求改变对苏认识和对苏政策。它使凯南跻身外交决策圈，成了举足轻重的人物。海军部长福莱斯特尔认为该电报十分重要，将它复制给军队中的高级军官和政府要员。一时之间，“八千字电报”似乎成了“美国决策人的圣经”。[①] 经福莱斯特尔的极力推荐，1946年4月，凯南被调回华盛顿，出任国防学院副院长。1947年年初，新上任的国务卿马歇尔又授权凯南筹建国务院政策计划室。该机构于当年5月成立，凯南为首任主任。政策计划室是战后初期美国政府重要智囊机关，主要任务是帮助政府制订较长期的对外战略。[②]

“八千字电报”初步阐述了遏制思想，但还没有明确使用“遏制”一词。凯南在一年之后发表的“X文章”则对遏制思想进行了全面、系统的阐述，而且明确提出了“遏制”概念。正因为如此，大凡论及战后美国遏制战略的著述，都要提到凯南的这篇文章。

1946年12月，海军部长福莱斯特尔（1947年被任命为国防部长）要求凯南评论一篇关于马克思主义与苏联政权的文章。凯南认为，这篇文章所论及的问题与他自己的经历和兴趣太接近了，他宁可自己重新写一篇有关这个问题的文章。不久，凯南便向福莱斯特尔递交了《苏联对外政策心理背景》。次年1月，凯南在该文的基础上，在美国对外关系协会的一次小型研讨会上作了一个题为《苏联的思维方式及其对苏联对外政策的影响》之演讲。《外交》季刊编辑汉密尔顿·F. 阿姆斯特朗（Hamilton F. Armstrong）参加了这个研讨会，对凯南的发

① 长电报的内容，参阅凯南的回忆录。George F. Kennan, *Memories*, 1925 ~ 1950, Boston, 1967, pp. 547 ~ 559.

② 凯南的生平及主要思想，参见倪世雄等：《当代西方国际关系理论》，复旦大学出版社，2001年版，第72 ~ 75页。

言深感兴趣，并向他索取文稿，以供《外交》季刊登载。凯南征得福莱斯特尔的同意并经国务院非官方出版物委员会的审查，将文章交给《外交》季刊，并要求匿名发表。当年7月号《外交》季刊登载了凯南的文章，题为《苏联行为的根源》，因其署名“X”，所以该文被人们称为“X文章”。从一定意义上说，它是“八千字电报”的再版。更准确地说，它是电报基本思想的补充、完善和公开表述。①

凯南对苏联的认识有一个突出的特点，即从地理环境对俄罗斯民族心理和历史的影响的角度，分析苏联的内政、外交与国际行为的动机，并据此系统提出了遏制战略的思想。在“八千字电报”中，凯南分析了俄罗斯民族所处的地理环境，认为苏联领导人对外部世界的认识及其行为，是俄国传统的不安全感的产物。他说，苏联领导人对世界事务的看法，根源于俄国传统的不安全感。随着苏联同西方进行接触，又增加了对西方的畏惧。因此，苏联对外政策行为的动机，是消除其固有的不安全感。由此产生的苏联对外政策的目标，就是为彻底毁灭同它竞争的国家而进行耐心、殊死的斗争，绝不同敌手达成妥协或协议。苏联需要大大提高其实力，最大限度地发展军事力量，在一切认为适时和有可能的地方，努力扩大其势力范围。至于苏联对美国的态度，凯南认为，苏联坚信，它同美国之间不可能有永久性的妥协。

关于美国的对策，凯南在电文中声称，虽然苏联如此敌视西方，但是它对所谓“力量的逻辑”高度敏感。当它在任何一点上遇到强大的阻力时，便轻易地退却，而且经常这样做。因此，美国如果拥有足够的力量并表明准备使用这种力量，并正确地处理问题，就不必真正摊牌。这段话虽然没有明确提出“遏制”一词，但实际上就是遏制思想的实质内容。

同“八千字电报”一样，凯南在《苏联行为的根源》一文中，以大量的篇幅首先分析了苏联的行为动机。他认为，苏联在其对外行为中表现出两个“政治性格”，而每个“政治性格”都有矛盾的两个方面。第一个“政治性格”是既仇视西方又愿意同西方和平共处。第二

① 相对应于凯南的长电报和长文，苏联驻美大使诺维科夫在长电报之后七个月同样向莫洛托夫和苏共中央发出一封长电报，将美国视为最危险的敌人。参见张小明：《冷战及其遗产》，上海人民出版社，1998年版，第23页。

个“政治性格”是既坚定又灵活。文章除把苏联行为动机归结为其内部固有的不安全感，还进一步从苏联成立三十多年中所处环境，如内战、外来干涉、权力斗争等方面进行分析，从而突出了有关地缘政治思考的时代色彩。在凯南看来，在苏联，马克思主义作为一种意识形态，主要是一种工具，被苏联领导人用来消除其天生的不安全感，为在国内维持“独裁制度”提供合法依据，并进行扩张势力和同敌手作斗争，等等。虽然，《苏联行为的根源》的第一句话就强调苏联今天的政治性格是意识形态和环境的产物，但通观全文，凯南依然没有把意识形态作为决定苏联行为特征的主要因素，而是当作维持内部政权合法性的理论依据。凯南在文章中首次把美国的对苏政策称为“遏制”，即美国对苏政策“最主要的方面就是长期、耐心、坚定与警觉的对俄国扩张倾向的遏制”；他声称，美国以足够的资源和力量，对苏联政权遏制10年至15年，将迫使苏联的行为比近年所为更加“温和与明智”，从而导致苏联政权的“瓦解或逐步软化”。

除凯南外，1946年9月，杜鲁门的主要助手克拉克·克利福德也提出了一份长达50页的题为《美国与苏联关系》的绝密报告，进一步阐述了遏制战略。报告认为，欧亚大陆的心脏地带已经被一个庞大的强国所控制，海洋国家如果要保持在全球范围的力量均势，就必须遏制住这个国家向大陆边缘地带的扩张。美国必须以足够强大的军事力量，把苏联的力量控制在它目前所占据的地区。也就是首先遏制苏联的进一步扩张，然后再通过其他手段使遏制战略扩展到中间地带及整个世界。

1946年3月，丘吉尔在杜鲁门的故乡密苏里州的富尔顿，发表了有名的富尔顿演说，提出了“铁幕”概念，拉开了冷战的序幕。丘吉尔讲话的精神实质与“长电报”一脉相承，不过是公开的，用语更为尖锐，更富煽动性。虽然美国此时还没有同苏联公开破裂，丘吉尔已经先美国一步公开了这一决心。1947年2月21日，英国使馆紧急约见美国国务院官员，送交了两份照会。大意称：英美过去曾达成这样的共识，英国主要负责向希腊提供军事援助，美国负责经济援助。如今希腊经济状况已处于崩溃边缘，如无外援，将发生大规模饥荒和随之而来的政治动乱。另外，希腊军队也急需装备。但是英国已无力提供足够援助，希望美国接过这一负担。第二份关于土耳其的照会内容也大同小异。

美国方面几乎立即意识到，这是英国拱手将“世界领导权”交给了美国，美国应该当仁不让。这一观点成为美国决策层的共识，他们立刻开始积极行动起来。1947 年 3 月 12 日，杜鲁门在国会两院的联席会上发表咨文，要求国会授权在 1948 年 6 月底以前向希腊和土耳其提供 4 亿美元的援助，同时派遣军事人员和文官，帮助希、土政府维持其统治。这篇咨文所阐述的中心思想后来被称为“杜鲁门主义”，以此为标志，美国开始实施其遏制战略。

遏制战略的政策表述主要体现在美国国家安全委员会第 68 号文件（NSC68 文件）中。该文件对遏制战略的时代背景，主要目标、手段、措施进行了详尽的说明。1949 年 8 月苏联爆炸了第一颗原子弹，1949 年 10 月 1 日中华人民共和国成立。美国认为世界形势发生了重大变化，开始全面审议美苏两国的力量对比和防务、外交政策。1950 年 4 月，国家安全委员会将审议结果形成 NSC68 系列文件。该系列文件系统总结了自 1946 年以来美国对苏遏制的经验教训，阐明了应采取的政策和措施。它是遏制战略的基本文件和政策之大成，是指导美国冷战时期全球战略的基本依据。

NSC68 文件认为，19 世纪以来，全球均势已发生“根本性变化”，美苏两大国现在控制全球，并处于对立状态。文件强调，过去 35 年中，世界经历了两次全球战争，目睹了两次重大革命——俄国革命和中国革命，也看见了奥托曼、奥匈、德国、意大利和日本五个帝国的崩溃，以及英、法两大帝国体系的衰落。现在世界正在形成美苏“两大中心”。由于苏联追求对世界的“绝对权威”，暴力的或非暴力的冲突随时可能发生。由于原子武器的发展，如果发生全面战争，人类“将面临全面毁灭的危险”。因此，不能采取直接对抗的战争形式来消除苏联的威胁。

关于遏制战略的基本目标。NSC68 文件以美国宪法序言中关于“为我们自己和我们的后代争取自由幸福”的一段话，作为遏制战略的基本目标。为实现这一基本目标，美国表示决心在全世界反对苏联，并称这就是决心为美国社会制度的“生存和繁荣创造条件”，决心“保卫美国的生活方式”。关于苏联威胁的性质和危险性。NSC68 文件因袭了在美国占主流地位的地缘战略观，认为欧亚大陆历来是控制全球的核心地区，而苏联正朝着“主宰欧亚大陆的方向努力”。美国是“非苏联世界的中心”，已成为苏联的“头号敌人”。该文件还认为，由于国际政治力量的两极化，以及两个对手是唯一拥有核武器的国家，所以对抗具有爆发危机的特性。关于美国全球战略的结构。NSC68 文件指出，美国的全球战略包括两个部分：一是力图发展一个符合美国利益的“健全的国际共同体”；二是遏制苏联的体系。这两个部分“紧密相关，而且相互作用”。该文件强调，在一个两极化的世界上，发展一个“健全的国际共同体”，比自己拥有实力更为重要。为建立遏制苏联的国际体系，该文件强调要大力传播美国的价值观，把其他国家吸引到美国方面来。盟国的力量是美国力量的一个组成部分，应加强同盟国的关系，必须采取措施将盟国的潜在力量，“汇集到美国的力量之中”。

为了实施遏制战略并实现其目标，NSC68 还明确提出了一套包括政治、军事和经济等在内的手段和措施。其中具有长远影响的措施之一是提出了威慑战略。NSC68 文件分析了美苏双方的核态势和核政策，认为现在美苏双方都拥有核武器，而且互不信任，这是极其危险的。如果美国只注意“进行防御战争”，而且只在“遭到直接进攻”的情况下才使用核武器，那苏联就会对美方发动“突然袭击”，或进行“蚕食侵略”。该文件作出了这样的战略判断，即如果到 1954 年苏联拥有热核武器，一旦战争爆发，苏联人肯定会使用核武器。为了应付这种局面，该文件提出了“威慑”概念，声称只有当美国拥有压倒性的核优势并掌握制空权时，苏联才会被威慑住，并不敢使用其核武器。美国对苏联施加的唯一威慑是使苏联确信，美国会在任何它不能控制其局面的关键问题上，发动毁灭性的全球战争。该文件强调，应全面发展美国的军事力量。一方面要增强美国的核力量，以确保核报复的有效性；同时大力增强海陆空三军力量、增强防空能力、实施平民防御计划，以使美国在军事上不过于依赖核武器。该文件认为只有在军事准备上达到这种水平，才能避免陷入要么投降，要么发动全球战争的“非常糟糕的”境地。NSC68 文件排除了“不首先使用核武器”的政策，认为这会被苏联视为“软弱”、被盟友视为是“抛弃他们”，而且苏联也不一定会严肃认真地对待这一政策。遏制战略是基于美国政府对其世界地位的这种认识，即美国是世界领袖，负有“领导责任”。

NSC68 文件声称，世界既面临苏联的威胁，也面临着秩序如此的混乱不堪。“这样的事实”和美国“自身的利益”，要求美国“肩负起领导世界的责任”。而且美国“作为自由世界实力中心”，有责任将“自由世界”的能力和资源纳入遏制计划之中，以“创造一种苏联被迫适应的环境，挫败克里姆林宫主宰世界的图谋”。

总之，NSC68 文件认为，“冷战事实上是一场真正的战争”，美国需要“投入所有的创造性，作出牺牲，并团结一致”，才能达成国家的目标。可以说 NSC68 文件是美国自 50 年代以来发动“冷战”的纲领性文件，是遏制战略的最完整、系统、明确的表述。美国正是根据该文件阐述的原则，大力发展军事工业、核工业，全面开展军备竞赛，在全球建立军事基地，组织军事集团，干预他国内政，并介入或发动一次又一次局部战争，深刻影响了世界局势。

遏制战略是美国凭借举世无双的经济和军事力量以及巨大的政治影响力，对苏联和其他社会主义国家进行的全方位、长时期的敌对行动。在长达数十年的冷战中，美国将大量的人力、物力、财力以及最新的科学技术等，投入无休止的军备竞赛之中。核武器和常规武器及庞大的军事机器，使世界各国和各国人民处于战争的威胁与恐怖之下。整个世界都得提心吊胆，担心毁灭性的战争降临。遏制战略同时也是美国谋求世界霸权的国家战略。正是由于后一种本质特征的存在，可以说冷战的结束并不意味着美国必然和已经完全放弃了遏制战略的思维。

三、均势战略的提出与发展

均势战略在国际战略中源远流长、影响久远。我国古代就有了关于均势思想的文字表达。如《文选·为吴令谢寻求为诸孙置守家人表》：“将以位赏侔尊，力尝均势。”诸葛亮在“隆中对”中对刘备说道：“若跨有荆、益，保其岩阻，西和诸戎，南抚夷越，外结好孙权，……则霸业可成，汉室可兴矣。”①

在西方，均势战略首先在古希腊的雅典与底比斯争霸的斗争中得

① ［西晋］陈寿：《三国志·蜀书·诸葛亮传》。

到了运用，并逐渐成为国际关系中的古典理论。但是，明确、具体的均势概念只是到了中世纪晚期才出现。有人认为，15 世纪中期的意大利人伯纳多·鲁塞莱，在分析意大利北部城邦之间的关系时，第一次比较系统地提出了均势原理；有人认为，“均势”为文艺复兴时期的意大利历史学家圭奇阿狄尼所首创。在这一阶段，均势观念散见于历史学、社会学、哲学、政治学等学科之内。直到第二次世界大战之后，随着现实主义理论在西方国际政治学界占据统治地位，均势理论才得到进一步的充实和发展，也更趋系统化。

均势战略的提出和系统化发展与基辛格密不可分。亨利·基辛格（1923 ~）是外交舞台上拨弄风云的圣手，又是西方学界国际关系学派中现实主义理论的代表人物之一。作为 70 年代美国的头号外交家，他推崇的“均势”外交给他带来了赫赫声名，他的这一思想和作风左右着那个时代的美国外交走向。

基辛格极力推崇的均势思想来源于他对 19 世纪欧洲历史的考察，他将 19 世纪维也纳会议之后的欧洲百年均势体系作为均势最典型的形态，认为维也纳会议所确立的均势奠定了欧洲百年和平的基础。基辛格之所以选择这一时期作为自己博士论文研究的对象，是基于他对现实需要的体察，而到历史中去寻找现实的历史借鉴。基辛格认为，维也纳会议前后的历史与 20 世纪 50 年代以来的形势非常相像。他认为，维也纳体系之所以能够缔造欧洲百年的和平局面，这主要归功于卡斯尔雷勋爵和梅特涅亲王这两位非凡的外交家所建立的均势。在其博士论文《一个失而复得的世界》中，他写道：令人惊奇的不是解决办法如何欠妥，而是这种方法是多么的明智；也不在于解决方法如何“反动”，而在于如何取得均衡。他也许没能够满足充满理想的那一代人的全部愿望，但它总算给了那一代人一种可能更为宝贵的东西：一个没有大规模战争，没有持续不断的革命的情况下实现其愿望的稳定时期。

在对这段历史的考察过程中，基辛格逐渐形成了自己的均势外交思想：

1. 从国际格局的角度来讲，多极是实现均势外交的前提条件。基辛格是多极均势理论的主要代表，他关于世界稳定性的思想正是围绕多极体系的均势问题展开的。他认为，世界上只有两条道路通向稳定，一是霸权，一是均势。与霸权相比，均势则更为可靠，因为霸权对于包括美国在内的大多数国家来说是可望而不可及的。基辛格强调，没有均势就没有稳定。

基辛格所追求的均势，就是世界各地区、各力量中心之间的权力平衡。在他看来，构成世界秩序的权力均势应该是多极的。基辛格的博士论文虽然是以卡斯尔雷勋爵和梅特涅亲王为主角，但是他所着力宣扬的实际是这两位外交家如何在英、俄、普、奥、法之间寻求平衡，从而在维护自己的有利地位的同时，保持欧洲大陆的稳定。事实上，如果没有力量相当的其他国家的存在，均势外交就失去了推行的客观前提。

2. 从国家层次的角度讲，均势外交的推行者的最终目的是为了最大限度地维护本国的利益。从历史的角度来看，均势的推行者都是为了维护本国的霸权地位而服务的。奥地利是一个残存的封建大国，国内制度十分脆弱，极力推行均势外交的梅特涅在对外政策上，主要运用外交手段，甚至采取组织大国首脑会议的形式，也就是利用均势外交，在大国抗衡之间因势利导地推行“分而治之”的策略，从而获得“强权政治”的支配地位，使奥地利一度称霸于欧洲。而另一个均势外交的功臣、英国的陆军大臣和外交大臣卡斯尔雷为了维护英国的霸权地位，坚决警惕和反对一个国家控制欧洲大陆，同样主张推行均势外交，正是在这两个人的推动下，均势外交才在当时的欧洲舞台上大行其道。

3. 从个人层次的角度来讲，基辛格认为均势政策成功的关键在于决策者要有行动的自由。均势是需要用外交手腕精心构建的，基辛格十分钦佩梅特涅诡异多变的均势手腕，他说梅特涅是靠一种几乎不可思议的手腕来对付他的对手，他注意到梅特涅是用“诡诈”和“密谋”的外交技巧周旋于当时欧洲大国之间，维护了当时奥地利欧洲强国的地位和欧洲的稳定，行动自由是他的最高信条。在全部国际关系史上，梅特涅是以外交手腕获得霸主地位的典型人物。基辛格从中推导出，外交活动能在某种程度弥补实力的不足，在均势的条件下，决策者的外交手腕会发挥巨大的效能。

1969 年 1 月 20 日，尼克松总统入主白宫，基辛格被任命为总统国家安全事务特别助理。由于尼克松总统对他的特殊信任，基辛格实际掌握了外交全权。二战后，由于在两极对峙中核力量对比上美国处于优势，美国一直对苏联推行遏制战略。然而到了60年代末，美国已经逐渐失去了这种优势，在战略核武器方面，1969年苏联已经赶上了美国，1970年苏联则在数量上形成了对美国的相对优势。同时，相对于二战以来的美国，尼克松面临着一个深刻变化着的世界形势。第一，越南战争是美国面临的最棘手的问题。第二，美国经济地位严重下降，经济形势急剧恶化。第三，国际格局的变化越来越不利于美国。西欧、日本力量的增强和地位的提高，使得美国指手画脚的时代一去不返。而中苏矛盾的尖锐，使美国对中国在世界上的地位有了新的认识。所有这些问题的出现使美国的国际地位遇到空前挑战，在这种不利形势下，基辛格以阵阵"均势旋风"扭转了美国的战略颓势，为重新获得对苏联的战略优势赢得了时间。

面对20世纪中期以来的美国，基辛格把欧洲的古典均势外交改制成为当代美国的一个信条，使其适用于美国的世界战略需要，即在主要用核战争等军事手段难以奏效的情况下，推行以外交手段为主的活动，从而获得强权政治的世界红利。这种外交手段就是基辛格所主张的多极均衡的外交。在美、苏、中、日、西欧这些世界主要力量中，通过相互利益关系的制衡实现美国在世界的霸主地位。这种方式承认五大力量中心的平等地位，从表面上看这是一种战略收缩，但在实质上这是一个"退一步，进两步"的以退为进的典型案例，美国把"拳头"收回来的目的是为了更有力地再打出去，它的"守"是为了更强大、更猛烈的"攻"。

冷战结束以后，基辛格在《大外交》一书中对正在形成中的世界新秩序做了谨慎的预测，他指出，"二十一世纪的国际关系会出现一个似乎相矛盾的特点：一方面愈来愈分散，一方面又愈来愈全球化。在国与国之间的关系上，这个新秩序会更接近十八、十九世纪的欧洲民族国家体系"，"与此同时，国际关系已首次真正的全球化了。通信已是瞬间完成；全球经济活动在各大洲同步进行；有许多问题只能以全球式的方案加以解决。"[①] 他的意思实质上是说，21世纪的世界是一个政治多极化、经济全球化的世界。

---

① ［美］亨利·基辛格著，顾淑馨、林添贵译：《大外交》，海南出版社，1998年版，第7～8页。

面对未来的这一前景，他主张美国应该奉行势力均衡战略以应付美国从未体验过的多元化时代。在基辛格的眼里，具有实践性的均势思想从未过时，应当重新界定美国的国家利益。而且，基辛格还认为，美国作为二战以后的一个强国，要为构筑世界权力的均衡发挥领导作用。作为欧陆传统的“均势”战略的传播者与实践者的基辛格确信，未来世界有如19世纪的欧洲，由几个大国通过外交协调，避免其中任何一个国家成为唯一的强国，因而在均势中维系稳定的格局。针对美国21世纪外交走向讨论中的问题，基辛格提出，“问题并不是在于我们能否随心所欲。我们不想把整个世界都驱赶到我们的对立面去，这是不必要的，也是不明智的。”基辛格基于“均势”战略理论，并视美国力量为“精神上的慷慨”，即二战后帮助西欧重建，并通过一系列国际组织采取行动；反过来，所有这一切“又使美国更加强大”，还“拥有持久的全球舆论的支持”。他主张美国“在帮助其他国家的同时强化着美国的利益”，今后也把这种“精神上的慷慨”，“用在今天的俄罗斯甚至中国身上”。

基辛格的外交战略思想不说自明，但他针对未来更主要的是为美国提供一种格局式的模式，可以让世界在乐陶陶中接受美国独霸的地位。虽然在冷战结束以后“单极时刻论”随着美国霸权的膨胀不断深化，并且赢得越来越多的认同，但是目前基辛格的想法在世界也多有和声。美国资深学者乔治·凯南忠告美国应该超然于他国事务之外，他在接受采访时指出，“我们此刻要做的是：尽量削弱我们朝着可能成为世界领导者的方向发展的梦想和愿望。”“我们其实没有那么强大，我们当今也存在着严重的社会问题。”而英国政治经济学教授、上院议员斯基德尔斯基也撰文指出，“就世界许多地区而言，老式的均势原则依然是实施外交政策的最佳指导方针”。而美国前助理国防部长、哈佛大学政治学院院长约瑟夫·奈指出的世界政治、经济和军事力量分配格局如同“三维围棋棋盘”。在棋盘上不是单极军事力量，美国占有绝对优势；在棋盘中部是多极经济力量；在棋盘底部是跨国关系范畴，包括多种多样的行为者，力量非常分散。他认为美国应该把多边主义作为外交政策出发点，以便长期维持自身利益和地位。美国前总统克林顿也在一次讲话中指出，面对欧洲和亚洲经济实力的日益增强，美国在世界至高无上的地位正在结束。

但是，总体说来，均势外交的思想在美国很少得到社会支持，因为纵观美国的历史，美国对世界的态度是，他们希望要么不参与，要么成为世界的主宰。但在不得已条件下可能作为一种无奈的选择，宛如20世纪70年代初期，美国总统被迫宣布承认当时世界有“五大中心”一事，并以均势外交在世界谋求霸权地位一样。

主要阅读文选：

1. E. H. 卡尔：《二十年危机》
2. 卡尔 · 多伊奇：《一体化理论》
3. 莱因霍尔德 · 尼布尔：《基督教现实主义》
4. 尼古拉斯 · 斯皮克曼：《和平地理学》
5. 汉斯 · 摩根索：《现实主义六原则》
6. 肯尼斯 · 沃尔兹：《关于战争的三概念》《反思“国际政治理论”》
7. 斯坦利 · 霍夫曼：《评均势》

下　篇

和平与发展时代的安全战略思维

第八章

全球化的发展与世界的相互依存

二战后，随着资本主义世界生产国际化的发展和第三世界的兴起，在新技术革命及跨国公司的发展推动下，世界经济与军事科技进入了一个新的发展时期。各国在经济上的相互依存加深，国际安全形势出现了引人瞩目的变化，随着发展中国家的崛起，超级大国间的“恐怖平衡”，大国之间爆发战争的可能大大降低，东西方的缓和成为大势所趋，世界进入和平发展时代。

第一节 全球化的发展

全球化不是今天才出现的。马克思和恩格斯早在《共产党宣言》中就揭示了世界的全球化趋势。马克思和恩格斯指出，伴随资本主义的扩张，“不断扩大产品销路的需要，驱使资产阶级奔走于全球各地。他必须到处落户，到处开发，到处建立联系。”“资产阶级，由于开拓了世界市场，使一切国家的生产和消费都成为世界性的了。”① 第一波全球化，实现了冲击封建秩序、建立资本主义秩序的双重使命。但不可否认，破坏性的使命中有进步性，建设性的使命中有掠夺性。在如何使世界从无序走向有序，从纷争走向大同的问题上催生了“三胞胎”——民主主义、民族主义和社会主义。民族主义在资本的驱动下极度扩张导致帝国主义战争，在帝国主义战争之中，催生了人类历史上第一个无产阶级专政的政权，引出了战争与革命的时代主题。

---

① 《马克思恩格斯选集》（第一卷），人民出版社，1995 年版，第 276 页。

一、全球化的历史演进

当代的全球化始于20世纪初，真正形成高潮的是两极体制的崩溃和冷战的结束。其间发生了对立的全球化，即占主流的资本主义化与社会主义的全球化。在第二次世界大战胜利后，社会主义的全球化曾一度处于进攻的态势，出现了两极对抗。在两极对抗的形势下，一方面是西方的民主主义和苏联的社会主义向霸权主义质变，而另一方面则是民族主义的高扬，殖民地独立，大量的民族国家诞生，全世界民族国家由几十个发展到200多个。

进入21世纪，经济全球化的势头更为强劲。世界各国的经济走向开放，走向市场化，世界市场系统的整合，使生产要素在世界范围内自由流动，通过自由贸易获取经济资源达到了前所未有的便利。目前，已有148个国家加入世贸组织。世界贸易额的增长，大大超过经济增长率。企业的跨国经营，对外直接投资的空前扩大，使世界经济的联系日益紧密。中国对外开放20多年后，全球500家最大的跨国公司，已纷纷登陆中国。到2003年，全世界的资本家向中国投资总额达5015亿美元。差不多相当于中国全年国民生产总值的一半。名列2002年全球500强之首的美国沃尔马特百货公司的年销售额达2198亿美元，超过世界排名27位的奥地利当年的国民生产总值。①

全球化的发展，使世界民族国家之间的联系空前加强，同时，也拉大了贫富差距。资料显示，发展中国家和发达国家人均GNP的差距在不断扩大。1980年的差距为9640美元，1990年扩大到19030美元，1998年扩大为24260美元。联合国开发署认为，如按照目前两极分化的速度发展下去，到2030年，世界最穷国家的人均收入还在325美元，与最富国家的差距将超过36000美元。② 这种在全球化趋势下极度的贫富悬殊以及一系列国家的挫折，有时连尝到过全球化甜头的国家也不能幸免。正是这种全球化进程中的弊病引发了种种反全球化的思潮，纷纷呼吁有效的全球治理。在全球化过程中日益发展的南北矛盾

---

① 李琮主编：《经济全球化新论》，中国社会科学出版社，2005年版，第159页。

② 庄起善主编：《世界经济新论》，复旦大学出版社，2001年版，第206页。

与民族、宗教矛盾交织在一起，使和平与发展成为当代世界的突出问题。

二、全球贸易与全球市场

全球贸易是世界经济的重要组成部分，主要指全球范围内的商品流通活动。二战后，全球贸易出现了前所未有的迅猛增长。特征之一是贸易发展速度快、规模大。20 世纪下半叶的 50 多年间，全球贸易值（以出口值计算）从 603 亿美元增长到 68000 亿美元①，其间，70 年代初为 5700 多亿美元，80 年代达 19900 亿美元，80 年代末突破 30000 亿美元大关。若以 1950 年的数额为基数 100 作为比较，70 年代初增长 9.5 倍，80 年代初增长了 33 倍多。由此可见，二战后全球贸易发展速度很快，尤其是 20 世纪 80 年代以来增长速度之快更为惊人。特征之二是全球贸易的增长速度超过了世界经济的增长速度。世界经济每年平均的增长率为 20 世纪 60 年代 5%、70 年代 4%、80 年代 3.4%，而 60 年代中期全球贸易每年的平均增长率已经达到 11%，远远高于同年代的经济增长率。全球贸易的增长速度高于世界经济的增长速度，全球货物和服务的贸易增长约是全球增长的两倍，这充分表明了全球贸易对增加经济活力、抑制通货膨胀、提供就业机会等方面的积极作用。特征之三是全球贸易的结构发生了变化。二战后，全球贸易领域内的商品结构呈现出新的特点，初级产品的比重逐年下降，工业制成品的比重不断增加。从 20 世纪 50 年代中期开始，国际出口贸易中工业制成品所占比重超过初级产品，到 1988 年工业制成品的比重占到 70%，在制成品中又以技术和技术密集型产品，特别是高技术产品的贸易增长为快。从 1970 年至 1990 年，全球贸易额增长了 11 倍，而其中全球技术贸易额则增长了 25 倍。可以说，技术贸易的发展推动了技术在生产上的应用，促进了技术密集型和高科技产品的生产和贸易不断扩大。由于科技与资本要素密集型的产品层出不穷，其销售额和销售量不断上升，使以高技术产品为特征的新型工业制成品在世界出口中所占比重不断增长。特征之四是全球贸易的地区分布出现重大变化。二战后，

① 参见世界贸易组织编：《2000 年世界贸易组织年度报告》。

全球贸易中欧美发达资本主义国家垄断的局面已被打破，发展中国家尤其是亚洲发展中国家经济贸易的增长快于发达国家。被称为“亚洲四小龙”的新加坡、韩国、中国香港和中国台湾的经济发展令人瞩目，中国的对外贸易在90年代以后也实现了高速增长。1991～1995年，中国对外贸易分别增长了17.6%、22%、18.2%、20.9%、18.7%，在世界贸易中的排名上升到第11位。[①] 2000年更实现了31.5%的高速增长，创造了改革开放以来对外贸易增长的最高水平，昂首步入世界第七贸易大国行列。[②] 这些国家和地区在世界经济领域中的地位与日俱增，成为带动世界经济贸易发展的积极因素。特征之五是知识产权进入全球贸易领域，在全球贸易中的地位和作用凸显。知识产权是版权、工业产权、专利权、计算机软件和技术诀窍的总称，关贸总协定“乌拉圭回合”谈判已把知识产权纳入多边贸易谈判内容，并就国际贸易中的知识产权保护形成了一份《与贸易有关的知识产权协议》。该协议将知识产权作为衡量一个国家、一个企业创新水平和市场占有水平的重要指标，标志着知识产权已经成为与货物贸易、服务贸易并重的世界贸易的三大支柱贸易之一。以上五个特征均表明，随着全球的贸易依存度（全球贸易占全球GDP的比重）不断提升，贸易全球化的趋势发展迅速。

全球市场是商品交换国际化的产物，是商品在全球范围内进行交换的场所和领域。二战后，科学技术和大工业的发展加强了国家间的沟通与联系，使全球范围内的商品交换日益扩大，从而加速了全球市场的发展。在这一过程中，跨国公司[③]成为全球市场发展的主要推动力。它不仅促使内部的母公司与子公司、子公司与子公司之间的产品流通具有国际贸易性质，而且使运用现代化工艺的生产过程进一步专业化，使分布于有利可图的地区和国家生产的零部件产品和装配形成国际一体化的生产体系。在数量方面，跨国公司由1968年仅有的7276

---

① 庄起善主编：《世界经济新论》，复旦大学出版社，2001年版，第394、196、197页。

② 参见世界贸易组织关于2000年世界贸易额的统计排名。

③ 联合国跨国中心的定义是在两国或两国以上设立公司，拥有决策中心、共同战略、母公司通过股权或其他方式控制国外子公司，不论社会制度，只要在外国有生产和服务设施的企业，都是跨国公司。

家增长到1993年的1.7万家，1998年更猛增到6万家，此后不断增长；在实力方面，跨国公司的活动领域已经从矿业、制造业等传统部门不断向金融、保险、信息等现代服务业和公共部门拓展。可以说，跨国公司已经成为经济全球化过程中的主要角色，作为全球市场[①]的重要组织机制，它不断推动着世界经济向跨国化和国际化方向发展。

三、全球化的发展趋势

经济全球化是一把“双刃剑”，既给世界各国带来新的发展机遇，也扩大了南北差距和贫富差距，诱发了文明的冲突和国际恐怖主义的猖獗。据此，有些西方学者认为全球化将终结或逆转。然而，客观地看这种情况，将其界定为“全球化的波动”更为确切。[②]全球化在经济、政治、文化领域所表现的趋于多元统一的趋势呈不可抗拒的历史趋势。

（一）全球化的经济表现：世界经济在统合与自由的相互作用下，势将形成统一的世界市场

第一，在国际贸易与投资自由化的推动下，经济全球化趋势不断发展，现代世界市场正在统一化基础上向质的深化方向发展。在英国第一次产业革命爆发后，资本主义的发展带来了全球性的扩张，资产阶级开始开拓世界市场，国际市场和国际分工初步形成。随着世界生产力的快速增长和资本输出的大规模进行，越来越多的国家被卷入世界市场的密网之中。但由于技术和国界的限制以及制度的樊篱，使得全球性的扩张在很长时期内始终没有形成真正意义上的世界市场。冷战时期，两大阵营的对立，形成了“两个平行也是相互对立的世界市场”[③]，在相当长的一个时期，两大体系所具有的排他性和封闭性，导致东西方经济往来极不正常，近乎陷入隔绝的状态[④]。20世纪90年

① 庄起善主编：《世界经济新论》，复旦大学出版社，2001年版，第394、196、197页。

② 李琮：《经济全球化的波动和前景》，载《世界经济与政治论坛》，2004年第5期。

③ 斯大林：《苏联社会主义经济问题》，人民出版社，1972年版，第22页。

④ 梁守德、洪银娴：《国际政治学概论》，中央编译出版社，1994年版，第150页。

代，冷战的结束，促成了两个平行的世界市场宣告结束，两个平行市场的樊篱被拆除了，全球化的政治障碍被扫除了，真正的统一的世界大市场基本形成，为全球化成为人类社会的一个新的历史纪元开辟了道路。目前，国际货币基金组织（IMF）成员已经达到183个。随着俄罗斯加入世界贸易组织（WTO），世界主要经济体均将融入当今世界经济体系，在世界经济全球化的趋势中，无一国家置身其外。显然，现代世界市场已经初步实现了统一化，各国大门基本都已打开，全世界各国从经济上连成一片。现代市场的统一化，就好比是各家各户已经拆除各自的篱笆墙。市场的再发展，就是要拆除各家各户的私有房子，大家都搬到一个更大更好的房子里住。消除各国各自为政的局面，建立人类统一的和睦大家庭，是现代市场发展的必然趋向。现在是各国大门都已基本打开。其发展趋势是门越开越大。当一座房子的四周都变成了门，房子本身就没有存在的价值了。当各国门户开放到一定程度，各个国家之间的门户之别也就消失了。这时，真正意义上的世界统一市场也就会自然到来。这是个和平演化的自然历史进程。它是在人们自觉自愿的积极推动下实现的，因为这符合全人类利益。

世界市场的发展，要求全世界的社会形式必须逐步走向统一。这种历史发展的内在要求受到了各个国家的经济政治壁垒的阻挡。现代世界市场虽然初步统一了，基本没有了地缘政治时代的势力范围。但是，势力范围还是在一定程度上存在着。例如各种地区性的市场联合组织，尤其是各个民族国家，正在逐步成为现代市场深化发展的主要障碍。商品经济越发展，国家壁垒的阻碍作用就越明显。现代的国家壁垒，是在新的历史条件下的一种地域分割形式。它的积极作用正在逐步消失，而阻碍作用正在逐步上升。当国家的阻碍作用大于它的积极作用时，它就再也没有存在的必要了。很明显，不是人类生产力要适应社会形式，恰恰相反，一切社会形式只有适应生产力发展，它才会有存在价值。

第二，在经济全球化大潮汹涌推进的同时，区域经济一体化也出现迅速发展的态势。战后区域经济一体化最早始于20世纪50年代末期，半个多世纪以来，区域经济合作在全球产生过三次浪潮。（1）区域经济合作的第一个浪潮发生在20世纪五六十年代，它以1956年成立的欧洲经济共同体为标志。（2）区域经济合作的第二个浪潮发生于

20 世纪 90 年代初期，其标志是欧洲统一市场的形成，北美自由贸易区和亚太经合组织的诞生。这一时期，欧共体迅速扩大，并向欧盟过渡。接着北美自由贸易区宣告成立，这直接带动了拉美和非洲区域经济合作的兴起。一些旧的自由贸易协定重新生效，并形成新的区域贸易协定，如南锥体共同市场、安第斯共同体、西非经济和货币联盟等。亚太地区晚于世界其他地区，直到 1989 年才出现亚太经合组织（当时仅 12 个成员），1992 年成立了东盟自由贸易区。（3）区域经济合作的第三个浪潮出现在 20 世纪 90 年代后期，一直延续至今。这次浪潮的特点是区域贸易协定、特别是双边 FTA（自由贸易协定）在全球各地涌现。以亚太地区为例，最早的双边 FTA 是 1983 年签署的澳大利亚—新西兰紧密经济关系协定。截至 1997 年，全球 GDP 排名前 30 位的国家和地区中，唯有日本、韩国、中国、中国台湾及中国香港没有加入任何双边 FTA，它们都在东亚。但是，1997 年以后，东亚各类双边 FTA 大量涌现，构成区域经济合作第三次浪潮在亚太舞台上的主角。据不完全统计，亚太地区处于不同阶段的双边 FTA 已超过 50 个。①

经济全球化进程的推进使经济资源跨国界的流动和配置日益增强，各国经济间相互开放和融合的程度大大加深。由于各国在生产力水平、经济结构等方面存在着很大差异，因此达到完全的经济一体化还需要较长的发展过程。在这个过程中，一些地理相近的国家或地区间通过加强合作，建立共同的商品贸易市场和生产要素贸易市场或是两者兼备的综合性贸易市场，实现商品价格和生产要素价格的均等，并协调各国的对外贸易政策及宏观经济政策，制定相对区域外国家更加优惠的贸易、投资政策，为谋求风险成本和机会成本的最小化和利益的最大化，形成了一体化程度较高的区域组织或国家集团。

当人类社会进入 20 世纪 90 年代，与经济全球化相伴的是区域经济一体化进程的加快，这是世界经济发展的必然结果，是现代社会生产力发展和生产关系变革的客观反映和客观要求，是不以人的意志为转移的历史发展客观趋势。目前，世界贸易的 55% 到 60% 是在各类区域组织内进行的。区域经济一体化程度的高低、区域经济总量的大小、区域竞争力的强弱，将决定着区域及其成员在全球经济格局中的地位。

① 庄起善主编：《世界经济新论》，复旦大学出版社，2001 年版，第 220 ~ 222 页。

第三，由于资本主导的经济全球化进一步加剧了国家之间、地区与地区之间、人与人之间的不平等与不公正，反全球化运动本身已经全球化。全球性或区域性的重大国际会议，都成为反全球化示威的目标，并且愈演愈烈。反全球化者的构成非常复杂，反全球化的理由也不尽相同。一些人是因为他们正面对着失业的压力，因为有关公司不断离开他们的所在国而到劳工成本、环境标准更低的发展中国家投资；一些人是因为肤浅、片面、甚至极端地理解全球贸易自由化，认为贸易自由化是这个世界贫富悬殊与生态恶化的元凶；更有一些人担心全球化将扩大“全球民主赤字”，富者更富、更有发言权，弱者更弱，国际组织可能只服从于公司与资本权势的利益。一些人则是同情非洲、亚洲等地的第三世界国家在全球化进程中的边缘化地位。总体上看，反全球化是全球化的必然伴生物，反全球化者的动机多样、言论不一，其影响与规模已构成另一种全球化。

但是从发展的角度看，经济全球化趋势不但不会改变，而且将进一步加强。经济全球化将在统合与自由的冲突中，形成全世界市场经济所需要的秩序。世界经济发展到今天，已经不允许任何一个国家的经济独立于全球经济之外。全球化对发展中国家究竟是利大于弊还是弊大于利，取决于发展中国家自己如何认识和应对。一方面对什么是全球化有没有全面和足够的认识；另一方面是对全球化给本国可能带来的利弊得失有没有符合实际的估计；再者是对本国融入全球化有没有充分的准备；此外是有没有趋利避害的切实措施。更重要的是所有发展中国家能否为维护共同利益、为争取建立平等互利的国际经济秩序而团结一致地进行有效的斗争。

（二）全球化的政治表现：世界政府要求与反对霸权主义的多极化趋势在冲突中形成有序的国家体系

与经济全球化的统一市场相适应，发达资本主义国家希望克服世界的无政府状态。随着两极格局的结束，美国成为唯一的超级大国，美国及其支持者期望美国成为世界的领导国家。“新帝国主义”思潮传承“霸权稳定”论，希望美利坚帝国承担起领导世界、稳定世界秩序的作用。但是，世界上绝大多数民族国家并不愿意以牺牲自己的主权为代价换取世界的稳定，他们更倾向于多极的平衡、制约来实现世界的秩序与稳定，不允许一两个国家说了算的状况出现。在单极与多极的冲突中，世界主要的国家行为体间在建立什么样的秩序，由谁来主导这一秩序上有分歧，但却都希望世界的稳定与秩序，这就决定了政治全球化的发展，尽管前途坎坷，但却都呼唤有序的国家体系。首先，政治全球化意味着民主、自由、人权等观念在世界范围内获得认同。同经济全球化把市场经济体制推向全球一样，随着国际交往领域的日益广泛和自由贸易的深入，民主、自由、人权也将作为人类最基本的权利得到世界各国政府和人民的认同，尽管不同的国家由于历史文化传统、发展模式、发展程度、意识形态、政治制度等的差异，也尽管人们对“民主、自由、人权”的理解不尽相同甚至大相径庭。但世界大多数国家都实行了不同模式的民主制度，从宪法或法律上都规定民主、自由、人权等作为基本原则和内容，从而在法律上保障了这些原则的施行。其次，政治全球化意味着国际政治机制和国际组织在全球范围的拓展，从而推动了国际关系民主化的进程。基欧汉认为，在相互依赖程度越来越高的国际政治中，国际机制的作用越来越大。随着军事在国际关系中地位的下降和政治经济关系的不断融合，全球性国际机制的功能及其活动范围也呈扩大的态势，相应的国际政治调节和控制机构也会在国际和地区上增加，日益影响和改变着国际关系的秩序。最后，政治全球化意味着协调与合作的增多，对抗和冲突的减少，从整体上改变着国际政治的放任自流和混乱的状态，最终形成有序的国际体系。国际无政府状态是国际政治结构的基本状态，但国际社会中的无政府状态并不意味着缺少秩序甚至混乱无序。事实上，国际社会一直处于从无序向有序的进化之中，它在总体上呈现无政府状态的同时，又表现出一定的有序性。通过各种各样的国际规则、机制和安排，不断规范、约束行为主体的行为方式和关系模式，维持和规范有限却不断扩大的国际秩序。

（三）全球化的文化表现：主流价值观的趋同性与多元发展取向的冲突和融合，终将形成普世的进步价值观念

全球化发展到一定程度便是民族国家之间建立在金融和生产一体化基础上的经济、政治和文化等方面的相互影响及某些方面的趋同过程。在文化领域，全球化的过程较之政治、经济的全球化来得缓慢，

主流文化（或称主导文化）对其他文化也就有了较大的宽容，这就使文化领域的多样性与趋同性更多地作为一种互补而存在，特别在较为远离政治的艺术文化方面还将保留特有的民族文化。但是，在与政治关系较近的政治思想和价值观念领域，西方国家力图把资产阶级的政治理想、价值观念连同西方的政治制度作为人类社会最进步的文化强行向全世界推广，以确立西方思想的绝对影响。不可否认，随着经济生活的一体化，各国的政治和文化或迟或早会出现同质化的趋势，在这一趋势中，发端于西方的以自由、平等、人权为核心内容的民主价值观念将得到广泛的认同，但绝不意味着可以简单地克隆西方的政治价值观念和政治制度。在全球化过程中被广泛认同的政治价值观念只能是在东西方文化冲撞交融中获得升华的先进思想文化。同时，我们又必须看到，即便是一种先进的思想文化能否在一个国家被推广认同，还取决于这一国家对这种思想文化的需要程度。强行推行某种思想文化，要么水土不服，要么导致激烈的反抗与冲突。全球化背景下文化的趋同性与多样性的矛盾，将成为世界国家之间、民族之间、阶层之间冲突的一个重要因素，但这种冲突恰恰为进步价值观念的普世化创造了条件。

第二节　国际战略形势的重大变化

20 世纪八九十年代，东西方缓和，东欧剧变，苏联解体，持续了 40 年之久的冷战结束。成为唯一超级大国的美国，以当今世界上独一无二的军事经济实力和政治影响力居于国际舞台的中心，力图建立“一超独尊”的“单极世界”。但是，国际恐怖主义等非传统安全威胁的突出，世界多极化趋势的发展，世界的相互依存日益加深，决定了国际安全离不开国际合作。

一、东西方的缓和

东西方关系泛指共产党执政的社会主义国家和以美国为首的发达资本主义国家之间的关系。特指第二次世界大战后到 20 世纪 80 年代末，以苏联为首的和以美国为盟主的两大对立的政治军事集团之间的关系。这个时期东西方关系的核心是苏联同美国的关系，美苏两个具有雄厚的经济和军事实力的大国，互相对峙，进行斗争，在一个时期曾成为世界矛盾的焦点之一，影响到整个世界的局势。

东西方关系作为两种社会制度和两种意识形态的国家之间的联系、对立和斗争，最早可追溯到第一个社会主义国家——苏联诞生时，但具有全球意义的东西方关系则是在第二次世界大战后才形成。战后，美国利用在战争中急剧膨胀起来的经济、军事和政治实力，推行旨在称霸世界的实力政策，通过提供经济援助、建立军事集团，联合主要资本主义国家，与社会主义国家相对抗。与此同时，社会主义在一系列国家取得胜利，形成了社会主义阵营。苏联和东欧各社会主义国家建立了华沙条约组织。由此在国际关系中形成了两个对立的军事、政治集团，在政治、军事、经济和意识形态等领域处于全面对立状态，进行着激烈的斗争。20 世纪 40 年代末至 60 年代，美国等西方国家推行遏制战略和冷战政策，对社会主义国家实行贸易禁运、经济封锁、军事威胁和包围。苏联等社会主义国家则针锋相对进行斗争，东西方关系处于严重对抗状态。

60 年代末至 70 年代初，国际形势发生变化，美国尼克松政府提出对抗的时代已经过去，对话的时期来临，主张同苏联建立新的关系。西欧诸国，特别是法国和联邦德国都在寻求同苏联和东欧国家“改善”关系的途径。苏联也把缓和国际紧张局势作为对外政策的“长期战略”，企图用和平的手段达到推进“世界革命进程”的目的。东西方关系逐步进入缓和时期，各国领导人频繁进行互访。出于各自的需要，达成了许多协议，签订了一系列条约，确认第二次世界大战结束时在欧洲形成的现有边界，发展了相互间的经济贸易与合作关系，增加了人员的交往，举行了多层次、多领域的裁军谈判。

1979 年年底，苏联入侵阿富汗，美国等西方国家对苏联采取强硬政策，使已经缓和的东西方关系又急剧恶化。80 年代初起，美国里根政府对苏联推行新的遏制政策，联合其他西方国家对苏联实行经济制裁，提出针对苏联的战略防御计划，加强军备竞赛，并按北约的“双重决定”，在英国、联邦德国和意大利部署新式中程导弹。苏联则采取坚决的反措施，增加在东欧的核力量。军备竞赛甚至发展到争夺太空优势。美国提出由西方国家参加的“星球大战”计划，法国提出由西方国家参加的“尤里卡计划”；苏联东欧国家则提出“东方的尤里卡计划”。东西方在冷战、军备竞赛的同时，在经济上也开展了尖锐的斗争。西方国家组织了巴黎统筹委员会，严格控制和限制对东方国家的贸易，禁止向它们出口先进和尖端技术，继续实行禁运、封锁、经济制裁等敌视措施。苏联和东欧国家则建立起经济互助委员会，加强成员国之间的经济合作，与西方国家对抗。

在东西方的长期对峙中，自1959年赫鲁晓夫同艾森豪威尔举行戴维营会谈起，美苏两国历届首脑曾进行过多次会晤。这些双边接触对打破双方的僵持局面、增进相互了解起过一定的作用，但由于根本立场的分歧，东西方关系未能根本缓和。80年代中期以后，苏联国内局势开始发生变化，对外政策进行了“战略调整”，主动要求改善与美国的关系；西欧国家和日本从自身安全和经济利益出发，也要求同苏联和东欧国家发展政治和经济关系，主张在不损害安全利益的前提下，降低东西方、尤其是美苏间军备竞赛的水平，并进行了广泛的政治对话。东西方关系进入了一个新的缓和时期。在这期间，东西方各国政府首脑进行了一系列外交活动，举行了“中欧裁军谈判”“欧洲建立信任与安全措施和裁军会议”，以及美苏之间的双边裁军谈判，双方签署了裁减军备的协定。1988年6月欧共体与经互会建立正式关系，1990年11月北约和华约22个成员国签订协议，限制欧洲常规武装力量，宣布不再互相为敌，建立新的伙伴关系。80年代末期，随着东欧局势的急剧变化和苏联国内局势的巨大变化，美苏关系的对峙状态逐步消失。1991年4月，华沙条约组织解散全部军事机构，停止一切军事活动。同年12月，苏联解体，第二次世界大战后形成的美苏两极格局结束。

二、东欧剧变

1989年至1990年，东欧局势发生了激烈的动荡，急转直下的政局变化，令全世界为之瞠目。在短短两年的时间里，政权纷纷易手。执政40多年的共产党、工人党均下台成为在野党；南斯拉夫在经历近一年之久的内战后，于1992年4月最终分裂为五个独立的共和国。伴随共产党丧失执政地位，东欧各国的社会制度也发生了根本性的变化。

东欧国家的剧变不是偶然的，它是各国长期积累起来的各种矛盾的总爆发，是各种因素综合作用的结果。

一是历史因素。二战后，东欧八国（南、阿、匈、捷、保、波、罗、民主德国）建立人民民主政权和走上社会主义道路，是在反法西斯战争胜利的基础上，依靠苏联的支持和援助实现的。为了对抗美国的冷战攻势，苏联在战后初期的外交战略，将避免孤立、确保本国安全放在了首位。为此，苏联着意巩固在东欧的势力范围，强使东欧国家在内外政策上同其保持一致。在政治上，苏联要求东欧各国的执政党按照它的旨意部署行动计划、处理各自的内部事务和相互之间的关系。在经济上，苏联的经济体制成为可奉行的唯一的社会主义模式；处在冷战局面中的东欧各国，实际上并没有真正取得独立自主的地位。同时，由于缺乏可借鉴的经验，东欧各国大多照搬了苏联的经济政治体制模式。

二是经济因素。照搬苏联模式所带来的消极后果，促使东欧各国在不同程度上要求摆脱苏联模式的束缚，50～80 年代，社会主义国家的改革出现了高潮。但这些改革除了南斯拉夫外，都未涉及苏联社会主义模式的主要弊端，因而没有对旧体制进行根本改革，以致改革成效不大，经济发展日趋缓慢，甚至出现滑坡。

三是政治因素。由于在高度集中的政治体制下，官僚主义的滋生膨胀，进而导致了民主和法制遭到严重破坏、特权和腐败情况出现等问题。经济、政治上的失误和偏差，使东欧各国的党和政府在群众中的威信低落，其结果是使反对派能够争得相当数量的群众并最终获取政权。

四是苏联因素。二战后，苏联对东欧国家的高压控制，一方面使苏东之间的矛盾不断积累加剧，另一方面，又是维系苏东集团存在的实际力量。1985 年，戈尔巴乔夫上台后，面对苏联的衰落进行战略收缩，苏联对东欧的政策也发生了根本性的改变。戈尔巴乔夫为了缓和同美国与西欧的关系，放松了对东欧的控制。同时，戈尔巴乔夫也不乏推行其“新思维”，意图使所谓“戈尔巴乔夫派”在东欧各国上台。戈尔巴乔夫的东欧政策“新思维”，推动了东欧各党的改组、分裂和蜕变，催化了东欧的变化并促使东欧各国的反对派借势突起。

五是西方因素。“和平演变”是以美国为首的西方帝国主义国家针对社会主义国家的一项长期基本战略，东欧是它们实施这一战略选中的突破口。80 年代初，西方国家加紧了这一战略的实施。在东欧剧变过程中，西方国家进一步协调行动，采取了利用各种传媒，宣扬西方价值观念，进行意识形态的渗透；利用贷款、贸易和技术援助，诱压东欧国家向西方靠拢；利用“人权”问题进行内政干涉，扶植、支持东欧国家内部反对势力等多种手段，直接干预了事态的发展。

总而言之，导致东欧剧变的多方面的原因中，历史和现实的因素相比，现实的因素是主要的；内因和外因相比，内因是主要的；主观因素和客观因素相比，主观因素是主要的；政治因素和经济因素相比，经济因素是主要的。

三、苏联的解体与冷战的结束

1991 年苏联解体，标志着冷战的结束。世界从此进入了冷战后时代。苏联帝国的崩溃，对世界局势发展及国际安全产生重大而深远的影响。

（一）社会主义向社会帝国主义的嬗变

1917 年列宁领导的布尔什维克党带领俄国人民取得了十月革命的伟大胜利，建立起世界上第一个社会主义国家。年轻的苏维埃国家以磅礴的气势，显示出不可战胜的力量。在列宁和斯大林的领导下，粉碎了国际势力的联合武装干涉和国内反革命叛乱。1922 年年底，俄罗斯、乌克兰、白俄罗斯、外高加索联邦（包括阿塞拜疆、亚美尼亚、格鲁吉亚三国）组成苏维埃社会主义共和国联盟，简称苏联（Советский Союз）。1924 年 1 月 24 日，伟大导师列宁在久病之后去世。苏联在斯大林为首的联共（布）领导下，实行国家社会主义工业化、农业集体化，建立起独立的、完善的工业体系和国民经济体系；打败了德国法西斯，赢得了卫国战争的伟大胜利，又挥师东进，全歼日本关东军，为世界反法西斯战争的胜利做出了不可磨灭的贡献。在战后经济恢复和建设中，苏联各族人民的忘我劳动，令世人瞩目。

第二次世界大战的硝烟尚未散尽，冷战的帷幕就在东西方之间徐徐拉开，美苏抗衡成为战后几十年国际关系的主体特征。60 年代中期以前，美国对苏联采取强硬的外交政策，以军事实力作为遏制苏联的首要手段。60年代中期以后，美国面临从世界权力顶峰到相对削弱的转折时期。这一时期，美苏两个超级大国的力量对比，朝着有利于苏联的方向发展。苏联凭借其迅速膨胀起来的军事实力到处伸手，而美国由于受越南战争拖累，力量相对削弱。从70年代开始，美苏争夺的战略态势由美攻苏守转为苏攻美守。1969年年初，尼克松政府上台，承认美国不能“负起保卫自由世界国家的全部责任”，提出“从竞争走向合作”的“缓和”战略，对苏联从实行遏制政策改变为承认两雄争霸。苏联全力在军事上、经济上赶超美国，力图取得对美的全面力量优势。苏联领导人以牺牲人民的消费为代价，拨出庞大的军费扩充军备，争取在常规兵力和战略武器等方面都超过美国。他们在世界各地直至美国的传统“后院”同美国进行争夺，把苏联的力量打进一切能打进的国家和地区，削弱美国的阵地，把从实力上和意志上压倒美国看作苏联扩大势力范围、实现世界霸权的首要条件。苏联一向把欧洲置于“注意的中心”，认为“世界政治的许多重要线索都是从欧洲伸出或伸向欧洲的”。苏联从政治、经济、军事和意识形态等各方面加强对东欧各国的全面控制，一贯致力于排除西方的种种阻挠，要西方承认苏联在东欧的势力范围。苏联在东欧驻扎重兵，不断加强在欧洲南北两翼的军事部署，取得了在欧洲的对西方的军事优势地位，对西欧保持着强大的军事压力。与此同时，苏联实行“缓和”政策，用欧洲“和平、安全与合作”引诱和麻痹西欧国家，破坏和削弱美国在欧洲的力量，使西欧逐步丧失对美国保护伞作用的信任，涣散美欧联盟，妄图使西欧长期处于软散状态，便于各个击破。苏联还大力发展同西欧的经济联系，捞取实惠，并力图把西欧一些国家套住，软化它们的对苏态度。在第三世界各个地区，特别是在中东和波斯湾地区，进行侵略扩张，建立新的战略据点，打通两大洋，实现其南下政策。苏联的扩张遍及全球，只要有隙可乘，都要积极插手。而扩张的着重点在中东和波斯湾地区。苏联的目的就是南下从东面对西欧进行侧翼包围。在东南亚地区的扩张，也是苏联南下政策的一部分。苏联支持并借助越南的地区霸权主义活动，控制印度支那，进而向东盟国家渗透，以图打通两大洋咽喉通道马六甲海峡的计划，实现其亚安体系的设想，完成其全球战略部署的一个中间环节。

从历史上看，成熟于勃列日涅夫时期的苏联霸权主义是由俄罗斯大国沙文主义长期演变而来的。赫鲁晓夫、勃列日涅夫等苏联领导人继承老沙皇对外侵略扩张的衣钵，成为20世纪的新沙皇，寻找各种借口继续推行侵略扩张的政策。由于推行霸权主义和搞侵略扩张，苏联社会主义的本质不断嬗变，最终滑向社会帝国主义。

（二）民主化、公开性的历史冲击

1982年11月勃列日涅夫逝世以后，苏联经历了安德罗波夫和契尔年科领导的两个极其短暂的时期。1985年3月戈尔巴乔夫入主克里姆林宫时，面临着严峻的国际国内形势。作为年轻一代的苏联领导人，他力图有所作为。上任之初即重申“国家社会经济发展的加速战略”，并试图对苏联社会进行一番深刻的改革。但是，在经济改革遇到重重困难时，他又企图从政治体制改革上寻找突破口。戈尔巴乔夫认为，战后苏联关于社会主义的理论概念在很大程度上停留在30～40年代的水平上；按照这个理论建立起来的社会主义制度是一种“变形的”“被扭曲的”“官僚主义的社会主义”。而且斯大林30年代起建立的政治经济制度是“专横官僚体制”，是“极权官僚式的社会主义”。总之，原有的社会主义已经走入“死胡同”，必须通过“新思维”来改弦更张，“根本改造整个社会大厦，从经济基础到上层建筑”，建设“不仅是人道的社会主义，而且是民主的社会主义”。[①] 于是，他提出了政治改革的“民主化”纲领。作为实现这一纲领一大支柱的“公开性”政策随即出台。戈尔巴乔夫在1984年12月10日召开的全苏意识形态工作学术实践会议上，针对当时的官僚主义作风指出：“公开性是社会主义民主不可分离的一个方面，也是整个社会生活的准则。……党和国家的公开原则是同官僚主义弊端进行斗争的有效工具。”在1986年召开的苏共二十七大上，他又进一步指出，扩大公开性是个原则问题、政治问题，必须使公开性成为绝对有效的制度。在1987年出版的《改革与新思维》一书中，戈尔巴乔夫把“公开性”提到了更高的地位，即看作“社会主义的特征”，并说“我们需要公开性就像需

① ［苏］戈尔巴乔夫：《社会主义思想与革命性改革》，载《真理报》，1989年11月26日。

要空气一样”。戈尔巴乔夫的“公开性”最初作为戈氏的战斗口号提出来的时候，是为了让人民群众和舆论工具“公开讨论”苏联“社会生活中最紧要的问题，进一步发扬社会主义民主”。诚然，对于一种长期缺乏民主的体制来说，在遵循渐进、适应原则的条件下，实行广泛的民主，增加政治生活的透明度，对于调动广大群众的积极性是具有重大意义的。但是，在人民群众处于思想混乱、不辨真相的情况下，助长了历史虚无主义，从而动摇了人们的社会主义信念，以致引发了苏联社会政治生活中各种矛盾的激化。民主化、公开性、多元论的方针和政策出台之后，苏联很快形成了一股专门揭露苏共黑暗面、攻击苏联社会主义制度的潮流。党内的“激进派”和社会上形形色色的“民主派”，把共产党说成“同法西斯组织一样”，把现实社会主义制度说成“极权社会主义”，70 年代社会主义道路是“历史的迷误”，是一部“不光彩的历史”，必须与之“彻底决裂”，“炸毁过去的一切”。在这种“大民主”中，共产党和社会主义的形象受到极大损害，苏共处在受审境地，反马列主义、反社会主义的思潮逐渐成了 80 年代末、90 年代初苏联意识形态领域的主导潮流。难怪美国哈佛大学俄罗斯研究中心副主任、苏联经济问题专家马歇尔·戈德曼在 1987 年年底就说：“戈氏走得太快了，……他坚持不了四年。”令人感到不幸的是果真被他言中了，整个苏联社会受到了毁灭性的冲击。

苏联是各苏维埃共和国在共产党领导下为了实现社会主义的伟大理想、共同繁荣昌盛而自愿组成的，数十年里联盟从一个落后的农业国成为先进的工业国，从一个资源大国发展为经济大国、科技大国和军事大国，许多产品产量跃居世界第一位，综合国力成长为能与美国相抗衡的超级大国。在其发展过程中尽管存在这样那样的问题，包括苏联模式的历史局限性、苏共和联盟中央的各种严重政策错误，但是这些都是可以在联盟范围内通过社会主义的自我完善、通过改革开放逐步解决的。苏联人民深知国家分裂和政治动荡的严重后果，因此在民族分离、主权要求和共和国独立活动愈演愈烈，对联盟命运构成威胁的情况下，他们以庄严的投票表达了自己的心愿。1991 年 3 月 17 日苏联就联盟前途举行全民公决，全苏 1.86 亿选民中 80% 以上参加了投票，投票赞成保留苏联的占 76.4%。毫无疑义，苏联解体是违背苏联大多数人民意愿的。

苏联解体破坏了统一的经济空间，给各共和国经济和人民生活带来了灾难性的后果。由于原苏联范围内进行地区专业化分工和协作，各共和国之间存在着紧密的经济联系。相互之间的商品交换占国民生产总值的20.5%，高于欧共体内部的交换比例（16%）；相互之间的商品交换占输出输入总额的比重，俄罗斯为57%，乌克兰为79%，其他共和国均在85%以上。苏联解体以后，原有经济联系遭到破坏，给各独立国家经济造成了严重影响。苏联解体后的第一年（1992），独联体各国的国内生产总值比上年下降20%，其中俄罗斯下降19%，乌克兰下降14%，哈萨克斯坦下降13%。生产下降的主要原因是原有经济联系中断，哈萨克斯坦总统纳扎尔巴耶夫说，生产下降的65%是因为原苏联范围内的经济联系遭到破坏。

苏联解体对各独立国家经济、政治、社会的影响决不是短期内可以消除的。各国之间的一系列经济矛盾，包括供货、价格、结算、货币等等，使独联体内部的相互贸易急剧减少，相关企业的原料供应、销售市场和生产过程全面紊乱，导致社会生产长期衰退，消费市场严重短缺，通货膨胀恶性发展，人民生活水平大幅度下降。苏联解体还引发了独立国家内部政治矛盾、领土纠纷和民族分离活动的加剧。俄罗斯的鞑靼和车臣共和国要求独立，格鲁吉亚的阿布哈兹民族独立，亚美尼亚和阿塞拜疆的纳卡冲突，塔吉克的连年内战，便是突出的表现。

2005年4月25日，普京在“国情咨文”中对苏联解体作了评述：“首先应当承认苏联解体是20世纪地缘政治上最大的灾难，对俄罗斯人民来说这是一个悲剧，我们数以千万计的同胞流落在俄罗斯土地之外，苏联解体就像流行病一样也波及到俄罗斯自身。人们的积蓄化为乌有，曾经的信仰不复存在，许多部门机构或被解散或是匆忙地进行了改革，而国家的完整因恐怖主义的影响和随后的妥协而遭受损害。寡头集团完全掌控着大众传媒，它们只为自己的小集团谋取利益，而普遍的贫困开始被视为正常的现象。但要知道，所有这些都是在经济急剧下滑、金融动荡和社会瘫痪的背景下发生的。”①

---

① 陆南泉：《苏联经济体制改革史论》，人民出版社，2007年版，第789～798页。

（三）苏联解体的国际安全解读

1991年12月25日19时38分，在克里姆林宫上空飘扬了70余年之久的苏联国旗落下了。世界上第一个社会主义国家从此从地球上消失了。苏联帝国的崩溃，不仅给原苏联各共和国带来了一系列政治上、经济上的冲击，而且对整个世界，尤其是国际安全产生了巨大的影响。

冷战格局结束以后，国际安全领域发生了复杂而深刻的变化。国际安全威胁复杂多样，传统安全威胁与非传统安全威胁的因素相互交织，国际恐怖主义和大规模杀伤性武器扩散等传统安全威胁依然存在，跨国犯罪、自然灾害、疾病蔓延、环境恶化等非传统安全威胁增加，民族、宗教矛盾和边界、领土争端导致的局部冲突时起时伏，对国际和平与安全环境构成挑战。

两极格局瓦解后，美国作为全球唯一的超级大国显得格外突出，这极大刺激了由美国一家领导世界的欲望。但是现实世界的发展使美国感到自己虽是唯一的超级大国，却难以独立支撑这个日益复杂和多元化的世界。不少美国学者、政界人士都认为美国面对的是一个多极世界，例如布热津斯基、亨廷顿、约瑟夫·奈。约瑟夫·奈曾做过美国助理国防部长，他曾撰文批驳有关美国“单极”领导世界的观点。布热津斯基在他的著作《大棋局》一书中更是直言不讳地指出：“到本世纪末，美国的国内生产总值仍将占全球的20%，到2020年可能降至15%；同时，欧洲、中国和日本等大国的份额将上升到与美国差不多的水平。全球经济不再可能由某个单一实体所主宰”，“从长远看，全球政治注定会变得与一国独掌霸权力量的状况越来越不相协调”。冷战结束后，世界存在公认的五大力量中心，即美国、俄罗斯、欧盟、日本和中国，这种“一超多强”局面的形成标志着国际格局多极化趋势的出现。“一超多强”的存在表明，国际格局既不是单极，也不是多极，而是单极化与多极化相互较量，这种较量在相当长时期内还将持续下去。大国（国家联盟）之间综合国力的竞争有利于多极化的国际格局的建立，也有利于新的大国关系的建立。两极格局的瓦解使多极化的发展趋势更加不可逆转，除了欧洲联盟成为世界多极化进程中一支重要力量外。日本也要求与自己经济地位相适应的政治地位，加快谋求政治大国的地位。苏联解体后，接替苏联联合国席位和拥有与美国军事力量相匹敌的俄罗斯，也努力恢复和提升自己的国际地位。作为最大发展中国家的中国，随着改革开放和国力的提升，国际地位和影响也日益提高，成为致力于推动建立国际政治新秩序，反对霸权主义，维护世界和平的重要力量，中国对国际战略平衡的影响在不断增强。就目前情况来看，国际政治关系中存在美国、日本、欧盟、中国、俄罗斯五个力量中心。五个力量中心的存在，在很大程度上影响着世界各个地区和许多国家。五个力量中心之间存在的相互竞争、相互制约的关系，使霸权主义受到更多的制约和限制，有利于世界的安全与稳定。

冷战时期，世界受两极格局的支配，东西矛盾掩盖和简化了民族（种族）和宗教矛盾，整个世界在冷战的阴影下、在美苏对峙中国际力量相互制衡，使世界在“恐怖”中维持了稳定和平。最终强大的苏联帝国形成了。冷战结束后，局部冲突的“潘多拉魔盒”似乎重新打开，连过去半个世纪一向稳定的欧洲也爆发了持续、大规模的冲突。在东欧和原苏联大部分地区，由于民族争端和领土要求而引发的局部战争和武装冲突连续不断，而且呈现出长期化的特征。冷战结束后，世界从美苏争霸的罗网中挣脱出来，国际制约力和控制力下降，原先被东西矛盾压制着的各种次要或局部冲突，都从潘多拉的魔盒中释放了出来。冷战以后，许多国家内部和国家间的民族和种族矛盾得以释放，并泛化为狭隘的民族主义。中东地区的阿以民族矛盾、东欧及巴尔干的武装冲突等都是长期得不到解决的历史问题，冷战的终结使这些矛盾更加激化，成为国际恐怖主义活动的导火线。同时，最早由西方大国为演变前苏东国家而助长的民族分离浪潮，在冷战后却猛烈地冲击着它们自己。美国黑白种族之间矛盾的加深，加拿大魁北克独立运动的兴起，西班牙、法国、英国、意大利潜伏的民族危机，无疑为恐怖组织的壮大提供了社会基础。

传统安全威胁和非传统安全威胁因素相互交织。国际安全形势之严峻在于威胁来源多样化和高科技的运用。既有传统安全威胁因素又有新出现的非传统安全威胁因素，而且这两种因素相互交织，比过去更难以防范和应对。非传统安全问题突出，自20世纪90年代以来，恐怖主义问题愈来愈成为影响世界与地区和平、安全和稳定的重要因素。当前，恐怖主义已经演变成国际社会的公害，反恐斗争任重而道远。由于产生恐怖主义的根源很复杂，恐怖主义问题不可能在短时间内根除。恐怖主义与反恐斗争仍将是未来一个时期内影响国际安全形势的重要因素。非传统安全威胁往往不是以主权国家的形态出现，而是以一股或几股极端主义势力在一国内或在几个国家范围内发动恐怖袭击的形式出现。这种非传统安全威胁的特点是："非对称性"、隐蔽性、突袭性和分散性。它不仅使国家安全，而且使普通民众的生命安全都受到严重威胁。随时随地都可能出现的恐怖袭击，造成普遍的"恐怖心理"。与此同时，传统安全问题形势也依然严峻。美国退出反导条约，毁掉了国际社会多年来在裁军问题上经过艰苦努力获取的成果，国际军控及裁军体制面临瓦解。美国扩大军事机构，拼命增加军事预算，加紧推行国家导弹防御系统（NMD），趁反恐之机扩展海外驻军，重新将核武器作为"攻击性威慑力量"，这一切都给国际安全造成现实威胁。

大规模杀伤性武器扩散对国际安全构成严重威胁。在冷战期间，防扩散曾经是一个不是问题的问题。因为当时美苏是国际军控的主角，整个国际军控活动是为了维持其"恐怖均衡"而展开的。冷战结束后，大规模杀伤性武器及相关材料通过不同方式和途径扩散。一方面，科技迅猛发展，信息通讯手段日新月异，使得核门槛不断降低，越来越多的国家和地区拥有了研制核生化导等武器的技术和条件：印、巴1998年相继引爆原子弹；朝鲜、伊朗核计划受到西方质疑，成为国际热点；台湾地区也考虑恢复90年代停止的核计划，还积极发展中远程导弹。现有的国际不扩散体制受到严重冲击，地区不稳定因素增多。另一方面，因为管理不善，核生化技术及材料流失情况严重。巴基斯坦导弹之父卡迪尔汗从事的核黑市交易令人触目惊心，但这不过是冰山一角。流失的技术和材料与日益网络化和全球化的恐怖组织相结合，形成了所谓的"超级恐怖主义"。较之传统恐怖主义，它杀伤力强、隐蔽性好、恐怖效应大，社会影响更为恶劣。90年代东京地铁的沙林毒气案是历史上第一起成功实施的化学恐怖活动，它标志着"超级恐怖主义"时代已经来临。

四、中美关系从正常化走向战略伙伴关系

全球化这一不可逆转的世界发展趋势改变了大的国际环境，并从深度与广度对中美关系产生深刻的影响。作为世界上两个最重要的国家，中美关系的发展不仅关系到双方的重大利益，还对亚太地区乃至全球的形势产生重要影响。自中美两国建交以来，实现正常化的中美关系经历了数十年跌宕起伏、潮起潮落的发展，才一步步走向稳定与成熟，直至建立起面向未来的战略伙伴关系，开启了两国关系发展的新纪元。

（一）中美关系实现正常化

中华人民共和国诞生后，美国政府经过了短时间的“眺望”，对新中国开始了长达20多年的“不承认”政策。20世纪70年代，国际形势发生了重大变化，形势朝着对苏联有利的方向转变，苏联军事力量超过美国。由于美国此时深陷越南战争的泥潭，苏联利用这个机会在世界各地进行侵略扩张，苏联对外政策表现出咄咄逼人的态势，美苏争霸呈现苏攻美守的局面。而此时世界开始出现多极化趋势，美苏的军备竞赛使两国经济受到拖累，欧洲和日本的重新崛起，美苏地位的相对下降，对美苏两极格局造成了冲击。美国尼克松政府对国际局势的认知和战略观念发生了很大变化，提出了五大力量中心说，确认苏联是美国的主要对手，全面调整美国的外交政策对美国是当务之急。美国政府对中国的角色重新定位，改变了杜鲁门时期以来对中国的看法。尼克松政府认为利用中苏矛盾，可以塑造对美国有利的战略均势，不仅可以达到牵制苏联的目的，而且要从越南脱身也必须借助中国的配合。美国要在中国崛起之前，把中国纳入美国的战略轨道，把中国作为前进中的大国世界，这也反映了美国长期敌视孤立中国政策的失败。

20世纪70年代，中国政府也认识到严峻的周边环境特别是苏联在北方对中国的严重威胁，中国不能同时反对两霸，苏联已取代美国成为中国面临的主要威胁。而此时，由于美国和越南开始进行谈判，美国对中国的战略压力减轻。中美关系的改善也可以促进中国与其他西

方国家关系的改善，借助美国抗衡苏联对中国安全的威胁，同时也可以排除美国干扰中国与其他国家发展正常的国家关系。

尼克松就任美国总统后，在对华关系方面采取了一些放宽措施。如1971年3月15日，美国国务院宣布取消对于使用美国护照去中国旅行的一切限制；4月14日，尼克松宣布结束已存在20年的禁止美中贸易的法令等。这些措施所反映的信息，加上在之前尼克松通过巴基斯坦总统叶海亚和罗马尼亚总统齐奥塞斯库的渠道向中国谋求美中接近的信息，得到了中国方面积极的响应。随后，基辛格秘密访问了北京，中美双方同时分别发表公告，宣布中国政府邀请尼克松总统于1972年5月以前的适当时间访华。这宣告停滞了22年的中美关系终将有惊人的变动。①

1972年美国总统尼克松访华，中美两国政府在上海发表联合公报。公报主要内容有三部分：一是阐明了双方对国际形势的各自立场和态度；二是双方就考虑到国际关系的准则而就某些问题作出的共同声明；三是就两国关系之间一些问题或者双方共同作出声明或者各自分别作出声明。在上海公报中，美国第一次公开正式表示，中国只有一个，台湾是中国的一部分，而且肯定美国武装力量和军事设施从台湾全部撤出的最终前景。② 1978年12月，中美两国政府发表建交公报，宣布两国将于1979年1月1日建立大使级外交关系。中美关系的改善对地区和世界格局都造成了深远的影响，改变了亚洲和太平洋地区的力量对比，初步形成了中、美、苏大三角关系。七八十年代中国确立了独立自主的和平的不结盟外交政策，加速了世界格局的多极化趋势。

80年代中美关系中的主要问题是台湾问题。美国同中国建交以后，实际上和台湾地区保留了非官方关系，并继续向其出售武器。当时中国从大局出发和美国做了一定的妥协。里根总统上台以后，中国重新就这个问题与美国进行谈判，美国同意逐渐减少对台武器的出售，每年减少2千万美元。虽然当时不尽满意，但是中国认为，如果一直这样做下去，早晚可以结束对台武器的出售问题。当时，美国从自身角

---

① 王绳祖主编：《国际关系史（1970～1979）》（第十卷），世界知识出版社，1995年版，第344页。

② 谢益显等主编：《中国当代外交史》（1949～2001），中国青年出版社，1997年版，第286页。

度对中国作了多方面的判断。第一，中国是社会主义国家中第一个实行改革开放的，第一个向西方开放的。第二，中国的领导人已经从第一代进入第二代。第二代领导人非常务实，就是发展经济，搞现代化，引进西方的技术，对西方开放，和西方国家发展关系。如果中国沿着这个改革开放的路子走下去，中国会越来越开放，会越来越多元。虽然中国不会采取西方的政治体制，但是美国可以接受这样的发展方向。所以，在80年代，中美关系处理得比较好，双方交往也比较多。改革开放以后，美国对华投资数额较大，技术含量较高，中美经贸关系非常密切。中美在政治关系、经济关系、军事关系方面的发展都比较稳定，所以中美关系实现正常化的第一个十年是中美关系发展的黄金时期。

（二）中美关系进入动荡时期

1989年发生了两件世人瞩目的事情，中国发生了政治风波、苏联解体，东西方冷战结束。这两个事件宣告了中美关系发展的黄金时期结束，中美关系进入了转变期，出现了一些新的特点和变化。第一个变化，中美关系从积极走向消极。80年代，中美两国领导人见面时，谈的是如何加强政治和经济合作。而政治风波发生以后，中美双方谈的不再是合作问题，而是怎么处理双方存在的分歧。美国提出，中美关系有三大障碍，人权问题、贸易问题和中国军售问题。第二个变化，中美双方的主被动关系发生了变化。在80年代，中国与美国的双边关系中，中国比较主动。但是政治风波以后，美国由被动变成了主动，开始向中国开条件、提要求。第三个变化，对华问题政治化。在80年代，美国政界对于同中国发展关系没有太多的分歧，但是政治风波以后，在野党把美国的对华政策作为两党进行政治斗争的工具，这是一个很大的变化。1992年克林顿上台后，中美关系迎来了新一轮动荡。中美双方围绕人权问题和台湾问题进行了两场较量。1989年以后，美国在政治上加强和台湾地区的关系，中美在台湾问题上有了冲突，1995年李登辉访美，1996年8月中国在台海地区进行了大规模的军事演习，中美关系到了最低点。

（三）中美建立战略伙伴关系

1997 年克林顿邀请江泽民主席访美，这是 80 年代中国领导人访美以后中国领导人第一次访美。中美发表了一个联合声明，提出双方要在中美三个联合公报的基础上加强双边关系，通过增进合作，促进世界的和平与发展，发展面向 21 世纪的建设性战略伙伴关系。这种伙伴关系有别于冷战时期大国之间的不正常关系，是一种新型的国家关系，其基本特征是：发展友好，不搞对抗；相互尊重，平等互利，求同存异；不针对第三国。事实证明，这种新型的伙伴关系是具有生命力的，是促进中美关系稳定发展的正确途径。1998 年克林顿访问中国，他在台湾问题上提出“三不”：不支持“台湾独立”；不支持“一中一台”和“两个中国”；不支持台湾地区加入只有主权国家才能加入的国际组织。2000 年，中国结束了加入 WTO 的谈判，这对中国的经济发展至关重要。

小布什上台八年，美国对华政策分为三个阶段。第一个阶段是对华敌视阶段。上台伊始，小布什把中国作为美国的战略对手来对待。他对美国战略进行新的部署，把原来放在欧洲的很多军事力量放在西伯利亚，一是针对台湾海峡，二是针对朝鲜半岛。另外在对待两岸关系问题时向台湾地区倾斜，还宣布向台湾大规模出售武器。第二阶段，策略性的调整阶段。“9 · 11”事件后，布什政府认识到，美国真正的敌人不是中国而是恐怖分子，而 2002 年又出现了朝核问题。从那时起，美国不论是反恐还是处理朝核问题都有求于中国，不得不重新调整战略，对华政策基调的积极面增加，暂时不把中国作为主要的对手，但其长远的战略谋划没有变。第三阶段，中美战略伙伴关系平稳发展。2004 年小布什连任，对华政策作了新的调整，在台湾问题上和中国的合作比较积极，为推动中美关系发展作出了重大贡献。2006 年 4 月，胡锦涛主席访问美国，中美两国领导人一致同意，从战略高度和长远角度看待和处理两国关系，全面推进 21 世纪中美建设性合作关系。经历五次中美战略经济对话（SED）和六次中美战略对话（SD）之后，中美两国元首于 2009 年 4 月在 20 国集团伦敦峰会期间，决定将这两个对话体系合二为一，以“中美战略与经济对话”（S&ED）的名称延续下去。2009 年 7 月 27 ~ 28 日，中美在华盛顿举行了首轮战略与经济对话。对话期间，中美双方就事关两国关系发展的战略性、长期性、全局性问题坦诚深入地交换了意见。双方认为，对话机制作为独特的论坛，有助于双方加深了解、扩大共识、减少分歧、增进互信、促进合作，有助于双方在解决全球金融危机、地区安全关切、全球可持续发展、气候变化等共同挑战方面进行合作。这一机制体现了中美关系30年来的成果，表明双方正共同致力于建设21世纪积极合作的战略关系。

第三节 现代国际恐怖主义的蔓延与国际安全新难题

恐怖行为作为人类冲突的一种表现形式，由来已久。恐怖所造成的强烈心理震慑与自我满足为一些极端的势力所迷信，因此恐怖主义活动作为一种暴力手段，长期为对立的阶级、国家、民族和集团所利用。在革命和反革命的对抗中，恐怖行为曾有“白色”与“红色”之分。随着阶级剥削由国内走向世界，民族压迫走向全球，作为弱者对强者的反抗，恐怖主义也成为国际性的现象。20世纪60年代，世界出现大动荡、大分化、大改组的复杂形势。随着美苏的控制能力下降，特别是苏联解体以后，冷战时期被掩盖的矛盾进一步激化，对于此起彼伏的民族、宗教冲突，处于顾此失彼的状况，激进恐怖主义中“目的正当可以不择手段”的非道德意识开始恶性发展，大肆袭击平民和非军事目标，传统恐怖主义发展到现代恐怖主义，成为人类的公害。以“9·11”事件为标志的国际恐怖主义，成为对人类危害最大的非传统安全威胁之一。

一、恐怖主义由传统到现代的发展

对于恐怖主义，迄今为止已有不下百多种定义，但却没有一种得到国际社会的普遍认可。联合国也曾组织人员尝试在联合国框架下，对恐怖主义进行定义，但仍因分歧较大未能达成一致意见。由此可见，国际社会对恐怖主义的界定还存在着一定程度的无序状态。这也是迄

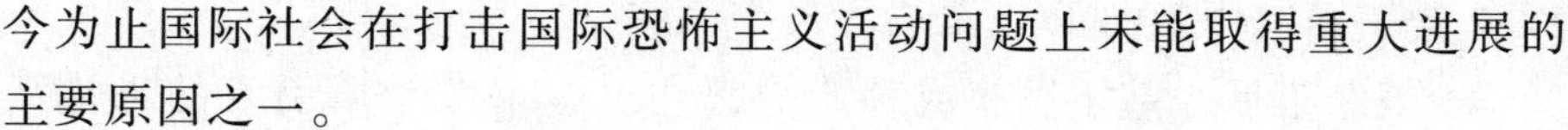

今为止国际社会在打击国际恐怖主义活动问题上未能取得重大进展的主要原因之一。

（一）恐怖主义的历史演变

恐怖活动作为人类冲突的一种表现形式有着悠久的历史。恐怖活动可以追溯到古希腊和罗马时期。古希腊历史学家色诺芬就曾专门记述过恐怖活动对敌方居民造成的心理影响。中国古代的荆轲刺秦王、古罗马的恺撒大帝遇刺都是历史上著名的恐怖事件。公元1世纪，为反抗罗马帝国入侵，犹太狂热党人就曾在罗马帝国饮用的水中下过毒，暗杀与古罗马人合作的犹太贵族。美国总统肯尼迪被刺身亡以及印度前总理英迪拉·甘地和拉吉夫·甘地遭暗杀等均是当代历史上的典型恐怖事件。

“恐怖主义”一词最早出现在18世纪法国大革命时期。为保卫新生政权，执政的雅各宾派决定用红色恐怖主义对付反革命分子。当时的法国国民公会通过决议，“对一切阴谋分子采取恐怖行动”。由此我们不难看出，恐怖主义不是反映一般的、孤立的、偶然的恐怖行动，而是指一种有组织、有制度和有政治目的的恐怖活动。

18世纪以前，恐怖活动基本上以暗杀和投毒为主要表现形式。从18世纪末到第二次世界大战结束，1881年沙皇亚历山大二世遇刺和1914年奥匈帝国斐迪南大公遇刺，是这一时期两起最严重、也是影响最大的恐怖事件。国际恐怖主义的真正形成是在第二次世界大战之后，直到60年代末这一时期完成的。在此期间，恐怖主义的活动热点是在殖民地、附属国或刚独立的民族国家，这一时期的恐怖事件明显增多，手段日趋多样，恐怖主义活动的形式由早期的暗杀、投毒发展到劫机、爆炸、绑架与劫持人质等，袭击目标和活动范围也已经超出国界，越来越具有国际性，逐渐形成了国际恐怖活动。

70年代以后，恐怖主义组织已经形成一个较为松散的国际网络。尽管恐怖组织尚未形成一个具有全球影响力的势力，基本上以独立的形式进行活动，但相互间的影响是存在的，也具有一定的国际性，即国际恐怖主义开始呈多发状态。这一阶段的恐怖主义袭击，多以美国和西方国家为对象，而中东地区则是恐怖袭击的高发区。同时，恐怖组织多出现自发展中国家。据统计，仅1990~1997年恐怖袭击就多达

1182起，而其中80%以上来自发展中国家。①

冷战结束后，基于民族或种族分离主义、宗教矛盾引发的恐怖活动异常活跃。中东、南亚、东南亚及欧洲一些国家的民族、宗教矛盾进一步激化，由此引发的恐怖活动出现了许多爆发点。有学者将与宗教矛盾或宗教极端主义有关的恐怖主义活动大致分为三类：一是与民族分离主义相结合的恐怖主义，历史最久而又最典型的就是北爱尔兰的恐怖主义活动；二是以宗教极端主义为主的恐怖主义，伊斯兰极端主义已成为当今世界分布最广、影响最大、危害最烈的恐怖活动，并且是国际恐怖主义的主要代表；三是宗教膜拜团体的恐怖主义，即邪教恐怖主义，如制造东京地铁毒气案的日本奥姆真理教。

人类社会进入21世纪，国际恐怖活动也再次进入一个新的高发期。发生于2001年9月11日的“基地”组织对美国发起的大型恐怖袭击事件，即是恐怖主义发展史中的一个标志性事件，也是一个转折点。至此，国际恐怖主义无论是作为一种思潮还是作为行为，开始呈泛滥之势，反恐也随之成为全球性课题。

（二）现代恐怖主义的基本特征

恐怖主义作为当今国际社会的一大难题，从根本上说是国际和国内各种矛盾和冲突激化后的产物。但是，由于恐怖主义产生的根源和背景非常复杂，国际社会对其概念至今尚未形成统一的看法。但是，分析各种恐怖袭击，我们还是可以发现其主要特征。

一是政治性强。现代恐怖主义活动的动机带有鲜明的政治性，恐怖活动的主要目的不是消灭和摧毁行动目标，而是要制造恐惧和惊慌以影响公众的心理，造成特定的恐怖气氛和政治压力，从而对特定的政府和特定的社会团体形成压力和威慑，迫使对方——通常是政府、社会团体做出让步，以便达到政治报复、破坏统治秩序或影响政府内外政策的目的。

二是思想狂热。现代恐怖主义活动大多具有政治的或意识形态的动机，有着强烈的信仰支撑和精神动力。恐怖分子的行为动机与一般暴力犯罪不同，其行为特征也不相同。他们思想顽固，精神狂热，行

① 胡联合：《当代世界恐怖主义与对策》，东方出版社，2001年版，第131页。

为极端，根本不受法律、道德、传统和舆论的约束，具有反人类的特点。

三是组织严密。现代恐怖主义活动通常以严密的组织形式出现。恐怖组织分工明确、组织严密、活动诡秘，其人员的招募和训练、目标的选择、方案的制订、手段的运用、工具的使用、力量的组织以及逃跑的路线和方法，往往都是在行动实施前经过精心准备和周密策划。

四是目标明确。现代恐怖主义活动的袭击目标是经过精心选择的。被选中的袭击目标往往是恐怖分子要反对、破坏或报复的制度、政权或秩序的象征，或者能对受害者甚至整个社会造成巨大心理压力的象征性目标，而且恐怖分子与受害对象之间往往没有直接的利害关系和现实联系。

五是形式多样。恐怖活动随着时代的不同和技术的发展，其活动样式也在不断变化。现代恐怖主义活动和恐怖主义犯罪也在向高智能、高科技方向发展，以致传统的暗杀、爆炸、绑架、劫机、施毒等手段不断被使用的同时，利用生物化学武器、核武器、计算机网络等进行恐怖活动也渐露苗头，而且有进一步发展之势。因此说，高科技的发展是一柄双刃剑，在给人类带来好处的同时也给恐怖分子提供了更有利的武器，给人类带来了更大的灾难。

六是手段残忍。恐怖主义之所以恐怖，关键在于恐怖是其基本内涵。恐怖分子运用爆炸、暗杀等杀伤力强、破坏力大的暴力手段，造成重大人员伤亡和财产损失，由此在社会上形成恐怖的心理压力，从而产生普遍的不安全感、不信任感，以达到促使社会不稳定情绪蔓延，动摇政治目标的社会根基的作用。如果说传统恐怖活动是“要更多的人看，而不是让更多的人死”的话，现在的恐怖活动则是“既要更多的人死，也要更多的人看”。以往的恐怖分子往往把矛头指向各国的政治领导人、外交官、军警人员、跨国公司的经理等。但当前的国际恐怖主义却出现了令人担忧的现象，他们抛却了传统的恐怖活动尽量不伤及一般平民的顾忌，而企图以大规模屠杀平民来向政府施加压力，或以此打击政府威信，或破坏其国际形象，无辜民众因而也成为恐怖分子大规模袭击的目标。电视媒体和互联网的迅速发展和普及，也不断成为恐怖分子用来制造恐怖效应的媒介。当代国际恐怖主义的袭击范围和对象在不断地扩大，这是一个极为危险的趋势。

七是有一定社会基础。以本·拉登为首的“基地”组织和阿富汗的塔利班组织，在以美国为首的国际反恐力量持续打击下，仍然能得以生存及发展，其中一个重要的原因就是这两个组织在伊斯兰世界有一定的社会基础。本·拉登所从事的“致力于教化伊斯兰世界，呼吁更多的穆斯林参与圣战”的努力，使他在伊斯兰世界及恐怖主义中获得了巨大的声望。而以极端宗教色彩起家的塔利班自提出“铲除军阀，恢复和平，重建家园”的政治口号后，也受到了阿富汗国内相当一部分人的支持和拥护。

八是与其他势力相互勾结。近年来，国际恐怖主义活动出现的一个值得重视的趋势是，恐怖主义势力与民族分裂势力、宗教极端势力、邪教组织势力相互勾结，共谋“发展”，恐怖主义组织间有进一步联合、合作的倾向。另外，恐怖组织与跨国有组织犯罪集团进行合作，从事走私、贩毒、洗钱等活动，筹集资金，购买武器装备。

二、恐怖主义组织及其活动方式的发展趋势

根据恐怖主义的自身特点与内在规律，在以后相当长的历史时期内，恐怖主义活动必将继续存在，并将维持相当的规模，在某些时期、某些地区可能将会更加泛滥和恶化。

（一）恐怖组织的发展趋势

根据当代恐怖组织的基本特点，可以预计恐怖组织的未来发展趋势将出现以下一些特点：恐怖组织类型将会更加多元化，组织规模将向大型化与小型化的双重方向发展，恐怖组织的内部组织将向更加严密化与松散化的双重方向发展，恐怖组织的实力将呈现不断增强的发展趋势，国际化和网络化特点将更趋显著。

1. 恐怖组织类型多元化，宗教极端型和极右型恐怖组织将更加突出。由于复杂的国际国内矛盾仍将长期存在，民族主义型恐怖组织也将长期存在，特别是民族分离主义的恐怖组织在一些多民族国家仍将不同程度地长期存在。宗教极端型恐怖组织中，不但现在比较活跃的伊斯兰原教旨主义、基督教至上主义、锡克教极端主义等主要的宗教极端型恐怖组织仍将长期存在，而且将会有更多的新兴教派的宗教极

端型恐怖组织，特别是打着宗教旗号的邪教恐怖组织从中分化出来。极右翼型恐怖组织将继续长期存在，在西方国家将呈现出更加强大和泛滥的发展趋势。极左翼型恐怖组织在较长时间内将可能处于式微的地位，但难以从根本上消失，在某些地区仍将是一支不可忽视的破坏力量。国家支持型恐怖组织将随着人类文明程度的提高、国际社会不断增强的反恐怖压力等原因而逐步走弱，但由于国际矛盾的异常复杂，作为国际政治斗争扭曲与畸形化产物的国家支持型国际恐怖主义在相当长的历史时期内仍然有其存在的土壤与“价值”，因此国家支持型恐怖组织仍然可能作为一种次要的恐怖组织在低水平规模上保持其某种形式的存在，只是方式可能更加隐蔽。

2. 恐怖主义的组织性将向高度严密型和松散型两个方向分化发展。一些恐怖组织，特别是宗教极端型恐怖组织的内部组织性与规范性将越来越严密，恐怖组织的头目对本组织成员的控制相当严格，组织内部不但分工明确，而且组织计划性极强，从活动资金与武器的获取、转移到利用，从恐怖主义活动的策划到具体实施，都有相应的人员负责。他们还有等级分明的指挥与联络制度，组织纪律异常严密，有步骤、有预谋、有计划地进行恐怖活动的特性明显，恐怖活动的组织性与计划性将表现得越来越突出。与此同时，一些恐怖组织，如部分极右翼恐怖组织，则不一定有成文的组织规章与体系，组织规范的约束力不强，组织成员之间的联系比较松散，彼此并没有什么明确的分工，恐怖组织的头目对组织成员的控制力较弱，恐怖分子的活动在组织内外都不容易得到很好的控制。

3. 恐怖组织的国际化和网络化趋势将更明显，跨国活动将越来越突出。随着世界交通的发展、经济全球化和区域一体化的加速发展，世界反恐怖斗争国际合作的加强，以及通讯科技的迅猛发展等外在因素的影响，恐怖组织的国际联络将会日趋加强。很多恐怖组织将向国际化方向发展，特别是伊斯兰原教旨主义极端组织、新法西斯极右恐怖组织的国际化发展趋向更趋明显，世界范围内大量的伊斯兰原教旨主义恐怖组织与极右翼恐怖组织将会加强联系，有的还会合并或形成某种形式的联盟体。无论是人员往来、活动资金与武器的获取，还是进行跨国恐怖主义活动，都表现出日益增强的国际化趋势。随着信息技术的迅速发展，恐怖活动网络化的趋势也在不断增强。“基地”组织头目本·拉登、扎瓦希里等频繁通过互联网，借中东复杂局势及“虐囚事件”“漫画事件”等，煽动伊斯兰世界的反美、反西方情绪，引发新的恐怖袭击活动。恐怖分子还越来越多地利用互联网搜集情报，招募人员，传授技术，转移资金，开展宣传鼓动，策划和指挥行动。他们发动的跨国恐怖主义活动可能更加难以防范，其造成的危害也可能更加严重。

（二）恐怖主义活动方式的发展趋势

世界各地的恐怖组织和恐怖分子为了达到他们的目的，几乎是无所不用其极。他们不但大肆利用各种传统的手段来制造各类耸人听闻的恐怖事件，而且学会利用现代科技的最新成果来不断增强进行恐怖主义活动的能力，不择手段地制造规模更大的杀伤性恐怖主义事件。但从根本上说，由于当代恐怖分子选择作案方式与手段的根本原则，仍然在于制造最大的社会、政治影响和恐怖气氛，并且越来越多地趋向于“简便实用”和“耸人听闻”，因此，可以预计，虽然恐怖主义活动的方式未来可能发生一些变化，但是在相当长的时间内不会发生根本性的变化。

1. 长期来看，爆炸仍将是恐怖主义活动的主要方式。据统计，在全球国际恐怖主义活动中，爆炸方式在总体上超过50%（其中1968年约占66%，1997年为67%）；而在全球国内、国际恐怖主义活动中的比重，虽然没有精确的统计数据，但一般认为爆炸方式也要占到50%左右。近年来，汽车炸弹、路边炸弹已成为恐怖分子使用的主要方式。在伊拉克，几乎每天都有汽车炸弹爆炸的报道。而路边炸弹则主要被恐怖分子用来对付驻伊拉克的美英联军和驻阿富汗的联军。可以预计，爆炸作为恐怖主义的主要方式的地位不会动摇。而用于爆炸活动的炸弹及引爆的手段将继续朝着高科技的方向发展，各种新型的塑性炸弹以及其他远距离遥控炸弹将可能被恐怖分子制造出来，并应用于各种恐怖主义活动之中。发生在印尼和泰国的炸弹爆炸案件就属于这一类型。为增强破坏力，恐怖分子将可能更多地使用燃烧弹和爆炸性炸弹并用的方式。与此同时，土制炸弹等技术成分较低的爆炸装置仍将长期存在，并在恐怖分子的爆炸活动中继续占据一席之地。特别是那种旨在发泄对社会与政府不满的恐怖分子，更可能利用土制炸

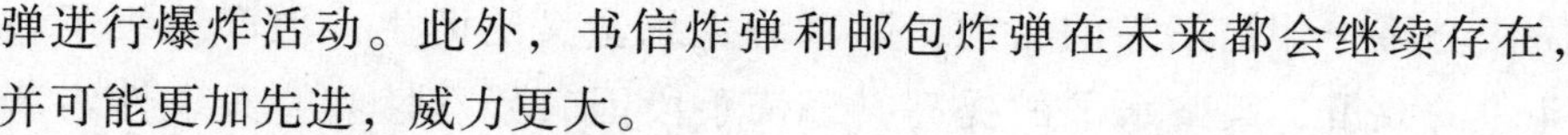

弹进行爆炸活动。此外，书信炸弹和邮包炸弹在未来都会继续存在，并可能更加先进，威力更大。

2. 绑架与劫持人质、劫机、暗杀、袭击仍将是恐怖主义的基本方式。绑架与劫持人质是一种传统的恐怖袭击方式。它的最大好处在于简单便利，无需什么先进或危险的武器，便可攻击无所不在的目标，并且常常可以用来筹措活动经费，因此它在未来仍将长期存在。但是，它的不利之处在于危险性较大，如在固定场所劫持人质往往容易被警方包围，勒索巨款要与有关人员联系以及安排交款事宜，容易留下线索，暴露自己，被警方侦破。因此，这种方式不可能成为主要的恐怖主义方式，它在恐怖主义方式中的比重不会有大的变化。2007 年 7 月 20 日，23 名韩国公民在阿富汗被塔利班武装绑架。塔利班武装要求用这些韩国人质交换被阿富汗政府关押的同伴。这是阿富汗战争后塔利班绑架外国人最多的一次。在要求没有得到满足时，塔利班于 7 月 25 日和 30 日先后杀死了两名韩国男性人质。在国际社会的积极斡旋和巨大压力下，在韩国政府部分满足其要求的前提下，塔利班终于在 8 月 30 日释放了余下的韩国人质。

劫机活动是一种最能引起国际社会注意的恐怖主义活动方式之一。随着世界各地反劫机斗争的国际合作不断加强，各国机场及飞行安保工作的不断加强，积累的反劫机经验不断增多，反劫机的技术能力不断提高，劫机活动将可能保持在目前的较低水平，甚至可能继续减少。但是，由于恐怖分子的技术攻击能力也随之增强，可以肯定劫机活动远不可能消失，而且还可能成为自杀式“人体炸弹”攻击的武器，造成更为严重的危害。

暗杀作为一种最古老的恐怖主义方式，越来越受到文明社会的谴责，因此在当代世界中暗杀活动呈下降趋势，在恐怖主义方式中的比重也不再突出。但是，由于国际国内矛盾的复杂性，暗杀手段仍然有其存在的价值，因此在未来社会中，尽管各国都不断加强对政要的安全保卫工作，但恐怖分子的暗杀活动仍然难以销声匿迹。

三、国际社会反对恐怖主义的发展

恐怖行为问世后相当长的一个时期内，恐怖手段常常成为敌对阶级、集团之间的斗争手段，在统治阶级看来是非法的行为，在被统治阶级心目中却是正义的举动。随着马克思主义的诞生，无产阶级革命斗争的政策、策略水平的提高，恐怖手段因其残忍性和非人道性为革命所拒绝。特别是现代恐怖主义者利用现代科学技术发展成果从事恐怖活动，其残酷程度愈来愈引起国际社会的强烈关注。国际社会是一个极为复杂的国际行为体系，国际行为主体（包括政府行为主体和非政府行为主体）之间的竞争、冲突、协调与合作构成了现代国际生活的基本内容。国际社会是处于无政府状态的，世界还不存在一个为世界各国所都能接受的超越主权国家的权威。但是，正常的人类生活又必须要求国际社会中的各种行为主体的行为表现出一定的有序和相互制约关系，这不仅体现在主权国家之间的相互制衡上，而且还要受到国际法律规范和行为准则的约束。任何行为主体的行为都不可以随心所欲。否则它就不可避免地要受到其他行为主体或整个国际社会所认可的国际法规和行为规则的约束。正是由于恐怖行为的反人类性呼唤人类以法律的强制惩治恐怖主义。

国际社会对恐怖犯罪行为最早的认定可以追溯到20世纪30年代。1934年南斯拉夫国王亚历山大和法国外交部长巴图先后遇刺身亡。为了维系一战后国际社会的安定局面，当时的国际联盟出面组织了欧美多位著名的政治家、外交官和法学专家进行研究讨论，希望在各会员国国内立法的基础上形成集体防止和制裁国际恐怖犯罪的合力。经过三年多的酝酿讨论，于1937年制定出《防止和惩罚恐怖主义公约》和《建立国际刑事法院公约》草案。在这两份公约草案中，“国联”建议各会员国在其国内立法中将恐怖行为定为犯罪。依照国际惯例，应准许对上述犯罪嫌疑人予以引渡；在不能引渡的地点，均应以同样的方式予以惩治。但是，随着1939年第二次世界大战的爆发和国际联盟的解散，这两份国际反恐公约亦随之流产。

第二次世界大战结束后，冷战开始，加之以美国为首的西方国家与广大第三世界国家对恐怖主义在认识上的分歧，一部综合和系统的国际反恐怖公约迄今还未出台。不过，针对具体的情况，联合国还是制定出了一些专门性质的文件，诸如在航空交通方面有《关于航空器内的犯罪和其他某些行为的公约》《关于制止非法劫持航空器的公约》《关于制止危害民用航空安全的非法行为的公约》《制止在为国际民用航空服务的机场上的非法暴力行为的议定书》和《关于在可塑炸药中

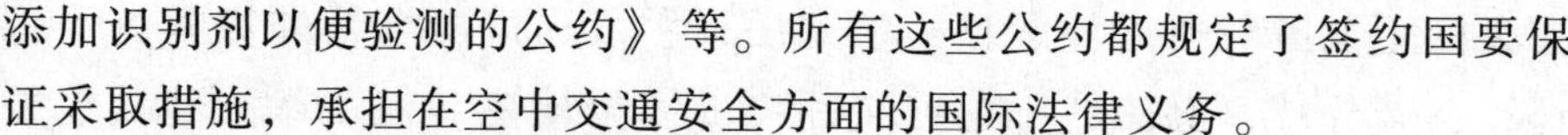

添加识别剂以便验测的公约》等。所有这些公约都规定了签约国要保证采取措施，承担在空中交通安全方面的国际法律义务。

在针对非法劫持和绑架人质方面，联合国大会先后通过了《关于防止和惩处侵害应受国际保护人员包括外交代表的罪行的公约》《反对劫持人质国际公约》。这无疑是希望通过国际合作的力量将包括各国外交人员在内的应受国际保护的对象置于国际合力的保护之下。同时也以各国合作的共同力量筑成一道抵御劫持人质这种恐怖主义行为的铜墙铁壁。

在制止恐吓犯罪方面，其他国际组织亦做过许多有益工作。如1979年10月26日，万国邮政联盟签订了《万国邮政公约》，其中的第59条就明文规定了对“非法使用邮件罪”的惩处，为防止和打击恐怖分子通过邮寄爆炸物和其他化学毒品从事恐怖犯罪活动提供了法律依据。为了加强防止恐怖分子利用核材料进行恐怖活动，国际原子能机构亦于1979年10月26日通过了《核材料实质保护公约》，从而使各国在防止、预测和惩罚此类犯罪分子方面有了可以参照的法律依据。

为了阻止海上犯罪，国际海事组织也于1988年3月10日主持制定了《制止危及海上航行安全非法行为公约》和《制止危及大陆架固定平台安全非法行为议定书》，从而也为海上交通安全、防止恐怖袭击作出了明文规定。

20世纪90年代，针对恐怖主义事件频繁发生的现状，联大1996年第51届大会决议授权重新组建反恐的特别委员会并负责起草制止恐怖主义的国际公约，联合国先后通过《制止恐怖主义爆炸国际公约》《制止核恐怖主义行为公约》和《制止向恐怖主义提供资助的国际公约》等一系列国际条约。除了上述有全球性意义的公约之外，一些区域性国际组织也加强了区域性反恐立法，上述公约和决议撑起一面法网，使任何一个胆敢以身试法的恐怖主义亡命之徒将在上述领域受到应有的法律制裁。

诚然，由于国际上至今为止对恐怖主义尚未有一个统一的定义，2006年9月，192个国家一致通过的《联合国全球反恐战略》也还没有实现从国际法上解决任何形式的恐怖主义的非法问题。但是，恐怖主义对人权的践踏已经足以将恐怖主义绑上历史的耻辱柱。仔细考察各国及国际社会对各种恐怖主义的定义可以发现，目前各种关于恐怖主义的定义虽然在主体、目标、方法或手段、动机与目的等各方面都还存在着分歧，但几乎所有定义都突出了恐怖主义使用暴力和其他毁灭性手段，严重侵犯人权的基本要素，其中包括阿拉伯、伊斯兰世界的判断。他们认为“恐怖主义是指采取暴力或暴力威胁行动，不论其出于何种动机或意图，执行个人或集体犯罪计划，旨在恐吓他人，或威胁伤害他人，或危及他人生命、名誉、自由、安全或权利，或危害环境、任何设施或公私财产，或加以控制或劫持，或危及国家资源或国际设施，或威胁独立国家的安定局面、领土完整、政治统一或主权”。[①] 世界人权大会 1993 年通过《维也纳宣言和行动纲领》首次对“恐怖主义与人权”问题作出了直接、明确的阐述，指出，一切形式和表现的恐怖主义行为、手段和做法，都是旨在摧毁人权、基本自由和民主的活动。[②] 此后，联合国人权委员会自 1994 年起每年均通过一项题为“人权与恐怖主义”的决议，这些决议将恐怖主义概括性地表述为以下五宗罪行，即旨在摧毁人权、基本自由和民主；威胁领土完整和国家安全；动摇合法政府的稳定；破坏多元化的民间社会和对各国的经济和社会发展造成不良影响。而且，这些文件或决议通常都是将“摧毁人权、基本自由和民主”放在最前面，可以说是被列在这“五罪”之首。决议还谴责恐怖主义对人们“免于恐惧地生活的权利、生命权、自由和安全的侵犯”，表示“深信一切形式和表现的恐怖主义，不论在何处发生，不论由何人所为，在任何情况下均属非法，即便作为促进和保护人权的一种手段也不能例外”。[③] 事实上，恐怖主义分子不但侵犯人权，而且侵犯最基本、最重要的人权：生命权。恐怖主义的存在本身，就是对《世界人权宣言》序言中所包括的“免于恐惧地生活的权利”的一种侵犯。

几十年来，国际社会反恐立法的实践逐步与其他相关国际立法协调一致，特别是与国际人权法保持一致，在反恐的同时重视人权保护。2002 年 6 月 3 日的《美洲国家间反恐公约》中专门制定了一项人权条款（第 15 条）。2005 年 3 月 10 日，联合国大会根据第三委员会的报

① 见 1999 年伊斯兰会议组织制定的《反国际恐怖主义公约》。

② 《维也纳宣言和行动纲领》第一部分第十七段，参见联合国文件：A/CONF. 157/23。

③ 参见联合国文件：E/CN. 4/2000/167。

告再次通过决议（A/59/503/Add. 2），强调了包括在应对恐怖主义和恐怖主义恐惧时尊重所有人权和基本自由及法治的至关重要性。决议毫不含糊地谴责一切形式和表现的恐怖主义行为本身都是侵犯人权的行为，但重申各国必须确保为打击恐怖主义而采取的任何措施符合国际法规定的各项义务，并按照国际法，尤其是国际人权法、难民法和人道主义法采取这种措施。根据这一思路，未来的反恐将越来越实现反恐与保护人权的统一，不仅惩治恐怖分子，同时约束国家等行为体。

首先，坚持合法性原则。各国所采取的一切反恐措施均必须有法律的依据，并有具体规定以防止法律的任意或歧视性的实施。任何法律框架之外的反恐措施应予以禁止。

其次，坚持不可克减性原则。根据《公民权利和政治权利国际公约》第四条，各国有义务尊重某些权利，在任何情况下均不得克减。包括生命权；禁止酷刑或予以残忍、不人道或侮辱的待遇或惩罚；刑法的精确性和不溯既往原则；人人在任何地方有被承认为法律人格者的权利以及思想、信仰和宗教自由等。此外，根据2001年人权事务委员会通过的第29号一般性意见，如果一个国家在危及其生存的情况下正式宣布了紧急状态，其对公约权利的某些克减也应严格符合该公约所规定的程序要求，而且其克减的主要目标应该是尽快恢复正常状态，再次全面遵守公约。

再次，坚持非歧视性原则。反恐措施决不能引起纯粹以种族、肤色、性别、语言、宗教或社会阶级为根据的歧视。

最后，坚持正当程序和法治原则。（主要规定在《公民权利和政治权利国际公约》第十四条）根据该原则，某些正当程序的权利，在任何情况下，即使是在打击恐怖主义分子的斗争中，也是不可克减的，包括经法庭审判的权利、无罪推定的权利和人身保护令性质的权利。对于其他某些正当程序权利的限制，如会见律师的权利，也应根据必要性与相称性原则予以严格限制。

可以相信，国际社会坚持有效打击恐怖主义和保护人权的统一，一定能够取得反恐与保护人权和基本自由的最佳效果。对于恐怖主义者来说，他们的前途只有一条：走向毁灭或者改弦更张。

四、铲除国际恐怖主义呼唤国际社会有效合作

“9·11”事件后，反恐问题成为国际社会关注的焦点之一。如何进一步有效地打击恐怖主义，已成为国际社会的共同课题。但是，世界各地的大规模恐怖袭击事件此起彼伏，严峻的形势凸显国际反恐斗争的艰巨性和长期性，也向各国提出了如何提高反恐斗争有效性的问题。

第一，打击恐怖主义必须坚持“标本兼治”的原则。争取和平、稳定与安全的社会环境和国际环境，是世界各国的共同愿望。当前，影响国际安全与稳定的一个最大因素就是国际恐怖主义。因此，打击国际恐怖主义是世界各国的共同责任和义务。而要消除恐怖主义不能忽视其产生的根源，打击恐怖主义一定要坚持“标本兼治、综合治理、惩防并举、注重预防”的方针。一是要在政治上建立互信机制。要在互信、互利、平等协作的基础上加强合作，共同打击恐怖主义。二是要在如何定义恐怖主义这个关键问题上达成基本共识，这也是国际社会共同打击恐怖主义的基础和前提。要坚决反对霸权主义、单位主义、强权政治，及在反恐问题上持双重标准。三是要倡导不同文明之间的对话，实现国际政治的民主化，促进世界各国全面、公正、平等地发展，消除恐怖主义的思想和社会基础。要坚决反对将反恐与民族和宗教问题挂钩。四是要开展多种形式的反恐合作，尤其是在反恐法律、情报、技术等方面开展有效的交流与合作，建立有效的反恐网络和机制。

第二，强化联合国在打击国际恐怖主义方面的作用。联合国作为世界上最具普遍性的政府间国际组织，在打击恐怖主义及推动国际反恐斗争中具有不可替代的重要作用。“9·11”事件发生后不久，联合国安理会即于2001年9月28日通过第1371号决议，要求所有国家冻结任何涉嫌从事恐怖主义行为的个人的资金或切断其经济来源，并对那些向这些人提供任何资金或经济来源的组织进行严厉打击。为此，安理会还成立了反恐怖主义委员会，负责监督决议的执行情况。同年10月，联合国安理会阿富汗制裁委员会宣布27个组织及个人因涉嫌参与恐怖活动而被列入其制裁名单。2002年4月，联大通过的《打击向恐怖主义提供财政资助的国际公约》生效。同年9月11日，联合国安

理会正式将“东突厥斯坦伊斯兰运动”列入安理会公布的恐怖主义组织和个人名单。恐怖主义是国际社会的共同威胁，打击恐怖主义是国际社会的共同责任和义务。因此，国际社会只有在联合国主导下，齐心协力，团结一致，才能形成强大的威力，最大限度地打击恐怖主义。

第三，中国在打击国际恐怖主义活动中要发挥特殊作用。我国应根据国际反恐领域的新动向，制定有利于我国和国际社会最大安全利益的应对方案和措施，积极参与反恐斗争的进程。一是推动联合国在打击国际恐怖主义方面发挥积极作用。联合国作为国际社会最具代表性和最有权威的国际政治组织，在打击国际恐怖主义活动中发挥着应有的作用。我国应充分利用安理会常任理事国的有利地位和在广大发展中国家的影响力，积极争取广大发展中国家的支持和配合，努力维护联合国在国际反恐行动中的作用和地位，有力推动联合国协调建立国际反恐合作机制。二是切实推动反恐立法。目前安理会的一系列决议仍然将恐怖主义行为定性为犯罪行为。如是犯罪行为，应该由司法部门按照一定的程序来处理，那么哪怕是跨国犯罪，也首先要有足够的证据，才能拘捕犯罪嫌疑人，直到判决其有罪后才能进行惩处。即使动用武装力量，也必须根据法律的规定，合法地加以打击。作为反恐重要力量的中国，积极参与国际反恐合作，不断完善中国的反恐法规和政策，表明了中国坚决反恐的立场，并把中国的国内反恐法规与国际反恐公约、法规接轨，成为国际反恐战线上的积极参与者和倡导者。三是坚持打击与疏导相结合，瓦解恐怖主义的社会基础。反对国际恐怖主义需要果断地加以打击。但是，绝大部分的恐怖分子并不是天生的，走上恐怖主义道路的原因也是多样的，根除恐怖主义滋生的土壤，需要我们在打击的同时，充分发挥民主治理的教育、引导功能。恐怖组织依附或掌控一定的民族、宗教，要将它与特定的民族、宗教剥离和区隔，是个艰巨的工作。要将罪行累累的恐怖组织与一般的具有极端、激进主义倾向的民族、宗教组织区别开来；将完全触犯国际反恐法律的恐怖组织与带有恐怖主义倾向的民族、宗教团体区别开来；将恐怖组织的首恶分子与广大受欺骗、胁迫而走上恐怖道路的一般成员区分开来。对于暂时走上错误道路的组织和个人，包括犯下反人类罪行的恐怖分子，确信他们不是天生的罪犯，不宜单纯采取打击和惩罚措施，而是立足于铲除产生恐怖主义的土壤，争取最大多数的人摆脱恐怖主义的影响，真正做到打击一小撮、挽救大多数。尤其对于大部分走上恐怖道路的一般成员，更应以民主的手段，以最大的耐心等待他们认识错误、改正错误。共产党人应当以“只有解放全人类才能最后解放自己”的宽广胸怀，尽可能团结最广大的人民群众，孤立、打击绝少数顽固的恐怖分子，维持世界的和平与稳定。

主要阅读文选：

1. 亨利·基辛格：《大外交》之《世界秩序》
2. 约瑟夫·奈、罗伯特·基欧汉：《权力与相互依赖》
3. 戴维·赫尔德等：《全球大变革》
4. 王逸舟：《恐怖主义溯源》
5. 塞缪尔·亨廷顿：《一个多极和多文化的世界》

第九章

当代西方国际安全战略思维的发展

当代西方的国际安全战略思维在理想主义、现实主义、建构主义三大主流国际关系理论中得到新的发展，同时一些军事战略家、哲学家、历史学家、社会学家也贡献了丰富的国际安全战略思想。特别是发生在美国的“9·11”恐怖袭击事件，使种种非传统安全非常突出地纳入国际安全战略思维，复合安全的国际安全新思维应运而生。与此同时，以美国为代表的“新帝国”的国际安全战略思维也在广泛吸纳各种安全战略思维的基础上得到空前的发展。

第一节　合作与制度：新自由主义的国际安全战略思维

在国际关系理论史上被称为第三次的论战发生在新自由主义与新现实主义之间。在以往的观点中，许多人更多强调的是国际关系中的无政府状态造成的安全困境、国家间的军事竞赛、权力均衡等传统概念。但自20世纪70年代以来，出现了新的思想，它强调国际经济的相互依赖、国际制度和社会规则等要素。这样的思想汇聚成了新自由主义。在20世纪七八十年代，新自由主义推出了一系列重要作品：1971年的《跨国关系与世界政治》、1977年的《权力与相互依赖》、1983年的《国际制度》和1986年罗伯特·基欧汉编撰的《新现实主义及其批判》。新自由主义与新现实主义之间的论战也在此过程中形成。

随着历史进入20世纪的尾声阶段，苏东集团解体，宣告了持续近半个世纪的冷战走向了终点。对于突如其来的胜利，美国以及西方世界在欣喜之余，也开始思考，究竟是什么使得在没有发生大规模战争的情况下，西方世界赢得了这场战争的胜利。其中，美国学者弗朗西斯·福山抛出了“历史终结论”，宣称自由与民主的理念已无可匹敌，历史的演进过程已走向完成。在对自由和西方制度的歌功颂德中，从80年代开始盛行的新自由主义，借冷战胜利的东风，迅速成为国际安全领域发挥重要影响的思想。

一、新自由主义安全战略思维对传统理想主义的修正

第一次世界大战造成的世界性危机，使得悲观气氛取代了19世纪后期以来的乐观主义，人们在战火中饱受苦难，更迫切地需要摸索出一条能够重新带来和平和希望的道路。以威尔逊“十四点”为代表的理想主义顺势而上，成为国际政治中显赫一时的思想流派。

理想主义思想来自于古典自由主义。古典自由主义具有鲜明的重商主义倾向，认为资本主义国家会致力于和平，而和平、正义、国际法律和国际组织，应当也可能是国际社会大家庭共同追求的一种目标和框架。理想主义学派代表人物中除了威尔逊之外，还有安吉尔、阿尔弗雷德·齐默恩、大卫·戴维斯、诺埃尔·贝克、吉尔伯特·默里、大卫·密特雷尼，以及约翰·默里、雷蒙德·福斯迪克、尼古拉斯·巴特勒、洛斯迪·金森和詹姆斯·肖特维尔等。理想主义学派从古典理想主义吸取了养分，并结合现代国际政治特点，提出了自己的一套理论，主要包括：第一，人的本性是善良的，人类所拥有的理性是值得信赖的。虽然战争一直伴随着人类社会，但总体上讲，人类总在不断前进，人的力量才是构建国际和平的关键因素。第二，排斥权力政治，主张通过道德来监督和规范权力的使用。第三，强调建立国际组织和进行国际合作的重要性，反对大国政治对国际政治的垄断。第四，通过健全国际法和国际公约能够确保世界和平。然而，以威尔逊为代表的理想主义实践者们，在残酷的现实世界中，很快就遭到惨败。从实践角度来讲，欧洲强权政治对威尔逊理想主义构想的排斥，以及“国联”在侵略和战争面前的软弱无力，宣告了理想主义的破产；从理论上讲，卡尔、摩根索等现实主义大师的涌现，无情地批判着乌托邦式的理想主义，并在国际关系理论的第一次论战中遥遥领先，奠定了

现实主义学派难以撼动的地位。尽管从严格意义上讲，理想主义并未能形成为一个如现实主义那般庞大、系统和完整的理论体系和学派，不过它所蕴含的精神依然对丰富国际关系思想起到了不可忽视的作用。

新自由主义的出现，是对当时流行的新现实主义的一种回应，也是自由主义学派在沉寂多年后的又一次高潮。由于国际力量格局和国际形势发生了巨大变化，新自由主义虽然在传统上与理想主义有着一定程度的联系，但是，其理论基础大不相同。新自由主义并没有彻底否定古典现实主义的假设（国家中心主义、理性、权力与问题的等级制），它强调的是，现实主义没能认识到现实中的经济问题、权力和相互关系，特别是忽视了国家间互动关系所形成的相互依赖和国际制度。这些因素对国家的权力和行为方式产生了重要影响。与理想主义的空洞不同，新自由主义并没有将国际安全问题寄托于人性和国家自我约束之上，它突出强调了世界经济的发展，促成了相互依赖的形成，国家和跨国行为体在一个合作和相互依赖的全球网络中相互连接，构成了一种体系性的互动，也就是符合相互依赖模式。在这种关系之中，军事手段不再是国家间关系的首要工具，战争政策也不应成为政治家应首先考虑的选项。相反，通过不同行为体的持续交往和共同努力，能够促进行为体共同获益，避免灾难性的物质冲突。

二、新自由主义安全战略思维的基本思路

作为国际关系理论体系中的一个谱系，新自由主义在安全战略问题上有着自身完整的体系。从总体上讲，新自由主义的安全战略思维的基本思路是：承认国际社会的无政府状态；民主制度的扩展能确保国际安全；经济合作促进国家间的交流，提高相互依存度；军事力量作用不再像以前那样重要；国际机制能够有效促进国际安全。

（一）国际社会的无政府状态

国际体系的无政府状态，被称为国际关系的罗塞塔石碑，因为

“没有人否认国际体系在某种程度上处于无政府状态”。[①] 新自由主义与现实主义、新现实主义一样，也将无政府状态作为理论的基点。不过，新自由主义在无政府状态的性质和后果等方面，与新现实主义存在差别，概括而言，“新现实主义与新自由主义相比，更强调无政府状态对国家行为的严格限制作用”。[②] 新自由主义认为现实主义学派过分夸大了无政府状态的重要性。尽管是无政府状态，但是，体系中的行为者在各自利益的驱使下，能够进行国际合作，并逐渐形成了国际制度，同时，所有行为体之间的互动——尤其是经济交流——提升了相互依赖程度。正因为如此，无政府状态程度能够得到相当程度的缓和。

（二）自由市场和经济合作能够促进复合相互依赖形成，从而保障国际安全

新自由主义主张，不同国家应在自由、平等的基础上进行广泛而深入的交流，这就要求建立自由市场体系，在此范围内进行经济合作。新自由主义相信，无障碍地进行思想和商品的交流，能够消除彼此间的不信任和误解，增强互利和相互信任，降低国家使用军事力量的意愿。更重要的是，通过非战争的手段能够获取比使用战争手段更多的利益。国际经济合作结束了无政府状态下的自助，增进了互助，减弱了无政府状态下的不安全感，有助于建立和平的国家间关系，确保国际安全。

（三）“民主和平论”

“民主和平论”是基于理想主义和古典自由主义的传统而形成的。在自由主义传统中，民主共和制度被认为是最有利于实现和平的制度。公认的自由主义的鼻祖之一康德早在18世纪末写下的《论永久和平》中，就将“每个国家的公民体制都应该是共和制”作为实现永久和平

① ［美］大卫·A. 鲍德温主编，肖欢容译：《新现实主义和新自由主义》，浙江人民出版社，2001年版，第4页。

② ［美］大卫·A. 鲍德温主编，肖欢容译：《新现实主义和新自由主义》，浙江人民出版社，2001年版，第5页。

的必要条件之一。因为“如果为了决定是否应该进行战争而需要由国家公民表示同意，那么最自然的事就莫过于他们必须对自己本身做出有关战争的全部艰难困苦的决定，他们必须非常深思熟虑地去开始一场如此糟糕的游戏。相反地，在一种那儿的臣民并不是国家公民，因此那也就并不是共和制的体制之下，战争便是全世界上最不假思索的事情了”。[①] 同时，他第二项必要条件中指出“国际权利应该以自由国家的联盟制度为基础”，即由自由国家结成联盟签订和平条约，是实现永久和平的唯一出路。康德的思想被看作“民主和平论”的早期形态。到了20世纪60年代，自由主义学派依据经验的观察，提出了民主国家之间很少或从来不会发生互相争战这一命题。1976年，梅尔文·斯莫尔（Melvin Small）和戴维·辛格（J. David Singer）经过研究发现，除了个别边缘例子外，民主国家之间缺乏战争。后来，迈克尔·多伊尔（Michael Doyle）对此进行了系统的讨论。新自由主义秉承了这一思想，认为国家内部民众的自由权利是构成民主制度的基础，而民主国家趋于和平，这构成了和平的保障。国际安全的实现离不开民主制度在全球范围内的扩展。因此，新自由主义的对外政策中，拓展民主是其一个必不可少的重要内容。

（四）军事力量在安全问题中的地位有所下降

新自由主义在安全和军事问题上有着自己的看法。“新自由主义者与新现实主义者都认为，国家安全和经济福利两者都很重要，但他们的分歧在于何者更加重要。”[②] 现实主义将安全作为第一位考虑的因素，并因此而强调军事力量的作用。新自由主义则认为，由于国际关系趋于缓和，军事威胁可能降至次要的地位，国际合作将越来越广泛而深入。因此，试图通过军事力量来追求利益最大化是行不通的，它只会引起冲突与对抗，破坏国际安全。相反，在经济领域更容易促成国际间合作，而且通过经济交流与合作生成的相互依赖，降低了国家对安全的关注程度，同时降低了在国际关系中使用武力的可能性。由

① ［德］康德著，何兆武译：《永久和平论》，上海人民出版社，2005年版，第107页。

② ［美］大卫·A. 鲍德温主编，肖欢容译：《新现实主义和新自由主义》，浙江人民出版社，2001年版，第7页。

此，经济问题成为不同行为体的优先考虑议题。行为体在经济事务领域的合作，能够使其获取比使用武力更多的收益。

（五）完善国际机制和制度，消除无政府状态

以约瑟夫·奈和罗伯特·基欧汉为代表的新自由主义者因推崇国际机制和制度的功能，也被称为新自由制度主义者。他们在《权力与相互依赖》一书中指出“我们将对相互依赖关系产生影响的一系列控制性安排称为国际机制”①，“国际机制是国际体系的权力结构与该结构内的政治、经济谈判之间的中介因素……国际机制影响并在一定程度上支配着体系内发生的政治谈判和日常决策”。② 而制度则是这种机制的“载体”。虽然新现实主义和新自由主义都承认，国际政治中存在机制或制度，不过，现实主义学派坚持认为，即便国际制度和机制能产生作用，但却只存在于特定的权力政治结构之下。在缺少凌驾于主权国家之上的协调或强制力量的情况下，无政府状态始终是国际社会的基本特征。对新自由主义来说，国际制度和机制能够促成国家间的合作，是解决国际无政府状态有效的途径，同时由于国家存在理性，因而能够主动选择参与国际制度和机制，从而能够形成国际秩序。新自由主义强调国际制度和机制的建设，通过不断完善制度和机制，人类能得以克服无政府状态。

三、新自由主义安全战略思维的外交实践

无论是新现实主义还是新自由主义，它们提出的国际政治经济学、合作理论、霸权稳定论、国际机制论、复合相互依存论、世界体系论等与决策和实践关系密切，从本质上来讲，它们是“为管理国际体系中的大国关系服务的”。③ 新自由主义在冷战后成为主导西方大国——尤其是美国——对外政策的主流思想。其安全战略思想在对外战略实

① ［美］罗伯特·基欧汉，约瑟夫·奈著，门洪华译：《权力与相互依赖》（第3版），北京大学出版社，2002年版，第20页。

② ［美］罗伯特·基欧汉，约瑟夫·奈著，门洪华译：《权力与相互依赖》（第3版），北京大学出版社，2002年版，第22页。

③ 倪世雄等：《当代西方国际关系理论》，复旦大学出版社，2001年版，第169页。

践中，体现在以下几个方面。

（一）加强国际机制和国际制度建设

美国建立霸权的方式就是在各个领域建立国际机制，从而确立自己的霸权地位和霸权体系。约瑟夫·奈就此指出，国际机制是美国重要的权力资源。新自由主义安全战略秉承了这一传统，试图通过新建和调整国际机制来实现战略目标。第一，在军事领域，通过巩固和调整同盟体系，确保国家安全和全球优势。冷战结束后，美国和盟国根据冷战后国际形势的变化，调整和加强了同盟关系，并修正了同盟战略目标，从对付苏联转变为应对新挑战。第二，在国际安全领域，重视联合国为代表的国际组织的作用，通过这些国际机制，来影响和改造国际体系。例如，1991 年美国在联合国授权下领导多国部队打击入侵科威特的伊拉克。第三，在经济领域，通过世界贸易组织（WTO）等经济组织的建立和完善，巩固美国在国际经济体系中的霸权地位。为适应全球经济一体化的发展，美国积极推动 WTO 的成立。同时，美国还加强了在国际货币基金组织、世界银行等组织中的主导力度，以确保能按美国意愿来塑造国际经济秩序。

（二）鼓吹“民主和平论”，加大民主输出力度

自由主义学派普遍推崇的“民主和平论”是美国冷战后建立世界新秩序的重要理论依据。福山在论述“历史终结”时指出，历史表明，民主国家的数量在与日俱增。从 1790 年至 1990 年，自由民主国家从 3 个增加到了 61 个。“自由民主制度的发展，连同它的伴侣——经济自由主义的发展，已成为最近 400 年最为显著的宏观政治现象。”① 美国为首的西方世界认为，冷战胜利是西方民主制度对极权政治的胜利，证明了西方民主制度的“普世性”。而要建立一个后冷战时期稳定繁荣的新国际秩序，必须在世界范围内进一步输出民主。1994 年，美国总统克林顿在国情咨文中明确表示，美国外交政策的“第三根支柱”就是要推进其他国家的“民主化”。这一思想在同年发布的《参与和扩

---

① ［美］弗朗西斯·福山：《历史的终结及最后之人》，中国社会科学出版社，2003 年版，第 54 页。

展的国家安全战略报告》中得到体现。报告指出“促进美国在全世界利益的最佳途径是扩大全世界民主国家和自由市场制度”。为此，美国一方面要对新兴民主国家进行全方位的援助，帮助其巩固和扩大他们在实行民主方面的努力。同时，美国还必须对所谓的“非民主国家”采取强硬政策，从外交、经济、技术等方面进行孤立和制裁，并利用非官方组织、企业、“和平队”等，在世界范围内积极推进公共外交，宣传民主制度。报告强调：“我们的长远目标是建立这样一个世界，在这个世界里，每一个大国都是民主国家，同时还有其他许多国家加入这个实行市场经济的民主国家共同体。”①

（三）推行“人权外交”，实行“新干涉主义”

与扩展民主制度相联系的，是美国为首的西方世界在政治、经济、外交、宣传、军事等领域推行“人权外交”。冷战结束后，西方国家利用经济和技术上的优势，将经济援助、技术输出、科技合作等附加上人权条件，甚至采取经济制裁、贸易禁运等手段向所谓的“人权状况不好”的国家施加压力。例如：1993 年，美国总统克林顿发布行政命令，宣布在给中国贸易最惠国待遇之前，中国必须在移民、人权和所谓“监狱里的强制劳动”等方面取得进展。同时，西方媒体对一些国家的状况进行了消极、片面、歪曲的报道，刻意营造出这些国家“践踏人权”的负面形象。美国为首的西方国家推行的“人权外交”，不仅是试图占领“道德高地”，背后隐藏的更是其全球战略的野心。“人权外交”宣扬“人权高于主权”“人权无国界”，试图借助人权问题来越过国际法对国家主权的维护，直接对他国进行赤裸裸的干涉。它直接导致了军事上的“新干涉主义”。最突出的例子是对前南内战的干涉。西方国家以塞族“侵犯人权、屠杀平民、威胁地区安全”为由，发动了科索沃战争。科索沃战争是对国家主权的践踏，是“人权外交”异化的一个极端。然而，克林顿却把美国和北约的侵略行动说成是“保护科索沃数以千计的无辜百姓”，指责米洛舍维奇是“暴君”，在科索沃制造“种族清洗”和“难民潮”，标榜美国是为“维护和平”

① William Clinton, *National Security Strategy of the United States, 1994 ~ 1995: Enlargement and Engagement*, Washington D. C.: Brassey's Press, 1994, pp. 7 ~ 13.

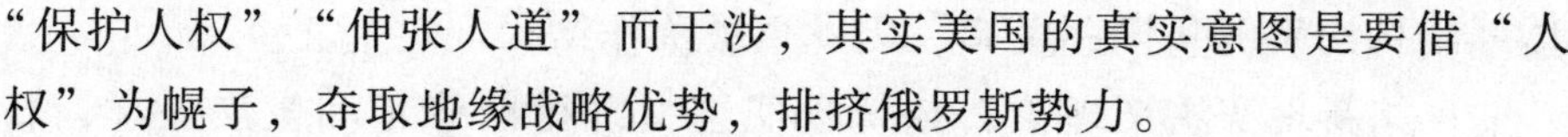

“保护人权”“伸张人道”而干涉，其实美国的真实意图是要借“人权”为幌子，夺取地缘战略优势，排挤俄罗斯势力。

第二节　“怀念冷战”：进攻性现实主义的国际安全战略思维

二战结束后长达20多年的时间中，以摩根索为代表的传统现实主义的国际安全理论在国际关系理论体系中占据着支配地位。然而进入20世纪70年代之后，随着国际形势和国际关系现实的演进，传统现实主义理论遭遇到了来自行为主义学派、多元主义学派、全球主义学派等方面的攻击，逐渐显露出对新形势的不适应。于是，广大现实主义学者意识到对传统现实主义进行“科学的修正和补救”势在必行。在此情况之下，新现实主义应运而生。1979年肯尼思·沃尔兹在其出版的《国际政治理论》一书中提出了国际关系的新结构主义理论，标志着新现实主义初露端倪，从此现实主义的“复兴时期”开始了。

一、新现实主义安全战略思维对经典现实主义的修正与分流

新现实主义秉承了传统现实主义以权力（实力）为基础的理论基点，承认国际社会处于无政府状态以及国际关系仍以国家为中心的现实。但与此同时，新现实主义在很多方面对传统现实主义进行了修补、深化和发展。第一，传统现实主义着眼于国家，强调世界的无政府状态；而新现实主义则着眼于体系，认为世界包含着国际政治经济的相互依存关系。第二，传统现实主义着重研究国家利益和国家权力，而新现实主义则着重研究全球国家间的权力分配，主张结构分析。第三，传统现实主义强调国际冲突，淡化国际合作的可能性，忽视国际机构促进合作的作用，而新现实主义则主张国际冲突与国际合作的结合，强调国际合作的可能性，重视国际机构促进合作的作用。总而言之，与传统现实主义相比，新现实主义最突出的特征是提出了体系结构的概念，强调国际体系结构对国际关系个体的影响和制约，主张从国际

体系结构出发分析国际关系，因此也被称作结构现实主义。

正如新现实主义理论对传统现实主义理论的修正和发展一样，新现实主义也在安全战略思维方面对传统现实主义进行了必要的修正或发展，具体主要体现在以下几个方面。

首先，关于国际冲突的根源。以摩根索为代表的传统现实主义把国际政治的第一推动归为人性，进而从人性本恶的基本假设出发，把国际冲突的根源追溯到人性。而新现实主义则认为，人性中不仅有恶的一面，也有善的一面，即便人性中恶的一面必然导致冲突，那么人性中善的一面也会在相反的方面遏制冲突的发生。因此，新现实主义认为国际冲突的根本原因并不是人性，而从国际体系结构的概念出发强调国际社会的无政府状态才是国际冲突的根源。

其次，关于国家追求的最终目标。传统现实主义认为国家对权力的追求根植于人性，权力是国家追求的最终目的。而新现实主义则强调权力本身不是目的，而是实现国家目标的有用手段，国家追求的最终目标是安全而不是权力。新现实主义的国际安全战略思维认为，对于一个国家来讲，并不是拥有的权力越大越安全，国家拥有的权力过小固然易招致攻击，但相反国家拥有的权力过大也会刺激其他国家，引起其他国家对本国安全的担忧，进而可能招致其他国家的联合攻击。因此，对新现实主义者来说，国家从维护自身安全出发并不应该追求权力的最大化，而应该追求适度的权力，既不会因为过于弱小而诱发别国攻击，也不会因为过于强大而刺激别国，这样才是确保本国安全的明智之举。另外，传统现实主义认为国家拥有的权力主要指国家所具备的军事实力，而新现实主义则认为权力应是国家包括军事实力在内的综合实力。

再次，关于国际关系的因果关系。传统现实主义把国际关系中的因果关系看作是单向的，即主要从出于相互作用的个人或国家那里寻找国际后果的原因。而新现实主义则认为尽管某些国际后果的原因存在于相互作用的单位层次上，但是还有某些原因存在于结构层次上，或者存在于单位层次上的原因与存在于结构层次上的原因之间的相互作用，因此仅仅从单位层次上理解往往是片面的。新现实主义强调国际体系的结构也会对国家的行为产生不可忽视的影响和制约作用，在国际关系研究中不仅要注重单位层次，也要注重结构层次，只有如此才能全面充分地把握国际体系内的变化和延续。因此，在国际安全战略思维方面，新现实主义不仅注重单个国家安全行为对国际安全环境的塑造作用，也注重总体国际安全环境对单个国家安全行为的影响和制约作用。因而单个国家在追求国家安全的过程中，在关注与其他国家相互关系的同时，绝对不能忽视对国际总体安全环境的研究和判读。

总而言之，与传统现实主义相比，新现实主义的国际安全战略思维强调国际体系结构对国家安全的影响和制约，主张国家在追求安全的过程中必须注重从国际体系结构层次出发研究、理解国际安全环境。

二、咄咄逼人的进攻性现实主义

按照美国国际关系学者格伦·斯奈德的观点，新（结构）现实主义包括防御性现实主义和进攻性现实主义两个分支，它们几乎同时出现在20世纪70年代末。以沃尔兹为代表的防御性现实主义者认为，国际结构中几乎没有什么动力来促使国家增加自己的权力；相反，国际结构促使各国维持现有的均势；保持权力而非增加权力成为各国的主要目标。以芝加哥大学政治学教授米尔斯海默为首的进攻性现实主义者则认为，世界政治中鲜有维持现状的大国，因为国际体系产生强大动力，促使各国趁机获得权力、削弱对手，并利用各种得大于失的情况。各国的终极目标就是成为体系中的霸主。[①] 一言以概之，“沃尔兹的理论世界里全部是维持现状的国家，米尔斯海默的理论世界里则只有修正主义国家”。

2001年米尔斯海默在其发表的新著《大国政治的悲剧》中系统阐述了进攻性现实主义的基本命题和核心观点，该书被认为是“继1979年沃尔兹的《国际政治理论》之后对现实主义国际政治理论最重要的贡献”[②]，米尔斯海默本人也因而成为“进攻性现实主义理论”的领军人物。

① ［美］约翰·米尔斯海默著，王义桅、唐小松译：《大国政治的悲剧》，上海人民出版社，2008年版，第2页。

② 转引自王义桅、唐小松所译《大国政治的悲剧》一书的译序，上海人民出版社，2008年版，第8页。

任何理论都建立在某些前提性假设的基础之上，这些基本的前提假设构成了理论的逻辑起点和基本命题。一向以逻辑推理清晰著称的米尔斯海默在《大国政治的悲剧》中清晰地阐述了进攻性现实主义的逻辑起点和基本命题。

第一，国际关系体系过去是、现在是、未来仍将处于无政府状态。米尔斯海默认为国际社会是一个残忍的角斗场，是一个你死我活的险恶环境。国际社会的无政府状态促使大国以进攻的思维和行动提防对方、争夺权力、追求霸权，因而也注定了大国悲剧的宿命。

第二，所有国家都具有某种进攻性的军事能力，大国尤为突出。进攻性现实主义认为尽管相差很大，但所有国家都具有某种进攻性的军事能力。而大国因为拥有充足的军事资源和庞大的军事力量，因而军事能力尤为突出，甚至达到相互摧毁的程度，致使大国间存在潜在的危险。由于无政府状态下安全的稀缺性，大国必须不断追求拥有更多的军事力量，以备不时之需并随时准备对外侵略。

第三，大国永远无法把握其他国家的意图。由于大国间存在严重的不信任感，致使大国一方面经常隐藏、掩饰自己的真实意图而以假象示人，另一方面要求国家在判断他国意图时必须小心谨慎，“意图最终是无从知晓的，国家必须对对手的意图做最坏的估计”。而且国家的意图不是一成不变的，会随着形势的发展而不断变化。

第四，生存是大国的首要目标。国家的生存对于大国来说是其最基本的诉求。大国的生存意味着大国的领土和主权完整不容遭受外部势力的干涉与侵犯，必须得到其他国家的尊重。生存是国家的根基，国家一旦被征服，就没有资格再去追求其他更高的目标，正所谓“皮之不存，毛将焉附?”

第五，大国是理性行为体。大国能够通过理性的分析与计算，评估外部环境，权衡风险、机会、成本和收益等各种变量，站在战略高度来选择安排本国的行为，力图用最低的成本来获得最大的收益，并对本国和他国行为做出预测。

基于上述五项基本假定和逻辑起点，米尔斯海默对无政府状态下大国行为的必然选择进行了推理和分析。

第一，大国之间彼此畏惧。大国间的畏惧来自于大国在体系结构中的位置不同，来自于大国对权力分配的关注，来自于大国拥有相互攻击的能力和国家间深深的不信任感。大国总是无法信任对方会做出善意的举动。

第二，自助原则。由于整个国际社会体系处于无政府状态，没有中央权威来约束国家行为，也没有中央权威对违反规则秩序的国家采取有效的惩罚。因此为确保国家的生存，国家必须采取“自助”原则，一国只有将本国的生存与发展置于自己的实力之上才是最明智之举。

第三，权力及其最大化原则。进攻性现实主义主要从军事角度来定义权力，并将权力划分为潜在权力和军事权力。潜在权力是指国家与对手竞争时所能调动的潜能的总和，是用来构筑军事权力的社会经济要素，人口数量和财富规模是衡量潜在权力大小的两大基础。军事权力则是指国家的军事力量所能发挥的最大作用及与对手的军事实力对比的情况。

进攻性现实主义同意经典现实主义实现权力最大化的观点，认为国家对权力拥有无法填补的胃口，并不断采取进攻姿态，企图控制其他国家。但与经典现实主义不同的是，进攻性现实主义将国家追求权力的动因归结于国家在国际社会无政府状态中为了谋求生存和自助所必然采取的行为，而非经典现实主义认为的是来自于无法衡量的源于人性的“权力意志”和人的“权力冲动”的放大。

第四，推卸责任。进攻性现实主义认为，大国在面对另一个实力不断膨胀的国家时，第一反应不是寻求建立针对该国的均势同盟，而是倾向于采取推卸责任的政策，即把遏制实力不断膨胀的国家的责任推卸给他国，让他国充当责任承担者，自己则坐山观虎斗，冷眼旁观。首先，大国可以通过推卸责任的方法用最小的代价来实现自己的安全，而且能够使自己置身度外，不必动摇国家发展的根本战略方针。其次，由于责任承担者担负了遏制的主要任务，二者彼此对抗，必然导致双方实力的削弱和下降。而推卸责任者则是最大的利益获得者，“鹬蚌相争，渔翁得利”。再次，即使责任承担者无法单独遏制实力不断膨胀的国家，也能为推卸责任者赢得准备的时间。最后，即使针对实力不断膨胀者的均势得以建立，也仍旧有两个问题难以解决。一是均势的效率低下；二是在均势中同样存在着大量推卸责任的行为。通过上述的分析，进攻性现实主义认为国家作为理性行为体在面临实力不断增长的国家的威胁时，首先采取的对策当然是尽量将遏制的责任推卸给责任承担者，而非建立均势。

第五，地区霸主。进攻性现实主义认为，只有成为霸主之后，国家才会感到满足与安全。只有当一国获得霸权之后，它才会停止追求权力，那种认为大国只需要拥有适量的权力而无需支配体系就可以高枕无忧的观点是错误的。只有糊涂的国家才会感到它已获得了足够的生存权力，而不愿抓住机会争做体系中的霸主。进攻性现实主义认为只要是大国就具备称霸的可能性，不论其是否存在称霸的意愿。潜在霸权国的崛起将对霸权国构成最严重的挑战。已成为地区霸主的国家常常会采取一系列策略以试图阻止遏制其他大国也成为地区霸主。可供选择的最佳的办法就是在当地扶植另一国家使之成为责任承担者而自己则充当“离岸平衡手”。如果其他国家无法实现这一任务，“那么他就不再是维持现状的国家。无疑它一定会竭尽全力削弱甚至消灭它的远方对手。当然两个地区霸权都会受到那一逻辑的驱使，他们之间必然发生激烈的安全竞争。”①

进攻性现实主义认为有两个制约因素使当代大国无法成为全球性霸主。一是技术因素，即在当今时代没有任何一个国家拥有明显的核优势。二是自然因素，即水体的巨大阻碍作用。“任何大国的理想局面是成为世界唯一的地区霸主。那一国家将是一个维持现状的国家，它可以尽情地保护现有的权力分配。”② 因此成为地区霸主而非全球霸主成为大国理性逻辑思维推理下的最佳选择。

无论是防御性现实主义还是进攻性现实主义，其对国际关系的看法都基于这样一个共性：权力（实力）基础上的国际关系。然而，进攻性现实主义着重强调国际体系的不确定性、危险性和变动性，认为国际社会中的国家全部是不满足于现状、致力于追求地区霸权的所谓修正主义国家，认为所有国家之间都有彼此进犯的倾向和侵略的意图。因此，为了在无政府的国际体系之下保证自身安全，所有国家都必须最大化地追求权力，增强军事实力，谋求地区霸主地位，而大国之间的互相猜疑和进攻倾向必然导致互相冲突，从而酿成“大国政治的悲

① ［美］约翰·米尔斯海默著，王义桅、唐小松译：《大国政治的悲剧》，上海人民出版社，2008 年版，第 43 页。

② ［美］约翰·米尔斯海默著，王义桅、唐小松译：《大国政治的悲剧》，上海人民出版社，2008 年版，第 43 页。

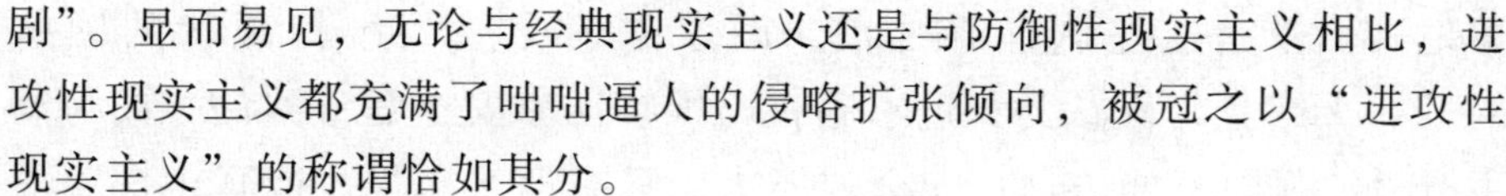

剧”。显而易见，无论与经典现实主义还是与防御性现实主义相比，进攻性现实主义都充满了咄咄逼人的侵略扩张倾向，被冠之以“进攻性现实主义”的称谓恰如其分。

三、进攻性现实主义的历史困境

自诞生之日起，进攻性现实主义就在学术界引起了巨大的争论，是一种具有相当影响力的理论。总而言之，进攻性现实主义将现实主义的权力概念发挥到了极致，其理论核心是无政府状态导致国家追求权力最大化，具体而言是大国谋求霸主地位。

第一，体系结构决定论真的如实反映了国际政治现实了吗？

进攻性现实主义理论的逻辑框架是体系结构决定论，即无政府状态的国际体系结构是影响国家行为的第一因素，无政府状态的国际体系结构决定了国家必须追求权力最大化，因为这是获取最大安全的最佳途径。根据体系结构决定论的逻辑，在国际体系无政府状态下，所有大国的行为应该是相似的或接近的，所有大国都应该追求国家权力的最大化，所有大国的对外政策都应该表现出咄咄逼人的进攻性和侵略性，因为只有如此才能确保自身安全。然而，国际关系的现实却并不如此。显而易见，尽管同样处于无政府状态的国际体系中，但大国的行为却差别很大。实际情况是有的大国奉行和平共处的对外政策，有的大国则奉行侵略扩张的对外政策；有的大国尽力维持现状，有的大国却试图改变现状。大国之间行为的如此差异，无疑是对进攻性现实主义体系结构决定论的巨大质疑。而作为进攻性现实主义理论最重要的代表人物，米尔斯海默也一直不能就这个问题作出令人信服的解释。

第二，成为霸主真的能够维护国家安全吗？

进攻性现实主义理论认为，国际体系的无政府状态及大国之间的彼此畏惧决定了国家确保生存的最佳方式是成为体系中最强大的国家，也就是霸主。国际政治的残酷现实迫使国家追求权力最大化，而只有当一国获得霸权后，它才会感到满足与安全，才会停止追求权力。“简单地讲，在完全控制体系之前，国家是不会成为维持现状的国家的。”[①] 米尔斯海默认为，追求霸权与维护国家安全是一致的，成为霸主可以加强国家维护自身安全的能力，只有拥有霸权才能真正摆脱对其他大国的恐惧心理，才能最终获得国家安全。然而，国际关系的现实真的如米尔斯海默所愿吗？拥有霸权真的能够实现国家安全吗？事实上，几乎没有哪个国家能够通过霸权来维护自己的安全，尤其20世纪以来的国际关系史更加鲜明地证明了这一点。在第二次世界大战中，法西斯国家通过对外侵略追求霸权的行径在给世界人民带来灾难的同时并没有给自身带来安全，最终被世界反法西斯力量彻底击败。在冷战中，苏联在世界范围内与美国争夺霸权，尽管国家实力和国际地位有了极大的提升，成为唯一能够与美国相抗衡的超级大国，但最终也没有实现国家安全，相反却导致了自身的崩溃。美国作为目前世界上唯一的超级大国，被米尔斯海默视为当今世界上唯一的地区霸主，并认为水体巨大的阻隔力量使得美国成为历史上最安全的大国。然而，霸权也并没有给美国带来安全，“9·11”事件将美国人的美梦击得粉碎，同时也给了进攻性现实主义一记响亮的耳光，取得了地区霸权的美国正每时每刻面临着恐怖主义更严重、更现实的威胁，所谓的国家安全似乎只是海市蜃楼。越来越多的人逐渐意识到，进攻性现实主义所谓成为霸主就可以维护国家安全的理论只不过是一场梦。

第三，大国政治的悲剧是否永远无法避免？

进攻性现实主义认为两方面因素决定了“大国注定要进犯他国”[②]、大国政治将始终处于一种悲剧状态：其一，大国之间的安全竞争是一种零和博弈，每个国家压倒一切的目标就是最大化地占有世界权力，一国获取权力是以牺牲他国为代价的；其二，所有国家都是修正主义国家，国际体系中没有维持现状的国家，除了那种想对潜在的对手保持支配地位的一时霸权。由于大国很少会对眼前的权力分配心满意足，以及任何国家都不可能取得全球霸权，因此大国之间的竞争将永不停止。正因为进攻性现实主义理论对国际政治的悲观结论，米

① ［美］约翰·米尔斯海默著，王义桅、唐小松译：《大国政治的悲剧》，上海人民出版社，2008年版，第38页。

② John J. Mearsheimer, *The Tragedy of Great Power Politics*, p. 5.

尔斯海默在《为什么我们很快会怀念冷战?》一文中断言，冷战的终结和两极体系的崩溃将使世界进入权力纷争的年代，人们将很快怀念冷战期间两极主导下的和平。

米尔斯海默认为自己的理论建立在对历史考察的基础之上，是对历史经验的站得住脚的忠实总结，能够很好地解释现实。然而，很多进攻性现实主义理论的批评者指出，米尔斯海默为证明自己的理论而选取的例子是带有明显倾向性的，并不具有普遍性。[①] 他只是截取了人类历史长河中很短的一段（主要是两次世界大战和冷战期间）去验证自己的理论，从中得出国际政治逃不出大国政治悲剧的结论。批评者们认为，米尔斯海默明显只看到了国际政治中的冲突性因素，而忽视了冷战结束后国际政治中发生的积极的重大变化。事实上，随着全球化趋势的不断加强，各国之间的相互依赖不断加深，大国之间尽管依旧存在深刻的利益冲突和安全猜疑，但面对人类共同的挑战和危机，大国彼此之间的共同利益也越来越多、越来越广，同时各大国也越来越重视构建彼此之间的安全互信，安全竞争不再是大国关系的全部内容。总而言之，在当今和平与发展的时代主题下，大国之间尽管仍然存在矛盾与竞争，但各大国对彼此之间合作的重视是前所未有的，用和平手段解决彼此矛盾已经成为国际社会的共识，至少目前没有任何迹象显示进攻性现实主义所谓的“大国政治的悲剧”将在国际政治中上演。

第三节　关注认同：建构主义的国际安全战略思维

作为20世纪90年代兴起的一个新的国际关系学派，建构主义通过对冷战结束和冷战后国际政治中的一系列新现象，如种族冲突、全球范围内的民族主义浪潮、全球问题的协调与合作、国际恐怖主义的泛滥等问题，对于传统理性主义解释国际政治现象出现的困境的思考和反思，其在借鉴法兰克福学派的社会批判理论、安东尼·吉登斯的

① Glenn H. Snyder. Mearsheimer's World：Offensive Realism and the Struggle for Security [J]. International Security，27（Summer 2002）.

结构社会理论和马克斯·韦伯的政治社会学的基础上，把哲学和社会学思想与内容引入国际关系的研究议程，引发了国际政治社会学研究范式的复兴。建构主义理论开始质疑国际关系主流理论给定的一系列重要概念，如国家安全、无政府状态、自助体系、国际体系结构等。在此基础上，建构主义运用社会学理论对这些概念予以重新解读，成为继新现实主义和新自由主义之后又一具有重要影响的国际关系理论流派。

一、国际安全基本视角的转变

建构主义理论之所以能够引起人们的广泛关注，不在于它对国际关系领域提出了具有革命意义的全新概念，而是对传统的主流理性主义所界定的概念予以社会学的理解和解读，对传统概念提出了全新解释和赋予了全新的内涵，即建构主义提出了一种有别于传统理性主义对国际关系研究的视角。正如我国著名学者秦亚青所言："建构主义理论框架中的基本概念没有超出新现实主义和新自由主义基本概念的范畴，但对于这些概念中的每一个，建构主义都从本体性角度提出了质疑。"[①] 建构主义认为对国际关系的理解不能单纯的从物质实在的角度去理解，而应以社会事实为理解国际关系的基础。在新现实主义和新自由主义理论中，国际政治领域被理解为一种物质实在，这种物质实在独立并外在于人类的实践活动。新现实主义认为权力和利益，即国家物质力量（主要是国家的经济实力和军事力量等）在国际体系中的分配状况决定了国际体系结构的形态，并决定了一个国家的对外政策行为。[②] 新自由主义的制度虽然在很大程度上是非物质的，但其作用取决于制度能提供的物质回报，物质性权力和利益仍然是国家行为的主要动因。[③] 虽然文化观念因素也被理性主义提及，但只是排在权力与利

① ［美］亚历山大·温特著，秦亚青译：《国际政治的社会理论》，上海人民出版社，2000年版，前言部分第31页。

② 在传统国际政治理论研究中，权力往往被认为最终是军事力量，利益则是对权力、安全和财富的自私追求。

③ ［美］亚历山大·温特著，秦亚青译：《国际政治的社会理论》，上海人民出版社，2000年版，前言部分第13页。

益之后成为影响国家对外行为的一个自变量。对国际政治的理解就像对独立于个体观察者的大脑和语言的客观自然世界的理解一样，科学家通过对自然世界的科学分析，能够认识客观世界并得出自然物质世界的客观规律。在国际政治领域，这种对国际关系的物化的直接逻辑结果就是追求权力、扩展权力和运用权力，寻求自身利益的最大化。

虽然传统理性主义一直被认为是对国际关系研究的主要范式，然而20世纪90年代冷战格局的戏剧性和平终结为国际政治研究的社会学视角提供了强大动力。因为现实主义理论对冷战和平的结束显得不那么具有说服力。在现实主义看来，国际体系结构的主要转换机制是战争，而冷战的国际格局却和平地结束了。另外，苏联在与美国的对抗中甘愿放弃对于其自身安全有着重要缓冲作用的边缘地带和自愿与美国签署与己不利的《中导条约》等重大事件或做法，在以追求权力、确保安全的现实主义理论中很难得到圆满的解释。同时，冷战结束以来的国际形势的发展与演变的事实也要比现实主义预期的结果好得多。而另一主流国际关系理论——新自由主义则认为，国家间的制度安排能够提供国际交往的信息，降低了国际合作的成本，增加了行为体间的相互合作与互信，从而可以对行为体的未来行为产生可依赖的预期。因此，国际体系处于一种稳定有序的状态。但是，国际社会中很多的国际机制苏联都参与了，并是其中的重要一员，那么为什么相同的国际机制使苏联和美国在二战后建立起冷战的格局，而在80年代末90年代初又主动放弃冷战思维呢？

由于主流国际关系理论没有对国际格局何以首次以非战争的方式结束以及冷战后国际政治中的一系列新的现象给予有力的解释。于是人们便将眼光从主流理论的视角移开，投向主流理论领域以外的视野，如国际关系中文化、认同、国际制度、共有观念等社会性因素。其实，很多国际关系学者对国际关系的社会性内容予以了很大的关注，鲁基（Ruggie）就曾批评美国新现实主义大师肯尼思·沃尔兹的国际政治理论缺乏社会学的内容，未能解释体系的变革。中国学者俞新天就把国际关系的研究分为三个向度，即世界政治研究、世界经济理论和国际文化研究，三者各有优势，不能相互代替，只有密切配合才能真正理解国际关系。[①] 文化社会性因素和其他因素一样都是研究国际关系的一个重要变量。随着人们对国际关系理论新视野的开拓，在继承和批判主流国际关系理论的基础上，兴起于20世纪90年代的建构主义完成了国际关系研究的社会学转向，即从政治、经济和军事等视角转到文化、观念、认同等理念主义的视角。

在建构主义看来，国际政治现象不是孤立存在的，而是一种与其他社会现象有密切联系的特殊的社会现象。国际政治现象源于社会环境，受其社会现象的制约特别是受到经济因素、历史文化和观念等因素的影响，并与它们共同形成了丰富多彩的人类社会。政治与社会不可分，政治是与特定的社会关系联系在一起的，没有抽象的政治现象，"对政治结构与过程的任何有意义的分析，都必须研究其社会基础，如社会价值、信仰体系、权力合法性、权威等。"[②] 国际政治亦是如此，虽然国际政治不像国内政治那样具有稳定的社会秩序，但其也是人类社会生活的重要组成部分，体系中的国家也有一个社会化的过程，具有社会性。首先，虽然主权国家存在着无政府状态，但并非是混乱无序，而是有着一定的准则、制度和价值规范可循，国家之间共同遵守一些国际政治文化，从而也就具备了社会性的基础。正如赫德利·布尔所称，当两个或多个国家相互间具有足够的联系，并且当一些国家意识到某些共同利益和共同价值，它们感到自己受到相互关系中的一套共同准则的约束，并分享那些共同机制运作的好处时，就形成了一个社会。[③] 所以，无政府国际体系是否具有社会性，关键是国家间在互动过程中能否形成某些共有的观念或价值观，并受到这些共有价值的制约。而体现这些共有价值观的，是国家间在互动中进行合作共同建构的国际制度，如主权观念、国际法、国际机制、普遍的国际组织以及有关战争与和平的惯例与公约等。这些给国家既带来约束又使它们受益的国际制度维系着国际政治的正常运行，维系着民族国家体系的生存，也维系着国际社会的发展与演变。虽然国际社会呈现出无政府状态，但并非处于无序状态。作为国际社会主体成员的民族国家在追

① 郭树勇：《建构主义与国际政治》，长征出版社，2001年版，第12页。

② 毛寿龙主编：《政治社会学》，中国社会科学出版社，2001年版，第19页。

③ ［英］赫德利·布尔著，张小明译：《无政府社会——世界政治秩序研究》，世界知识出版社，2003年版，第10~11页。

求生存与发展的目标的过程中遵循的共同价值观就构成了国际社会的基础。其次，随着经济全球化的迅猛发展和国家间相互依存的增加，国际政治的社会性愈益增强。虽然现在的主权国家具有很强的独立性，即使在某种程度上脱离国际社会也可以生存下去，但是在经济全球化的今天，任何一个国家都不可能不感受到全球化带来的巨大影响，市场经济和科技的发展使一切国家的生产和消费都成为世界性的，没有任何国家能够长期地与其他国家和国际社会隔离开来。全球化使各个国家的相互联系、相互依存的程度不断提高，各国都成为全球化进程中的有机组成部分。随着主权国家间相互依存的加深和频繁地互动，越来越多的国家签署或加入一系列国际条约，并且各种国际机制得到越来越多国家的认同。可以说，当今几乎没有一个国家能够游离于国际机制之外而不受其影响，任何一个国家，即使像美国这样强大的国家，也不可能完全依赖自己的意志行事，而不考虑国际社会的反映。美国在反恐、在伊拉克战争和在朝鲜核问题上的表现就是最好的证明。

正是国际政治本身具有的社会性，以社会学方法研究国际政治的现象并非鲜有之事，只不过是长期处于被西方主流学派边缘化和被排挤的境遇。冷战和平的结束和全球化的发展，国际关系日益组织化、制度化和社会化、全球性市民社会和政治文化的发展等都给了以社会学方法研究国际政治极大的动力，所以才有了20世纪90年代社会学的重新复兴。建构主义以社会学方法为基础，对国际政治中的核心概念——权力、利益、国际体系以及国际体系结构的变迁等——重新解读，赋予其社会文化的内涵，认为观念不仅仅是与权力、利益和制度一样成为研究国际关系的自变量，更重要的是，权力、利益和制度不是独立于观念的，而是由观念建构的。物质性原因是由观念建构的，“如果把观念视为与其他原因因素并列的变量，就不能充分理解观念的作用。……一切都取决于权力和利益是怎样建构的。”①

① ［美］亚历山大·温特著，秦亚青译：《国际政治的社会理论》，上海人民出版社，2000年版，第121页。

二、无政府状态的形成与克服

我们知道，建构主义对传统理性主义所界定的概念从本体论上提出了质疑，认为文化或曰共有知识①建构了国际社会的事实，国际体系的结构是观念的分配（distribution of ideas），而不是新现实主义所称的是物质力量的分配。作为国际关系理论中最重要的概念之一的无政府状态，建构主义也同样给出了自己的解读和阐释。

无政府状态被当代许多国际关系理论作为国际体系的基本特征和第一推动因素，其理论假定在建构主义之前从没有受到认真的质疑，无论是新现实主义还是新自由主义都把无政府状态作为研究国际政治的起点和参考事实，很少有人否定国际体系的无政府性。阿尔特和杰维斯都认为“无政府状态代表了国际政治环境的持久概念和现象……是国际关系的基本事实”；肯尼斯·奥伊（Kenneth Oye）也指出：“国家处于永久的无政府状态之中，因为没有中央权威机构可以限制对主权利益的追求。”基欧汉的《霸权之后》以无政府性为起点研究国际制度。他把无政府性视为“表述了国际政治的特征”的基本体系要素。② 可见，无政府状态作为研究国际政治的一个前提假设得到了人们无可质疑的普遍肯定。

根据《韦氏新大学词典》（第九版）的解释，“anarchy”一词主要有以下几种含义：一是指没有政府或缺乏控制；二是指由于不存在政府而导致的没有法律和政治秩序的混乱和无序；三是指由于不存在政府而人人享有完全自由的乌托邦社会；四是指单纯的缺乏秩序（与政治和政府无关）。而《牛津英语词典》则将无政府直接定义为混乱

---

① 建构主义的文化不同于广义上的文化，广义上文化的定义主要是：文化是人类创造出来的，建立在象征符号上，由某个群体共享的，具有系统性、习得性和传承性的物质产品和精神产品的总和。而建构主义的文化即共有知识是指国家行为体在一个特定环境中共同具有的理解和期望，是社会意义上的共有。它可以是合作性质的，也可以是冲突性质的，互为朋友和互为敌人同样是文化事实。具体到国际关系中就是行为体经过互动、社会学习而拥有的国际规范、国际制度和国际规则等一系列具有法律和道德规约的国际共识，它包括国际法、国际机制、国际惯例、主权概念等，而很少包括一国长期形成的特有的文化与文明。

② 转引自秦亚青：《国际体系的无政府性——读温特〈国际政治的社会理论〉》，载《美国研究》，2001 年第 2 期，第 135 页。

(chaos) 和无序 (disorder)。根据这种解释，国际体系中的国家置身于一个混乱的、人人自危，大家都没有安全感的霍布斯式的自然状态中。其实，这种定义并不符合我们现实生存的国际政治环境。因为，在国际政治中始终存在着持续性的秩序因素，行为体在国际关系交往中要遵循一定的国际规约、道德规范和制度框架等原则。所以，从现实来看，无政府状态并不意味着在国际政治中没有秩序和一定的组织性，国际社会中形成的秩序，一直体现在现代国际体系中，因为秩序所体现的国家共同利益观念、共同接受的规则和共同的体制从未停止过发挥作用。因此，现实国际关系中所阐释的无政府状态更多的是指国际社会缺乏一个有效的具有实质性权力机构的世界政府或者是缺少一个能够解释和执行法律的中央权威，而不是缺乏或没有一定的秩序，即沃尔兹所说的"缺乏全体系范围内的权威机构"和基欧汉所说的"世界政治中缺乏一个共同政府"。[①] 这也是国际关系学界普遍接受的一个观念。从根本上说，造成国际社会的这种无政府性主要是由现代国家主权特性决定的。由于国家主权拥有对内最高权和对外独立权，即在其领土管辖范围内所拥有独断的、最高的权力，它有权根据自身的需要决定一切内部事务，而不受任何外来的干涉，国家有权制定法律并通过强力来保证有效地实施；国家的对外独立权意味着在国家之上没有任何更好的权威，每个国家可以根据自身利益独立选择外交政策行为，任何国家均不得干涉另外一个国家外交政策的制定和执行。当然，这种国家主权的界定也意味着国家间交往的一个重要原则，即平等权，国家间不存在从属和等级关系，自然也不可能像各个主权国家内部那样建立具有实质性权力和权威的中央政府体系。从而，一旦国家间发生利益冲突，一个国家不能像其公民一样向政府寻求保护，而只能通过发展自身力量来抵御外来的可能侵袭，实现自我保护。国家主权的这种特性排斥任何形式的世界政府，继而导致了国际社会的无政府性。

国际社会的无政府性会导致一个怎样的国际政治现实，建构什么样的国家行为体属性和造就什么样的国家对外政策行为，建构主义认为关键在于国家行为体在互动中建构一种什么样的体系文化结构。建

① Waltz, *Theory of International Politics*, p. 88; Keohane, *International Institutions and State Power*, p. 1.

构主义理论把国际体系结构理解为观念的分配，具有文化的向度。文化即共有知识（socially shared knowledge）成为人们理解国际政治的基本出发点，因为“共有知识涉及行为体相互间关于对方理性程度、战略、偏好、信念以及外部世界状态的认知”。[①] 每个理智的行为体都必须了解诸如什么是“国家”，“主权”意味着什么，“国际法”提出了什么要求，“国际规制”是什么，“均势”是怎样形成和运作的，什么构成“战争”，“最后通牒”意味着什么等文化内容。在建构主义看来，文化结构不仅影响国家的行为，而且建构国家行为体的身份和利益，而非新现实主义的物质主义决定论。建构主义的体系文化结构观与新现实主义体系结构理论的区别就在于此。建构主义摆脱了新现实主义单纯地对国际体系物质性的假定，强调国际体系结构是由物质结构、利益结构和观念结构等组成，而且三种因素总是相互联系的。“没有观念就没有利益；没有利益就没有具有意义的物质条件；没有物质条件也就根本不可能有客观事实。”[②] 但是这三种因素所发挥作用的程度是不同的，温特强调文化、观念对国际政治的重要意义，认为最终起作用的不是物质性因素，而是由物质因素表现出来的观念方式，如对于权力均势的理解不能理解为破坏性物质手段之间的平衡，而应是“所受到的威胁之间的平衡”。如为什么朝鲜可能拥有的几枚导弹比英国的几百枚导弹更能使美国感到不安全呢？如果单从导弹这种物质性的因素分析显然是无法解释的，而只能从美国、英国和朝鲜三国互动形成的观念文化结构的不同中寻求解释。所以，建构主义认为不了解国际体系层次的文化内容，就无法解释现代国家和国家体系的行为。[③]

建构主义国际体系文化观的一个重要贡献在于对国际无政府状态有了不同于传统理性主义的解读，跳出了理性主义关于国际政治悲观的宿命论的观点。新现实主义认为，无政府状态结构是国际政治体系中唯一的一种结构层次，是影响国家对外行为的永恒不变的常量。国

---

① ［美］亚历山大·温特著，秦亚青译：《国际政治的社会理论》，上海人民出版社，2000 年版，第 201 页。

② ［美］亚历山大·温特著，秦亚青译：《国际政治的社会理论》，上海人民出版社，2000 年版，第 179 页。

③ ［美］亚历山大·温特著，秦亚青译：《国际政治的社会理论》，上海人民出版社，2000 年版，第 200 页。

际体系的无政府状态决定了国家必须时刻关心自己的生存与安全。而由于在国家之上没有一个权威机构来保障自己的安全，所以在一个现实威胁随处可见的世界中，国家不得不依靠自身的力量来维护自己的安全。由此，无政府状态决定了国际体系是一个自助体系，国家间不可避免地陷入安全困境之中。国家在对外政策中不得不推行权力政治。然而，建构主义对无政府状态的逻辑命题从本体论上提出了质疑，认为无政府状态并不单纯只有一种结构层次，体系的结构性质关键取决于体系中的行为体在互动实践中形成什么样的具有主体间意义的角色身份，即自我和他者互相再现建构的主体位置格局，不同的角色身份会塑造不同的文化体系结构。无政府状态作为一种体系结构，本身没有什么意义，是体系中的施动者实践互动的结果，存在于社会进程之中。自助并不是无政府状态的必然逻辑属性，只是国家间认同形成的一种共有知识。自助与无政府状态没有必然的联系，无政府状态可以形成自助的体系特征，也可以形成助他的体系特征，关键是看行为体间怎样建构角色身份。“无政府状态是一个空的容器，没有内在的意义。使无政府状态产生意义的是居于其中的人以及他们之间的关系结构。”①

基于此，根据国际体系结构中的角色身份的不同，建构主义将国际体系的无政府状态结构分成霍布斯式文化结构、洛克式文化结构和康德式文化结构三种。霍布斯式文化结构的角色身份是“敌人”。充当此角色的行为体间再现的是敌人身份。它们的行为准则是不承认行为体独立存在的权利，不会限制使用暴力的程度，战争成为一种常态。为了本国的生存、安全和权力而进攻、吞并、消灭他国成为一种天经地义的事情，为了达到目的可以不择手段，是一种典型的“人人为战，国国为敌”的自然状态。在这种文化结构中，自我和他者再现的共有知识就是战争随时会发生。生存完全依赖自己的军事实力，相互之间的安全具有高度的零和博弈性，国家寻求的是赤裸裸的权力政治，自助也就成为这一结构的主要特征。洛克式文化结构的角色身份是“竞争对手”。对手角色不同于敌人角色，竞争对手不像敌人那样具有零和

① ［美］亚历山大·温特著，秦亚青译：《国际政治的社会理论》，上海人民出版社，2000 年版，第 383 页。

性质，它不会试图统治和消灭对方，只是希望改变他者的行为方式。“竞争对手期望相互行为的基础是主权，生命和自由是对方的权利，因此不会试图统治对方。”[①] 现代国家的竞争受到国际法承认的主权结构的限制，竞争的基础是法制。各国之间已形成一定程度的互信与共识，国家的生存与安全不再是第一目标，因为主权制度作为国际共识得到普遍承认和遵守，弱小国家也可以共生于国际体系之中。国家间使用武力仍然具有合法性，但已受到极大的限制。一旦发动战争，其目的也不是以消灭或占领对方为目的。在这一体系中，它的逻辑基础是“生存和允许生存”。康德式文化结构的角色身份是“朋友”，行为体再现为朋友。在这种文化结构中，行为体已经形成相当程度的正向认同，个体利益存在于集体利益之中，集体利益是个体利益的体现。国家间的利益、观念已形成相当程度的交集，发展与合作成为相互交往的主要形式。“国家必须是真正的朋友，而不仅仅像好朋友一样行事。”[②] 国际规范、国际机制、国际话语等已基本上内化为各行为体的共识，对共有知识的认同是由内到外的，是建立在自愿基础上的。这种认同被行为体视为维护国家利益的最有效手段，不再认为是获取自身利益的一种工具性手段。霍布斯式的自助体系已彻底被多元共同体或集体安全体系所代替。武力使用已属非法，国家不再以武力作为解决彼此争端的手段。各国对国际体系的和平变迁产生“可依赖的预期”(dependable expectation)[③]。

文化是国际体系结构最根本的事实，它使权力具有意义，使利益具有内容。[④] 无政府状态被建构主义理解为文化结构，是由行为体在互动实践中互相建构的文化形式，无政府体系的结构和趋势取决于哪一种文化形式处于主导地位。行为体的互动实践导致了不同的无政府状态形式，从而克服了传统理性主义所界定的国际体系无政府状态只有一种单一结构的假定，也克服了现实主义关于国际政治处于自助的自

① [美] 亚历山大·温特著，秦亚青译：《国际政治的社会理论》，上海人民出版社，2000年版，第351页。

② [美] 亚历山大·温特著，秦亚青译：《国际政治的社会理论》，上海人民出版社，2000年版，第380页。

③ 郭树勇：《建构主义与国际政治》，长征出版社，2001年版，第143页。

④ [美] 亚历山大·温特著，秦亚青译：《国际政治的社会理论》，上海人民出版社，2000年版，第317页。

然状态的悲观逻辑假定。国际体系的特征是自助还是他助关键在于行为体相互构建的角色身份。不同的角色身份建构不同的体系文化结构，行为体间既可以建构以自助为特征的安全困境，也可以建构以他助为特征的安全共同体。根本上，建构主义缓解了无政府状态对体系结构自然状态塑造能力的认知。无政府状态的多重性决定了我们可以在一定程度上跨越无政府性带来的安全困境。

三、和平境界的提升：道德体会的伦理自觉

建构主义从社会建构的角度重新审视国际体系的无政府性，把它从物化中解脱出来，还其社会文化的内涵，无政府状态也就具有了多种逻辑结构。与此相对应，不同的逻辑结构就会建构不同的安全文化。在建构主义看来，安全模式是行为体通过互动建立起来的一种文化结构，是一种关系。国家安全不是客观的，也不是主观的，而是主体间性的。无政府状态既可以建构安全困境的文化模式，也可以建构安全共同体的文化模式，关键是看行为体在互动实践中形成怎样的角色身份结构。只有在确定了行为体的身份后，我们才能理解安全的意义。自助也就不必然是无政府性的唯一特性，他助文化（other-help culture）的建立也不是没有可能。体系的性质到底是他助还是自助取决于体系中的行动者的身份和认同。如果体系的成员间的身份是敌人，那么，行为体的存在和安全就会成为最重要的问题。行为体只能依靠自己的力量或结盟才能拯救自己。在这种情形下，体系的无政府状态才表现为自助性质。但如果体系成员间的身份是朋友，行为体不仅不会担心对方是自己的威胁，而且会认为对方强大的物质力量是大家的财富，自我和他者的安全利益在相当程度上是同质的，从而形成一种安全上的共同体，在这种情形下，体系的无政府状态则表现为助他性。因此，自助并不是无政府状态的逻辑特性，而是一种文化结构，只是无政府状态下国家认同结构中的一种而已。如果我们接受了国际体系的特性既可以是自助也可以是他助，无政府状态并不一定导致自助的观点，那么，国家间关系就不一定会陷入安全的困境。行为体通过社会实践活动改变其主体间性，就可能超越传统的安全困境，建立安全共同体，即多伊奇所定义的“一群人已经凝聚到这样的程度：共同体的成员真

正确信彼此间不使用武力或不以武力相威胁，而是以其他和平的方式来解决争端”，“成员间拥有共同的制度、共同的价值观、共同的共同体感，对国际体系的和平变化产生了可依赖的预期。”①

在建构主义看来，国际体系的安全文化结构能否转变在于行为体身份能否重新定义，因为结构的变化附着于身份的变化。身份和利益的重新建构以及体系结构的转换之所以可能依赖于建构主义的文化观，因为“一旦把结构理解为一种文化，国际政治的深层次结构从来没有变化的观点就站不住脚了”。② 身份和结构都是进程的结果，是内生于社会进程的。“当行为体重新定义其身份和利益的时候，结构就发生变化。”③ 安全模式作为一种文化结构，并不像现实主义所理解的那样是国际政治的固有特征和物质事实，而是一种主体间的社会规则结构。是这些社会规则结构建构了行为体间的相互关系。安全困境和安全共同体同样都是文化事实，不同的只是角色身份的差异而已。行为体在互动进程中，既可以建构安全困境文化模式的只关注个体性本身安全的自助型角色身份，也可以建构安全共同体文化模式的助他型的角色身份。建构主义安全共同体的文化模式就依赖于第二种角色身份的建立。康德无政府文化结构的朋友角色身份是建构多元安全共同体的必要条件，因为这样的结构决定了行为体相互遵守的三条基本规则：第一，不使用战争和战争威胁方式解决争端；第二，任何一方的安全受到第三方威胁，双方将共同作战；第三，自我和他者的利益产生了相当程度的交织，形成了“共同的自群体身份”（in-group identity）。虽然朋友间也会争吵，但他们预期友谊会长久持续下去。就像美国和加拿大一样，虽然两国在捕鱼、贸易、环境等方面存在冲突，而且美国的军事力量远远强于加拿大，但美国并没有希望以武力解决问题的目的。朋友文化结构在很大程度上克服了霍布斯式和洛克式文化结构中行为体因利己自私而导致的集体行动的困难，因为行为体自身本体性

① Emanuel Adler and Michael Barnett, *Security Community*, Cambridge University Press, 1998, pp. 6 ~ 7.

② ［美］亚历山大·温特著，秦亚青译：《国际政治的社会理论》，上海人民出版社，2000 年版，第 398 页。

③ ［美］亚历山大·温特著，秦亚青译：《国际政治的社会理论》，上海人民出版社，2000 年版，第 423 页。

安全的稀缺性得到很大程度的缓解。此时行为体间形成一种自我身份的外溢，国家间往往更倾向于他助而不是自助，把自我真正看成集体中的一分子，也就是说行为体已经把朋友的这种共有知识内化到自身身份中，自觉遵守集体持有的规范，而不是通过外在的强制力量。在这种情况下，行为体不自觉地形成了一种集体身份，它使行为体具有维护其所在文化的利益，使自我的福祉自然地延伸到包含他者福祉的程度，也使集体的安全和他者的安全成为行为体自身安全的一部分。当行为体超越了只对本体性安全关注后，建立了相互信任和集体认同，形成对和平变化的可靠预期时，行为体就不再使用暴力来解决它们的争端，安全共同体就建立起来。如美国和加拿大、英国和法国都是一种比较典型的安全共同体。

安全共同体在建构主义看来之所以能够可能，安全困境之所以能够超越，关键在于安全模式的文化特性。文化的回归意味着行为体和结构互相塑造能力的恢复，就像承认人具有能动性和创造力。安全的文化特性的重要意义就在于它能够使行为体摆脱在面对国际政治自助体系无能为力的被动局面，让我们重新思考安全与权力和身份的关系。在建构主义看来，实现安全共同体的一个重要前提就是被朋友身份建构的行为体把这种主观安全意愿转化为实践行动，自觉遵守安全共同体的游戏规则，国家行为体尤其是大国约束自身行为，形成对和平机制的自觉认同。如果说现实主义是通过强调外在力量来理解安全问题，那么建构主义则关注行为体通过互动建立起来的集体身份，内化并自愿遵守安全共同体的规则，成员间建立了高度的互信，形成了整个体系的安全文化理念。安全不再是个体安全，而是共同体的安全。安全还是不安全是社会建构的，国际安全会随着时代的变化而变化，这种变化是国际体系文化结构作用的结果。当然，建构主义的安全也只是理解国际安全的一种视角，也有自身的缺陷和不足，国际政治的现实与形成安全共同体所要求的主客观条件之间尚有一定的距离，安全困境仍在起作用。从权力均势到集体安全再到安全共同体，表达了人们破除安全困境的努力与向往美好国际和平的愿景。① 建构主义的安全观

① 关于权力均势和集体安全的论述及它们之间的异同请参见倪世雄主编：《当代西方国际关系理论》，复旦大学出版社，2004 年版，第 376～390 页。

不是对国际安全的理想化，而是揭示这个世界可以走出安全困境，实现对战争的超越。①

第四节　西方三大主流国际安全战略思维的冲突与交融

和平与发展时代相对稳定的国际秩序使人们跳出战争与冲突的紧迫忧思，理性地思考世界的长治久安，世界范围内，国际安全战略思维出现百家争鸣的局面。鉴于新现实主义和新自由主义之间的激烈论战，彼此的优劣暴露无遗，建构主义趁势而出，在西方战略思想界形成三足鼎立的局面。西方三大主流国际安全思维的冲突与交融对世界安全战略思维的发展产生了深远的影响。

一、新现实主义与新自由主义安全思维的区隔

新现实主义和新自由主义之间的激烈论战，是20世纪后20年国际关系理论界最重要的事件。在论战中，双方的代表人物一方面充分展示各自理论的亮点和精髓，同时也竭力指出对方理论中的不足和偏颇，从而使两种理论的基本观点越辩越明确。

在安全思维方面，新现实主义理论和新自由主义理论存在以下区隔：

（一）逻辑起点：人性善恶及理性

新现实主义继承了传统现实主义关于人性恶的基本观点，对人的本质持悲观态度，认为人的本性易被欲望驱使，是邪恶的，而且这一点是根深蒂固的，深植于人的潜意识之中，是顽固不可改变的。

从人性本恶的逻辑起点出发，新现实主义进而认为人是冲动的，是缺乏理性的，人自身没有挽救自己的能力，只有在自身之外，在集

① Emanuel Adler and Michael Barnett, eds., *Security Community*, Cambridge University Press, 1998, pp. 413～442.

体中及国家内才能实现这一愿望。

新自由主义抛弃了传统理想主义人性善的观点，但又不像现实主义那样认为人性是纯粹恶的，他们认为人的本质是不完美的，人是有缺点的，有脆弱和非理性的一面，但也具有潜在的能力控制自己的欲望，并在合理的环境下使自己变得有理性。

与新现实主义理论相比，新自由主义对人持有积极的观点，认为人尽管不完美，但是是有理性的，具有自我改造的潜在能力。人在群体生活中有能力创造适合自己发展的习俗、规则及价值观，人可以通过理性手段解决人与人之间的冲突，人有足够的智慧与别人以任何方式进行贸易，人有能力衡量自己的利益得失，有能力作出理性的选择。

（二）关注点：冲突、合作与稳定

在某种程度上，新现实主义和新自由主义都承认国际社会处于无政府状态。但这两大理论流派对于无政府状态的性质、作用和结果有着不同的看法。

新现实主义从人性本恶的逻辑起点出发，认为人类满足自己欲望的普遍动机势必导致人与人之间的冲突，人类邪恶的天性决定了人类的冲突是自然且正常的。新现实主义认为，在无政府的国际社会中，自助的体系结构决定了国家之间冲突的必然性，因为每个国家都需要通过追求权力而获得自身安全，如此必然会发生利益的分歧和对立。

新现实主义理论对国际合作的态度是消极的，这一方面归因于人性本恶的逻辑起点及人类追求个人欲望的动机，另一方面则是由于无政府的国际体系结构。在新现实主义者看来，国际合作不仅难以实现，更加难以维持，因为合作大都依赖于国家权力。在国际合作中，新现实主义强调国家必须获得相对收益，也就是极力追求自己所得多于别人所获。于是，当合作的所有参与者都追求相对收益时，合作就必然崩溃。

新现实主义认为在无政府的国际社会中，冲突是绝对的，稳定是相对的。只有在国际社会成员间的力量对比达到某种相对的平衡时，稳定才有可能实现，力量的平衡导致结构的稳定。

与新现实主义不同，新自由主义尽管承认无政府的国际社会中发生冲突的可能性，但并没有把无政府状态的程度和结果看得太严重。

新自由主义者认为，人可以通过理性手段解决人与人之间的冲突，只要在国际社会中建立起必要的机制和制度，国际冲突是完全可以避免的。

与新现实主义把利益冲突看作合作的障碍恰恰相反，新自由主义视利益冲突为合作的原因和基础，他们认为当人们意识到自己处在真正或潜在的冲突之中时，人们同时也会意识到合作的必要性。同传统自由主义一样，新自由主义坚信制度能使人与人在一起工作，也能使国与国成功地进行合作。新自由主义认为现实主义低估了国际合作的可能性以及国际制度的能力，认为在无政府的国际体系中，合作是正常的，也是经常发生和存在的现象。

新自由主义之所以对国际合作具有如此信心，很大程度上是因为新自由主义强调国际社会中的相互依存，认为国家的目的是获得绝对收益而不是相对收益，即只考虑在合作中自己是否有所受益，不顾及自己的收益比别人多还是少。新自由主义承认国家仍然是国际社会重要的行为体，但与此同时，新自由主义认为不能忽视国际组织、跨国组织以及各种社会团体对国际体系的作用，相信在国际组织和国际机制的作用下，和平与国际合作的实现是完全可能的。在他们看来，由于非国家行为体对国际体系影响力的增加，强力作用的下降，功能合作的加强以及现代科学技术的发展使国际相互依存不断加深，未来的国际社会不是分裂的、相隔的，可以通过全球结构促进世界和平及国际合作。

基于对国际合作充满信心，新自由主义认为在国际机制和制度的作用下，国际社会的稳定是完全可以实现的，合作而不是力量均衡导致结构的稳定。

（三）对外战略：保守现实主义与理想自由主义

有关新现实主义和新自由主义在对外战略上的主张和观点，目前理论界众说纷纭，尚无成熟的定论。一些学者（如约瑟夫·奈）提出这样的看法：新现实主义和新自由主义在对外战略思想方面表现为保守现实主义和理想自由主义的分野。

保守现实主义和理想自由主义分别从新现实主义和新自由主义有关国家和国家间关系的理论出发，对一个处在无政府状态中的国家应采取何种对外战略作出了不同的回答。

保守现实主义对国际社会的无政府状态持强烈的悲观态度，认为实力特别是军事实力是一个国家生存和安全的决定性因素，国家对外战略的宗旨应当是千方百计地增强实力。国家要时刻保持警惕，采取必要的防范措施，因为弱国往往成为强国进攻的对象。公正、合理、谋求共同利益的国际格局很难实现，国际干预的力量微乎其微，自助是唯一的法则。对于一个弱国来讲，要么依附于某个大国，要么成为弱肉强食的对象；而对于一个强国来说，要么努力维持国际间力量的均衡，通过均势维护自身安全，要么谋求成为世界霸主，以超群的实力确保自身安全。

理想自由主义认为国际机制和合作才是维护一个国家安全的关键因素。随着全球化趋势的不断加强，国家之间的相互依存也越来越深，国家之间共同利益的范围越来越广，国际合作越来越密切，国际机制在调节国家关系方面的作用必将越来越重要。国际社会虽然处于无政府状态，但国家的行为并不是完全没有制约，且随着国际合作的不断强化，这种制约力量也将越来越强。国家应努力加强与其他国家在政治、军事、经济、文化等各个方面的合作与交流，在维护和追求自身利益的同时，不能忽视国家之间的共同利益，而应推动建立利益共同体。另外，国家应积极参与国际组织，努力推进国际机制的建立和强化，发挥国际机制在维护国际社会秩序和稳定方面的作用，依靠国际机制的力量确保国家的安全。

（四）军事安全手段：军事实力与软实力的作用

新现实主义和新自由主义都承认国家安全与经济福利是国家的主要目的。但新现实主义强调前者，是以权力、利益和安全为主体的思想体系；新自由主义则强调后者，是以国际合作和相互依存为主体的思想体系。由此出发，新现实主义和新自由主义对军事实力和软实力在国际社会中的作用也有着不同的认识和理解。

尽管不再像传统现实主义那样把权力视为国家的目的，但新现实主义仍然认为，对于国家来说，权力、安全和生存依然是第一位的，并由此推出，作为维护国家权力、安全和生存的重要手段，军事实力仍然是国际关系中最重要的因素。

新自由主义对国际社会的认识和描述与新现实主义大相径庭。新自由主义认为随着科技的进一步发展，世界正变得越来越小，国际社会行为体之间的相互依存越来越强，国际合作的领域越来越宽广，国际社会行为体之间的共同利益也越来越多。基于对国际社会发展趋势的积极态度，新自由主义认为缓和是国际社会必然的发展趋势，对于一个国家来说，遭受军事威胁或侵略的可能性正变得越来越小，因此军事实力在国际关系中的作用也在不断地萎缩，军事安全问题占据国际事务首位的局面不再是固定不变的。而与此同时，由经济、科技、文化等要素构成的软实力在国际关系中的作用正在不断增强，其功效在特定情况下已经超越了传统的军事实力。

（五）国家安全战略：国家安全优先与经济合作推动

新现实主义和新自由主义都承认国家是目前国际体系中的主要行为体，尽管新自由主义强调除国家外，国家组织、跨国组织以及各种社会团体在国际体系中的作用，认为国家作为唯一主要行为体的作用在下降，然而在如何保障一个国家的安全即在国家的安全战略方面，新现实主义和新自由主义的着眼点存在一定的分歧。

作为传统现实主义的继承和发展，新现实主义认为国家生存系于由自助原则控制的战争状态，安全和生存是一个国家第一位的要素，要安全，就必须获得足以遏制他国侵略欲望的权力，而一国所具有的综合实力就是衡量其所获得权力的最主要标准。与传统现实主义不同，新现实主义不再把权力视为国家追求的最终目的，而把获得权力看作维护国家安全这一最高目的的途径。也可以说，国家的目的不再是使自己的实力最大化，而是防止和阻止任何其他国家的实力超越自己，从而构成对自己的潜在威胁。

新自由主义从无政府状态的国家社会中看到的是一幅不同于新现实主义的画面，认为正是国际体系无政府的这一基本特性为国家间各种互动模式提供了存在的空间，从而对开展国际合作充满信心。新自由主义认为，国际社会尽管处于无政府状态，但却是一个相互依存的整体，且随着科技的发展，国家之间的相互依存只会进一步加强，而不会削弱。同时，新自由主义认为经济领域的国家合作要比在其他领域更容易形成，因此，国际合作将首先并主要地表现为经济合作。由此，在新自由主义者看来，保障国家安全的最有效途径是积极推动和开展广泛的国际经济合作，因为经济合作必然会在国家之间产生越来越多的共同利益，使国际社会趋于一个利益共同体，在合作中共同受益，当一国的利益受损时其他国家也将付出利益代价，从而在“同呼吸，共命运”中使国家的安全得到保障。

二、西方三大国际安全战略思维的交融

尽管彼此之间在安全理念和安全途径等方面存在巨大的差异甚至激烈的冲突，然而随着国际政治的不断演进，特别是冷战结束以后全球化趋势的不断发展、各国之间相互依存的不断加深，新现实主义、新自由主义和建构主义三大主流国际安全战略思维逐渐呈现出相互交融的发展趋势。概括地讲，新现实主义和建构主义也开始逐渐认同国际合作和国际制度安排在解决国际冲突、维护国际安全等方面的积极作用。在这一方面，隐约出现了新现实主义和建构主义向新自由主义靠拢的迹象。

强调国际合作、重视国际制度安排对维护国际安全的积极作用一向是新自由主义国际安全战略思维的基本特点。而新现实主义一般则强调无政府国际体系中国际冲突的必然性，对国际合作和国际制度安排的作用持消极态度。但面对国际冲突所要付出的高昂代价，以及国家间相互依存的不断加深，新现实主义也对自己的国际安全战略思维适时进行了反思和修正。尽管新现实主义依旧认为在国际体系的无政府状态之下，国家在谋求自我保存和增加其权力的过程中会和别国发生冲突，但新现实主义也开始主张国际冲突与国际合作的结合，强调国际合作在一定条件下是可能的。基于国际冲突的巨大代价，国家有时也会选择合作而不是战争，从而推动国际社会的和平与发展。另外，新现实主义从国际体系力量结构的观点出发，一直把国际制度看作是国际权力分配的副产品，否定国际制度在保持国际体系力量平衡方面的积极作用。然而，随着冷战结束后大国间合作趋势的不断加深，国际制度安排在调整大国间关系方面日益发挥突出的作用，新现实主义也逐渐认可了国际制度安排在促进大国间合作、维持国际力量平衡方面发挥的积极作用，尽管新现实主义仍然强调大国或霸权国在国际制

度安排形成和遵守过程中的主导作用，国际制度安排仍然是集权式的，首先反映大国和霸权国的意志和利益要求。新现实主义之所以对自己的国际安全战略思维作出如此的修正和调整，其根本原因在于与摩根索的经典现实主义不同，新现实主义把安全而不是权力作为国家最终追求的目标。出于追求安全的最终目标，面对国际关系中出现的新形势和新变化，新现实主义国际安全战略思维具备自我适应和调整的灵活性。

建构主义国际安全战略思维建立在社会建构基础之上，认为安全是一种社会建构，实现安全的途径是建构行为体之间具有互信、利他型的安全共同体。无政府状态既可以建构“安全困境”的文化结构，也可以建构“安全共同体”的文化结构，关键是看行为体在互动实践中形成怎样的角色身份结构。在建构主义看来，实现“安全共同体”的一个重要前提就是被朋友身份建构的行为体把这种主观安全意愿转化为实践行动，自觉遵守安全共同体的游戏规则，国家行为体尤其是大国约束自身行为，形成对和平机制的自觉认同。如果说现实主义是强调通过外在力量来解决安全问题，那么建构主义则关注行为体通过互动建立起来的集体身份，内化并自愿遵守“安全共同体”的规则，成员间建立了高度的互信，形成了对和平可信赖稳定预期的体系安全文化理念。由此可见，建构主义国际安全战略思维在实现安全的过程中也离不开国际合作和国际制度安排。如果各国不对自身行为进行约束，不愿意遵守共同的行为规则，那么安全共同体必然无法构建。因此，尽管建构安全共同体的基本前提是体系成员间的身份认同，但在安全共同体的实际运行中，体系成员间的合作和国际制度安排也发挥着不可或缺的重要作用。

第五节　复合安全：应对多元安全威胁的思考

冷战的结束使国际安全研究得到了一个新的发展契机。基于变化了的国际现实，一些西方学者对国际安全重新进行了思索和探究，提出了一些不同于处于主流地位的新现实主义和新自由主义的新思维。这些被称为非主流安全战略思维的主要有哥本哈根学派、批判主义、女性主义。巴瑞·布赞是“哥本哈根学派”的带头人，是当今西方安全战略思维研究的重量级人物。其“复合安全”的思维力图取众家之长融为一体，但是由于其缺乏推动这种思维的外交与军事力量，该思维很大程度还是书斋的“坐而论道”。

一、复合安全的基本概念

布赞在1983年出版的《人民、国家和恐惧》一书中提出了“复合安全”，即一种以地区为基础、在地理上多种多样、在无政府状态的国际体系中，一组国家的“安全相互依存”模式。冷战结束后，布赞和他的同事又进一步把安全研究从传统的单一的军事安全扩大到环境安全、经济安全、社会安全、政治安全等各个方面。

“复合安全”的提出和走向成熟，经历了一个从“古典复合安全”到“超越古典复合安全”再到“地区复合安全”的发展历程。

复合安全的现实基础主要源于以下两方面的事实：首先，国际安全是相互关联的，国际体系中的所有国际行为体①共同组成了以“安全相互依存”为特征的全球网络关系，但由于各种威胁带来的不安全更易于短距离传播，国际行为体对相邻国际行为体的恐惧超过了对更远距离国际行为体的恐惧，而这种“安全相互依存”的常规模式是一种以区域为基础的安全聚集——“安全复合体”，即区域层次成为国家安全与全球安全互动的末端和绝大多数安全行为的发生地。其次，冷战的结束开启了区域自主管理自身事务的新的可能性和现实必要性，使区域现象成为世界政治经济更明显的特征，以致开始出现“强有力的区域构成的全球性世界秩序”和“区域+强国”的新的国际安全结构。由此可见，这种区域范围内国际行为体之间的安全相互依存是复合安全理论的基本前提和核心观点。

布赞认为，“在一个地理分布多样化的无政府国际体系内，安全相互依赖的形式就是建立在地区基础上的集团，即‘安全复合体’”②。

① 主要指国家。

② 崔顺姬：《人民、国家与恐惧：布赞及其对国际关系理论的贡献》，载《世界经济与政治》，2006年第5期。

因此，建立在地区基础上的“区域安全复合体”是复合安全理论的途径选择。布赞强调，区域安全复合体的基本结构由四大变量构成。(1) 边界。依据地理接近性、“友善—敌意关系”和安全相互依存模式所形成的边界将“区域安全复合体”与其邻居区分开来。(2) 无政府结构。指的是一个“区域安全复合体”必须由两个或更多的自主单元组成。(3) 极性，又称物质结构。它由单元之间的权力分配构成，通过全球层次的超级大国与大国和区域层次的区域国家来界定。(4) 社会结构。它依赖于敌人、对手和朋友等各种角色由强制（外部力量）、利益（得失考量）和对合作的信任（对正误、善恶的理解）内部化的程度。区域安全复合体有四种主要的类型。一是“标准区域安全复合体”：包括两个或更多的国家，它的极完全由其内部的区域大国来决定，其内部主要的安全关系是这些区域大国之间的关系；可以是单极或多极。二是“中心区域安全复合体”：单极，主要有四种形式——超级大国、大国、区域国家和制度一体化的区域。三是“大国区域安全复合体”：它的极由其内部的两个或更多的全球层次的大国来定义；它是全球和区域两个层次的合成。四是“超复合体”：指大国权力外溢到比邻区域而形成的安全动力的强有力的区域间层次。

“区域安全复合体”的安全动力是由国内、区域、区域间和全球四个互动层次组成的不可分割的整体。国内层次主要指区域内国家自身产生的代表国家强弱的脆弱性。这种受国内秩序稳定和国家与民族一致性影响的特定的国家脆弱性定义着它所拥有的安全恐惧的类型。区域层次主要是国家间的关系，它总是有效的，有时起支配作用。区域间层次指该区域与相邻区域之间的安全互动。全球层次主要指全球性大国在该区域中的作用，即全球与区域安全结构之间的互动。这种四层互动模式不但提供了将区域内国家内部因素、单元间关系、区域间关系、区域动力与全球性行为体互动等联系起来的可能性，而且表明了“区域安全复合体”的形成主要是自下而上（或由内及外）的进程，但也可以是自上而下（或由外及里）的进程的结果。

二、复合安全的方法特色

在研究方法上，布赞提出了“安全领域分析方法”，即在一个宽泛的领域进行开放分析，在传统的军事—政治分析的基础上，将安全议题扩展至军事、政治、经济、社会、环境五大领域，并一视同仁，不再凸显军事—政治领域的地位。“领域”概念的引入为理解安全提供了一种新的途径，是一种为更容易地理解复杂的整体而将它们区别开来的方法。在不同的安全领域中，安全单元在地理上的固定程度以及威胁与易损性被“距离”所塑造的相关程度，决定了该领域地区动力的作用程度。

布赞指出，在上述四层互动安全动力的作用下，“安全复合体”基本结构可以实现从“冲突形态”经由“安全机制”到“安全共同体”的变化。这意味着在它的消极末端存在着“冲突形式”，即其内部的相互依存产生于恐惧、竞争和对威胁的共同感知；在中间，存在着不同形式的“安全机制”，即其内部的国家仍然把彼此看作潜在的威胁，但它们之间为消除安全困境作了再保证安排；在其积极的末端，存在着一个“多元安全共同体”，即其内部的国家不期望或准备在彼此的关系中使用武力。该理论进一步认为，如果区域一体化进程推动一个“多元安全共同体”转变为一个自主的单一行为体，那么该复合体就不复存在，因为其成员间的一体化已经将无政府结构转变为等级制的政治结构。

不仅如此，布赞还在“区域安全复合体”的研究框架之下，采用理论、历史与现实结合的区域比较方法，对世界上不同区域的安全结构进行了分析探讨，提出了独特的“1+4+区域”的国际安全新结构。布赞认为，在“前现代国家”占主导的区域（包括下撒哈拉非洲、中亚），弱国家的特征使其处于低水平的社会、政治内聚力和欠发达的政府结构，这些区域的安全结构总体上尚处于“冲突形态”；在“现代国家”占主导的区域（包括中东、南亚、东亚、南美和东欧），其拥有控制社会的强大的政府和独立而自立的实体，这些区域的安全结构是“冲突形态”和“安全机制”的混合；在“后现代国家”占主导的区域（包括西欧和北美），强国的特征使其不再由传统的军事安全关注所驱动，这些国家是多元主义、统一的，公民社会行为体和国家一样可以在国家的框架内自由地展开跨边界的行动，这些区域的安全结构正从成熟的“安全机制”走向“安全共同体”乃至一体化的政治实体。这些遍布全球的“区域安全复合体”及其不断变化的安全结构，使区域在国际安全乃至世界政治中的作用日益上升，以致开始逐渐形成一种“1+4+区域”（“1”代表超级大国美国，“4”代表欧盟、中国、日本和俄罗斯等大国，“区域”表示前述各区域）的区域化国际安全新结构。

三、复合安全论对西方主流安全战略思维的超越与局限

二战后，美国垄断着西方主流安全思维的话语权，塑造了国际关系研究的基本范式并从学理层面论证其霸权合法性。冷战结束以后，出于理论发展的需要与国际政治现实的挑战，国际关系研究逐渐呈现出多元化态势，欧洲国际关系研究在研究取向、研究方法、研究议题、理论流派等方面与美国展开了积极的话语权竞争，成就了“欧洲视角”，形成独树一帜的“英国学派”。巴瑞·布赞认为，现实主义并没有把“安全”和“权力”区分开来；传统的安全研究偏重于军事，而批评现实主义执迷战争的自由主义者在安全的概念方面也没有什么建树；行为主义的科学分析、价值中立和量化的特征都是与安全概念相矛盾的，干扰了安全研究，创立了他的地区安全复合理论（RSCT）。1996 年，布赞等人的批评者马克斯威尼（Mcsweeney）、纽曼（Neumann）开始用“哥本哈根学派”称呼以哥本哈根和平与冲突研究所为中心、居住在北欧的研究者。“哥本哈根学派”由此成为国际关系学界的一个专用名词。让批评者始料未及的是布赞等人由此声名鹊起，并为所有希望消解安全思维领域美国话语霸权者的人们所推崇，布赞等人在中国也获得广泛的知音。

布赞创立的地区安全复合理论对西方主流安全战略思维的超越突出表现在他提出的“新综合安全分析框架”。①

20 世纪 80 年代，尤其是冷战结束后，安全研究围绕“拓宽安全”（即安全议题的拓宽）和“延伸安全”（即安全层次的延伸）这两个核心问题展开了激烈的争论，其结果便形成了所谓“传统安全”与“非传统安全（新安全）”、“军事安全”与“综合安全”、“国家安全”与

① 郑先武：《安全研究：一种“多元主义”视角——巴瑞·布赞安全研究透析》，载《国际政治研究》，2006 年第 4 期。

“国际安全”、“人的安全”、“全球安全（世界安全）”等各自不同的研究。在这种情况下，不少学者担心安全的盲目“拓宽”与“延伸”会产生“安全概念缺乏内聚性”的风险，甚至导致安全研究“变成研究每一件事，实际什么都没有”。而布赞通过安全的多层次和有限的安全议题的互动分析，不但保留了国家和军事—政治议题的重要地位，还给予非国家行为体以及经济、社会和环境等议题相当的重视，这样，他既达到了“拓宽”和“延伸”安全概念的目的，也保留了安全研究的知识连贯性和整体性。

布赞关于安全中各个角色之间的关系尤其是国家与个人之间的关系，以及“弱国”“强国”与安全之间关系的诸多观点，为其他学者“提出替代性的观点提供了出发点”。比如，“批判安全研究”的代表人物肯·布斯有关“人的安全”的观点和对安全议题的拓宽与延伸就被认为具有“布赞研究的特征”。穆哈米德·阿约伯（Mohammed Ayoob）等人将布赞“弱国”的观点适用于第三世界，开始探索“国家建设”与第三世界国家安全之间的紧密关系。他关于安全的层次分析跨越了不同的安全指涉对象之间的争论，从而为安全理论化提供了一个重要的分析框架。戴维·莱克（David A. Lake）和帕特里克·摩根（Patrick M. Morgan）认为，安全的多层次分析通过强调国家、区域和国际体系的协同作用而成为当代安全研究中“一种大有可为的研究议程”，可以作为冷战后安全的“替代性方法”。[①] 值得强调的是，布赞和他的合作者们将现实主义安全观有机地融入其“新综合安全分析框架”之中，明显超越了所谓“传统安全”“非传统安全”等争论的鸿沟，不仅使其观点为传统的战略研究、业界人士所接受，而且引发更多学者对安全进行新的深入的思考，从而成为“安全多纬度定义的出发点”。[②] 当代国际安全研究中显赫的“哥本哈根学派”由此诞生。斯蒂文·史密斯（Steve Smith）认为，该学派通过其“清晰的研究规程完成了比该领域其他主题中任何事情都要多得多的创新”，成为“当

---

① David A. Lake and PatrickM. Morgan, “*The New Regionalism in SecurityAffairs*”, in David A. Lake et al. , eds. , Regional Orders: *Building Security in a New World*, University Park: The Pennsylvania State University Press, 1997, p. 14.

② 戴维·穆提默：《超越战略：批评性思考与新安全研究》，第98~100页。

代安全研究中最有意义的发展之一”。①

布赞安全思维的“区域主义视角”已成为安全区域主义研究的“独立变量”，从而“为区域安全分析提供了更有力和更具体的工具”。最为重要的是，他的关于社会建构的区域安全结构变化的“连续统一体”观点，打破了永恒的无政府状态下“安全困境”的困惑，为兴起中的安全区域主义实践指出了一条可选择的发展道路。目前，不仅越来越多的学者基本认同布赞的观点，而且从不同的学术视角将其运用于对安全区域化和安全区域主义的分析。并且，如何在“安全复合体”中建构理想的区域安全秩序成了学者们理论探索的基本目标，这也是安全区域主义研究要解决的根本问题。

不可否认，布赞的学术视角受到“英国学派”的影响，但又不同于“英国学派”的观点，因为该学派极力倡导的“多元主义”只是用不同的理论传统分析其理论中的三个核心概念：国家本体论、实证主义与“国际体系”。显示出其致力于用一种“理论综合”来解释安全和世界政治。这种方法在形成一种类似于一些学者所描述的以物质主义（包括现实主义和新自由主义）为底端、以社会学观点（包括建构主义、批判理论）为顶端的“理论连续统一体”。这种转变不但“标志着一种与传统的英国学派的学术成果可喜的背离”，而且“为未来的综合研究打开了一个宝贵的空间”。

然而，我们在看到复合安全论对西方主流安全思维有所超越的同时，也不得不遗憾地看到其本质上还是西方的安全战略思维。正如一些学者对其新作《地区安全复合体与国际安全结构》② 评论的那样，地区安全复合体理论仍然未能摆脱新现实主义国家中心论的窠臼。尽管作者在该书中不厌其烦地解释自己奉行的是开放的本体论，并且充分考虑到了国家以外的单位，但是也坦承“国家事实上依然是全球安全结构的核心”。霍根森（Gunhild Hoogensen）尖锐地批评了这种研究

---

① Steve Smith, "*The Increasing Insecurity of Security Studies: Concep tualizing Security in the Last Twenty Years*", in Stuart Croft and Terry Terriff, eds., Critical Reflections on Security and Change, London: Frank Cass Publishers, 2000, pp. 86 ~ 89.

② 巴瑞·布赞等著，潘忠岐等译：《地区安全复合体与国际安全结构》，上海人民出版社，2010 年版。

取向，并称对国家的过分强调使得“地区变成了只是国家之间的舞会”。[①] 由于领土性（territoriality）与国家边界的邻近密切相关，因此，地区安全复合体理论与主流的新现实主义的安全逻辑不谋而合，倒与其早先的《新安全论》的旨趣有些貌合神离。[②] 从对策论的角度来看，其思维更是跳不出西方中心的传统，不可能站到发展中国家的立场上提出公平正义的国际和地区安全之策。布赞和维夫似乎也意识到了这一点，在《地区安全复合体与国际安全结构》的最后坦言有待以后“可以组织更详细的研究”。[③]

第六节　“领导国家论”：美利坚帝国的霸权逻辑

美国在世界上应该充当什么样的角色？是从美国建国以来一直争论不休的问题。进入 21 世纪的今天，有一点倒是超越党派、不分信仰、异乎寻常地一致：那就是美国应当成为领导国家！在他们看来，既然“世界政府”不可能建立，联合国又是那样的没有权威，美国作为唯一的超级大国，理所当然地应该担负起“领导国家”的使命，维护国际安全。

一、“单极稳定”[④] ——新保守主义与进攻性现实主义的结缘

当前，美国安全战略思维的最突出的表现就是信奉单极稳定，认

---

① Gunhild Hoogensen, 2005, p. 271.

② Felix Ciută, Book Review of Regions and Powers, The Slavonic and Eastern European Review, Vol. 83, No. 1, January, 2005, p. 168.

③ 转引自胡勇、潘忠岐：《一种研究国际安全结构的地区主义方法——〈地区安全复合体与国际安全结构〉评介》。

④ “单极稳定”的安全战略思维实质上就是所谓的“霸权稳定论”。该理论认为，国际霸权体系与国际秩序稳定之间存在着一种因果关系，一个强大并且具有霸权实力的行为体有利于国际体系的稳定和公益的实现；相反，在不存在霸权国的情况下，国际秩序将会是混乱无序的和不稳定的。霸权国不但可以稳定国际政治秩序，还可以营造一个稳定发展的国际经济秩序。霸权国实力越强，国际社会在政治和经济层面上越是稳定，随着霸权国实力的衰退，全球秩序趋于动荡不安，已有的国际制度也开始失去其应有的效用。

为一个美国占支配地位的单极世界可以确保国际社会的稳定。在美国人看来，美国所拥有的超强实力才是维护国际和平的真正的“稳定因素”，美国占支配地位的单极世界可以避免两极世界中为争夺世界领导地位而发生无休止的争夺，任何其他国家都无力与美国进行激烈的短期对抗和长期较量。而与此同时，美国的绝对优势也会使其他主要国家之间的实力竞争减至最低限度，二流国家的利益在于和美国结盟而不是对抗。如此，就可以实现国际社会的稳定。

美国之所以信奉单极稳定的安全战略思维，一方面固然是基于美国目前客观上的超强实力：当前美国在国际体系中的支配地位是毋庸置疑的，美国目前的实力地位与世界第二强国甚至所有主要国家实力的总和的差距，是其建国两百多年来最大的。而更重要的另一方面则是新保守主义和进攻性现实主义结缘的结果，两种理论的共同“发酵”为单极稳定的安全战略思维提供了思想根源。

新保守主义是美国近年来出现的一种保守主义，由于有别于美国共和党的传统保守主义，因此称为“新保守主义”。新保守主义源于20 世纪 60 年代末以纽约为中心的东北部地区的一群主要由犹太自由派知识分子形成的思想运动，其代表人物有政论家欧文·克里斯托尔和诺曼·波多霍雷兹、社会学家丹尼尔·帕特里克·莫伊尼汉、政治学家塞缪尔·亨廷顿等。新保守主义的思想，主要来源于芝加哥大学已故哲学教授列奥·斯特劳斯。其核心是，制度差异是有善恶之分的。反抗暴政，对付“野蛮”的敌人，是西方人应有的“自然权利”和责任，可以不受现存国际法与国际组织的约束。

在冷战期间，除了里根担任美国总统的 80 年代外，新保守主义一直得不到美国政府的重视。冷战结束后，新保守主义从冷战期间的反苏反共转为强调在海外推进民主，在国内反右（主要是中西部的新孤立主义)，强调美国在世界上的领导作用。尽管如此，在老布什和克林顿时期，新保守主义仍然与政府不合拍，其理论得不到政府的认可和重视。直到 2001 年小布什上台，特别是“9·11”事件发生后，美国政府在政治实践上彻底走向了新保守主义，新保守主义终于有了显示身手的舞台。

新保守主义的政治哲学主要有两条：其一，自由民主与专制水火不容，民主国家应挺身反对暴政；其二，美国及其价值观至高无上，美国应担负起自己的“世界使命”。因此，新保守主义始终坚持国际主义的观点，认为美国不能在一个动荡的国际环境中独善其身，应积极介入国际事务，以道义的力量来领导世界，实现“仁慈的霸权”或“王道”。新保守主义关于美国“仁慈的霸权”的概念来自于“美国例外论”——美国人是上帝挑选的子民，美国是“希望之地”“自由之乡”，美国与众不同，具有更高的道德和思想境界。由于美国“例外”，美国可以自行解决世界上的问题，而不必迁就其他国家；由于美国是“仁慈的霸权”，美国的一切行动都是利人利己的，具有道德上的正当性。

新保守主义者还信奉“新帝国论”，主张美国要利用当前无与伦比的实力优势，使用强权胁迫、干涉甚至侵略的手段，用美国的价值观改造其他国家，以便建立一种美国统治下的、有利于自由和平的世界秩序，使21世纪成为又一个“美国世纪”。

总而言之，新保守主义不仅认为美国负有领导世界的责任和义务，而且认为美国在追求霸权的道路上可以不择手段，毫不顾忌国际社会其他成员的利益，因为美国的霸权是“仁慈的霸权”。显而易见，新保守主义实际上为美国追求单极霸权提供了所谓道义上的理论支持。

如果说新保守主义从道义的角度论证了美国单极稳定的安全战略思维的正当性的话，进攻性现实主义则从国际体系结构的视角分析了美国单极稳定的安全战略思维的合理性。

进攻性现实主义是相对于结构现实主义——防御性现实主义——而言的，其理论代表人物是约翰·米尔斯海默，他的《大国政治的悲剧》在继承和融合了古典现实主义的权力最大化和新现实主义的体系结构的基础上，将现实主义推向了极端：国际体系的无政府状态决定了安全困境的无解，每一个国家为了安全和生存的需要总是追求权力最大化，而实现霸权可以消除对安全的忧虑。进攻性现实主义认为，国际政治就是大国政治，而大国之间总是存在安全竞争（不是激烈的战争），大国的最终目标是追求霸权。

依据进攻性现实主义的逻辑，美国追求世界霸权不仅是合情合理的，而且确保美国的世界霸权有利于国际体系的稳定，因为美国凭借自己超强实力所拥有的世界霸权可以极大地降低其他大国对世界霸权的欲望，从而减少大国之间的斗争，进而实现国际社会的长期稳定。

综上所述，美国单极稳定的安全战略思维具有深厚的思想理论基础，是新保守主义和进攻性现实主义结缘的必然结果。

二、“民主和平”——谋求霸权的新自由主义包装

“民主和平论”产生于20世纪80年代初，自80年代末和90年代初开始在国际关系理论领域受到关注，是冷战结束以来新自由主义学派中较为流行的一种理论。民主和平论最早可以追溯到18世纪末。1795年康德在其著作《永久的和平》中对“民主”与“和平”问题进行了初步的探讨，提出了自由国家联合起来建立“永久和平”的设想。20世纪70年代，一些西方学者在分析战后出现的“长期和平”的原因时，开始注意到“民主国家”“非民主国家”与战争现象的某种关联，并力图从理论上来论证民主与战争的关系。1983年，迈克尔·多伊尔在名为《康德，自由主义遗产与外交》的文章中首次提出了“民主和平论”，较为系统地阐述了“民主”与“和平”之间的关系。自此，民主和平论开始备受西方社会的青睐，被认为是最接近于国际关系的经验法则。20世纪90年代初，美国时任总统克林顿宣称“民主国家并不互相进行战争”是“颠扑不破的真理”①，并将民主和平论作为其政府对外政策的重要理论基础之一，民主和平论正式走上历史舞台。

“民主和平论”作为一种较为典型的新自由主义安全思维，其基本内容主要有以下几个方面：

第一，在民主国家之间如同其他政体之间一样存在着许多利益冲突，但民主国家之间不会发生战争。原因有以下两点：首先是“民主”政治制度的机制约束。民主政治的制衡原则和选举制度迫使政府在制定政策时考虑民意，并且政策的制定是多元的，可以避免政府轻率发动战争。其次是共同的民主规范与民主文化的约束。“民主国家”由于共同的民主规范和文化而相互尊敬，相互感知，从而使它们相互之间能忍让并达成妥协，使矛盾化解在萌芽中，发生冲突时也很少要求诉诸武力。为证明这一论点，它们宣称，自19世纪以来，除个别例外，“民主国家”之间没有发生战争。

① 克林顿在乔治敦大学发表的对外政策演说，1993年1月18日。

第二，转型中的民主化国家发生战争的可能性大。美国哥伦比亚大学政治学教授爱德华·曼斯菲尔德和杰克·斯奈德在其《民主化与战争》① 中提出，成熟的“民主国家”具有和平倾向，而向民主化国家转化的过程却是危险和充满好斗的时期。他们认为，许多转型国家通常要经历痛苦的过渡时期。其间，大众政治和独裁精英政治往往交相更迭，极易造成中央权威削弱、利益集团冲突扩大、公众之间产生政治分歧和对峙，从而导致民族主义失控，国家的好战侵略倾向加强。他们还声称，从历史经验看，从混合政体转向民主政体的国家发动战争的可能性依然比混合政体的国家高50%，比其他类型国家高70%。

第三，“民主国家”不回避与“非民主国家”间的战争。一些学者用民主规范论说明这一命题。拉塞特在《把握民主和平：后冷战世界的原则》一书中指出“民主国家”愿意用和平的方法、说理的方法和妥协的方法调节和解决政治争端，它也能假定并相信别的“民主国家”也赞同用相同的规范与它共同解决争端，因此它主动或率先作出忍让是值得的，这是“民主国家”之间的相互感知和尊重。但在与“非民主国家”发生冲突时，这种规范不再起作用，“民主国家”与之不存在共同的规范，无须克制自己，而有必要采取更严厉的国际行为规范，直到对其进行军事打击和战争②。

自诞生之日起，民主和平论就充当了西方大国特别是美国对外推行霸权主义和强权政治的理论工具。依据民主和平论，如果“民主国家之间从不开战”的命题成立的话，那么“民主国家”就是“爱好”和平的，是具有高度理性的，循此而演绎出的结果自然是“非民主国家”是缺乏理性的。若“民主国家”与“非民主国家”发生战争的话，那么非理性的、挑起战争的一方当然就是“非民主国家”了。这样一来，“非民主国家”无疑是战争的策源地。那么，只有把“非民主国家”改造成“民主国家”才会有真正的和平。因此，向全世界推广西方的“民主”“人权”和“价值观念”——不管使用的手段是经济制裁还是武装入侵——就是正当而合理的了。在这种逻辑之下，“民主国家”攻打“非民主国家”不算是破坏和平，而是用战争的方式帮

① 《国外社会科学文摘》，1996 年第 1 期。

② 转引自三亿文库 3y. uu456. com，15 民主和平论。

助“非民主国家”重建“民主”，通过民主的建立在“非民主国家”实现和平①。因此，冷战后的美国历届政府正是在民主和平论的幌子之下极力对外拓展美国式的民主和价值观、干涉他国内政，甚至对别国进行赤裸裸的军事侵略。例如，2002 年 6 月 1 日，美国时任总统布什在西点军校的演讲中公开宣称，“为了支持人类的自由与和平”，就必须对那些“恐怖主义和暴君的威胁”发动战争。“民主和平论”实质上已经沦为美国对外推行新帝国主义政策的理论依据。

事实上，只要对“民主和平论”本身和美国的民主外交实践进行深入的分析，就不难识破“民主和平论”在新自由主义包装之下的霸权主义本质。

首先，“民主和平论”对“民主国家”缺乏一个明确而统一的定义，这一点从根本上影响了整个理论的可信度。由于缺乏确定的定义，对于哪些时代的哪些国家应该纳入“民主国家”的范畴也就难以统一了。民主和平论者实际上是在以随意解释“民主国家”的方式，排除真正民主国家间的战争的事例，来达到为其立论服务的目的。而在现实中，西方国家往往根据自己的利益需要来进行所谓“民主国家”与“非民主国家”的区分。

其次，美国在向外拓展美式民主的实践中，双重标准和实用主义的态度非常明显。在衡量一个国家是否属于民主国家时，美国的判断标准是看其是否是符合美国战略利益的国家，即是否是听美国话的“乖孩子”。一个国家的政治制度即使不够民主，但只要能够围绕美国的指挥棒转，美国就对其网开一面；相反，即使是一个民主制度健全的国家，只要其对外政策不符合美国的国家利益，不服从美国的指挥，美国依然要将其划入非民主的国家行列。另外，在采取行动对非民主国家进行改造时，美国的态度也非常耐人寻味。对那些攸关美国切身利益的国家，美国不遗余力地推动其“民主化”进程，甚至不惜付出巨大的代价，例如伊拉克，美国不惜发动战争推翻萨达姆的政权，而代之以所谓的“民主制度”；而与此同时，面对那些无关美国切身利益的独裁政权，美国却是熟视无睹，置若罔闻，

① 杨立朋：《冷战后主要国际政治思潮及其影响》，载《国际问题研究》，2000 年第 5 期，第 18 ~ 20 页。

例如对非洲的一些独裁政权。由此可见，在向外拓展美式民主的过程中，美国所坚持的唯一宗旨是服从和服务于美国的国家利益，这是一种典型的现实主义思维方式。

再次，尽管美国到处推销自己的民主制度，但美国的政治制度是否健全，是否符合民主要求，美国是否真的是一个民主国家仍然存在疑问。虽然美国总统由选举产生，但其始终代表大财团、大资本家的利益，下层民众的要求经常被忽视。面对广大民众对对伊政策的反对之声，布什总统依然我行我素，人们不禁要问：美国真的是一个人民当家作主的民主国家吗？而美国政府从来不去思考美国的民主制度是否存在需要改进的地方，而只是一味要求其他国家按照美国的标准进行改进。人们不禁要问：美国的这种做法真的能够提升世界各国的民主化程度、促进世界持久和平吗？

最后，需要指出的是，“民主和平论”作为美国向外拓展美式民主的理论基础本身仍存在争议。一些“民主国家”在某些时候表现出来的对战争的渴望丝毫不亚于“非民主国家”，而统计数字也显示，在过去的一百多年里，“民主国家”之间经常发生以战争相威胁的情况。

综上所述，美国打着民主和平论的旗号向外拓展美式民主的战略思维本质上是美国利用新自由主义外衣包装霸权主义企图的产物。

三、“巧实力”——万变不离其宗的帝国思维

2009 年 1 月美国国务卿希拉里在参议院提名听证会上表示，美国政府将推行“巧实力”[①] 外交政策，有效维护美国利益和国际地位。于是，“巧实力”一词迅速引起美国国内和国际社会前所未有的广泛关注。2009 年 7 月 15 日，希拉里在美国外交关系委员会发表讲话，阐述了奥巴马政府需要将“巧实力”战略运用的五个具体领域。这标志着“巧实力”战略已正式确立为奥巴马政府外交政策的指导思想并得到细化。而奥巴马政府两年来的外交实践基本上也体现和反映了“巧实力”战略思想。

① Smart Power，又译作“智慧强权”“智慧力量”等，但“巧实力”的译法最为流行。

奥巴马政府提出并推行“巧实力”战略并不是突发奇想，背后有其深厚和复杂的理论背景、国际背景和现实背景。

在理论背景方面，美国学术界普遍认为，最先将“巧实力”这一概念引入公共领域的是美国前驻联合国代表苏珊娜·诺塞尔。她在2004年3/4月号美国《外交》杂志发表了题为“巧实力”的文章。诺塞尔认为，布什政府新保守主义外交政策和单边主义军事行动极大损害了美国的国际形象，未来美国政府应该回归威尔逊、罗斯福、杜鲁门、肯尼迪时期受“自由国际主义”影响的外交政策，将经贸、外交、对外援助和价值观推广看作与军事力量同等重要的维护国家利益的手段，并在外交实践活动中加以运用。实际上，就是建议当时的美国政府将硬实力与软实力结合起来加以运用。苏珊娜·诺塞尔的“巧实力”观点得到了美国哈佛大学肯尼迪学院政治学教授小约瑟夫·奈的赞许。2006年1月，奈在《外交》杂志上撰文《重新思考软实力》，提出美国必须有效结合“硬实力”（军事实力和经济实力）和“软实力”（社会制度、意识形态和价值观等）的“巧实力”，变革美国的对外大战略。此后，包括战略与国际问题研究中心、兰德公司、“9·11”委员会、美国全球接触中心等智库发表的报告中都相继把“巧实力”作为美国外交战略的方向。事实上，到奥巴马政府上台时，“巧实力”战略已经成为美国战略界的共识，包括保守主义战略家都在向“巧实力”战略低头。

在国际背景方面，全球化导致的相互依赖及当今国际格局和国际形势的发展变化是奥巴马政府提出“巧实力”战略的国际大环境。随着全球化趋势的不断加强，国际社会之间的相互依赖越来越深。面对恐怖主义、流行疾病、环境问题、大规模杀伤性武器扩散和国际金融危机等不断出现的新的全球性威胁，单纯的军事力量和单个国家的力量都无法应对。在全球化背景下，没有任何国家能够单独应对21世纪的挑战，也没有国家能在闭关自守的情况下有效地增进自身利益。因此，国家的对外行为方式必须由“自助式”向“互助式”转变。与此同时，国际力量格局正在发生结构性变化，这同样制约和影响着国家的对外方式。约瑟夫·奈曾形象地指出，国际力量格局不再是简单的单极或者多极，而是一个复杂的、具有军事、经济和多类行为体的三维尺度的立体格局。美国尽管在军事力量方面仍旧在世界上首屈一指、无人匹敌，但在经济力量方面美国早就失去了为我独尊的老大地位，只能与欧洲、日本和中国等行为体共享国际经济这块蛋糕，不得不在与其他行为体耐心的讨价还价中竭力维护自己的经济利益。而在应对诸如大额电子转账交易、恐怖分子的武器交易、黑客攻击、全球气候变暖和传染病的流行等所谓“第三维”的威胁方面，美国更是孤掌难鸣，必须借助于国际社会的配合与合作。

在现实背景方面，对小布什政府过度依靠硬实力推行美国外交政策的反思是奥巴马政府提出“巧实力”战略的直接原因。小布什政府浓厚的新保守主义色彩使其在对外战略上以强硬著称。特别是“9·11”事件发生后，在反恐的旗帜之下，小布什政府的单边主义倾向越来越明显，动辄扬言对潜在敌人发动先发制人的打击。这种过分依靠硬实力的对外战略使美国在国际上树敌众多，严重损害了美国的国际形象。在美国乃至全世界，都有一种普遍看法：布什政府的国家安全政策和外交政策是不明智的，已经损害了美国的外交和安全利益，引发了世界对美国空前的怨恨，极大地贬低了美国在当今世界的地位。① 这种消极后果促使奥巴马政府对小布什政府的外交战略进行反思和调整。从一定意义上讲，这种调整也是无奈之举，因此也被人称作是针对小布什政府外交后果的“疗伤外交”。然而，尽管过分倚重硬实力不是一种明智的选择，但奥巴马政府也清楚过分倚重软实力或忽视硬实力的运用也是不明智的。因此，奥巴马政府最终选择了综合运用硬实力和软实力的“巧实力”战略。

约瑟夫·奈在阐述“巧实力”的概念时说，“巧实力”既不是“硬实力”，也不是“软实力”，而是一种综合运用“硬实力”和“软实力”实现美国目标的整体战略、资源基地和“工具箱”。它既强调强大军事力量的必要性，同时也极其关注联盟、伙伴关系和各个层次的协调机制，目的就是扩大美国的影响力和建立美国行为的合法性。简言之，“巧实力”战略就是通过“软硬兼施”达到目的，是手段与目标的统一，“巧”则在于针对具体情况灵活运用各种手段。② 奥巴马

---

① 唐彦林：《奥巴马政府“巧实力”外交政策评析》，http：//www. lwxz8. com/zbzy/201009/14961. html。

② 王霄巍：《再论奥巴马政府“巧实力”外交的实质》，http：//caifc. org. cn/c. aspx? id = 153。

政府在外交实践中，基本上也是按照这种解释来推行“巧实力”战略的。具体来说，奥巴马政府的“巧实力”战略主要有以下几个方面内容：

第一，为了尽快扭转美国声望和影响力下降的趋势，奥巴马政府积极开展“疗伤外交”，重点是努力改善美国与伊斯兰世界的关系，同时积极推动巴以和谈。为此，奥巴马多次在不同场合释放出对伊斯兰世界的善意，强调美国不愿与伊斯兰世界为敌，宣布尽快从伊拉克撤军，表示愿意与伊朗等所谓的“无赖国家”对话，妥善处理与巴基斯坦的关系，还下令关闭关塔那摩监狱。这些措施得到了伊斯兰世界积极的回应，阿拉伯国家对美国的支持率有了一定的上升。

第二，奥巴马政府通过修复、建立和巩固各种伙伴关系来为恢复美国的声望和影响力提供机制保证。首先是修补因伊拉克战争而出现裂痕的美欧关系。如，给受损的联盟注入新的活力，改善双边关系，与欧盟建立更富有成效的伙伴关系并使北约获得新的活力。其次是加强与亚太地区的盟国，如日本、韩国、澳大利亚、泰国、菲律宾和其他伙伴国家的双边关系。再次是注重发展与新兴的全球和地区大国，如中国、印度、俄罗斯、巴西、土耳其、印度尼西亚和南非等国家的全面合作伙伴关系。

第三，重新确立美国外交政策的支柱，将外交政策的核心从反恐转移到防务、外交和发展三者的良性互动上。鉴于小布什政府过于强硬的外交政策所造成的消极后果，奥巴马政府认为，尽管军事力量的运用对保护美国的人民和利益十分必需，但就构建一个和平、稳定和繁荣的世界来说，外交和发展也十分重要。为此，国务卿希拉里明确提出了美国外交政策的3D支柱：防务（defense）、外交（diplomacy）和发展（development），将外交和发展置于提高美国实力的核心支柱地位。

第四，强调对美国软实力的提升和运用。硬实力和软实力的综合运用是“巧实力”战略的核心内容。奥巴马政府明显吸取了小布什政府的教训，注重运用软实力提升美国在国际上的权势和影响力。在这方面，奥巴马政府的主要举措包括加大对外援助的力度，增加外交人员和发展专家人数，加强并提高与联合国等国际组织的合作水平，大力发展非官方关系，加强与其他国家间的民间交流，积极开展公共外交等。另外最重要的一条是改变小布什政府的单边主义做法，重视多边主义，重建美国的国际声望。

冷战结束以来，历届美国政府都把维护世界霸权作为美国的根本战略目标和核心利益，奥巴马政府也是如此。尽管与小布什政府的强硬风格相比，“巧实力”战略更显“温柔”，但其根本目的仍旧在于维持和扩展美国的霸权，依然是一种万变不离其宗的帝国思维。

从本质上讲，“巧实力”战略只是奥巴马政府在面临国际声望和影响力下降以及国际金融危机挑战等多种压力之下的一个权宜之策，充其量是一种暂时性的战略调整。20 世纪 70 年代初，面对深陷越战泥潭以及相对实力下降的困境，时任美国总统尼克松就提出了“尼克松主义”，结果是通过战略收缩迅速恢复了美国的实力和优势地位。所谓“巧实力”战略也是如此。奥巴马政府希望通过战略收缩和寻求合作等战略手段的调整给美国的对外战略注入新的活力，使面临多重挑战的美国政府在对外战略方面得到一个喘息的机会，以便更好地维持和扩展美国的世界领导者地位。2009 年 1 月 20 日，奥巴马在就职演说中宣称“……我们已经准备好再一次领导世界”。因此，无论“硬实力”“软实力”还是软硬结合而成的“巧实力”，其战略目标都是一样的，都是为了维护美国的世界霸权，唯一不同之处在于其战略手段的侧重点不同。如果说布什想更多地是靠“硬实力”，让对手屈服于美国的霸权优势或让别国利益从属于美国的利益，那么奥巴马则更想通过“巧实力”说服其他国家继续接受美国的领导地位或关照美国的利益。①“巧实力”战略的提出，仅仅意味着美国维持全球霸权方式和手段的不得已的调整。美国维护全球霸权的战略目标没有改变，也不会改变。何况“巧实力”战略本身就是一种软硬结合的战略，奥巴马政府在注重软实力的同时，并没有忽略硬实力的运用，强大的硬实力始终是软实力运用的基础。“巧实力”战略只是强调软硬实力的综合、灵活和平衡运用，绝对没有忽略或贬低任何一方作用的意味。

---

① 王霄巍：《再论奥巴马政府“巧实力”外交的实质》，http：//caifc. org. cn/c. aspx? id = 153。

主要阅读文选：

1. 约瑟夫·奈：《软实力》《说服力》《新的世界秩序》
2. 安东尼·吉登斯：《社会主义之后》
3. 亚历山大·温特：《身份与利益》
4. 斯坦利·霍夫曼：《全球化的冲突》
5. 约翰·米尔斯海默：《无政府状态与权力竞争》
6. 罗伯特·库珀：《我们为何仍然需要帝国主义》
7. 弗朗西斯·福山：《历史终结及最后一人》

第十章

中国共产党人的安全战略思维创新

中国是一个极富谋略传统的国家。近代中国的积贫积弱使任何谋略失去了施展的基础，渐次丧失了世界谋略大国的地位。第二次世界大战后，中国革命的胜利以及建国后的发展，使中国重新成为谁也不敢轻视的国家。中国共产党人在长期的武装斗争和国际各种复杂环境下，创造性地继承马克思主义的国际安全战略思想，同时吸取中国的谋略传统、现代西方战略观念的营养，形成了与和平与发展时代相适应的新的安全战略思维，实现了国际安全战略思维的创新。

第一节　和平共处从策略到战略的提升

一、列宁的和平共处思想与中国的和平共处五项原则

新安全观的思想渊源可以追溯到列宁关于不同制度国家之间的和平共处思想。为摆脱国际帝国主义对新生政权的扼杀，列宁提出了“和平共处”思想。列宁预见到，社会主义在一国的胜利，必然面对资本主义世界的包围。社会主义苏联要站住脚跟，需要争取生存的权利。在列宁领导下的苏联不得不跟西方签订屈辱的、包括割地的《布列斯特和约》。

中国在20世纪50年代首倡“和平共处”五项原则，是新安全观的直接源头。第二次世界大战结束后，世界殖民体系土崩瓦解，亚洲和非洲出现一大批获得独立的新兴民族国家。这些国家最紧迫的任务，就是捍卫国家独立和主权，反对外来侵略和干涉，建立平等的国家关系，争取和平的国际环境来发展民族经济。1949 年中华人民共和国成

立，开辟了中国历史的新纪元。新生的人民共和国坚持独立自主，积极谋求与世界各国和平共处，努力改善外部特别是周边环境。就在这一历史关键时刻，作为亚洲较早赢得民族独立的国家——中国和印度、缅甸，顺应历史潮流，共同倡导和平共处五项原则，并很快得到许多国家的响应。1955 年，有 20 多个国家出席的亚非会议接受了五项原则。此后，五项原则被相继载入一系列重要国际文件。为世界多数国家所接受，成为国际社会处理国与国之间关系的基本准则。半个世纪以来，和平共处五项原则经受住了时间的考验，为维护亚洲和世界的和平与稳定，促进国际关系的健康发展，作出了不可磨灭的贡献。其一，它提供了相同或不同社会制度的国家建立和发展关系的正确指导原则。其二，它指明了和平解决国家间历史遗留问题及国际争端的有效途径。其三，它有力地维护了广大发展中国家的利益，促进了南北关系的改善和发展。其四，它为推动建立公正合理的国际政治经济新秩序奠定了重要的思想基础。

但是 60 ~ 70 年代的极“左”路线极大地冲击了“和平共处”政策。及至拨乱反正回到“和平共处”政策，全面改善中国与外部世界的关系，确实改变了国际社会对中国的看法。但是对待美国的“韬光养晦”也常给人“君子报仇，十年不晚”的联想，“和平共处”被看成权宜的谋略。

20 世纪 90 年代后期，中国倡导“互信、互利、平等、协作”为核心的新安全观，把“和平共处”提高到战略的高度，以合作共赢的新思维代替了“打碎”旧体系的革命思维。新安全观所体现的新思路，是“共处”思维的发展和升华，其核心是选择了不同制度、不同发展道路的国家之间的相容。相容，包括相互间的宽容、包容和容忍。国家之间的相容，以和平共处为基础，又高于和平共处。相容的客观基础，是全球化形势下的相互依存以及世界多极化发展的客观趋势；相容的思想背景，既是古老中庸之道的传统，更是对冲突后果的理性权衡；相容的外交实践，则是伴随上海合作组织的形成和发展，上海合作组织成员之间的互信、互利、平等、协作。可以想象，大国关系如果能够相容，那就可能超越你死我活的零和，在互信、互利中实现“双赢”。但是，西方世界还是对中国是否真的放弃传统的“革命思维”表示怀疑，认为“如果中国日益强大，其精英们将仿效美国，使用理想主义的辞令来描绘中国的外交政策”①。看来，中国的新安全观，中国提出的与邻为善、以邻为伴以及睦邻、安邻、富邻的对外政策，为国际社会所理解和接受还有一个过程，但是新安全观无疑在处理国际关系方面实现了对20世纪敌对和结盟的传统模式的超越，国际安全领域的这一思维创新，形成了克服和解决国际冲突的崭新思路。

二、关于战争威胁的新认识与时代的新判断

千百年来，关于解决国际冲突而达到和平的安全思维，无论是出于人性本善而幻想的大同世界和“永久和平”的设想，还是出于人性本恶而现实地推崇帝国和“均势”的主张，对于缓和国际间的冲突和矛盾，都曾发生了重要的影响，但是都没有真正解决国际间的冲突。马克思主义经典作家曾以新的历史观为武器，指出了消灭国际冲突必须消除产生冲突的根源的思想。但是，因历史条件的局限，使这一思想不是重蹈“大同”的幻想，便是落入以强权维护安全的“帝国”思维的老套。随着全球化的发展，现实世界的安全威胁没有消除，但是实现国际安全的环境和条件至少出现了以下六个明显的变化。

第一，全球化的发展使国家、集团可以运用非战争手段获得经济利益。

古往今来的战争，大凡对生存、发展空间的争夺无非是争夺资源。资本主义前的攻城掠地，资本主义发展后对原料与市场的争夺都是如此。但在全球化的背景下，借助自由贸易的秩序，不占城池也可以从贸易、投资中获利，统治阶级和利益集团便可不必冒战争的生命威胁去谋取自身的利益。

第二，全球化的发展使大国间的相互依存度加大，形成了某种共同战略利益。

全球化不仅使发达资本主义国家之间，也使发达国家与主要发展中国家的相互依存度大大增加。自冷战结束以来，围绕着国家经济发展和安全保障，世界主要大国之间的关系取得了重大发展。一种新型

① ［美］约翰·米尔斯海默著，王义桅、唐小松译：《大国政治的悲剧》，商务印书馆，2003年版，第39页。

的，以互利、互动和相互制衡为特征的大国关系业已形成，在这个框架中，大国关系既合作又竞争，合作中有斗争，斗争中有妥协，相互借重又相互制约。从总体上看，这促进了大国间在重大国际问题上的交流与合作，有利于共同合作解决国际冲突和国际争端，同时对于美国的单边主义式的新帝国政策也能起到某种抑制作用。

第三，科学技术的发展和战争能力的大幅提高，使国际冲突的非和平解决需要巨额成本，产生严重后果。

全球化的发展直接导致了两次世界大战，大战的严重后果使欧洲的和平主义获得广泛的社会认同。而二战后热核武器的发展和信息化战争进入实战，其成本和社会政治、经济后果远远超过二战，仅苏联和美国就具有相互毁灭多少次的能力。对战争成本和战争后果的冷静评估，使一切富有理性的政府和国家集团尽量避免以战争来解决问题。

第四，国际规制体制促使国际政治向有序的国家体系发展，展现了国际合作的前景。

关于世界秩序的规则、规范制度和组织的广泛建立，使国际间的无政府状态得到某种改善。目前的国际规制体制在其职能的范围、地理范围和成员上已十分广泛，遍布于国际社会，包括了非常广泛的政治主体，其中有政府、政府部门和次国家统治当局。涉及武器扩散等重要安全问题的组织成员达100多个。国际规制体制的存在不仅为国际治理提供了法律责任框架，而且降低了合作的交易成本。①

第五，国际恐怖主义和处于全球化边缘地区的局部战争不足以引起世界性冲突与危机。

国际社会曾把国际恐怖主义视为国际安全的主要威胁之一。但是，国际恐怖主义对国际安全的威胁与国家间的战争是不可同日而语的。“9·11”事件中死伤人数之巨虽足以视为一场中等规模的战役，但是国际恐怖主义的盲动性和残暴性使其不可能成为改变国家与人类发展的力量。随着世界各国的警觉和防范的加强，恐怖主义更大程度上是一种恶性犯罪行为，属于社会治安领域。“基地”组织、车臣非法武装和形形色色的以宗教极端主义和民族分离主义为思想武器的恐怖主义

① 戴维·赫尔德等：《全球大变革》，社会科学文献出版社，2001年版，第68~71页。

不可能最终成气候。

第六，与全球化共存的国际性问题的出现，从反面告诉世界：存在着超越阶级、民族、国家的人类共同利益。

20世纪中后期凸显的生态危机，跨国犯罪，吸食毒品，核、生、化武器扩散，军备竞赛等，使世界人民需要共同去应对。从某种意义上说，在这些问题面前，人类是脆弱的。在应对这些超越阶级、民族、国家的问题中，国际合作显示了巨大的生命力。

全球化引起的上述变化，中国共产党人敏锐地感到新的世界大战的危险发生了变化。邓小平同志在20世纪中期多次指出："虽然战争的危险还存在，但是制约战争的力量有了可喜的发展。日本人民不希望有战争。欧洲人民也不希望有战争。第三世界，包括中国，希望自己发展起来，而战争对他们毫无好处。第三世界的力量，特别是第三世界国家中人口最多的中国的力量，是世界和平力量发展的重要因素。""如果说中国是一个和平力量、制约战争的力量的话，现在这个力量还小。等到中国发展起来了，制约战争的和平力量将会大大增强。我可以大胆地说，到本世纪末，中国能达到国民生产总值翻两番的目标，也就是我曾经跟大平正芳先生讲的达到小康水平，那时中国对于世界和平和国际局势的稳定肯定会起比较显著的作用。"① 其实，早在1978年年底的中国共产党第十一届三中全会上，当把全党工作的重点从阶级斗争转移到经济建设为中心的轨道上来的时候，就开始反思中国面临的战争威胁的问题。经过多年的观察与思考，终于客观地分析国际环境，毅然将军队建设的重点从准备大打、早打、打核大战的战争准备转移到和平时期的军队建设的轨道上。至此，真正把发展问题放在中国的中心地位。以此推广到世界，进一步认识到"现在世界上真正大的问题，带全球性的战略问题，一个是和平问题，一个是经济问题或者说发展问题。和平问题是东西问题，发展问题是南北问题。概括起来，就是东西南北四个字。南北问题是核心问题。欧美国家和日本是发达国家，继续发展下去，面临的是什么问题？你们的资本要找出路，贸易要找出路，市场要找出路，不解决这个问题，你们的发展总是要受到限制的。我过去跟很多日本朋友谈这个问题，跟欧洲朋

① 《邓小平文选》（第3卷），人民出版社，1993年版，第105页。

友、美国朋友也谈这个问题，他们脑子里也是装了这个问题。现在世界人口是四十几亿，第三世界人口大约占世界人口的四分之三。其余四分之一的人口在发达国家，包括苏联，东欧（东欧不能算很发达），西欧，北美，日本，大洋洲的澳大利亚、新西兰，共十一二亿人口。很难说这十一二亿人口的继续发展能够建筑在三十多亿人口的继续贫困的基础上。当然，第三世界有一部分国家开始好起来，但还不能说已经发达了，而大部分国家仍处于极其贫困的状态，他们的经济问题不解决，第三世界的发展，发达国家的继续发展，都不容易”。[①] 中国共产党人适时地根据变化的国际战略形势，修正了自列宁以来对时代性质的判断，认为世界进入了“和平与发展”为主题的时代，代替了“帝国主义战争与无产阶级革命”（简称“战争与革命”）的时代。其基本点是：新的世界大战在一个相当长的时间内可以避免，我们有可能争取到较长时间的和平环境；发展问题成为世界各国共同面临的首要问题，以经济、科技为核心的综合国力竞争成为世界各国之间竞争的基本常态。和平与发展相辅相成，互为条件，世界和平是促进各国共同发展的必要前提，各国的共同发展则是保持世界和平的重要基础。和平与发展成为时代主题，并不意味着这两个问题已经解决。要清醒地看到，霸权主义和强权政治以及不平等、不公正的国际经济政治旧秩序的存在，依然是世界和平与发展的最大威胁与障碍；而维护世界和平，促进共同发展，消除一切不利于世界和平与发展的负面因素与障碍，还需要各国人民长期不懈地共同努力。基于对时代主题的科学判断，作为一个拥有十多亿人口的发展中大国，中国必须紧紧抓住有可能争取到的和平机遇，大力发展自己，提高综合国力，走出一条通过和平发展振兴中国特色社会主义事业，实现中华民族伟大复兴的成功之路。

三、和平外交由理论到实践

（一）独立自主的和平外交政策

1949 年，中华人民共和国成立伊始，就旗帜鲜明地提出以保障民

① 《邓小平文选》（第 3 卷），人民出版社，1993 年版，第 105 ~ 106 页。

族独立和维护世界和平为主旨的外交政策。中国人民政治协商会议通过的《共同纲领》规定："中华人民共和国的外交政策原则，为保障本国独立、自由和领土主权的完整，拥护国际的持久和平和各国人民间的友好合作，反对帝国主义的侵略政策和战争政策。"

朝鲜战争结束后，国际上出现了缓和局势。中共中央要求在外交方面积极开展活动，为新中国刚刚开始的大规模建设创造良好的国际和平环境。1954 年春夏，以周恩来为首的中国代表团参加了日内瓦会议。这是新中国第一次以大国姿态登上国际舞台，第一次开展多边外交活动，第一次尝试以和平协商的方式来解决国际争端。日内瓦会议期间，周恩来总理访问印度和缅甸，并分别与印、缅两国总理签署联合声明，共同倡导互相尊重主权和领土完整、互不侵犯、互不干涉内政、平等互利、和平共处的五项原则作为指导相互关系的原则。和平共处五项原则的提出是中国和平外交政策发展的一个里程碑。这五项原则结成一个有机体，言简意赅地概括出新型国家关系的总体特征。这五项原则虽然首先是为处理与周边国家和亚非民族独立国家的关系而提出的，但中国领导人很快将它作为处理一般国际关系的准则，不仅用于处理包括资本主义各国在内的不同社会制度国家的关系，也用于处理同社会主义各国的关系。毛泽东指出："我们认为，五项原则是一个长期方针，不是为了临时应付的。这五项原则是适合我国的情况的，我国需要长期的和平环境。""为了和平和建设的利益，我们愿意和世界上一切国家，包括美国在内，建立友好关系。我们相信，这一点，总有一天会要做到的。"①

但这一时期，由于美国对中国的敌视和中苏论战与对抗，国际形势异常严峻。加之我们自身在国内外事务中"左"的思想的影响，和平共处的外交思想在实际运用中还存在一些不完善和需要反思的地方，表现出明显的革命性、对抗性、意识形态化的色彩。

以 1978 年年底召开的中共十一届三中全会为标志，党和国家的工作重心转移到以经济建设为中心上来。在对外交往上，坚持维护世界和平，促进共同发展，为国内建设发展营造一个和平稳定的良好外部

① 中华人民共和国外交部、中央文献研究室编：《毛泽东外交文选》，中央文献出版社、世界知识出版社，1994 年版，第 186、187、246 页。

环境。为此，要坚持独立自主的和平外交政策，反对霸权主义和强权政治，同各国人民一道，共同推动建立公正合理的国际经济政治新秩序。要在和平共处五项原则的基础上，同包括西方发达国家在内的世界所有国家发展友好关系，努力为国内的社会主义现代化建设争取一个良好的外部环境。这一时期，在外交政策的调整中包含着一系列重要的观念变化。中国承认，现存世界是多样化的，各国在政治制度、历史文化背景、宗教信仰和经济发展水平等方面存在着不同；多样化世界的各个组成部分有矛盾斗争的一面，也有互相依赖的一面；国家之间特别是大国之间，在处理一系列国际问题时存在着共同利益，需要进行合作，也可以进行合作。在与世界各国的交往中，中国政府提出要根据世界的发展趋势和自身的利益要求来处理与不同类型国家的关系，不再以意识形态划线，也不再重复划分敌、我、友，团结一部分国家打击某个或某些国家的策略。

至此，中国的外交指导思想逐渐回归到国际关系的逻辑起点，即把国际关系主要视为国家间的关系，而不是国家所坚守和信奉的意识形态的关系。国家利益是一国对外战略的最高准则。从而有利于赢得更多的共识，开展更多的合作，推动国际关系的健康发展。随着外交实践的拓展，党的第三代和第四代领导集体相继提出中国坚持走和平崛起、和平发展的道路，坚持多边主义和新安全观，构建持久和平共同繁荣的和谐世界等重大命题与理念，和平外交思想的内涵进一步丰富和深化。

（二）推动建设上海合作组织

上海合作组织是世界上第一个以中国的城市名称命名的国际组织。特别是上海合作组织形成、发展过程中完善的互信、互利、平等、协作的上海精神，后来升华为中国政府倡导的新安全观，不仅对于上海合作组织的发展，而且对于世界的和谐治理具有重要的普遍意义。

“上海合作组织”的进程最早始于1989年11月中苏关于裁减边境地区军事力量和保持边境安宁的谈判。苏联解体、中亚各国独立，两国接壤的中苏边境成为中国与俄罗斯、哈萨克斯坦、吉尔吉斯斯坦、塔吉克斯坦等四国接壤的边境。这就发展为中华人民共和国与俄罗斯联邦、哈萨克斯坦共和国、吉尔吉斯斯坦共和国、塔吉克斯坦共和国等国的谈判。五国出于解决边境安全，加强军事信任的共同需要，于1996年4月26日相聚上海，共同签署了《关于在边境地区加强军事领域信任的协定》，自此开始了“上海五国”机制的运行。1997年4月24日，五国元首在莫斯科举行第二次峰会，签署了《关于在边境地区相互裁减军事力量的协定》。至此，冷战时期中苏7400多公里地带形成的军事对峙状态彻底结束了，为五国维护地区共同稳定和深化安全领域中的合作奠定了牢固的法律和军事基础。

随着“上海五国”边境信任措施的落实，各方意识到边境地区的稳定不仅需要主权国家间的信任，还需要在信任的基础上遏制该地区日益猖獗的恐怖主义、宗教极端主义和民族分裂势力。从而出现了从1998年到2000年三年三大步，即1998年7月、1999年8月和2000年7月分别在阿拉木图、比什凯克和杜尚别举行的第三、第四、第五次“上海五国”元首会晤，签署了《阿拉木图声明》《比什凯克声明》和《杜尚别声明》。这三次会晤和三个声明完成了会晤由单纯讨论边境地区军事信任与裁军问题，转变为讨论五国在政治、外交、军事、安全、经济等方面的全面合作问题，使“上海五国”开始了由会晤机制到合作机制的重大转变。从上海、莫斯科、阿拉木图、比什凯克到杜尚别，“上海五国”机制形成以来的五次最高级会晤，“为国际社会寻求超越冷战思维，探索新型国家关系、新型安全观和新型区域合作模式，提供了重要经验”。①

2001年6月15日，“上海五国”元首第六次峰会和“上海合作组织”首次会议召开，在两次会议上签署的关于接受乌兹别克斯坦作为完全平等成员加入“上海五国”的《联合声明》《“上海合作组织”成立宣言》和关于打击“三股势力”的《上海公约》等一系列重要的法律文件，标志着上述各国间原有的合作关系顺利实现了由五国元首定期会晤机制向地区合作组织的过渡。江泽民全面总结了“上海五国”五年历程的宝贵经验，指出:“‘上海五国’首倡以相互信任、裁军与合作安全为内涵的新型安全观，丰富了由中俄两国始创的以结伴而不结盟为核心的新型国家关系，提供了以大小国共同倡导、安全先行、互利协作为特征的新型区域合作模式。互信、互利、平等、协商，尊

① 《江泽民主席在杜尚别五国元首会晤中的讲话》，新华社杜尚别，2000年7月5日。

重多样文明，谋求共同发展的‘上海精神’，对推动建立公正合理的国际政治经济新秩序也具有重要的现实意义。”① 2006 年 6 月，上海合作组织成员国元首理事会第六次会议在上海举行，并签署了《上海合作组织五周年宣言》，发表了《上海合作组织成员国元首理事会第六次会议联合公报》。六国元首高度评价上海合作组织成立五年来取得的成就，深入讨论了该组织面临的形势和今后发展的重点方向，确定了加强务实合作，促进地区和平、稳定、繁荣需要进一步采取的重大举措，达成了广泛共识。胡锦涛主席重申，上海合作组织是中国对外政策的优先方向。2007 年 8 月，上海合作组织成员国武装力量举行了“和平使命—2007”联合反恐军事演习，这标志着上海合作组织框架下的安全合作达到新水平。

上海合作组织是由中国推动创建的一个最主要的地区性国际组织，它的发展过程是中国新安全观的典型体现。“上海合作组织”进程中形成的以“互信、互利、平等、协商、尊重多样文明、谋求共同发展”为基本内容的“上海精神”，已经成为 21 世纪“上海合作组织”成员国之间相互关系的准则。其意义不仅在于为中国与邻国间的和平相处提供了一个制度设计，还在于为超越“冷战思维”，实现国际关系民主化树立了一个新型典范。

（三）普遍建立战略合作伙伴关系

在新安全观的指导下，中国积极谋求与各国建立稳定和富有成效的战略合作伙伴关系。在这些战略合作伙伴关系中，有关各方的安全利益不同程度地得到了维护和实现。

至 2015 年年底，已经跟我国建立了战略类的合作伙伴关系的国家有 50 个。其中有：

“全天候战略合作伙伴关系”国家 1 个：巴基斯坦；

“全面战略协作伙伴关系”国家 1 个：俄罗斯；

“全面战略合作伙伴关系”国家 5 个：越南、泰国、缅甸、柬埔寨、老挝；

① 《江泽民主席在上海合作组织成立大会上的讲话》，载《人民日报》，2001 年 6 月 16 日。

“面向21世纪全球战略伙伴关系”国家1个：英国；

“全方位战略伙伴关系”国家1个：德国；

“全面战略伙伴关系”国家21个：意大利、秘鲁、马来西亚、西班牙、丹麦、南非、葡萄牙、印度尼西亚、墨西哥、蒙古、阿根廷、委内瑞拉、巴西、法国、阿尔及利亚、白俄罗斯、哈萨克斯坦、希腊、澳大利亚、新西兰、埃及；

“战略合作伙伴关系”国家4个：韩国、印度、斯里兰卡、阿富汗；

“战略伙伴关系”国家16个：土库曼斯坦、尼日利亚、加拿大、乌兹别克斯坦、塔吉克斯坦、吉尔吉斯斯坦、爱尔兰、波兰、乌克兰、阿联酋、哥斯达黎加、塞尔维亚、安哥拉、智利、卡塔尔、厄瓜多尔。

跟我国建立了合作伙伴类关系的国家共有20个：

“与时俱进的全方位合作伙伴关系”国家1个：新加坡；

“更加紧密的全面合作伙伴关系”国家1个：孟加拉国；

“全方位合作伙伴关系”国家1个：比利时；

“全面合作伙伴关系”国家10个：克罗地亚、尼泊尔、罗马尼亚、荷兰、东帝汶、坦桑尼亚、马尔代夫、赤道几内亚、刚果、埃塞俄比亚；

“友好合作伙伴关系”国家2个：匈牙利、塞内加尔；

“重要合作伙伴关系”国家3个：斐济、特立尼达和多巴哥、安提瓜和巴布达；

“传统合作伙伴关系”国家1个：阿尔巴尼亚；

“友好伙伴关系”国家1个：牙买加。

此外，我们还跟日本建立了“战略互惠关系”，跟美国建立了“致力于建设21世纪积极合作全面的中美关系”。以上各类涉及71个国家（不含地区组织）。

我国在政治上广建各类命运共同体的同时，分别与国家、地区和区域经济组织商谈自由贸易协议。中国已签署的自贸协定达到14个，涉及22个国家和地区。分别是中国与东盟、新西兰、新加坡、巴基斯坦、智利、秘鲁、哥斯达黎加、冰岛、瑞士、韩国和澳大利亚的自贸协定，内地与香港、澳门的更紧密经贸关系安排（CEPA），以及大陆与台湾的海峡两岸经济合作框架协议（ECFA）。此外，中国正在谈判的自贸区有5个，涉及23个国家和地区。包括区域全面经济合作伙伴关系协定（RCEP）、中国—海湾合作委员会自贸区、中国—挪威自贸区、中日韩自贸区、中国—斯里兰卡自贸区。另外正在研究阶段的自贸协定有5个，涉及5个国家，分别是印度、哥伦比亚、马尔代夫、格鲁吉亚、摩尔多瓦。

我们经过长期努力建立的各种政治、经济、战略的联系，与星罗棋布的工业园区、自由贸易区点面结合，有望催生一个中国主导的世界政治经济新格局。

（四）营造和平良好的周边环境

中国是一个地区性大国，周边是中国利益最集中的地区，周边是维护主权权益、发挥国际作用的首要依托。中国周边多为发展中国家，彼此间在重大的国际和地区问题上有较多共识，其中许多国家在国际舞台上一直与我国相互支持、相互配合。周边也是中国经济改革和对外开放、开展互利合作的重要伙伴。保持中国与周边各国之间良好、稳定的关系，符合双方的共同利益，也有利于地区的和平和发展。冷战的结束，谋求和平与发展，建立一种和平、公正、合理的政治经济新秩序成为亚太地区各国的共识。亚太地区的安全与繁荣离不开中国的积极参与。在此基础上，中国要特别处理好与周边大国的关系，积极参与国际体系的改造，共同维护亚太的安全与发展。

1. 指导思想：与邻为善、以邻为伴，睦邻、安邻、富邻。党的十六大报告指出，“我们将继续加强睦邻友好，坚持与邻为善、以邻为伴，加强区域合作，把同周边国家的交流和合作推向新水平。”“与邻为善、以邻为伴”的方针是新世纪中国周边外交的指导方针。“与邻为善”就是同周边国家广交友，不树敌，坚持睦邻友好，“睦邻友好是我国周边外交的精髓。加强睦邻友好，就是要不断加强增信释疑与互利合作，巩固与周边中小国家的关系，开拓与周边大国的关系。”① “以邻为伴”就是在坚持睦邻友好的同时，积极推动区域合作，努力实现共赢共荣，把周边国家变成自己的合作伙伴。“与邻为善、以邻为伴”是一个统一的整体，“与邻为善”着眼于发展同周边国家的友好关系，

① 王毅：《与邻为善以邻为伴》，载《求是》，2003年第1期。

使睦邻友好成为我国周边外交的主旋律，是“以邻为伴”的前提；“以邻为伴”则着眼于发展同周边国家的合作关系，努力构建区域合作体系，促进中国和周边地区的共同发展，是“与邻为善”的保障。2003年10月，温家宝总理出席中国与东盟领导人正式会晤期间，又提出了“睦邻”“安邻”和“富邻”的周边政策，进一步勾勒出我国在与周边国家关系中谋求和平共处、互利共赢、共同发展的战略目标。要贯彻“与邻为善、以邻为伴”的周边外交政策，必须把“睦邻、安邻、富邻”作为这项方针政策的核心内容。

“‘睦邻’、‘安邻’和‘富邻’是中国实现自身发展战略的重要组成部分。

——‘睦邻’，就是继承和发扬中华民族亲仁善邻、以和为贵的哲学思想，在与周边国家和睦相处的原则下，共筑本地区稳定、和谐的国家关系结构。

——‘安邻’，就是积极维护本地区的和平与稳定，坚持通过对话合作增进互信，通过和平谈判解决分歧，为亚洲的发展营造和平安定的地区环境。

——‘富邻’，就是加强与邻国的互利合作，深化区域和次区域合作，积极推进地区经济一体化，与亚洲各国实现共同发展。”①

“睦邻”“安邻”“富邻”的周边外交政策是对党的十六大确定的“与邻为善、以邻为伴”的周边外交方针的进一步阐述，这一政策既是对迄今为止我国周边外交实践的高度概括和总结，又反映了我国对外战略的丰富和发展，既继承了“亲仁善邻”的中华民族优秀传统，又顺应了和平与发展的时代潮流，为推动我国开创周边外交新局面注入了新的活力。

2. 处理国际海域争端的原则：搁置争议、和平解决、共同开发。中国是一个海洋大国，约有1.8万公里的海岸线，6500多个500平方米以上的大小岛屿，拥有38万多平方公里的内海以及近300万平方公里的专属经济区。② 中国海域海洋资源十分丰富，海洋经济是中国经济发展的新增长点。然而，中国的海洋权益正在受到来自多方面的威胁。

① 温家宝：《中国的发展与亚洲的振兴》，载《光明日报》，2003年10月8日。
② 刘静波主编：《21世纪初中国国家安全战略》，时事出版社，2006年版，第73页。

海洋权益争端是威胁中国主权和安全的又一大因素。“权”指国家主权，“益”指海洋主权所带来的收益。中国与周边国家存在海洋权益的争端，争议海域面积约150万平方公里。[①] 由于历史的原因，我国与周边一些国家存在的海洋权益争端问题十分复杂，波及到国家的一些重大利益，一时难以解决。这些问题关系到国家的根本利益，牵涉民族感情，直接影响我国与这些国家的关系和地区形势的稳定。中国领导人创造性地提出了“搁置争议，共同开发”的办法，用经济利益的共同纽带将争议中的各方连结起来，各方共同得利，为今后合理解决争端创造有利的气氛，也稳定了周边地区的形势。处理国际海域争端已不再是中国与周边国家开展正常合作、发展睦邻关系、共筑地区安全的障碍。

“搁置争议，共同开发”的思想最早是由中日对钓鱼岛主权归属问题而提出的，1984年10月，邓小平明确提出了“搁置争议，共同开发”的主张。“有些国际上的领土争端，可以先不谈主权，先进行共同开发。”[②] 对于南沙群岛的争端，“将来怎么办？一个办法是我们用武力统统把这些岛收回来；一个办法是把主权问题搁置起来，共同开发，这就可以消除多年积累下来的问题。”[③]“搁置争议”，就是把那些有争议的问题暂时放在一边，避免双方激化矛盾；“共同开发”，就是从经济利益出发，共同开发资源，各方得利，为合理解决争端奠定经济利益基础。搁置争议并非是“不谈主权”，而是寻找和选择谈主权的时机，以最终达到消除争端的目的。

在新安全观指导下，中国积极寻求通过和平谈判解决与邻国的争议问题，为和平崛起创造了一个相对和平的周边环境。中国通过互谅、互让、平等协商，共同减少军事力量，在南海领土争端中，中国本着“搁置争议，共同开发”的立场，采取了十分克制的态度，使这一地区保持相对平静的态势。中国与东南亚有关国家的争端，主要是与越南、菲律宾、马来西亚、印度尼西亚与文莱五国关于南海岛礁及其海域划分的争端。针对中国与东盟有关国家之间在南海问题上所存在的争端，

① 葛东升主编：《国家安全战略论》，军事科学出版社，2006年版，第223页。

② 《邓小平文选》（第3卷），人民出版社，1993年版，第49页。

③ 《邓小平文选》（第3卷），人民出版社，1993年版，第87页。

2002 年 11 月 4 日，中国与东盟各国在金边签署了《南海各方行为宣言》。该宣言强调指出：“通过友好协商和谈判，以和平方式解决南海有关争议。在争议解决之前，各方承诺保持克制，不采取使争议复杂化和扩大化的行动，并本着合作与谅解的精神，寻求建立相互信任的途径，包括开展海洋环保、搜寻与救助、打击跨国犯罪合作。”① 2008 年 6 月 18 日，中日两国围绕东海主权纷争所展开的多轮谈判和博弈，终于在双方共同致力于构筑新型中日关系的善意下，达成了“东海共识”。所谓“东海共识”，其核心要旨就是双方搁置主权争议，先合作开发东海油气资源。两国一致同意在实现划界前的过渡期间，在不损害双方法律立场的情况下进行合作，并在东海共同开发上“迈出第一步”。东海主权之争性质上等同于世界范围内濒海国家之间普遍存在的海洋权益纷争。2004 年至 2007 年期间，中日就东海主权纷争展开 11 轮磋商。2007 年年底福田首相来华访问，与温家宝总理就东海主权纷争达成四点共识。2008 年 5 月，胡主席踏上“暖春之旅”，两国化解东海问题取得重要进展，“东海共识”达成。中日这次在东海共同开发上迈出的第一步，只是一个“过渡性安排”，中日双方还需要通过谈判，不断地积累共识，循序渐进，为最终解决东海争议积极创造条件。

3. 处理历史遗留问题的方针：和平协商、公正合理。20 世纪 90 年代以来，中国本着互谅互让、平等协商、和平谈判的原则先后同周边邻国解决了一系列历史遗留问题。为稳定国际关系大局、维护我国周边地区和世界和平作出了重大贡献。中印两国就边界问题举行了多轮会谈，1993 年 9 月，两国政府签署了《关于在中印边境实际控制线地区保持和平与安宁的协定》，1996 年又签署了《关于在中印边境实际控制线地区军事领域建立信任措施的协定》。中越两国经过共同努力，于 1999 年年底签署了《中越陆地边界条约》，2000 年年底又签署了中越《关于在北部湾领海、专属经济区和大陆架的划界协定》。2002 年 11 月，中国与东盟签署了第一份有关南海问题的政治文件——《南海各方行为宣言》，宣言确认中国与东盟致力于加强睦邻互信伙伴关系，共同维护南海地区的和平与稳定。这些原则协议，缓解了边境

① 《中国与东盟签署南海各方行为宣言》，载《人民日报》，2002 年 11 月 5 日。

地区的紧张气氛，使我国周边的安全环境处于建国以来最好的时期。在未解决争议问题上，中国与有关各方就在争议地区保持和平稳定、通过和平手段解决问题达成共识。

第二节 以“双赢”取代“零和”的新安全观

新安全观是对传统国家安全观的继承和发展，同时根据形势的新变化不断地调整、充实和完善，是科学的国家安全观与时俱进的体现。

一、新安全观的基本思想

（一）国际安全的基础：国家间的互信与平等

国家间的互信是各国和平共处和安全保障的前提。“互信，是指超越意识形态和社会制度异同，摒弃冷战思维和强权政治心态，互不猜疑，互不敌视。各国应经常就各自安全防务政策以及重大行动展开对话与相互通报。”[①] 在国际关系中，各国之间必然存在着政治、经济、文化、意识形态等多方面的差异。为实现世界和平而求大同存小异，需要通过对话和交流来消除对抗和冲突。这里关键是能否建立起“互信”的思维方式。

将互信作为国际安全的基础，具有重要的现实意义。伴随着中国崛起，某些西方大国担心中国崛起会挑战其强权地位，到处散布“中国威胁论”，企图造成一种国际压力遏制中国。而周边和世界上一些中小国家由于受到“中国威胁论”的误导，以及中国曾经“输出革命”，给一些国家留下过“好战”的印象，因此害怕中国的崛起会造成对本国的威胁，担心中国会因与他国的边界领土争端引发武力冲突。实际上，这正是因为国家之间缺乏“互信”而导致的战略怀疑。“中国威胁论”发展到现在，已有多种变种，其表现有增多的趋势，除了所谓的“军事威胁”“经济威胁”外，又多了“环境威胁”等。“中国威胁

① 《中国代表团向东盟地区论坛提交新安全观立场文件》，载《人民日报》，2002 年 8 月 2 日。

论”的发酵、传播既有别有用心的国家和人士演绎的成分，又是世界各国，尤其是周边国家对中国发展未来走向不确定性的担忧的结果。有的表现为担心中国崛起后为洗刷一百多年来的屈辱而实行民族报复主义；有的怀疑强大起来的中国是否会重建以中国为中心的“朝贡体系”。中国倡导的“互信”，主张建立各种信任措施，如加强军事人员往来、建立领导人定期战略对话机制、设立热线电话、增强军事透明度、事先通报军事演习、保证互不首先使用核武器、进行边界裁军、实行预防性外交等。[①] 对于化解其他国家对中国崛起的猜疑、误解和敌视，具有不可轻视的作用。

国家间的平等是实现安全、深化合作的内在要求。“平等，是指国家不论大小强弱，都是国际社会的一员，应相互尊重，平等相待，不干涉别国内政，推动国际关系的民主化。”[②] 从我国古代的“大同”思想、“均贫富、等贵贱”以及西方的“自由、平等、博爱”等口号中可以看出，追求平等是人类社会发展的动力之一。随着经济全球化的发展，国与国之间相互交往日益扩大和频繁，彼此相互依存度进一步提高，各国在安全领域的共同利益呈上升趋势。每个国家作为国际社会平等的一员，都享有和平与安宁、保护自己安全利益的平等权利，每个国家都有平等参与、协商和处理国际事务的权利，在国际安全事务中具有平等的发言权，反对任何国家谋求霸权、推行强权政治，也反对由一个或几个国家主宰世界安全事务。所以，平等是实现国际和平的政治基础，是实现安全、深化合作的内在要求。

（二）国际安全的动力：国家间的互利发展

全球化造成的世界联系，使美国的国际关系学者首先从国家间权力的相互依存出发，力倡合作谋安全。[③] 到戈尔巴乔夫以“新思维”命名的著作出版，标志着当时的两个超级大国的主流价值观念已经由对抗转为合作。当然，这种合作存在浓重的外交辞令和过于理想化的

---

① 阎学通：《中国的新安全观与安全合作构想》，载《现代国际关系》，1997 年第 11 期，第 32 页。

② 《中国代表团向东盟地区论坛提交新安全观立场文件》，载《人民日报》，2002 年 8 月 2 日。

③ 这方面的理论建树，当首推罗伯特·基欧汉与约瑟夫·奈长期对国际合作的研究。

色彩，但毕竟开启了国际安全新的思路。

中国是一个富于理性思维和谋略传统的国家。长期的封建专制制度的束缚和新中国建国后建立的传统社会主义过于集中的意识形态体制，使中国的安全思维鲜见重大创新。改革开放和思想解放激发的活力使中国客观地面对现实，国际安全的思维创新呈后来居上之势。随着中国对时代的全新判断，国家战略重点的转变，特别是冷战结束后，中国政府以实现人类持久和平与共同繁荣为己任，根据国际安全形势的新特点，提出并积极倡导以“互信、互利、平等、协作”为核心的新安全观。这种新安全观，在内涵上强调安全的综合性和实现和谐的迫切性；在目标上，强调寻求共同安全与共同繁荣；在实现途径上，强调以协作求安全与和谐；在根本措施上，强调共同发展是安全与和谐的基础，抛弃零和，谋求双赢。新安全观真正找到了一条通向和平、发展、合作的道路。

国家间的互利发展是实现国际安全的动力，是实现国际安全的物质基础。“互利，是指顺应全球化时代社会发展的客观要求，互相尊重对方的安全利益，在实现自己安全利益的同时，为对方安全创造条件，实现共同安全。”① 在经济全球化条件下，没有一个国家能够脱离世界而孤立封闭地生存发展，一个国家、一个地区的安全愈来愈依赖于世界整体安全的实现，各国间存在着一种高度相互联系、渗透和依赖的国际经济和安全关系。而任何国家的经济和安全活动也必然对国际社会形成一定的影响。互利要求在实现本国安全的同时，也充分考虑和尊重别国的安全利益，让所有相关国家的安全利益都得到切实的保障，从而实现安全利益的共享。在实现本国利益和安全时，不将自己的“赢”建立在对方的“输”上，而是力求通过满足对方的合理需求，在双方的合作中实现利益均沾，积极谋求建立国际安全，实现共同利益。互利表明中国在和平崛起中是以谋求国际安全和共同利益来实现国家的安全和利益，为国际共同安全创造条件，互利互惠，实现双赢和多赢。随着经济因素在国际关系中的作用的增强，经济安全越来越成为国家和国际安全的重要基础。所以，要达成安全利益上的共享，

① 《中国代表团向东盟地区论坛提交新安全观立场文件》，载《人民日报》，2002 年 8 月 2 日。

就必须努力做到经济上的互利。以经济上的互利为纽带连接安全上的共赢、共享。对此，江泽民指出："各国在经济交往和全球及区域经济合作中，应当平等互利、优势互补、相互促进，而不应相互排斥，不应采取任何形式的贸易保护主义或歧视性政策，更不应动辄采取制裁的做法……发达国家有责任帮助发展中国家发展经济，缩小南北差距。这不仅是实现共同发展的重要条件，也是维护世界和平稳定的要求。"①

（三）国际安全的途径：协作

全球化的发展扩大了国际范围内贫富差距的鸿沟，成为世界动荡不安的经济根源。但是科学技术进步导致生产力发展的成果也并不为发达国家独享。一大批政治稳定的发展中国家在全球化进程中也同时抓住全球化的机遇，使本国经济得到强劲发展，并逐步改变世界经济版图，这对后发国家产生了良好的示范，发展中国家的政治稳定是经济发展的前提，经济发展将有助于政治的稳定。同样，发达国家的一些有识之士也开始意识到：消除世界范围的冲突，发达国家有责任帮助贫穷国家摆脱贫困。发达国家帮助发展中国家发展经济，付出的是较小的代价，收获的是国际间的和平。

"协作"作为实现国际安全的新的途径和方式，就是不结盟、不对抗、不针对第三国，就是以信任取代猜疑，以对话取代对抗，以和谈取代冲突，以互谅互让取代争夺，以人类共同安全取代联盟集团安全。②"协作，是指以和平谈判的方式解决争端，并就共同关心的安全问题进行广泛深入的合作，消除隐患，防止战争和冲突的发生。"③当前，国际安全形势已经发生了深刻变化。"恐怖主义、毒品、艾滋病、海盗、非法移民、环境安全、经济安全、信息安全等非传统安全问题突出，使国际和地区安全环境出现新的特点，给各方带来新的挑战。非传统安全问题的最大特征是，它们多为跨国、跨地区的问题，对各国的稳定造成普遍危害。特别是近年来，国际恐怖主义活动明显上升，

① 《江泽民在德国外交政策协会和德国经济亚太委员会联合举办的演讲会上的演讲》，载《人民日报》，1995年7月14日。

② 刘静波主编：《21世纪初中国国家安全战略》，时事出版社，2006年版，第33页。

③ 《中国代表团向东盟地区论坛提交新安全观立场文件》，载《人民日报》，2002年8月2日。

对国际和地区和平构成了现实威胁，日益成为影响安全形势的重要的不确定因素。”① 这些广泛的跨国安全问题远不是个人或国家所能对付的，更不是能够通过简单的军事手段所能解决的，需要国际社会采取综合措施，共同合作加以治理，全球问题的解决需要新的安全观。因此，无论是应对传统安全问题，还是应对国际安全中的新问题，国际协作越来越显得重要，以协作求发展将成为一种必然趋势。中国的新安全观提出，在国际交往中应以和平谈判、对话协商和互谅互让的方式解决争端，并就共同利益和国际安全进行广泛深入的合作，以此消除冲突和战争的隐患。这就保证了中国会以和平的方式解决国际争端，会以一个合作者的身份积极参与解决共同面临的传统和非传统安全问题，共同保障国际社会的安全。至于合作模式，中国认为，“新安全观的合作模式应是灵活多样的，包括具有较强约束力的多边安全机制、具有论坛性质的多边安全对话、旨在增进信任的双边安全磋商，以及具有学术性质的非官方安全对话等。促进经济利益的融合，也是维护安全的有效手段之一。”②

二、新安全观的安全战略思维创新

安全概念从来都是从客观和主观两个方面加以考虑的，安全战略思维同样离不开对主客体相互之间具有的价值的思辨。新安全观对自身和外部世界关系的全新判断和处置，在吸纳其他国际安全思维的丰富营养的同时，超越了西方各种最新的主流安全战略思维，成为适应和平与发展时代需要的、有利于和谐世界建设的国际安全战略新思维。

（一）安全本体论意义上的突破

马克思主义的本体论揭示了世界的统一性是它的物质性，物质生产是人类社会的基础。人的认识归根结底反映社会的物质（经济）生活。在传统安全观那里，国际安全领域的国际安全困境归根到底是经

① 江泽民：《弘扬“上海精神”促进世界和平——在上海合作组织圣彼得堡峰会上的讲话》，载《人民日报》，2002 年 6 月 8 日。

② 《中国代表团向东盟地区论坛提交新安全观立场文件》，载《人民日报》，2002 年 8 月 2 日。

济利益的冲突无法以和平的方式解决。长期以来，资源的有限性和人类需求的无限性成为一对无法克服的矛盾。而资源分配的“零和”结果使人类不可避免地遭遇冲突的激化。每个国家都要求最大限度地获得资源，于是国家之间的冲突成为一种必然。

当代社会的经济发展出现了一系列新变化。首先，随着科学技术的发展，使再生性资源①的开发成为可能，从而大大缓解了资源的有限性。除了水的再生利用，诸如废金属、废塑料、废纸、废橡胶、纺织废料、废旧设备、废电子电器、废玻璃、废皮革等可以成为有价值的“第二资源”。这种依靠高度发达的科学技术使资源的再生利用，可以大大缓解因资源的有限性而带来的资源的“零和”博弈。这就提供了不必通过零和的争夺而获得“双赢”的机会。

其次，信息技术的发展，虚拟经济如鱼得水。当它超出服务业的领域而独立于实体经济过度发展，就可能酿成金融危机。这种危机的危害超越了阶级、民族和国家，成为人类的公敌，其危害的严重性甚至超过中强度的战争。正是国际社会生态的这一变化，加之高技术条件下冲突成本的提高，使一个国家与他国、与国际社会的关系尽可能地避免冲突，并且努力从对手变为伙伴，谋求国家利益的优化。新安全观正是及时把握了这一变化，实现了安全本体论上的重大突破：人类安全的本体关系除了冲突，也有共生。新安全观并不否认经济利益是国际安全中的基础性利益，但是因为科学技术的进步，虚拟经济的发展，再生资源的开发利用，国家间的基础利益既可以避免“零和”而“双赢”，也可能出现“共输”而必须同舟共济。国家之间可以通过合作而“互利”，借助合作而抗击风浪，以“互利”而减弱大部分利益冲突的烈度，从而实现共同的安全与和平。

（二）安全规律认识上的发展

大部分安全理论认为，无政府状态是国际社会的特征，“安全困

---

① 可再生资源分为自生性资源和培植性再生资源，自生性资源是指在人类不断利用的条件下，它能很快地再生发展；培植性资源是指按照需求与资源的再生规律进行培植与改进，才有再生能力或发展成一种新资源。

境”（Security Dilemma）是每一个国家必须面对的现实。[①]

现实主义者认为，由于国家间利益是不可调和的，所以“安全困境”和“安全竞争”是无政府国际体系的常态，不可能从根本上消除，只能加以改良。虽然20世纪70年代兴起的新现实主义又对此做了修正和补充，认为当两国具有共同利益时是可以合作的，但无法从根本上改变现实主义对安全规律的认识。

自由主义和建构主义又有不同的见解。自由主义认为可以通过合作和制度来缓解“安全困境”。新自由主义认为国际社会存在合作的可能。因为在国际政治经济关系中，博弈往往是多次性的，一个理性的行为者必须考虑欺诈可能导致的严重后果。在“安全困境”中对立的双方，比如处于冷战环境中美苏双方往往会为了自己的安全利益而与对方合作。此外，制度在安全领域内具有重要作用。他们认为可以在无政府的国际体系中建立国际制度，比如创建世界性的或区域性的国际政府间组织、通过谈判缔结多边的国际条约、形成国际法等，通过制度来约束各国的行为，化解矛盾，从而避免由“安全困境”所导致的无限度的安全竞争。

建构主义国际政治理论认为通过社会共有观念的建构可以超越“安全困境”。通过社会共有观念的建构，国际体系的无政府状态可形成“霍布斯结构”“洛克结构”和“康德结构”等三种文化状态。处于不同文化状态下的国际体系的无政府结构又对国家及其行为进行建构。“霍布斯文化的主体位置是‘敌人’，洛克文化的主体位置是‘对手’，康德文化的主体位置是‘朋友’。”[②] 在霍布斯无政府状态下，国际体系是真正的“自助”体系，安全困境十分尖锐。在洛克无政府状态下，国际体系部分地是一个助人体系，“安全困境”可以避免。在康德文化的无政府状态中，“安全困境”可以超越。既然在康德的无政府文化状态中“安全困境”能被超越，那么其逻辑的结论应该是只要通

---

① “安全困境”指的是一个国家追求自身安全的意图增加了其他国家的不安全感，安全困境最为经典的表述来自修昔底德的《伯罗奔尼撒战争史》：“雅典实力的增长以及这种增长在斯巴达引起的恐惧使得战争不可避免。”对国家安全竞争的零和性（Zero-Sum）假设，是造成安全困境的主要原因。

② ［美］亚历山大·温特著，秦亚青译：《国际政治的社会理论》中文版前言，上海人民出版社，2008年版，第32页。

过公共观念在世界范围内建构起新的政治文化——康德无政府文化，在当今的世界体系内大国的崛起就不再会加剧“安全困境”，也不会引起剧烈的“安全竞争”和军备竞赛，更不可能最终导致世界性的战争。

一个国家在特定时期究竟采取何种安全模式来实现国家安全是受制于多种因素的。从现实观察，国际关系及国际环境的特点在很大程度上具有决定性的影响。安全的互动性与国际性决定了任何主权国家在谋求安全时都不能离开国际大背景，这正如美国学者迈克尔·曼德尔鲍姆提出的，“一个国家的安全政策首先取决于国际体系的特征，而不是国家自身的特征”。[①] 国际体系的无政府特征虽然没有根本的改变，但出现了许多新情况，自由主义和建构主义理论一定程度地反映了这种变化的国际政治现实，为超越安全困境提供了新的思路。我国政府所倡导的新安全观也正是出于对国际体系出现的新特征的深刻体认，认为国家之间可以超越“零和”竞争，实现互利和双赢。

随着冷战的结束和全球化的发展，世界战争尤其是核大战的威胁逐渐减弱，军备竞赛的吸引力日趋下降，而全球经济和跨国公司的发展、各国经济的相互依赖、尤其是区域内经济合作及一体化的加快，以及生态环保、走私贩毒、恐怖主义等全球性公共安全问题的出现，推动着人们对国际秩序的认识也发生了新的变化，即国际关系不是传统现实主义者所认为的那样是亘古不变的，而是不断进步、朝着人类发展的“高级方向”和有序化演进的。这表现在：尽管当代国际关系尚未完全克服无政府状态，但它具备了越来越多的协调和合作气氛及机制；随着全球化的发展，很多全球性问题以及各国国内的一些矛盾已经不能单凭国家本身的力量加以解决。因此，在全球化时代，国家安全的发展趋势向人们证明，即便在国际政治范围，安全问题绝不仅仅是而且越来越不单是某个民族国家自身的安全事宜，而是具有了“共同安全”的属性。共同安全观念的形成，使安全观念摆脱了零和结局的传统思维，是国家安全思想的一次重大突破。它强调国际关系中的各行为体在安全上是相互依赖的，某一行为体的不安全会带来其他行为体的不安全。如果一个行为体想使自己及其盟友获得安全，就必须保证对手及其他行为体的安全。和平只能建立在相互的、共赢的安

① ［美］迈克尔·曼德尔鲍姆：《国家和命运》，军事科学出版社，1990年版，第2页。

全利益之上。

我国政府倡导的以互信、互利、平等、协作为核心的新型安全观正是以“共同安全”“共有利益”为立论前提的。承认“共同安全”“共有利益”的存在，才会产生超越“零和”博弈的思路和政策选择。中国倡导新安全观强调，“安全必须是各国的普遍安全。国家无论大小、贫富、强弱，都有享受安全的平等权利”。[①] 主张各国在谋求自身安全利益的同时不能把安全利益凌驾于他国之上，不能为实现本国的安全利益而损害他国乃至世界人民的共同安全利益，而要在维护共同利益的基础上争取共同安全、促进共同繁荣、谋求世界和谐。国际社会只有确立起共同安全、共同繁荣的意识，才能真正创造出有利于各国和平发展的国际安全环境。

“互信、互利、平等、协作”是一个整体，但互信和互利是实现超越“安全困境”的核心思想，体现了对“共同安全”“共有利益”的深刻体认。它的要旨在于超越“安全困境”非此即彼的敌视状态，构建共同安全。具有了共同安全这一前提，才有合作的可能。通过合作性的而不是竞争性的战略来实现共同的安全目标，这是克服安全“两难”规律，超越“安全困境”的现实选择。

（三）安全对策的历史超越

“无政府状态”和“安全困境”是探讨安全问题必须面对的现实，由于对两者性质和程度看法不同，西方国际关系各学派对采取何种政策实现国家安全的认识是不同的。

新现实主义强调“安全联盟”的作用。新现实主义者认为在以自助原则为基础的体系中，国家将采取以下两种基本举措以维持均势和确保安全：对内致力于提高政治、军事和经济实力并制定有效的战略策略；对外争取与其他国家结盟，或调整结盟关系。联盟或曰同盟，即各国通过正式和非正式的安全安排进行合作，以增进国家安全，防范可能构成威胁的行为体，被政治现实主义者认为是维护安全、寻求安全合作的主要模式和途径。但是新现实主义同时认

① 江泽民：《推动裁军进程，维护国际安全——在日内瓦裁军变判会议上的讲话》，载《人民日报》，1999 年 3 月 26 日。

为，以结盟形式进行的安全合作只是国家维护自身安全的权宜之计。因为军事同盟往往在存在冲突或冲突威胁的国际环境中形成，国家之所以进行安全合作是因为同盟中的每个国家自身都受到了同样的威胁，一旦威胁不复存在，合作就终止了。而且，即使面临同样的威胁，由于弱国担心将自身的安全系于大国的保护不可靠而害怕被强国“抛弃”，而强国担心大批小国“搭便车”增加自己的负担而被“拖下水”，这种联盟式的安全合作是不稳定和难以持久的，因而也是不可靠的。在近代国际关系史上，联盟伙伴根据国际局势变化而经常变换的例子俯拾即是。

不仅新现实主义如此，无产阶级也曾经一度以意识形态划线，搞无产阶级的大同盟，但事实证明，这种从意识形态出发而部分牺牲国家利益的行为是不利于国家发展的，也不能从根本上改善国际安全状况。冷战期间的意识形态冲突就是最好的例证。

新自由主义推崇“制度化安全合作”。20 世纪 70 年代以来，以罗伯特·基欧汉和约瑟夫·奈为代表的新自由主义学派，充分阐释了国际合作的可能性和必要性。新自由主义认为不仅国家是国际体系中的重要行为体，非国家角色在国际政治中发挥着越来越重要的作用；由于国际相互依赖的存在，国际社会是无政府的但是有秩序的，国际社会的无政府状态是一个不断进化的、有序的动态结构；由于国际机制的作用，“安全困境”是可以缓解和改良的。新自由主义认为，国际制度和规范有助于减少国家间相互意图的不确定性和“安全困境”中的恐惧和欺骗，增加相互信任和合作。如果国家在这样的安全机制中共存，那么一国军事潜力的增加，将不会导致其他国家跟着效仿做出相应的增加。相反，基于这样的认识，即共同接受的行为规范将限制相对较强的国家利用其暂时强大的地位，这些国家将会容忍它们所处的虚弱地位，“安全困境”由此也将不复存在。

建构主义主张构建“安全共同体”。建构主义认为安全困境是主体间相互建构的产物。安全困境可以被建构，也可以被解构。当主体间期望使行为体产生恐惧、猜疑，使它们对对方的意图和动机做出最坏的估计时，一方的防御性行动也被对方看作威胁，这样一种从恐惧、竞争以及共享威胁认知中产生的共有知识（结构）就是安全困境。但是，当行为体的实践活动发生了变化时，共有的观念也会发生变化，即行为体不再指望或者准备在它们彼此关系中使用武力，而是期望将每一方的安全都被视为全体的责任，一方受到威胁，另一方会鼎力相助而不计个人得失，建立在这样一种共有观念基础之上的结构就不是安全困境，而是“安全共同体”。建构主义认为，既然无政府状态和安全困境是主体间互动和话语实践建构而成的，那么，社会行为体之间建立在集体认同基础之上的共同利益，就可以改变无政府状态和安全困境对行为体之间相互信任和合作的限制。当有关国家之间在安全问题上形成集体认同时，彼此间的共同体感和强烈的互信也就存在了，这些国家就构成了不以战争手段解决相互争端的多元“安全共同体”。这样，在这种依赖互信和安全认同所建立的“安全共同体”内，安全合作不仅是可能的，而且还可以提供一种有关和平变迁的可靠预期，从而造就一种和平的国际秩序，地区和国际和平就能够得以实现。

“无政府状态”和“安全困境”是现实主义学派分析安全问题的前提，新现实主义、新自由主义和建构主义三大流派通过对其不同的解读，提出了不同的对策，各种理论流派的观点其实并不完全是相互冲突的，而是互补的。三大流派对国际安全关系的不同阐释和解读，同样对我国在新的历史时期探索如何通过国际安全合作来推进国家安全战略提供了一定的理论启迪。我国政府所倡导的新安全观正是对“共同安全”等新理念的吸纳和对传统安全观的超越。

现实告诉我们，当代世界，一国安全早就不可能建立在侵害他国安全的基础上。而全球性的相互依赖和全球性公共安全问题的兴起使人类面临着共同的挑战和威胁，安全越来越被证实为是相互的。在当今世界，所有主权国家都是“地球村”的一部分。国家谋求安全，不可能是纯粹的单一国家的行为，不可避免地会带有国际色彩，从而构成国际安全的组成部分。在这个意义上，国家的任何不安全问题通常都不是自身一个国家的问题，而且这样的问题也不是单独一个国家所能解决的。国家之间安全关系的互动性推动人们逐步确立了“合作安全”的思想，认为只有相互确保安全才是稳定的安全，只有以多边合作而非完全自助的方式才能谋求国家安全。

中国的新安全观旨在建设持久和平、共同繁荣的和谐世界。新安全观进一步丰富和发展了国际安全领域的理论观念，为国家间“合作安全”提供了新的理论范式。中国新安全观所提倡的“以信任取代猜疑、以对话取代对抗、以和平谈判取代冲突、以互谅互让取代争夺”为主要内容的安全合作模式是一种崭新的国家间合作模式。“它是在共同利益基础上的互相尊重、相互信任、通过经济交往、政治谈判、军事对话与和平方式求得共同安全。”① 不是把本国的安全利益凌驾于他国之上，也不是以牺牲本国的安全利益为代价，而是在相互尊重对方安全利益的基础上，通过政治对话、经济交往、文化交流等和平方式以寻求普遍安全与世界和谐。互信是前提，互利是基础，平等是条件，协作是手段，最终实现共同安全、世界和谐这一目标，实现了安全对策的历史超越。

第三节　建设和谐世界

和谐世界的理念表达了人类应当努力实现和平、安宁、公正、相互尊重和共同繁荣的新的国际政治经济秩序。它所要达到的是人与人之间、民族与民族之间、国家与国家之间、人类与自然之间的和睦相处，体现了中国对当今的国际局势、全球问题、人类命运和理想目标的基本判断与价值追求，它是中国国内政治发展在国际政治领域的反映，代表了中国国际安全战略思维的新发展。

一、和谐世界理念的形成

回首中国对于国际安全和世界和平的战略谋划，大致经历了三个相互联系、不断深化的阶段。

（一）建立公正、合理的国际新秩序

20 世纪 70 年代，随着国际战略形势的变化和中国恢复联合国的合法席位，中国成为现实国际体系的重要成员，中国开始思考建立

① 左凤荣：《确立新的安全观，促进世界的和平与合作——江泽民关于新安全观的思想》，载《理论视野》，2003 年第 1 期。

国际政治经济新秩序的问题。邓小平在1974年的联合国大会第六届特别会议上代表中国政府发言，就提出了建立国际经济新秩序的主张。到了80年代末，邓小平又提出了建立国际政治新秩序问题。他在会见印度总理拉吉夫·甘地时说："世界总的局势在变，各国都在考虑相应的新政策，建立新的国际秩序。""世界上现在有两件事情要同时做，一个是建立国际政治新秩序，一个是建立国际经济新秩序。"①

苏联解体、东欧剧变，冷战结束，美国成为唯一的超级大国，力图构建美国领导下的世界新秩序。美国1991年发表的《国家安全战略报告》将"世界新秩序"作为绪言的标题。报告提出："我们已经抓住了几代人几乎没有经历过的非同寻常的机遇——由于我们周围的旧的模式和稳定性已经崩溃，我们可以按照我们自己的价值观和理想建立一种新国际体系了。"② 面对急剧动荡的国际局势，邓小平更加强调建立国际新秩序。1990年3月3日，邓小平指出："我们的对外政策还是两条，第一条是反对霸权主义、强权政治，维护世界和平；第二条是建立国际政治新秩序和经济新秩序。"③ 1992年，中共十四大政治报告正式将建立国际新秩序定为中国对外政策的重要内容，而且对新秩序的内涵作了系统阐述："根据历史经验和现实状况，我们主张在互相尊重主权和领土完整、互不侵犯、互不干涉内政、平等互利、和平共处等原则的基础上，建立和平、稳定、公正、合理的国际新秩序。这一新秩序包括建立平等互利的国际经济新秩序。"④ 中国倡导的国际新秩序与美国所要建立的国际新秩序有本质区别。一个是坚持霸权主义和强权政治，试图建立一个以美国霸权为基础的新秩序，将联合国变成"制度霸权"的工具；一个是反映广大发展中国家的利益和愿望，要建立一个更加公正、合理的新秩序。

中国的新秩序主张得到了一些大国的积极响应。1997年4月23日，中国与俄罗斯签署了《关于世界多极化和建立国际新秩序的联合声明》，阐述了建立多极世界和国际新秩序的主张。2005年7月1日，

---

① 《邓小平文选》（第3卷），人民出版社，1993年版，第282页。

② 梅孜编译：《美国国家安全战略报告汇编》，时事出版社，1996年版，第188页。

③ 《邓小平文选》（第3卷），人民出版社，1993年版，第353页。

④ 《中国共产党第十四次全国代表大会文件汇编》，人民出版社，1992年版，第42页。

中俄签署了《关于21世纪国际秩序的联合声明》，根据新的国际形势进一步全面阐述了建立国际新秩序的主张。[①] 欧盟、印度以及广大发展中国家虽然没有像中俄那样旗帜鲜明地阐明建立国际新秩序的主张，但从外交实践以及对外政策宣示看，它们赞同建立公正、合理的国际新秩序并提高联合国的地位。

（二）推进国际关系民主化

进入21世纪，对于应该建立一个什么样的国际新秩序，如何建立国际新秩序的问题成为世界各国共同关注的重大问题。大多数国家和人民普遍主张推进国际关系民主化，在此基础上建立国际新秩序。在这一背景下，中国国家领导人从2000年以来，在不同场合多次明确地阐述了推进国际关系民主化的主张。2001年11月5日，时任国家副主席的胡锦涛同志在法国国际关系研究所发表题为《21世纪的中国与世界》的演讲，对国际关系民主化作了系统的阐述。他指出，“国际关系民主化是世界和平的重要保证。国家不分大小、贫富，都是国际社会的平等一员。各国的事应由本国政府和人民决定，国际上的事由各国政府和人民平等协商。在事关世界和地区和平的重大问题上，应该按照联合国宪章的宗旨和原则以及公认的国际关系基本准则，坚持通过协商谈判和平解决争端。我们的世界是丰富多彩的，不可能只有一种模式。应承认世界的多样性，尊重各国的历史文化、社会制度和发展道路。各种文明之间的交流和借鉴是人类文明进步的动力。各种文明和社会制度应该而且可以长期共存，在竞争比较中取长补短，在求同存异中共同发展。”[②] 2003年江泽民同志在党的十六大报告中指出：“我们主张维护世界多样性，提倡国际关系民主化和发展模式多样化。”[③]

中国共产党和中国政府提倡的国际关系民主化具有以下鲜明的特征。

一是政治上相互尊重，平等相待。在全球化的背景下，民族国家

① 《新华月报》，2005年第8期，第27、28页。

② 《人民日报》，2001年11月6日。

③ 《中国共产党第十六次全国代表大会文件汇编》，人民出版社，2002年版，第46、47页。

地位和主权原则受到了冲击和挑战，但国家仍然是国际社会的主体，主权原则仍是国际社会的基石。各国政府和人民拥有处理解决本国国内外一切事务的最高权利。这一原则要求各国相互尊重，平等相待。国际事务应由各国共同参与解决，不能由一个或少数几个大国操纵和垄断。对国际争端应由有关国家平等协商、互谅互让，通过和平谈判解决。

二是经济上互利合作，共同发展。国际关系民主化还表现在经济方面，它要求各国应相互促进，共同发展。国际关系不民主的重要表现就是不公正、不合理的国际经济旧秩序依然存在。很难设想在各国经济地位不平等和贫富差距日益扩大的基础上会实现国际关系的民主。国际关系的民主化要求所有国家应在平等的基础上，独立自主地参与国际经济事务，在经济关系中维护公平合理原则，各国应相互促进，在互利合作中谋求共同的发展，反对将一国的繁荣建立在他国贫穷的基础之上。

三是文化上相互借鉴，共同繁荣。各国在社会制度、价值观念、发展程度、历史传统以及宗教信仰、文化背景等方面存在着差异，构成了世界文明的多样性。各国有权遵循各自的历史轨迹，选择不同的发展道路，以体现本民族的意愿，走符合本国国情、具有本国特色的发展道路。对文明的多样性和发展模式多样化的尊重是国际关系民主化的重要体现。世界上的各种文明、不同的社会制度和发展道路理应彼此尊重，在竞争中取长补短；坚持包容开放，实现文明对话；在求同存异中共同发展，共同繁荣。

四是安全上相互信任，和平协商。国际关系民主化在安全方面的体现就是提倡新的安全观念和模式。传统安全观念是建立在相互猜疑和敌视基础上，通过结盟和加强军事力量片面追求自身绝对安全，不尊重他国安全利益、甚至谋求对他国的控制和影响。而冷战后全球化的发展和国际关系的民主化则要求各国应树立互信、互利、平等和协作的新安全观。各国应依靠相互之间的信任和共同的利益联系，通过对话增进了解和信任，通过合作谋求共同安全，用和平方式解决争端。

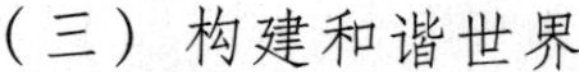

（三）构建和谐世界

国际关系民主化的提倡，将国际新秩序的建立推向可操作的实践。而和谐世界的提出，进一步明确了国际关系民主化的目标，成为中国的世界治理主张。

构建和谐世界，是中国共产党人和中国政府深思熟虑的实现世界和平发展的战略设想。外交是内政的延伸。随着中国在国内以和谐社会建设全面代替阶级斗争的革命思维，在外交上推进和谐周边、和谐地区、和谐世界成为必然选择。2004 年 10 月，在中俄发表的联合声明中提出了“为建立一个和平、发展、和谐的世界，实现公正合理的国际政治经济新秩序而不懈努力”。2005 年 4 月 22 日，在印尼雅加达召开的亚非峰会上，胡锦涛主席明确提出了“尊重各国选择社会制度和发展模式的自主权，推动不同文明友好相处、平等对话、发展繁荣、共同构建一个和谐世界”的主张。2005 年 7 月 1 日胡锦涛主席与普京总统共同签署的《关于 21 世纪国际秩序的联合声明》提出“为建设和谐与发展的世界而不懈努力”。[①] 同年 9 月 15 日，胡锦涛在联合国成立 60 周年首脑会议上发表的重要讲话中，向世界郑重提出了“促进国际关系民主化，协力构建各种文明兼容并蓄的和谐世界”[②] 的战略构想。其后，2006 年的新年贺词明确以《携手建设持久和平、共同繁荣的和谐世界》为题。2006 年 4 月 23 日胡锦涛主席在沙特阿拉伯王国协商会议的演讲中，具体阐述了建设和谐世界的三项原则：政治上和谐共处、经济上和谐发展、文明上和谐进步。在中国共产党第十七次全国代表大会的政治报告中，胡锦涛同志对建设和谐世界的指导思想、基本内涵和实现路径作出了完整阐述。[③] 该政治报告的通过，标志着世界最大的执政党将中国传统的“和合”思想，千百年来国际社会对世界理想秩序的不懈追求，马克思主义关于不同制度国家和平共处的设想提升为当代世界的核心价值观念，成为适应和平与发展时代

① www. mfa. gov. cn.

② 《人民日报》，2005 年 9 月 16 日。

③ 胡锦涛：《高举中国特色社会主义伟大旗帜，为夺取全面建设小康社会新胜利而奋斗——在中国共产党第十七次全国代表大会上的报告》，载《人民日报》，2007 年 10 月 25 日。

需要的公正、合理的国际新秩序的最高概括，成为国际安全的崇高目标。

二、和谐世界的特质

十七大报告指出，“和谐世界”的基本原则是和而不同、平等协作、共同发展、互利共赢、和谐相处。“和谐世界”是在对世界形势进行全面深刻分析基础上提出的崇高奋斗目标，具有深刻的内涵。

（一）和谐的基本含义

“和谐”一词是个原生性概念，“和谐社会”“和谐世界”都是它在不同的领域中派生出来的，因此厘清“和谐”的基本含义是界定“和谐世界”理念内涵的前提。

从理念层面看，“和谐”观念是我国传统文化的核心范畴和主导精神，它是人们价值取向、心理感受、社会态度和认知的一种表达，其思想源流可以追溯到老庄道家“以天合天”的自然哲学和孔孟儒家“天人合一”的伦理哲学。

从自然层面看，“和谐”体现为宇宙的本体和谐，即中和之道；从社会层面看，“和谐”体现为人类行为和谐，力求实践至真、至善。中国自古以来就有讲和谐、重和平的传统，王毅大使在日本设立的第一所孔子学院做特别演讲时对这一传统做出了很好的概括：“和”的首义是人与人的和谐；“和”的价值在于人与自然的和谐；“和”的体现是奉行“中庸之道”；“和”的境界是“和而不同”；“和”的根基是“仁”；“和”扩展到对外关系上就是助长“亲仁善邻”，总之，“和”是天地之正道，其本质要求是在不同复杂事物之间准确把握平衡，协调各种利益，综合不同意见，化解各种矛盾。[①]

由此可见，“和”表达的是一种行为方式，透过这种行为方式可以达到“谐”的状态。从国际关系角度讲，它是各国共处的一种方式，“和”是在世界人民及不同国家根本利益之间求和谐，主权国家之间，既要维护本国国家利益，也要尊重别国的国家利益，共同寻求利益的

① 王毅：《弘扬东方文化、构建和谐世界》，http：//www. china-embassy. or. jp。

汇合点。和谐世界的本质就在于“和谐共处”，即以协商、合作而不是武断、对抗的方式来处理相互间关系和具有相关利益的事务，从而形成一种以协商、合作为主的国际关系秩序。

（二）和谐世界的内在要求

中国共产党第十七次全国代表大会对和谐世界的目标明确提出了五个方面的要求。

1. 政治上相互尊重、平等协商，共同推进国际关系民主化。和谐世界应该是国际关系民主化、国际秩序更加公正合理的世界。国家不分大小、强弱、贫富，都是国际社会平等的成员，都应该受到尊重。各国内部事务应该由各国人民自己决定，世界上的事情由各国平等协商解决，而不是由一两个大国说了算。特别是发展中国家应该同样有参与国际事务的权利。单边主义应该摒弃，多边主义原则应该发扬。联合国和其他政府间、非政府间国际组织都应该成为推进国际关系民主化的平台。

2. 经济上相互合作、优势互补，共同推动经济全球化朝着均衡、普惠、共赢方向发展。人类发展是一个有机整体。经济全球化的发展应该使各国普遍受益，富者愈富、贫者愈贫的两极分化只会加剧世界的动荡，成为恐怖分子滋生的土壤。在经济全球化的条件下，各国应该加强协调，扩大合作，努力建立一个公正、公开、合理、非歧视的多边贸易体制，反对各种形式的贸易保护主义。国际社会应该加强合作，落实联合国千年发展目标，帮助最不发达地区摆脱贫穷，使 21 世纪真正成为“人人享有的世纪”。

3. 文化上相互借鉴、求同存异，尊重世界多样性，共同促进人类文明繁荣进步。文明的多样性是世界的基本特征，是人类发展进步的源泉。在人类发展的历史上，各种文明都对人类各自文明的进步做出了贡献。不同文明的交融促进了世界的进步。各种文明都应该受到尊重，各种文明之间的交流对话应该得到提倡与鼓励，在交流中增进理解，共同提高。坚决反对一切唯我独尊、以我为中心、贬低排斥其他文明的主张与做法，反对以意识形态划线，鼓动输出特定的价值观，强加于人。

4. 安全上相互信任、加强合作，坚持用和平方式而不是战争手段解决国际争端，共同维护世界和平稳定。国家间的相互信任是各国和平共处和安全保障的前提。“互信，是指超越意识形态和社会制度异同，摒弃冷战思维和强权政治心态，互不猜疑，互不敌视。各国应经常就各自安全防务政策以及重大行动展开对话与相互通报。”① 在国际关系中，各国之间必然存在着政治、经济、文化、意识形态等多方面的差异。为实现世界和平而求大同存小异，需要通过对话和交流来消除对抗和冲突。合作作为实现国际安全的新的途径和方式，就是不结盟、不对抗、不针对第三国，以信任取代猜疑，以对话取代对抗，以和谈取代冲突，以互谅互让取代争夺，并就共同关心的安全问题进行广泛深入的合作，消除隐患，防止战争和冲突的发生。以合作求安全、以合作解争端、以合作谋和平、以合作促和谐，应该成为世界各国的共同选择。

5. 环保上相互帮助、协力推进，共同呵护人类赖以生存的地球家园。人与自然的和谐是和谐世界的重要方面。在人与自然的关系中，自然对于人类是至关重要的，它是人类生存的必备前提和条件，只有人与自然达到和谐，才能有人类的美好前程，破坏自然，就等于毁灭人类自己。当今世界面临的超越国家和地区的生态失衡和环境污染问题，采取综合措施，共同合作加以治理。应该提倡创新发展模式，走可持续发展道路促进人与自然的和谐。时代要求各国人民通过协调一致的努力，共同呵护人类共同的家园。

推动建设和谐世界是时代赋予的使命，在全世界人民的共同努力之下，持久和平、共同繁荣的和谐世界一定能由理想变为现实。世界治理的实现要件与公正合理的国际秩序的建构具有相通之处。

三、建设和谐世界的战略意义

（一）建设和谐世界是以和平方式构建国际新秩序的唯一选择

两极格局和冷战结束后，国际关系发生了某些积极的变化，人们

① 《中国代表团向东盟地区论坛提交新安全观立场文件》，载《人民日报》，2002 年 8 月 2 日。

普遍意识到世界战争的威胁已大大缓解，但新的安全挑战又出现了。“9·11”恐怖袭击以及随之而来的阿富汗和伊拉克两场战争都表明，当今世界仍不太平，并不和谐。世界格局的变动和政治战略的演变势将牵动大国利益和大国关系的新一轮调整。在这样的背景下，中国政府提出了构建和谐世界的新理念。世界和谐意味着国际社会中各国之间内在的、有机的联系性，也就是各方相互协调、相互妥协、相互依存的性质和趋向，意味着建立一种政治秩序和规则及机制，实现平等、平和、有序、融洽相处的局面，最终实现世界的持久和平与共同繁荣。所以，这一理念是顺应国际社会的发展潮流，反思国际关系诸要素的现有态势和未来趋向，构建新国际秩序的理论尝试，是中国的国际秩序主张。实际上，建设和谐世界的过程就是改革不公正不合理的国际旧秩序，建立公正合理的国际政治经济新秩序的过程。

和谐世界的国际秩序主张既是对现行国际秩序的批判，但又依托现行秩序而形成，并不是对现行国际秩序的颠覆，也非取代与被取代，而是要尽量克服后者的内在缺陷，要在注入新的积极因素的同时不断改造现有的国际秩序。西方的国际秩序观认为，国际秩序的更替和重建，是以大国间的冲突和对抗为标志的，战争是国际秩序变革的基本方式。在西方国际关系理论看来，战争是实现国际秩序更替和重建的手段，而不是国际秩序的组成部分。和谐世界也承认国际体系秩序以实力为基础构建，但是其实现方式不是武力，而是主张以和平的方式实现国际秩序的转换和过渡，“和谐”的国际秩序变迁方式是和谐世界的有机组成部分。和谐世界秩序观的最突出特征就是谋求实现和平与发展的良性互动，以和平的环境促进发展，以发展的成果促进和平。谋求以和谐之道处理国际政治问题和重大国际事务，更加表明中国不是国际秩序的挑战者，只是提出一种新的国际秩序建设的主张。

（二）建设和谐世界弘扬了合作共赢的价值观念

和谐世界实现的一个重要基础是寻求、创建相关者的“共享利益”，树立合作共赢的价值和理念。全球化的发展使世界各国共同利益日渐增多，各国之间不再是你死我活的零和博弈，而是存在诸多共同利益。正是因为共同利益的增多，国家之间才有了协商合作的可能。与世界各国的相互依存更为突出相伴随的是全球性问题所带来的挑战与困惑也更为尖锐。人类也面临国际恐怖主义、大规模杀伤性武器扩散、贫富差距拉大、环境恶化、传染性疾病、有组织跨国犯罪、贩毒等诸多全球性问题的挑战。所以，无论从利益的共同性还是问题的尖锐性而言，人类都日益成为一个整体。世界能否和谐，人类能否可持续发展，在很大程度上取决于我们是否有这种清晰而明确的整体意识和共赢观念。和谐世界倡导的正是这样一种合作共赢的理念。

（三）和谐世界体现崭新的规范价值

和谐世界的实现需要争取实现国际关系民主化，制定共同的行为规范，并以国际法准则和国际制度建设约束各国的行为。

在现实的国际社会中，构筑和谐世界，是一个复杂的各种力量相互竞争与合作的漫长的历史过程。因为尽管参与国际社会的角色增多，政府间国际组织、非政府组织和跨国公司的地位在提升，但在处理国际关系问题中，主权国家仍是最基本的角色。每一个主权国家都要追求自身的安全与利益。但每一个主权国家的执政者也应意识到，国际规则和国际机制建设仍是必不可少的。世界各国都应严格遵守互相尊重主权和领土完整、互不侵犯、互不干涉内政、平等互利、和平共处的原则。应充分保障各国根据本国国情选择发展道路的权利、平等参与国际事务的权利和平等发展的权利。必须和平解决现实分歧与历史争端，不应只强调本国的安全与利益，采取强迫别国屈从的政策，而损害他国安全与利益，也不应动辄以武力威胁或使用武力。各国的事情应由各国人民自主决定，世界上的事情应以多边主义为基础，通过对话和协商决定。各国政治领导人只有彻底摒弃对抗和结盟的思维，不寻求对国际事务的垄断地位和主导权，不将国家划分为领导型和从属型，树立互信、互利、平等、协作的新安全观，才能建立公平、有效的集体安全机制。和平、和睦、平等、民主与共同繁荣是构建和谐世界、实现和谐共处的关键之所在。

“和谐世界”强调集体安全，因此应该充分肯定第二次世界大战结束后建立的以联合国为核心的国际安全机制的作用，倡导多边主义的合作原则。目前的联合国虽然不是世界政府，但是是世界 192 个主权国家的最大的国际组织，不仅关注世界的和平与安全问题，也对世界经济发展、金融安全和各非传统安全问题负有治理的义务。因此，在国际社会的机制建设中，仍然应该维护以联合国为核心的最大的国际组织及其宪章原则，各个全球性或区域性的国际组织都不应该违背联合国的宪章原则。

（四）和谐世界是具有鲜明中国特色的世界治理表述

进入20世纪90年代以来，“全球治理”（global governance）伴随着全球化的发展浪潮开始成为一个流行的词汇，日益受到各国政府、学者和公众的关注。对全球治理至今并没有一致的、明确的定义，类似的概念还有：“世界政治的治理”和“全球秩序的治理”等。大体上说，所谓全球治理，指的是通过具有约束力的国际规制（regimes）解决全球性的冲突、生态、人权、移民、毒品、走私、传染病等问题，以维持正常的国际政治经济秩序。研究全球治理的英国学者安东尼·麦克格鲁（Anthony McGrew）说：“全球治理不仅意味着正式的制度和组织——国家机构、政府间合作等——制定（或不制定）和维持管理世界秩序的规则和规范，而且意味着所有其他组织和压力团体——从多国公司、跨国社会运动到众多的非政府组织——都追求对跨国规则和权威体系产生影响的目标和对象。很显然，联合国体系、世界贸易组织以及各国政府的活动是全球治理的核心因素，但是，它们绝不是惟一的因素。如果社会运动、非政府组织、区域性的政治组织等被排除在全球治理的含义之外，那么，全球治理的形式和动力将得到不恰当的理解。”① 总的来说，全球治理是各国政府、国际组织、各国公民为最大限度地增加共同利益而进行的民主协商和合作，其核心内容应当是健全和发展一整套维护全人类安全、和平、发展、福利、平等和人权的新的国际政治经济秩序，包括处理国际政治经济问题的全球规则和制度。从本质上讲，世界治理就是一种秩序主张。

当今世界的世界治理设想，林林总总，有影响的至少有五种。

一是社会民主党人设想的“国际民主”，1951年6月30日至7月

① ［英］戴维·赫尔德等：《全球大变革：全球化时代的政治、经济与文化》，社会科学文献出版社，2001年版，第70页。

3 日，民主社会主义的国际组织“社会党国际”[①] 在法兰克福召开了第一次代表大会。英国工党、法国社会党、德国社会民主党等民主社会主义政党参加了该次大会。该次大会以“民主社会主义的目标与任务”为题，发表了“法兰克福宣言”（又作“法兰克福声明”），向整个人类社会表达了要建立一个“没有人对人或民族对民族的剥削与奴役，个人个性的发展是人类充分发展的基础”的“和平与自由的世界”的理想追求。宣言主张“国际民主”，指出：“社会主义运动从一开始就是一个国际性的运动。”民主社会主义是国际性的，“因为它的目的在于使所有人从各种形式的经济、精神和政治的束缚中解放出来。”“任何国家都不能孤独地解决它的全部经济和社会问题。”“必须超越对民族主权的限制。”“只有把和平建立在国家之间自愿合作的基础上，社会党人所争取的新的世界社会才能在和平中繁荣昌盛。因此，民主制必须根据保障民族自由与人权的国际法的规定，在国际规模上建立起来。”“联合国的建立是走向国际共同体的重要步骤，它要求严格履行联合国宪章的原则。”宣言认为“贫困是民主制发展的障碍”。“世界上任何地区的贫困都威胁着其他地区的繁荣。民主、繁荣与和平要求对世界财富重新分配和提高不发达地区的生产率。这些地区物质与文化水平的提高，同所有人都有利益关系。民主社会主义应鼓励这些地区的经济、社会与文化的发展，不然它们就会沦为新压迫方式的受害者。”而国际民主在当前时代的最高任务是维护世界和平，“只有集体安全体系才能保障和平，为国际裁军创造条件。”“社会党人为建立一个和平与自由的世界而努力。在这个世界中，没有人对人或民族对民族的剥削与奴役，个人个性的发展是人类充分发展的基础。社会党人

---

① 社会党国际最初成立于 1923 年，当时称社会主义工人国际，与 1919 年共产党建立的国际组织“第三国际”相对抗。然而双方都遭到了法西斯暴政的镇压，社会主义工人国际于 1940 年被迫停止活动，共产国际于 1943 年解散。二战后双方有过短暂合作，随着冷战开始，双方恢复对抗。社会党于 1951 年建立了社会党国际，取代战前的社会主义工人国际，成为各国社会党的国际组织，协调各国社会党之间的方针政策，为民主社会主义这个共同目标的实现而努力。这个时期的社会党已经由欧洲扩展到世界五大洲。从 20 世纪 70 年代起，共产党与社会党的关系趋于缓和，从 1976 年社会党国际十三大后，社、共两党开始了超越意识形态的联系，从 20 世纪 80 年代双方开始对话合作。1991 年苏东剧变后至今，更是进入了密切合作的新阶段。2007 年社会党国际已经拥有 169 个成员党，4000 多万名党员，资本主义世界的各国共产党共有 122 个，党员总数约 300 多万。

呼吁所有劳动人民团结起来，为这个伟大的目标而奋斗。"[①] 2003 年 10 月，在巴西圣保罗召开的二十二大上，社会党国际将大会的主题确定为"政治的回归：为了公正负责的全球治理——实现人民对全球化的治理"。但是，目前社会党国际内部各成员党之间分歧严重。在社会党国际内部，存在着由于发达国家、发展中国家和最不发达国家的成员党对全球化的不同主张引起的分歧，也包括国际内部左翼和右翼即悲观派和乐观派的分歧，在西欧主要发达国家成员党之间，甚至每一个成员党内部也都有不同的派别。由于内部分裂，社会党国际的地位、影响和活动能力受到严重削弱。

二是分合并存的超越统治的治理。在种种世界治理的思路中，美国国际政治学家詹姆斯·罗斯诺[②]（James N. Rosenau）在学理意义上对全球治理观念进行了探索。他认为当代世界政治变迁的动因包含着分散化和一体化两个同时起作用的趋势，这就是全球化和区域化的现象。当代世界"分合"[③] 的进程正在三大领域展开。在经济领域，经济全球化和新的"经济民族主义"相互交叠。在社会领域，一方面是"全球公民社会"意识逐渐形成，另一方面，国家自主权和权威的散失使得人们觉得必须依靠归属于适当的集体才能维护自己的利益并获得心理上的安慰。在政治领域，全球化的动因使得传统的民族国家治理面临着巨大的危机。当代世界政治中越来越多的议题超越了民族国家主权的界限。在跨国和超国家层面上，主权国家处理政治事务时深受诸多国际组织和国际制度的制约。几乎与国际组织作用不断加强同步，一般民众的政治视野更加开阔，主权国家的政治决策也越来越难以博得大多数国民的支持。在"分合"进程的影响下，传统的以民族国家为核心的权威结构大受侵蚀，当代世界政

---

① 社会党国际：《法兰克福宣言》，参见《社会党国际文件集》，黑龙江出版社，1989 年版。

② 也译作詹姆斯·罗西瑙，美国全球治理研究的领军人物。其主编的《没有政府的治理》，政府指的是统治。在该书中，第一次阐述了超越主权国家统治的全球治理思想。

③ "分合"（fragmegration）的英语单词是由"分散"（fragmentation）一词的前半部分（fragme）和"整合"（intergration）一词的后半部分（gration）结合而成。该词的构成形象地表达了"分合论"世界观的思想内核。参见詹姆斯·罗斯诺：《全球新秩序中的治理》，载戴维·赫尔德、安东尼·麦克格鲁编：《治理全球化》，社会科学文献出版社，2004 年版，第 82 ~ 85 页。

治体系正在经历意义深远的变革，这一变革集中体现在全球事务中，世界不再是一个主权国家的世界，而是向两个方向发展，出现了两个分支（bifurcation）：一个是以主权国家为中心的“主权国家世界”，另一个是多行为体的“多中心世界”。所以，联合国有可能正在成为这两个世界之间的桥梁，不只是服从其中一个世界的指令。由于上述两个因素的作用，出现了全球事务中的权威迁移（relocation of authority）。由于权威迁移，尽管当代世界事务大多数仍然是在主权国家管辖的框架内展开的，但是随着国家内部和外部各种新的控制机制的出现，越来越呼唤全球政治权威甚至治理的新形式。当代世界政治的主轴开始从主权国家为中心的统治向以权威领域为中心的“治理”变革，随着世界政治分合趋势的不断发展和权威迁移的不断加速，国内和国外之间的分野不断淡化，特别是众多全球公共问题的出现使得全球规模的治理成为必然。

三是以民主为主导的世界主义民主。20 世纪 90 年代中期，英国著名的政治学家戴维·赫尔德[①]首倡世界主义民主。作为一个倾向民主社会主义的政治学家，出于其对民主的理解和对全球化带来的世界格局的感悟，他敏锐地意识到世界范围的民主化是一个不可抗拒的发展趋势。他认为，自从威斯特伐利亚体系诞生以来，在民族国家内部，实行的是民主，而在民族国家外部通行的是强权。而联合国不过是将大国的主导地位合法化。全球化的发展，全球问题的大量出现，随着战后主宰世界的国际治理形式——冷战体系——业已解体；可是取而代之的国际治理形式尚未出现。重建一个适应世界历史发展需要的国际秩序，民主理论和国际关系的理论面临严峻挑战，现实呼唤民主理论走出民族国家的疆界，“得到再造和加强”，“民主政治需要在地方的、国家的、区域的和全球的各个层次上进行重塑”，呼唤国际关系建立在民主的基础之上。[②] 赫尔德为达成全球民主治理设想的短期目标包括：

---

① 戴维·赫尔德，1951 年生于英国，现为伦敦经济与政治学院华莱士讲座教授，在政治理论、社会理论、民主理论和全球化研究方面成果甚丰。他的主要著作有《民主的模式》（1987 年）、《世界主义民主》（与 D. 阿奇布吉合编，1995 年）、《民主与全球秩序——从现代国家到世界主义治理》（1995 年）、《全球大变革——全球化时代的政治、经济与文化》（1999 年）等。

② ［英］戴维·赫尔德著，胡伟等译：《民主与全球秩序——从现代国家到世界主义治理》，上海人民出版社，2003 年版，第 19 ~ 23 页。

建设一个更有效的、涵盖面更广的联合国安理会，加强地区化，进行跨国投票，增强国际法庭以及更有效的国际经济和军事权威机构。长期目标则是：设想建立“世界主义的民主法”和全球化的法律体系、所有全球机构都对之负责的全球议会，以及最终将走向全球非军事化的军事联合。[①] 同时赫尔德也十分重视经济与公民社会在世界主义民主中的作用。他认为，在从民族国家政治向全球政治转换、从国家中心的政治向多层全球治理转变的时代，应当适时调整国家主权的理论与实践。主权国家要承认政治主体和政治权威多元化和分散化的现实，“如经济领域的国际组织，以及民间的跨国公司，政治和社会领域的政府间、非政府间的国际组织，学会与非国家行为体共同分享全球和区域治理的权威空间。主权国家之间要相互尊重彼此的独立并进行广泛的合作，同时奉行多边主义的、为共同的长远利益而加以自我克制以及在作出任何可能影响到地区和全球的重大决策之前进行广泛磋商的准则。”[②] 戴维·赫尔德版的全球民主治理可谓周全，但是对未来的设想越具体，往往越带有空想的特点。很多学者在欣赏之余难免担心其乌托邦色彩的计划可能落空。赫尔德对此早有预感，直言“政治可行性的问题不能被简单地置于政治抱负的对立面。因为今天的抱负很可能就是明天的现实”。[③] 当然，无论世界主义民主的前景如何，赫尔德的创见将对世界的民主治理具有不可忽视的影响。

四是以对话沟通建立共识的协商民主。20 世纪后期，协商民主[④]在西方发达资本主义国家兴起。作为一种民主治理形式，它吸收了自由主义与批判理论的长处，既肯定公民积极参与政治生活，又尊重国家与社会间的界限，力图通过完善民主程序、扩大参与范围、强调自

① ［英］戴维·赫尔德著，胡伟等译：《民主与全球秩序——从现代国家到世界主义治理》，上海人民出版社，2003 年版，第 293 ~ 295 页。

② ［英］戴维·赫尔德著，王义桅等译：《全球大变革——全球化时代的政治、经济与文化》，社会科学文献出版社，2001 年版，第 122 页。

③ ［英］戴维·赫尔德著，胡伟等译：《民主与全球秩序——从现代国家到世界主义治理》，上海人民出版社，2003 年版，第 299 页。

④ “协商民主”（deliberative democracy）一词，在英语语境中，包括思考、沟通和对话、审议、讨价还价，以及聚集或组织起来进行辩论、制衡等。有的译为“话语民主”“审议民主”。中央编译出版社的译文选择“协商”一词，认为能够体现体制运作过程参与者的平等地位、对话和讨论、妥协与共识等基本特征。

由平等的对话来消除冲突、保证公共理性和普遍利益的实现，以修正传统民主模式的缺陷与不足。它既启发了人们反思自由主义民主的存在与发展，也激发了人们寻求一种更完善替代的期待。特别是协商民主得到当今西方政治思想界的领军人物，如德国思想领袖于根·哈贝马斯、英国著名社会政治理论家安东尼·吉登斯等人积极倡导，成为西方民主治理的重要模式。协商民主的理论家们认为，在当今世界，“全球化的时代，也是一个民主的时代，政治控制的轨迹已经逐渐转入了国际领域。”协商民主也“能跟上这种潮流”。①

五是以“民主同盟”改造世界。“9·11”事件使世界局势发生了巨大的变化。对于美国来说，伊拉克战争的泥淖还未跳出，全球恐怖主义、核扩散、伊斯兰世界高涨的仇美情绪、中国的发展、全球性疾病、环境恶化以及能源短缺等问题成为美国必须面对的威胁和挑战，为使美国对其未来的国家安全和对外政策作出相应的调整和规划，由美国普林斯顿大学、伍德罗·威尔逊国际与公共事务学院负责制订的普林斯顿计划，设想以“民主同盟”推动构建“21世纪法治下的自由世界”。② 至于“民主同盟”能否存在，还很难说，但是，美国的智囊与政府在依靠“民主国家”，共同推进全球民主化上具有高度的一致性。透过整个计划，我们还是看到了美国对华政策调整的冷战思维传统。当今美国的战略思想界跟英国的一些政治学家不同，他们拒不承认社会主义民主同样是民主实现的一种形式，总是千方百计地企图以美国式的民主影响和改造中国的政治制度，甚至提出建立世界的“民主同盟”，联合中国周边的“民主国家”一起对付中国。这就在无形之中重新回到了普林斯顿计划不愿意看到的“把世界上的国家贴上‘民主’或‘不民主’，‘不好’或‘邪恶’的标签”，“毫无必要地”使美国的对外关系“复杂化”的局面。

和谐世界表达的就是中国式的世界治理理念。世界治理所追求的是世界的和谐与秩序，它的理念和做法与中国“和谐世界”的主张是相通的。俞正樑先生在他的著作中也强调了全球共治与中国传统和谐

---

① ［澳大利亚］约翰·S. 德累泽克著，丁开杰等译：《协商民主及其超越：自由与批判的视角》，中央编译出版社，2006年版，第5页。

② 参见本书第五章第四部分。

文化的相通之处："无论是儒家的秩序的和平论、墨家的行动的和平论、道家的取法自然的和平论，都孕育了一种以兼收并蓄、宽容包容为特征的和平共存共荣文化，形成了崇尚和平、反对战争和暴力的历史传统。""根据这种和合思想，要求全球各种角色举措得当、相互协调、有机结合，重在异质因素的共处共存、互补互济，并由此形成建设性的合力，推进和谐统一。"所以，这种新的治理理念既不同于美国的对外"霸权治理模式"，也不同于西方的"第三条道路"，更不同于一些极端组织的对抗性思维。它既要符合全人类共同利益，又需适应全球化发展趋势，能够把世界人民最大范围地团结起来，从而最终实现健康、均衡、可持续发展和惠及绝大多数人民的全球化。

第四节　坚持总体国家安全观

21 世纪进入第二个十年，国际安全战略形势最重要的变化，就是 2010 年中国经济的发展成长为世界第二大经济体，中国大批的工农业生产的产品产量跃居世界第一位。世界新兴国家的群体性崛起使美国的战略重点开始向亚太转移。2011 年，美国宣布击毙"基地"恐怖组织一号人物本·拉登，美国不再把国际恐怖主义视为其首要敌人。以后，又提出"重返亚太"、亚太战略"再平衡"，强化其亚太地区的军事存在和军事同盟体系。在美国的怂恿、唆使、支持下，中国周边个别国家不时寻衅滋事，地区恐怖主义、分裂主义、极端主义活动猖獗，中国作为一个发展中大国，面临多元复杂的安全威胁。中国政府和中国共产党人与时俱进，适时将国家安全与国际安全有机统一，提出了总体国家安全观，继提出新安全观、建设和谐世界之后，实现了国际安全战略思维的再度创新。

一、总体国家安全观的丰富内涵

2014 年 4 月 15 日，习近平同志在中央国家安全委员会第一次会议上的讲话指出，要准确把握国家安全形势变化的新特点、新趋势，要认识到"当前我国国家安全内涵和外延比历史上任何时候都要丰富，时空领域比历史上任何时候都要宽广，内外因素比历史上任何时候都要复杂”①。坚持总体国家安全观，走出一条中国特色国家安全道路。“总体国家安全观”，既是丰富的国家安全内涵，也是崭新的安全理念。

总体国家安全观的提出，表明我国已经在原有的“中国新安全观”的基础上又向前迈进一步，是对其进一步的深化。即在原有的“共同安全”理念下的“坚持互信、互利、平等、协作”，“既维护本国的安全，又尊重别国安全关切”的维护人类共同安全的基础上，发展为“以人民安全为宗旨，以政治安全为根本，以经济安全为基础，以军事、文化、社会安全为保障，以促进国际安全为依托”的总体国家安全观。在构成要素和具体路径上，要“必须既重视外部安全，又重视内部安全，对内求发展、求变革、求稳定、建设平安中国，对外求和平、求合作、求共赢、建设和谐世界；既重视国土安全，又重视国民安全，坚持以民为本、以人为本，坚持国家安全一切为了人民、一切依靠人民，真正夯实国家安全的群众基础；既重视传统安全，又重视非传统安全，构建集政治安全、国土安全、军事安全、经济安全、文化安全、社会安全、科技安全、信息安全、生态安全、资源安全、核安全等于一体的国家安全体系；既重视发展问题，又重视安全问题，发展是安全的基础，安全是发展的条件，富国才能强兵，强兵才能卫国；既重视自身安全，又重视共同安全，打造命运共同体，推动各方朝着互利互惠、共同安全的目标相向而行”②。由此我们不难发现，总体安全观有别于很多国家主要聚焦军事安全，构成要素更加丰富具体、目标更加完善清晰、路径更加多元广泛，可谓“中国新安全观”的2.0版，且具有鲜明的中国特色。

中国的总体国家安全观在亚洲的实践，就是提倡以共同、综合、合作、可持续为要义的亚洲安全观③，其内涵涉及政治安全、经济发展、文化互鉴、社会进步等多个层面。

---

① 习近平：《坚持总体国家安全观　走中国特色国家安全道路》，载《人民日报》，2014年4月16日。

② 习近平：《坚持总体国家安全观　走中国特色国家安全道路》，载《人民日报》，2014年4月16日。

③ 习近平：《积极树立亚洲安全观　共创安全合作新局面——在亚洲相互协作与信任措施会议第四次峰会上的讲话》，载《人民日报》，2014年5月21日。

共同，就是要尊重和保障每一个国家的安全利益。在亚洲，各国大小、贫富、强弱很不相同，历史文化传统和社会制度千差万别，安全利益和诉求也多种多样。但各国都有平等参与地区安全事务的权利，也都负有维护地区安全的责任。安全应该是普遍的、平等的、包容的。任何国家都不应该谋求垄断地区安全事务，侵害他国的正当权益。不能一个国家安全而其他国家不安全，一部分国家安全而另一部分国家不安全，更不能牺牲别国安全以谋求自身的“绝对安全”。亚洲各国应该恪守相互尊重主权和领土完整、互不侵犯、互不干涉内政等国际关系基本准则，尊重各国自主选择的社会制度和发展道路，尊重并照顾各方合理安全关切，把亚洲多样性和各国的差异性转化为推动和促进地区安全合作的动力。

综合，就是要统筹维护传统安全和非传统安全的大局。亚洲安全问题的“综合性”主要体现在两个方面：一是安全领域的综合性，二是维护安全手段的综合性。当前，亚洲安全问题错综复杂，安全的内涵和外延都在不断拓展。本地区既有热点敏感问题，又有民族宗教矛盾；既有主权争端、边界冲突、核安全等传统安全问题，又有恐怖主义、跨国犯罪、资源能源、自然灾害等非传统安全问题。因此，应该通盘考虑亚洲安全问题的历史经纬和现实状况，多管齐下，综合施策，协调推进地区安全治理，既要着力解决当下最突出的地区安全问题，又要统筹谋划如何应对各类潜在的安全威胁，把各种手段结合起来综合运用，以达到有效应对传统安全威胁和非传统安全威胁、维护综合安全的目的。

合作，就是要通过对话、协商，促进各国和地区安全。在复杂多元的安全挑战面前，任何国家都难以独善其身，唯有通过合作，才能实现共同安全。要通过坦诚对话和平等交流，增进战略互信，减少相互猜疑，求同化异，和睦相处。要摒弃冷战思维和同盟对抗，通过多边合作维护共同安全。要着眼各国共同安全利益，从低敏感领域入手，积极培育合作应对安全挑战的意识，不断扩大合作领域、创新合作方式，以合作谋和平、以合作促安全、以合作助发展。要坚持以和平方式解决争端，反对动辄使用武力或以武力相威胁，反对为一己之私挑起事端、激化矛盾，反对以邻为壑、损人利己。亚洲的安全归根到底要靠亚洲人民自己来维护，亚洲地区的安全应当也完全能够通过亚洲国家间的合作来实现。在多极化、全球化不断发展的今天，只有亚洲各国携手合作，亚洲的和平发展事业才会充满希望。

可持续，就是要树立发展和安全并重的理念，以实现持久安全。发展是安全的基础，安全是发展的条件。对亚洲大多数国家来说，发展就是最大的安全，也是解决地区安全问题的“总钥匙”。正如习近平主席所指出的那样：“贫瘠的土地上长不成和平的大树，连天的烽火中结不出发展的硕果。”① 维护国家和地区安全离不开经济、社会的综合协调发展，亚洲安全合作可以为地区经济合作创造前提和保障，而地区经济合作的成果又会反过来促进和巩固地区安全合作的开展，共同推动建设合作与发展的新亚洲。因此，要建造经得起国际风云变幻考验的亚洲安全大厦，就应该聚焦发展主题，积极改善民生，缩小贫富差距，不断夯实安全的根基。要推动共同发展和区域一体化进程，努力形成区域经济合作和安全合作良性互动、相辅相成的局面，以可持续发展促进可持续安全，用可持续安全保障可持续发展。

二、坚持总体国家安全观的路径

总体国家安全观统筹国际国内两个大局，谋大势、讲战略、重运筹，将对内建设平安中国，对外建设和谐世界有机统一。理念清晰，路径明确。

（一）稳定周边

无论从地理方位、自然环境还是相互关系看，周边对我国都具有极为重要的战略意义。习近平同志自就任国家主席后的前 10 次出访，共访问了全球 29 个国家，其中周边国家占了一半以上，这充分体现了周边国家的首要、优先地位。

和谐世界，始自周边。一个大国，特别是像中国这样的崛起型大国，如果周边不修、四邻不稳，那么其大国地位是不会被世界尊重和认可的。从历史经验来看，一个崛起大国要想赢得国际社会对其

① 习近平：《积极树立亚洲安全观　共创安全合作新局面——在亚洲相互协作与信任措施会议第四次峰会上的讲话》，载《人民日报》，2014 年 5 月 21 日。

大国地位的承认和尊重，一个重要方法和路径就是进行理论建构，建立属于自己的国际关系理论体系，掌握代表和反映自身价值偏好和利益取向的国际话语权。未来中国国际关系理论体系的建构显然不能基于霸权逻辑下的传统安全观，其价值基础与核心命题应该是综合、共同、全面的安全观，互利、合作、共赢的发展观，开放、包容、互鉴的文明观，仁爱尚德、兼怀天下、同舟共济的道义观。从这个意义上说，习近平主席提出的亚洲安全观，是一种创新型的安全思维和外交理念，反映了和平与发展的时代呼声，力图从综合安全的视角构建起和谐地区的框架，是和平共处五项原则在新时代条件下的继承和发展，是中国爱好和平、谋求发展的新型政治理念在地区事务中的延伸和拓展。以亚洲安全观为代表的中国国际战略思想的创新性理念必将成为未来“中国梦”视域下中国国际关系理论建构的重要指导思想，成为亚洲安全共同体建设的行动指南和构建亚洲和平发展大厦的基石。

稳定周边，就是坚持与邻为善、以邻为伴，坚持睦邻、安邻、富邻，[①] 突出体现亲、诚、惠、容的理念。要坚持睦邻友好，守望相助；讲平等、重感情；常见面，多走动；多做得人心、暖人心的事，使周边国家对我们更友善、更亲近、更认同、更支持，增强亲和力、感召力、影响力。要诚心诚意对待周边国家，争取更多朋友和伙伴。要本着互惠互利的原则同周边国家开展合作，编织更加紧密的共同利益网络，把双方利益融合提升到更高水平，让周边国家得益于我国发展，使我国也从周边国家共同发展中获得裨益和助力。要倡导包容的思想，强调亚太之大容得下大家共同发展，以更加开放的胸襟和更加积极的态度促进地区合作。这些理念，首先我们自己要身体力行，使之成为地区国家遵循和秉持的共同理念和行为准则。

（二）构建中美新型大国关系

国际关系首先是大国关系。国际安全很大程度上取决于大国关系。世界的和平发展能否持久首先在于大国关系能否合作稳定。为实现中华民族伟大复兴的中国梦，必须争取总体和平有利的外部环境，关键

① 详见本章第一节三之（四）。

在于新型大国关系的构建。

中国和美国分别是世界第二大和第一大经济体，最大的发展中国家和最大的发达国家，最大的社会主义国家和最强的资本主义国家。中美历史文化、社会制度、意识形态、发展阶段不同，两国关系走向如何，很大程度上牵动着人类的前途和命运。中国从自身的文化传承和历史磨难中走来，格外珍惜和平，决意打破所谓“国强必霸”铁律，跨越所谓新兴大国与守成大国必然冲突的“修昔底德陷阱”“大国政治的悲剧”，在和平共处、合作共赢的大国关系新路上走起来、走下去，将有力促进大国之间，包括中俄、中欧、中国和金砖国家乃至中日关系的良性互动，推动世界平衡、稳定发展。

构建中美新型大国关系，是中美两国之间业已达成的战略共识。双方认识到，合作共赢是两国在新的历史条件下处理彼此关系的最大公约数。中美新型大国关系的“新”，一是不冲突、不对抗，二是相互尊重，三是合作共赢。①

不冲突、不对抗：中美两国利益交织最多，发生冲突的风险也最大。构建中美新型大国关系，最需要也最应该客观理性看待彼此战略意图，坚持做伙伴、不做对手，通过对话合作、而非对抗冲突的方式，妥善处理矛盾和分歧。构建中美新型大国关系，不是回避和无视双方的矛盾分歧和冲突，而是确保双方合作始终大于竞争。关键是要把握好合作与竞争的对立统一关系，最大限度地增加正能量、抑制负能量，使中美关系始终在“正大于负”的良性轨道上发展。

相互尊重：构建中美新型大国关系，不是一方对另一方的索取，也不是一方有求于另一方，更不是一方服从于另一方，而是平等的相互尊重。尊重彼此核心利益是构建新型大国关系的基础，也是检验美国是否真正欢迎中国发展强大的试金石。这种尊重不是单方面的要求，而是相互和对等的。它需要双方共同努力，相向而行，真正践行平等相待，多些换位思考，照顾对方关切，以实际行动增进战略互信。就是要尊重各自选择的社会制度和发展道路，尊重彼此核心利益和重大关切，求同存异，包容互鉴，共同进步。

合作共赢：就是要摒弃零和思维，在追求自身利益时兼顾对方利

① 这是2013年6月习近平主席与奥巴马庄园会晤时对中美新型大国关系的概括。

益，在寻求自身发展时促进共同发展，不断深化利益交融格局。两国都应以诚意、耐心和智慧，不断为双边关系发展注入新动力、挖掘新潜力、推出新成果，体现合作共赢。两国要着力推动双边投资协定谈判早日取得突破，实现中美经济合作的新飞跃。克服各种阻力和干扰，早日解决美国高技术产品对华出口限制、中资企业赴美投资受阻等问题。加强在贸易投资、能源环保、基础设施等领域对话与合作，促成一批惠及两国百姓的大型合作项目。

构建中美新型大国关系，不是搞“G2”“共治”或划分势力范围，而是促进国际关系良性互动，成为世界大国关系的典范。中国永远不谋霸不称霸，历来主张大小国家一律平等，致力于发展同各国的合作共赢关系。中美双方都应充分尊重世界各国大小、贫富、强弱不同的现实，做各国友好相处的优等生，而不是教师爷。

构建中美新型大国关系，不是一个静止的目标，是一项没有先例可循的历史创举，是一个与时俱进的进程。双方认识有多新、决心有多大，新型大国关系就能走多远。宽广的太平洋有足够的空间容纳中美两个大国，构建中美新型大国关系，最需要也最应该从亚太做起。中美完全可以首先在促进亚太区域合作、发展地区经济、管控地区热点问题等方面开展更为密切的合作。中美双方共同努力，相向而行，把新型大国关系变为现实，造福两国和世界人民。

（三）以“一带一路”实现战略突破

苏联解体、冷战结束以来，以美国为首的西方敌对势力不时将中国视为其主要对手乃至敌手，以软硬两手迫使中国接受美国的霸权统治，中国始终处于战略被动状态。随着中国综合国力的提高和国际影响力的扩大，中国人民和广大发展中国家热切希望中国适时地进行必要的战略反击，改变中国的国际安全环境。就在美国不断地策动围堵中国之际，避开在东方与美国在西太平洋正面碰撞，重点在西部向美国影响力相对薄弱的中亚、南亚发展；避开高政治的军事领域的冲突，选择并不敏感的经贸文化领域施展拳脚。2013 年 9 月，习近平在访问哈萨克斯坦期间，提出用创新的合作模式，共同建设“丝绸之路经济带”，以点带面，从线到片，逐步形成区域大合作。一个月之后，他在访问印度尼西亚时，又提出发展好海洋合作伙伴关系，共同建设“21

世纪海上丝绸之路”（这两大倡议被合称为“一带一路”）。在印尼，习近平倡议筹建亚洲基础设施投资银行（亚投行）。2014 年 11 月召开的中共十八届三中全会上，“一带一路”写入全会决定，成为国家战略。此前得到亚太广泛响应的亚投行在北京正式成立。纵观世界版图，“一带一路”沿线大多是新兴经济体和发展中国家，总人口约 44 亿，经济总量约 21 万亿美元，分别约占全球的 63% 和 29% 。[①] 习近平提出的“一带一路”战略构想无疑是串起中国与沿线国家利益的纽带，突破世界强权战略围堵的布局。

“一带一路”共谋发展、构建利益共同体，具有超强的内驱力与号召力。“一带一路”以亚洲为重点，以经济走廊为依托，以交通基础设施为突破，以建设融资平台为抓手，以人文交流为纽带，建设横贯欧亚非，贯通中国东、中、西部的经济走廊，是世界跨度最大、覆盖面最广的新兴经济带。它是以广大发展中国家为主体、不受西方摆布、自己掌握自己命运，自己当家作主的世界性新兴大市场。在“一带一路”的建设过程中，先后创立亚洲基础设施投资银行、上合组织银行、金砖国家开发银行和新丝路基金等新型地区开发银行和基金，为“一带一路”沿线国家提供切实的帮助，对于一切发展中国家完全是雪中送炭，迅速得到大部分国家的积极响应，许多国家已经在考虑将其自身发展计划中的相关部分与“一带一路”战略对接。在短短一年多的时间里，已经有了一个良好的开端，它将成为中国和整个亚太合作安全现实路径。

“一带一路”各尽所能、优势互补，真正体现合作共赢。随着中国经济的腾飞，中国已经成为拉动世界经济前行的一个重要引擎。在进出口贸易、外汇储备和吸引外资三项经济指标上都高居世界第一。对外投资目前是第三，已经成为资本净输出国。中国作为制造业大国，不仅可以输出物美价廉的各种产品，还有能力对外提供资金、设备和技术支持。“一带一路”沿线大多国家尚处在工业化初期阶段，不少国家的经济高度依赖能源、矿产等资源型行业；而中国处于产业链的相对高点，有能力向这些国家提供各种机械和交通运输设备等。在“一带一路”建设中，中国将在沿线国家发展能源在外、资源在外、市场

① 见《北京晨报》，2015 年 3 月 25 日。

在外的“三头在外”的产业，进而带动产品、设备和劳务输出。这不仅会有效实现中国产能的向外投放，也会促进国外新兴市场的快速发展，将成为合作双赢、两全其美的佳话。

“一带一路”经贸开路，助推人民币国际化，探寻瓦解金融霸权之路。当代帝国主义已从工业托拉斯进入金融资本垄断阶段。美国的军事、政治霸权是其建立在美元帝国基础上的金融霸权。当美元成为世界唯一的结算工具、储备手段的时候，美国可以轻而易举地依托美元掠夺世界财富，转移经济危机。当欧元问世，企图打破美元的垄断的时候，欧元成为其一再打击的对象。当中日韩酝酿自由贸易区，放弃以美元结算之际，美国立即出重手迫使日本中断进程，避免世界第二、第三大经济体联手摆脱美元帝国。中国经济总量按购买力平价计算，在2014年就已经超过美国。即使按汇率计算，中国GDP超过美国也是不久将来的事情。面对美国千方百计对中国发展的牵制，中国再不出招，只有坐以待毙。

“一带一路”以及先后创立的亚投行、上合组织银行、金砖国家开发银行和新丝路基金等新型地区开发银行和基金，不仅给“一带一路”发展战略融资，而且还将逐渐摆脱战后美国主导的国际金融和货币体系束缚，进一步促进国际金融货币体系改革，创造新的国际金融体系，提高新兴大国在世界金融体系中的自主权和话语权。“一带一路”海陆一体，东西相望，南北相连，经纬交织，无缝对接，把世界更加紧密地连接在一起，地缘毗邻优势、经济互补优势不断转化为务实合作优势、持续增长优势。随着我国资金、技术、人才走出去，中华优秀文化传统，中国贵和重人、亲仁睦邻、协和万邦、义利合一等文明理念也必将走向世界，赋予人类文明以新的生机，给世界发展以正能量，中华文明必将在世界文明重建中显示它应有的作用，确立它应有的地位。

三、居安思危，增强忧患意识

习近平同志在《坚持总体国家安全观　走中国特色国家安全道路》中特别强调，居安思危，增强忧患意识。创新安全战略思维，把总体国家安全观落到实处，我们必须全面、准确、客观把握内外安全形势，居安思危，未雨绸缪。

（一）走出“全球化可以避免战争危险”的认识误区，建设强大国防

从马克思列宁主义的观点来看，世界战争的最深厚根源是以资本的扩张为特征的经济全球化。这已经为100多年来的世界历史所证实。当代世界的主要战争威胁，仍然是美国的全球扩张、掠夺世界，绝不是中国的发展“挑战”美国。虚构“中国威胁”不过是对中国实施战略遏制的借口，在这一点上不存在对美国战略的“误解、误读、误判”。为了恰当认识当代世界的战争危险，在理论上必须在克服西方新现实主义均势可以避免战争的战略思维的影响的同时，尤其要消除新自由主义安全观关于全球化可以避免战争危险的理论影响。

新自由主义的安全观的理论渊源，是所谓自由贸易可以消灭战争。早在18世纪，著名哲学家康德在其“永久和平”纲领中曾论证，贸易的商业精神和经济相互依赖即可以实现“永久和平”。自由主义经济学家亚当·斯密、查德·科布登等人认为自由贸易的发展将克服国家间的战争，消除贸易壁垒是实现永久和平的唯一途径，甚至可能导致国际政治的完全消失。对于康德的永久和平论，黑格尔（1770～1831）从现实出发，认为不切实际。他认为只要国家不消失，战争的因子就永远存在。黑格尔将康德的“至善”由天国拉回到了人间。随着资本主义由自由向垄断的发展，帝国主义战争最后把世界三分之一的人类卷入其中，康德的永久和平彻底地被束之高阁。一战后兴起的国际关系的理想主义学派认为全球化会形成世界性的政府来消弭国家间的冲突和隔阂，保证世界和平。这个神话为后来第二次世界大战的爆发而粉碎。

二战后的相对和平发展使新自由主义于西方再度兴起。提出了全球化促进国家间的复合相互依存，可以以合作代替冲突。新自由主义相信，国家之间的商业往来会导致和平，即经济上相互依赖的两个经济体之间的关系会更加和平，而且越是开放，关系也就越和平，因为彼此都担心贸易纽带的断裂而失去经济利益，所以不愿发动战争。他们较多地以法德两国从对立到统合的经验和70年代石油输出和输入国之间的妥协来论证复合相互依存带来的和平的红利足以避免战争。问

题是法德两个同质性国家间的相互依存，与发达国家与发展中国家间的不对称依存不同，前者相对平等，较为容易实现互信互利，而后者不同，在不对称的经贸交往中，依赖性较强的发展中国家，处于一个对己不利的博弈格局中，并可能受到依赖性较小的一方的摆布。对他们而言，相互依赖关系中的贸易所带来的往往不是净收益，而可能是净成本。因此，与他国的经贸交往，可能在促进对方繁荣的同时而使自己陷入相对贫困，甚至因此在政治上沦为被操纵的地位。国际上恐怖主义的蔓延，恐怖与反恐怖的斗争发展到美国以反恐名义发动的战争，西方军事打击利比亚的战争等把复合相互依存的和平景象彻底摧毁。

新自由主义国际安全思维的另一时髦观点是：融入全球化进程的国家共同进入世界的核心区影响全球。他们从全球化的角度看，当今世界可以划分为两大区域：一个是“在全球化进程中发挥核心作用的地区”，包括北美、南美的部分地区、欧洲、东亚和澳洲等经济发达、政治稳定的国家，中国也在其中。另一个是“未融入全球化进程的空隙区”，基本是赤道两侧充满冲突的贫困国家，它们是对美国和世界安全造成威胁的主要来源。① 更有西方论者认为全球化的发展，中国与美国的融合已经浑然一体成为“G2”，悠悠然于“合作大于冲突”，期待超级融合的“中美国”的出现②可以合作“领导世界”。其实，中国对以美国为首的西方的依赖已经是全方位的③，如资源的依赖、市场的依赖、技术的依赖、品牌的依赖、对以美国为首的西方所主导的国际体制与秩序的依赖、对西方“培养的人才”的依赖以及对西方经济自由主义思想与理论的依赖……正是这些，正赋予西方国家敲打、讹诈中国，使中国常常受制于人，难以维护自身的利益。

马克思在研究全球化的时候，确实曾经从生产发展和技术进步的基础上肯定全球化的历史进步性，肯定全球化造成各种文明的交流和碰撞。但是由于马克思站在了被剥削的工人阶级的立场上看待全球化，

---

① ［美］托马斯·巴尼特著，王长斌等译：《五角大楼的新地图：21 世纪的战争与和平》，东方出版社，2007 年版。

② 扎卡里·卡拉贝尔著，王吉美等译：《中美国——从激烈对抗到超级融合》，中信出版社，2010 年版。

③ 江涌：《危险的不对称依赖》，载《世界知识》，2010 年第 19 期。

从而成为全球化进程中头脑清醒的坚定的批判者。到列宁的时候，面对自由资本主义向垄断资本主义的发展，则完全以否定的立场来批判资本家阶级主导的经济全球化。对于资本主义的全球化的前景，列宁并不认为它是客观趋势。相反，列宁分析了它的腐朽性与垂死性。帝国主义全球化已经临近末日。

我们应该看到今天的经济全球化，实质是以美国为首的西方发达资本主义国家主导的经济全球化，不过是发达国家经济扩张的别称。这种扩张的初期，会给发展中国家带来某些表面上的繁荣。但是随着其发展和深入，发展中国家的经济命脉有可能逐步地被发达国家掌握。所以，这种扩张的实质同时又是发达国家对发展中国家经济的兼并，同样是用美丽言辞包裹起来的海盗式的殖民掠夺。这是当前国际社会富国越来越富、穷国越来越穷的真正根源。当我们清醒地面对当今世界的全球化后，我们再也不会以牺牲环境、牺牲劳动者的健康乃至以牺牲国家主权为代价，要像抵制西方帝国主义的多党政治的政治设计那样，抵制西方主导的全球化，谨防国际金融资本、虚拟资本的大举入侵，逐步摆脱对西方的严重依赖。要说全球化的客观趋势，那只能是以符合世界人民利益的全球化代替资本主义的全球化。

经济全球化形成的国家间的联系和交往，可以缓和某种矛盾，成为国际关系的润滑剂，但是不可能消除冲突，不可能排除战争的危险。20世纪80年代邓小平同志分析国际形势，阐述战争与和平问题时，从来都是两句话，既讲世界大战有可能避免或推迟，又讲战争的危险依然存在。而这种战争的根源正是当今世界以美国为首的西方国家主导的全球化。改革开放以来，我们尽管被视为全球化的受益者，但是，我们受到的有形和无形的损害同样十分深重。和平发展是我们的基本国策，建设和谐周边、和谐世界是我们坚定的战略目标。但是必须清楚，西方帝国主义绝对不高兴看到中国作为社会主义全球化的主导者与西方抗衡，更不高兴被代替。当西方觉得我们的发展对他们构成挑战之际，当我们要维护我们的核心利益之际，他们完全可能直接或间接地使用我们可以预料的，以及意想不到的、甚至比传统战争更有杀伤力的手段对付我们。对此，我们必须做好充分的准备，要从思想上走出“全球化可以消除战争危险”的种种误区，建设强大的国防，遏制并打赢帝国主义可能强加给我们的任何形式的战争。

（二）正视美国对华战略怀疑，睿智处理中美关系

差不多就在中国经济总量超过日本位居第二的2010年开始，西方的“中国威胁论”再起，中国成为美国战略家心目中理所当然的“挑战者”，应当加以遏制。2011年中美关系的倒退，实际上就是美国为了全方位对付其心目中的“威胁”的表现。美国为了实现其防范、遏制中国的目标，军事上谋求对中国的绝对优势，政治上建立世界“民主同盟”共同对付中国，经济上谋取超越“自由贸易”的绝对利益，外交上制造中国与周边国家（地区）的战略怀疑牵制中国。十几年前，美国一家著名智库曾经向美国政府提交过一份非常详细的对华战略，其路线图分三步：第一步是分化和西化中国，令中国社会整体“失去”对抗意志。第二步就是在中国周围形成战略合围，迫使中国进入美国战略轨道。如果第二步仍不奏效，第三步就是不惜与中国一战，但最好的方式是不直接参战，策动与中国有重大利益争端的周边国家与之发生冲突，或策动中国内部民族地区发生动乱。① 2010年2月，美国国防部发布新版《四年防务评估报告》，正式提出击败军事行动领域的所有对手，包括“拥有尖端‘反进入’和‘区域拒止’能力的对手”。② 以后在美国几乎每年都有各样评估、报告抹黑中国，鼓吹“中国威胁”，对付中国的方案、计划塞满了五角大楼的文件柜、保险箱。当然，我们不排除那是美国的利益集团为了争取国防预算的小伎俩，包括最近鼓噪的中国在南海造岛对美国“自由航行”的“威胁”。但是，美国进攻性现实主义鼓吹的新兴大国挑战守成大国的必然规律的“修昔底德陷阱”在美国信众甚多，要改变人们的这种看法，绝非易事。其实，我们也没有理由过于指责美国的“阴谋”“邪恶”之类，面对一个快速崛起的中国，没有一点担心才不是正常心态。

如何处理新兴大国与守成大国的关系对于中国来说，可以说是国家安全的首要难题。以中国目前的地位，③ 选择什么样的战略，进攻还

---

① 新华网2010年7月29日转美国《外交政军聚焦》杂志网站文章。

② 杨毅：《浅析美国2010年〈四年防务评估报告〉》，载《美国问题研究》，2010年第1期。

③ 以中国的经济总量，已经稳居世界的次席，但是论综合国力，我们还不能过于乐观地认为已经达到世界第二位，也是仅次于美国的“超级大国”。

是退却？结交什么样的国家，怎样结交？一着不慎，后果严重。广大的中小国家，我们应当广交朋友，扩大“朋友圈”，朋友遍天下。但是在真正涉及国家利益的重大抉择面前，是否真够朋友，又得另当别论。在当今的世界上，处于“老大”地位的国家，它可以轻而易举地利用既有的体系和影响争取支持者遏制、牵制“老二”，但是，“老二”要争取支持，得付出比“老大”多得多的精力、物力，取得必要的、起码的支持。中国目前的历史位置，决定了我们要实现稳定周边、构建新型大国关系，打通“一带一路”等进取性战略目标，极非易事。以我们目前的体量，必须有所作为。我们在海上维权的实践尽管冒了几分与美国正面冲撞的风险，但是没有风险，也就没有前进。当然，我们敢于碰硬，坚定维护国家主权的斗争才刚刚开始，以后的道路还很长，能不能如愿以偿，还需作出艰苦的努力。如今，我们延续了不结盟但是广交战略伙伴的独立自主的和平外交战略，应该说是明智的选择。我们不能指望所有的伙伴在中美争端时站在我们一边，只能寄希望尽可能地减少其他国家成为美国遏制中国的帮手和工具。

（三）内外兼修，提升维护国家安全的能力

习近平同志指出，坚持总体国家安全观，需要统筹把握国内与国际问题，对内不断提升维护安全的能力，对外不断营造良好的外部环境。相比较而言，对内更为基础，更为紧迫。

作为国家安全核心的政治安全，关键在国内。传统上中国是一个内向型国家，内部稳定对于国家的安宁与政权的延续往往比外部挑战更加具有决定意义。中国历代王朝最终垮台多数是因为没有解决好内部关系。新中国成立以来的现实表明，只要有中国共产党的坚强领导，全国的团结统一，任何外部力量都无法动摇中国的政治权力体系。作为政治安全支柱的军事安全，更是如此。作为一个大国、强国，来自外部的军事安全威胁，不足以动摇它的根基。从外部威胁来说，美国是当今世界唯一有能力阻断中国和平发展进程、干扰中国和平崛起的国家。但是就目前来看，同中国直接对抗，不符合美国自身利益。随着中国综合国力迅速增强，美国牵制、遏制中国的动力在上升，但是也不可能以举国之力对付中国。日本并非一般意义上的东亚国家和中国周边国家，对中国崛起在其之上，还缺乏思想准备，其大国志向与

中国发展具有一定冲突。其依靠日美同盟的惯性思维很难与中国真正建立战略互惠关系。但是，在中国蒸蒸日上之际，日本再右倾化，也不会与中国你死我活地拼斗，更不会死心塌地地充当美国的打手。中印领土争端一直是影响两国关系的重要因素。但是，印度的国家利益决定其同样需要将和平发展放在首位。印度政府多次表态，印度不会成为美国牵制中国发展的工具。近年来，美国调整亚太战略，在中国周边投棋布子，保持军事存在。尤其试图借南海问题牵制中国，恢复其在东南亚地区的影响力，而相关争端国家则试图借助美国的力量来谋取利益，一些人据此炒作中国面临“C 型包围圈”。如果因为中国周边绝大多数国家都实行与中国不同的社会制度，针对美国实施的“促进民主”战略和推广“普世价值”战略，至少没有反对，“包围圈”确实存在。而在军事层面，至多是在东亚地区存在一个针对中国的弧形，而在广大北亚、中亚、南亚乃至东南亚，并未见有威胁中国军事安全的意愿和行为的国家。因此，只要我们的军事斗争准备充分，没有任何外来势力可以威胁我国政治安全。同时，我们切实加强党的建设，有效建立根治腐败的机制，有效抓好攸关民生的制度，消除贫富差距，密切党和人民群众的联系，我们的政治安全就有根本保证。

经济、国土、社会、文化、科技、生态、资源、核等领域安全，主要威胁源也在国内，外部威胁源是次要的。这些安全领域虽然存在许多不利因素，但总体上是可控的。居安思危，主要的就是切实摸清内部各个领域的安全隐患，内外结合防患于未然。

（四）确保国家网络与信息安全

当今中国的国家安全，没有什么比信息安全更为严峻、更为紧迫的了。目前，我国已经成为名副其实的互联网大国。截至 2014 年 12 月，我国网民规模达 6.49 亿，互联网普及率为 47.9%[①]。手机网民规模达 5.57 亿，移动端应用成为“主力军”，并且网民的规模还将继续扩大，各种互联网应用更是以“大爆炸”的态势发展，民众的互联网生活也越来越丰富……可是，互联网已被国际社会公认为“没有硝烟的战场”，世界各国对互联网的争夺日趋激烈，而网络信息安全则是这

---

① ZDNET 软件频道（原创）2015 年 2 月 3 日。

个战场上决定胜负的重要因素。在全球范围内，中国是网络攻击的主要受害国。据悉，每年有3000多个政府网站受到来自海外的黑客攻击。仅2014年2月份，中国境内就有70万台电脑受到病毒侵害。从国家安全的角度考虑，只有建立起完全自主、安全可控的IT系统，把信息安全掌握在自己手中，才能确保国家网络安全和信息安全。[①] 如果没有网络安全的保障，互联网发展不仅将制造巨大的“泡沫”，更容易形成巨大的“黑洞”，吞噬我们的隐私，破坏我们的生活，颠覆我们的价值观，乃至威胁到国家安全。

互联网的不可控性对中国意识形态安全的挑战尤为严峻。中国特色社会主义意识形态一直面临着来自“右”的和“左”的两方面的挑战以及来自西方敌对势力意识形态的攻击和渗透。一段时间以来网上盛行的怀疑主义、虚无主义，对中国的党和国家领导人、中国政府、中国历史、中国文化、中华民族不加辨析、不问事实的质疑与抹黑，不加辨识、不加思考、不加讨论地否定。这种互联网上的全盘否定论调基本上由两种人发出。一是所谓“精英”，也就是“带路党”，这些人往往通过利用某个新闻事件进行系统性、集中式的表达，把一切问题归于“社会制度”；二是所谓“屌丝”，其表达往往缺乏逻辑性和条理性，只是简单重复“老百姓日子”如何如何不好，涉及中国所取得的进步时，则要么发牢骚“这都是政绩工程，和老百姓没关系”，要么怀疑“政府吹牛”，等等。对于“带路党”的言论，因为其很多代表人物与境外“机构”的关系脉络比较清楚，在互联网上对他们的反驳、质疑和揭露有一定的效果。但对于网上盛行的“屌丝”心态，却似乎没有更好的办法。这种心态往往迎合西方国际话语对中国的抹黑，散布打击中国“士气”的言论，对中华民族的复兴事业不但冷眼旁观，甚至冷嘲热讽。可以说，这些言论及其所代表的心态就是国际话语在中国国内从事危害中国国家安全的意识形态渗透活动的“土壤”。任由这些言论肆无忌惮地破坏我们民族复兴的士气，日积月累，一旦形成普遍性的“社会共识”，产生悲观主义、虚无主义盛行的舆论气氛和人人不满的社会戾气，稍有风吹草动，在外部媒介的推波助澜之下，后果将不堪设想。

---

① 陈君：《互联网信息安全的中国设计》，载《今日中国》，2014年6月3日。

鉴于我国网络信息安全的严峻形势，十八届三中全会通过的《中共中央关于全面深化改革若干重大问题的决定》就提出，要“坚持积极利用、科学发展、依法管理、确保安全的方针，加大依法管理网络力度，加快完善互联网管理领导体制，确保国家网络和信息安全”。2014 年 2 月 27 日，中央网络安全和信息化领导小组宣告成立，国家主席习近平任组长。中央网络安全和信息化小组的成立标志着中国把网络信息安全上升为国家战略，今后将从战略地位和政策上解决国家网络安全缺少顶层设计的问题。在 2 月 27 日的中央网络安全和信息化领导小组第一次会议上，习近平主席指出，“没有网络安全就没有国家安全”，要求把中国建设成为网络强国。之后，在 4 月 15 日，习近平主席召开国家安全委员会第一次会议，首次提出包括信息安全在内的“11 种安全”所构成的“总体国家安全观”，再次将网络信息安全上升到国家安全的高度。

可以确信，今后中国将以明确的目标和清晰的思路来构建中国网络社会治理体系和中国网络空间发展战略，指引未来中国网络社会的发展。随着对网络与信息安全技术的研发和产业发展的支持，一定能实现习近平同志提出的“技术先进、产业领先、安全可靠、自主可控、不受制于人”的目标。中国不仅要坚持走自主创新的道路，还需要积极参与国际互联网标准与规则的建构，改变中国在国际互联网标准制定方面的被动局面，更好地捍卫网络主权，在互联网国际秩序的确立进程中更多地发出中国的声音。与此同时，我们也需要加大网络环境治理力度，依法管理、确保网络与信息安全，发挥网络的积极作用，最大可能地抑制其消极作用。

主要阅读文选：

1. 周恩来：《和平共处五项原则》

2. 邓小平：《和平与发展是当代世界的两大问题》《以和平共处五项原则为准则建立国际新秩序》《国家的主权和安全要始终放在第一位》

3. 江泽民：《为建立公正合理的国际新秩序而共同努力——在俄罗斯联邦国家杜马的演讲》

4. 胡锦涛：《努力建立持久和平、共同繁荣的和谐世界——在联合国成立60周年首脑会议上的讲话》

5. 习近平：《坚持总体国家安全观　走中国特色国家安全道路》《积极树立亚洲安全观　共创安全合作新局面》

主要参考文献

基本文献

《马克思恩格斯选集》第1~4卷，人民出版社，1995年版。

《马克思恩格斯军事文集》，战士出版社，1981~1982年版。

《列宁选集》第1~4卷，人民出版社，1995年版。

《斯大林文选（1934~1952）》，人民出版社，1962年版。

《毛泽东选集》第1~4卷，人民出版社，1991年版。

《毛泽东外交文选》，中央文献出版社、世界知识出版社，1994年版。

《邓小平文选》（第3卷），人民出版社，1993年版。

江泽民:《建立适应时代需要的新安全观》，1999年3月26日。

胡锦涛:《努力建立持久和平　共同繁荣的和谐世界》，2005年9月16日。

习近平：《坚持总体国家安全观　走中国特色国家安全道路》，2014年4月16日。

习近平:《积极树立亚洲安全观　共创安全合作新局面——在亚洲相互协作与信任措施会议第四次峰会上的讲话》，2014年5月21日。

中国共产党第十四次至十八次全国代表大会报告。

2010~2015年中国国防白皮书。

中文著作

《春秋繁露·基义》。

《春秋繁露·玉杯》。

《春秋公羊传解诂·隐公元年》。

《管子》。
《国语·越语》。
《韩非子》。
《汉纪》。
《汉书》。
《鹖冠子·近迭》。
《鹖冠子》。
《淮南子》。
《淮南子·兵略训》。
《贾谊集》。
《谏太宗十思疏》。
《将苑·戒备》。
《经法》。
《旧五代史·选举志》。
《孔子家语》。
《老子》。
《礼记》。
《李卫公问对》。
《六韬·文韬》。
《隆中对》。
《论语》。
《孟子》。
《墨子》。
《权书·心术》。
《群书治要》。
《三国志·蜀书·诸葛亮传》。
《三略》。
《慎子》。
《慎子·民杂篇》。
《十一家注孙子》。
《史记》。
《司马法》。

《司马法·天子之义》。

《孙子》。

《孙子兵法》。

《太白阴经》。

《通典兵十四·先攻其心》。

《尉缭子》。

《相鲁》。

《新书》。

《新唐书》。

《荀子》。

《雍正朱批谕旨》。

《战国策序》。

《正蒙·中正》。

《治安策一》。

《中庸》。

《准昭言事上书》。

《资治通鉴》。

《左传》。

毕文波、严高鸿主编:《当代军事战略思维研究》,军事科学出版社,2010 年版。

陈来:《古代宗教与伦理——儒家思想的根源》,三联书店,1996 年版。

樊勇明主编:《西方国际政治经济学理论与流派》,上海人民出版社,2003 年版。

方连庆、刘金质主编:《战后国际关系史(1919 ~ 1945)》,北京大学出版社,1999 年版。

傅斯年:《论孔子学说所以适应于秦汉以来的社会的缘故》,载《古史辨》(二),上海古籍出版社,1982 年版。

高金钿、顾德欣主编:《国际战略学概论》,国防大学出版社,2001 年版。

葛东升主编:《国家安全战略论》,军事科学出版社,2006 年版。

郭树勇:《建构主义与国际政治》,长征出版社,2001 年版。

何兆武：《西方哲学精神》，清华大学出版社，2002年版。

李琮主编：《经济全球化新论》，中国社会科学出版社，2005年版。

李际均：《军事战略思维》，长征出版社，2013年版。

李学勤主编：《十三经注疏·周易正义》，北京大学出版社，1999年版。

梁守德、洪银娴：《国际政治学概论》，中央编译出版社，1994年版。

刘静波主编：《21世纪初中国国家安全战略》，时事出版社，2006年版。

刘强、钮汉章主编：《国际安全战略思维文选导读》，时事出版社，2016年版。

马承源主编：《上海博物馆藏战国楚竹书》，上海古籍出版社，2001年版。

马克俏主编：《世界文明史》，北京大学出版社，2004年版。

毛寿龙主编：《政治社会学》，中国社会科学出版社，2001年版。

倪世雄主编：《当代西方国际关系理论》，复旦大学出版社，2001年版。

钮汉章主编：《世界的新民主治理——终结邪恶的战略选择》，世界知识出版社，2009年版。

齐世荣总主编：《世界史》，高等教育出版社，2006年版。

秦亚青：《霸权体系与国际冲突》，上海人民出版社，1999年版。

宋则行、樊元主编：《世界经济史》下卷，经济科学出版社，1998年版。

宋则行、樊元主编：《资本主义兴衰史》，北京出版社，1984年版。

《社会党国际文件集》，黑龙江出版社，1989年版。

孙建民：《中国历代治边方略研究》，军事科学出版社，2004年版。

王绳祖主编：《国际关系史（1970～1979）》（第十卷），世界知识出版社，1995年版。

王绳祖主编：《国际关系史（十七世纪中叶～一九四五）》，世界知识出版社，1986 年版。

王逸舟主编：《恐怖主义溯源》，社会科学文献出版社，2002 年版。

王逸舟：《西方国际政治学：历史与理论》，上海人民出版社，2006 年版。

王逸舟：《全球政治与中国外交——探询新的视角与解释》，世界知识出版社，2003 年版。

王正毅：《世界体系论与中国》，商务印书馆，2000 年版。

王正毅：《国际政治经济学通论》，北京大学出版社，2010 年版。

吴春秋：《论大战略和世界战争史》，解放军出版社，2002 年版。

谢益显等主编：《中国当代外交史》（1949～2001），中国青年出版社，1997 年版。

熊光楷：《国际形势与安全战略》，清华大学出版社，2006 年版。

阎学通、周方银主编：《东亚安全合作》，北京大学出版社，2004 年版。

杨晖：《反恐新论》，世界知识出版社，2005 年版。

杨洁勉等：《国际反恐合作：超越地缘政治的思考》，时事出版社，2003 年版。

于汝波：《大思维：解读中国古典战略》，军事科学出版社，2001 年版。

俞正梁：《国际关系与全球政治》，复旦大学出版社，2007 年版。

翟晓敏：《冷战后的美国军事战略》，陕西师范大学出版社，2005 年版。

张椿年：《从信仰到理性——意大利人文主义研究》，浙江人民出版社，1993 年版。

张海冰：《欧洲一体化制度研究》，上海社会科学院出版社，2005 年版。

张西明：《新美利坚帝国》，中国社会科学出版社，2003 年版。

张小明：《冷战及其遗产》，上海人民出版社，1998 年版。

中国国际关系学会主编：《国际关系史》，世界知识出版社，2004 年版。

中国国际战略学会军控与裁军研究中心：《国际维和行动新视角》，

2003 年版。

中国国际战略学会军控与裁军研究中心：《面向 21 世纪的国际维和行动》，2003 年版。

中国现代国际关系研究所编：《国际恐怖主义与反恐怖斗争》，时事出版社，2001 年版。

周桂银：《欧洲国家体系中的霸权与均势》，陕西师范大学出版社，2005 年版。

周琪主编：《意识形态与美国外交》，上海人民出版社，2006 年版。

朱锋：《弹道导弹防御计划与国际安全》，上海人民出版社，2001 年版。

朱明权：《领导世界还是支配世界？——冷战后美国国家安全战略》，天津人民出版社，2005 年版。

朱素梅：《恐怖主义：历史与现实》，世界知识出版社，2006 年版。

朱听昌主编：《中国周边安全环境与安全战略》，时事出版社，2002 年版。

庄起善主编：《世界经济新论》，复旦大学出版社，2001 年版。

资中筠：《战后美国外交史》，世界知识出版社，1994 年版。

子杉：《国家的选择与安全》，上海三联书店，2005 年版。

中文译著

[英] 阿克顿著，侯健等译：《自由与权力》第二部分“文艺复兴”，商务印书馆，2001 年版。

[英] 埃里·凯杜里著，张明明译：《民族主义》，中央编译出版社，2002 年版。

[英] 埃里克·霍布斯鲍姆著，李金梅译：《民族与民族主义》，上海人民出版社，2000 年版。

[英] 爱德华·卡尔著，秦亚青译：《20 年危机（1919 ~ 1939）：国际关系研究导论》，世界知识出版社，2005 年版。

[法] 安德烈·博弗尔著，复旦大学国际政治系编译组，中国人民解放军 38640 部队译：《明天的战略——现代战争的军事问题》，上海

人民出版社，1977 年版。

［希腊］柏拉图著，王晓朝译：《法律篇· 柏拉图全集：第三卷》，人民出版社，2003 年版。

［意］薄伽丘著，钱鸿嘉、泰和庠、田青译：《十日谈》，上海译文出版社，1981 年版。

［美］保罗·肯尼迪著，蒋葆英等译：《大国的兴衰》，中国经济出版社，1989 年版。

北京大学哲学系/外国哲学史教研室编译：《古希腊罗马哲学》，商务印书馆，1961 年版。

［美］查尔斯·库普乾著，潘忠岐译：《美国时代的终结——美国外交政策与21 世纪的地缘政治》，上海人民出版社，2004 年版。

［美］查默斯·约翰逊著，任晓、张耀、薛晨译：《帝国的悲哀：黩武主义、保密与共和国的终结》，上海世纪出版集团，2005 年版。

［美］大卫·A. 鲍德温主编，肖欢容译：《新现实主义和新自由主义》，浙江人民出版社，2001 年版。

［英］戴维·赫尔德、安东尼·麦克格鲁编，曹荣湘等译：《治理全球化——权力、权威与全球治理》，社会科学文献出版社，2004 年版。

［英］戴维·赫尔德等著，童新耕译：《驯服全球化》，上海世纪出版集团，2005 年版。

［英］戴维·赫尔德等著，杨雪冬等译：《全球大变革：全球化时代的政治、经济与文化》，社会科学文献出版社，2001 年版。

［英］戴维·赫尔德著，胡伟译：《民主与全球秩序——从现代国家到世界主义治理》，上海人民出版社，2003 年版。

［德］费尔巴哈著，荣震华译：《基督教的本质》，商务印书馆，1984 年版。

［美］弗朗西斯·福山著，黄胜强、许铭原译：《历史的终结及最后之人》，中国社会科学出版社，2003 年版。

［美］弗朗西斯·福山著，黄胜强等译：《国际构建——21 世纪的国家治理与世界秩序》，中国社会科学出版社，2007 年版。

［美］弗雷德里克·皮尔逊、西蒙·巴亚斯里安著，杨毅等译：《国际政治经济学——全球体系中的冲突与合作》，北京大学出版社，

2006 年版。

[德] 弗里德里希·尼采著，张念东等译：《权力意志》，商务印书馆，1996 年版。

[英] 汉默顿著，吴琼等译：《思想的盛宴——西方思想史中哲学、历史、宗教、科学及其他》，九州出版社，2005 年版。

[美] 汉斯·摩根索著，肯尼斯·汤普森改写，李晖、孙芳译：《国家间政治——为了权力与和平的斗争》(第六版)，海南出版社，2008 年版。

[英] 赫德利·布尔著，张小明译：《无政府社会——世界政治秩序研究》，世界知识出版社，2003 年版。

[美] 亨利·基辛格著，顾淑馨、林添贵译：《大外交》，海南出版社，1998 年版。

[美] 亨利·基辛格著，顾淑馨、林添贵译：《大外交》，海南出版社，2001 年版。

[美] 杰里米·里夫金著，杨治宜译：《欧洲梦——21 世纪人类发展的新梦想》，重庆出版集团图书发行公司，2006 年版。

[德] 康德著，何兆武译：《历史理性批判文集》，商务印书馆，1991 年版。

[德] 康德著，沈叔平译：《法的形而上学原理：权利的科学》，商务印书馆，1991 年版。

[德] 康德著，何兆武译：《永久和平论》，上海人民出版社，2005 年版。

[美] 康威·汉得森著，金帆译：《国际关系：世纪之交的冲突与合作》，海南出版社，2004 年版。

[德] 克劳塞维茨著，中国人民解放军军事科学院译：《战争论》(第 1—3 卷)，商务印书馆，1978 年版。

[澳] 克雷格·A. 斯奈德等著，徐纬地等译：《当代安全与战略》，吉林人民出版社，2001 年版。

[美] 肯尼思·W. 汤普森著，耿协峰译：《国际思想大师》，北京大学出版社，2003 年版。

[美] 肯尼思·华尔兹著，信强译，苏长和校：《国际政治理论》，上海人民出版社，2000 年版。

[美] 莱斯特·M. 萨拉豪、S. 沃加斯·索可洛斯基等著，陈一梅等译：《全球公民社会非营利部门国际指数》，北京大学出版社，2007年版。

[美] 理查德·N. 哈斯著，殷雄、徐静译：《新干涉主义》，新华出版社，2000年版。

[英] 理查德·克罗卡特著，王振西主译：《50年战争》，新华出版社，2003年版。

[美] 理查德·尼克松著，朱佳穗等译：《1999：不战而胜》，世界知识出版社，1989年版。

[法] 卢梭著，李常山译：《论人类不平等的起源和基础》，商务印书馆，1962年版。

[美] 罗伯特·A. 帕斯特编，胡利平、杨韵琴译：《世纪之旅：七大国百年外交风云》，上海世纪出版集团，2001年版。

[美] 罗伯特·J. 阿特、罗伯特·杰维斯编，时殷弘、吴征宇译：《国际政治》（第七版），中国人民大学出版社，2007年版。

[美] 罗伯特·阿特著，郭树勇译：《美国大战略》，北京大学出版社，2005年版。

[美] 罗伯特·基欧汉著，郭树勇译：《新现实主义及其批判》，北京大学出版社，2002年版。

[美] 罗伯特·基欧汉著，苏长和、信强、何曜译：《霸权之后：世界政治经济中的合作与纷争》，上海人民出版社，2001年版。

[美] 罗伯特·吉尔平著，武军等译：《世界政治中的战争与变革》，中国人民大学出版社，1994年版。

[美] 罗伯特·基欧汉、约瑟夫·奈著，门洪华译：《权力与相互依赖》（第三版），北京大学出版社，2002年版。

[美] 罗纳德·德沃金著，冯克利译：《至上的美德：平等的理论与实践》，江苏人民出版社，2007年版。

[英] 罗素著，崔权醴译：《西方的智慧》，文化艺术出版社，1997年版。

[美] 马汉著，萧伟中、梅然译：《海权论》，中国言实出版社，1997年版。

[美] 马士·宓亨利：《远东国际关系史》，上海书店出版社，

1998 年版。

[意] 玛丽娅·格拉齐娅·梅吉奥妮著，陈宝顺、沈亦缘译：《欧洲统一　贤哲之梦》，世界知识出版社，2004 年版。

[美] 玛莎·费丽莫著，袁正清译：《国际社会中的国家利益》，浙江人民出版社，2001 年版。

[美] 麦克尔·哈特、[意] 安东尼奥·奈格里著，杨建国等译：《帝国——全球化的政治秩序》，江苏人民出版社，2003 年版。

[美] 曼纽尔·卡斯特著，曹荣湘译：《认同的力量》，社会科学文献出版社，2006 年版。

[美] 曼瑟·奥尔森：《集体行动的逻辑》，上海三联书店、上海人民出版社，1995 年版。

梅孜编译：《美国国家安全战略报告汇编》，时事出版社，1996 年版。

[意] 尼科洛·马基亚维利著，潘汉典译：《君主论》，商务印书馆，2010 年版。

[美] 诺姆·乔姆斯基著，徐海铭、季海宏译：《新自由主义和全球秩序》，江苏人民出版社，2001 年版。

[瑞士] 若米尼：《战争艺术概论》，解放军出版社，1986 年版。

[美] 塞缪尔·亨廷顿著，周琪等译：《文明的冲突与世界秩序的重建》，新华出版社，1999 年版。

[美] 斯塔夫理·阿诺斯著，吴象婴、梁赤民译：《全球通史》，上海社会科学院出版社，1999 年版。

[英] 苏珊·斯特兰奇著，杨光宇等译：《国家与市场：国际政治经济学导论》，经济科学出版社，1990 年版。

[英] 提莫·邓恩、密切尔·考克斯、肯·布斯主编，周丕启译：《80 年危机》，新华出版社，2003 年版。

[挪威] 托布约尔·克努成著，余万里、何宗强译：《国际关系理论史导论》，天津人民出版社，2004 年版。

[美] 托马斯·巴尼特著，杨竹山等译：《五角大楼的新地图》，军事谊文出版社，2006 年版。

[德] 威廉·冯·施拉姆著，王庆余等译：《克劳塞维茨传》，商务印书馆，1984 年版。

［美］沃尔特·拉塞尔·米德著，曹化银译：《美国外交政策及其如何影响了世界》，中信出版社，2003年版。

［美］沃尔特·拉塞尔·米德著，曹化银译：《美国外交政策及其如何影响了世界》，中信出版社、辽宁教育出版社，2003年版。

［美］沃伦·克里斯托弗著，苏广辉等译：《美国新外交：经济、防务、民主》，新华出版社，1999年版。

［美］沃特金斯著，杨健等译：《西方政治传统——近代自由主义之发展》，吉林出版社，2001年版。

［美］西奥多·A. 哥伦比斯著，白希译：《权力与正义》，华夏出版社，1988年版。

［美］亨利·基辛格著，吴继淦等译：《白宫岁月——基辛格回忆录》，世界知识出版社，1980年版。

［美］小科尼利厄斯·F. 墨菲著，王起亮等译：《世界治理——一种观念史的研究》，世界知识出版社，2007年版。

［日］星野昭吉编著，刘小林、王乐理等译：《变动中的世界政治——当代国际关系理论沉思录》，新华出版社，1999年版。

［美］熊玠（Hsiung，J. C.）著，余逊达、张铁军译：《无政府状态与世界秩序》，浙江人民出版社，2001年版。

［希腊］亚里士多德：《精神导引》，见亚里士多德《政治学》卷七，商务印书馆，1965年8月版。

［希腊］亚里士多德：《政治学》，商务印书馆，1981年版。

［美］亚历山大·温特著，秦亚青译：《国际政治的社会理论》，上海人民出版社，2000年版。

［美］亚历山大·温特著，秦亚青译：《国际政治的社会理论》，上海人民出版社，2003年版。

［美］伊曼纽尔·沃勒斯坦等著，吴英译：《转型时代——世界体系的发展轨迹：1945~2025》，高等教育出版社，2002年版。

［美］伊沃·H. 达尔德尔等著，刘满贵译：《后外交时代：不受约束的美国》，新华出版社，2004年版。

［美］约翰·米尔斯海默著，王义桅、唐小松译：《大国政治的悲剧》，上海人民出版社，2008年版。

［美］约翰·斯坦布鲁纳著，贾宗谊译：《全球安全原则》，新华

出版社，2001 年版。

[美] 约瑟夫·奈著，门洪华译：《硬权力与软权力》，北京大学出版社，2005 年版。

[美] 约瑟夫·奈著，张小明等译：《理解国际冲突：理论与历史》，上海人民出版社，2004 年版。

[美] 约瑟夫·奈著，郑志国、何向东等译：《美国霸权的困惑：为什么美国不能独断专行》，世界知识出版社，2002 年版。

[美] 詹姆斯·博曼、威廉·雷吉主编，陈家刚等译：《协商民主：论理性与政治》，中央编译出版社，2006 年版。

[美] 詹姆斯·多尔蒂、罗伯特·普法尔茨格拉夫：《争论中的国际关系理论》，世界知识出版社，1987 年版。

[美] 詹姆斯·罗西瑙主编，张胜军、刘小林等译：《没有政府的治理》，江西人民出版社，2001 年版。

[美] 兹比格涅夫·布热津斯基著，王振西主译：《大抉择：美国站在十字路口》，新华出版社，2005 年版。

[美] 兹比格涅夫·布热津斯基著，东方编译所译：《大棋局——美国的首要地位及其地缘战略》，上海人民出版社，2003 年版。

外文文献

Albert C. Wedemeyer: *Wedemeyer Repoorts* !, Henry Holt, 1958.

Arnold Wolfers: National Security as an AmbiArnold Wolfers: *Discord and Collaboration*, Roger Carey & Trevor C. Salmon, *International Security in the Modern World*, New York City: St. Martin's Press, 1992.

B. H. Liddel Hart: *Strategy: The indirect approach*, Faber and Faber, 1967.

BjÊ rn Hettne: *Regionalism, Security and Development: A Comparative Perspective*, Basingstoke: Palgrave, 2001.

Daniel Yergin: *Shattered Peace: The Origins of the Cold War and the National Security State*, Boston, 1977.

David A. Lake et al. , eds: *Regional Orders: Building Security in a New World*, The Pennsylvania State University Press, 1997.

Emanuel Adler and Michael Barnett: *Security Community*, Cambridge

University Press, 1998.

Fredrik S & Ecirc: *Rethinking the New Regionalism*, paper for the XIII Nordic Science Association Meeting, Aalbog, 15 ~ 17 August, 2002.

George F. Kennan, *Memories*, 1925 ~ 1950, Boston, 1967.

Glenn H. Snyder: Mearsheimer's World: Offensive Realism and the Struggle for Security, *International Security*, 27 (Summer 2002).

Hedley Bull: "Strategic and Its Critics", *World Politics* (July 1968), p. 605.

John Herz: Idealist Internationalism and Security Dilemma, *World Politics*, Vol. 2, 1950.

Joseph Nye, and Sean Lynn Jones: International Security Studies: A Report of a Conference on the State of the Field, *International Security*, Vol. 12, no. 4, 1988.

Jennifer Sterling Folker: Realism and the Constructivist Challenge: Rejecting, William Clinton: *National Security Strategy of the United States*, 1994 ~ 1995: *Enlargement and Engagement*, Washington D. C.: Brassey's Press, 1994.

J. F. C. Fuller: *A military history of the Western World.* Funk Wagnalls Co., 1954, Vol. I, Chap. 14.

J. F. C. Fuller: *The Reformation of War*, London: Hutchinson and co., 1932.

J. Mackinder: *Democratic Ideals and Reality*, Henry Holtand Company, 1942.

John M. Collins: *Grand strategy*: *Principles and Practices*, US Navy Institute Press, 1973.

Keohane, Robert O., 1988, Alliance, Threats and the Uses of Neo-realism, *International Security*, Summer, No. 1.

Philippe Garique: "Strategic Studies as Theory", *The Journal of Strategic studies*, December 1971.

Reconstructing or Reading, *International Studies Review*, vol. 4, no. 1, 2002.

Robert O Keohaneed: *Neorealism and Its Critics*, New York: Columbia

University Press, 1980.

Robert Gilpin: *War and Chang in World Politics*, Cambridge University Press, 1981.

Steve Smith: *The Increasing Insecurity of Security Studies: Conceptualizing Security in the Last Twenty Years*, in Stuart Croft and Terry Terriff, eds., Critical Reflections on Security and Change, London: Frank Cass Publishers, 2000.

William Ebenstein, Alan Ebenstein: *Great Political Thinkers: Plato to the present* (*sixth edition*), Peking University Press. 2004.

中文文章

崔顺姬:《人民、国家与恐惧:布赞及其对国际关系理论的贡献》,载《世界经济与政治》,2006年第5期。

李琮:《经济全球化的波动和前景》,载《世界经济与政治论坛》,2004年第5期。

刘胜湘:《国家安全观的终结?》,载《欧洲研究》,2004年第1期。

马德宝:《论均势战略》,载《西安政治学院学报》,2000年第2期。

孟祥青:《论中国的国际角色转换与对外安全战略的基本定位》,载《世界经济与政治》,2002年第7期。

秦亚青:《国际体系的无政府性——读温特“国际政治的社会理论”》,《美国研究》,2001年第2期。

[日]石川三佐男:《战国中期诸王国古籍整备及上博竹简〈诗论〉》,载中国诗经学会编:《诗经研究丛刊》(第二辑),学苑出版社,2002年版。

时殷弘、霍亚青:《国家主权普遍道德和国际法——格老秀斯的国际关系思想》,载《欧洲》,2000年第6期。

世界贸易组织编:《2000年世界贸易组织年度报告》。

唐彦林:《奥巴马政府“巧实力”外交政策评析》,www. lwxz8. com/zbzy/201009/14961. html。

王霄巍:《再论奥巴马政府“巧实力”外交的实质》,http://caifc.

org. cn/c. aspx？ id = 153。

王毅：《与邻为善　以邻为伴》，载《求是》，2003 年第 1 期。

王毅：《弘扬东方文化、构建和谐世界》，http：//www. china - embassy. or. jp。

温家宝：《中国的发展与亚洲的振兴》，载《光明日报》，2003 年 10 月 8 日。

谢世清：《战争根源新论》，载《国际政治研究》，1993 年第 3 期。

阎学通：《中国的新安全观与安全合作构想》，载《现代国际关系》，1997 年第 11 期。

杨立朋：《冷战后主要国际政治思潮及其影响》，载《国际问题研究》，2000 年第 5 期。

郑先武：《安全研究：一种“多元主义”视角——巴瑞·布赞安全研究透析》，载《国际政治研究》，2006 年第 4 期。

《中国代表团向东盟地区论坛提交新安全观立场文件》，载《人民日报》，2002 年 8 月 2 日。

《中国与东盟签署南海各方行为宣言》，载《人民日报》，2002 年 11 月 5 日。

后 记

本书由钮汉章研究员、刘强教授拟定编写提纲并主持全书的编写，宋德星教授提出了许多宝贵意见。选修《国际安全战略思维研究》的部分博士生和部分热爱探索该问题的研究人员共同参与了初稿的撰写。最后由钮汉章、刘强统稿。先后承担过各章撰写的主要是丰建泉、陈强（第一章），陆继鹏（第二章），罗卫萍（第三章），郭寒冰（第四章），王忠、童友斌（第五章），姚春青、司震宇（第六章），苏玉国、庞文生（第七章），周辉、黄伟（第八章），胡欣、刘宏周、董庆安（第九章），钮汉章、马晓娟、王卓君（第十章）。王璐迪承担了部分编辑工作，郭寒冰负责后期的校审和出版协调工作。

本书的出版，时事出版社领导和编辑室雷明薇主任付出了辛勤的劳动。江苏溧阳开成毯业有限公司给予了大力支持。在此一并致谢。

编 者

2016 年 6 月 20 日

图书在版编目（CIP）数据

国际安全战略思维史纲／刘强，钮汉章主编．—北京：时事出版社，2016.11（2017.02 重印）
ISBN 978-7-5195-0003-0

Ⅰ.①国… Ⅱ.①刘…②钮… Ⅲ.①国家安全—研究—世界
Ⅳ.①D815.5

中国版本图书馆 CIP 数据核字（2016）第 161406 号

出 版 发 行：时事出版社
地　　　址：北京市海淀区万寿寺甲 2 号
邮　　　编：100081
发 行 热 线：（010）88547590　88547591
读者服务部：（010）88547595
传　　　真：（010）88547592
电 子 邮 箱：shishichubanshe@sina.com
网　　　址：www.shishishe.com
印　　　刷：北京市昌平百善印刷厂

开本：787×1092　1/16　印张：23.25　字数：380 千字
2016 年 11 月第 1 版　2017 年 2 月第 2 次印刷
定价：96.00 元